U0458718

Alfred F. Young
阿尔弗雷德·F.扬 著

胡翠娥 译

Liberty Tree

Ordinary People and the American Revolution

门外之民

普通人与美国革命

山西出版传媒集团 山西人民出版社

图书在版编目（CIP）数据

门外之民 /（英）阿尔弗雷德·F.扬著 ；胡翠娥译.
-- 太原 ：山西人民出版社，2022.9
ISBN 978-7-203-12022-3

Ⅰ.①门… Ⅱ.①阿… ②胡… Ⅲ.①美国独立战争
-文集 Ⅳ.①K712.41-53

中国版本图书馆CIP数据核字(2022)第060338号

著作权合同登记号：图字04-2022-002
LIBERTY TREE: ORDINARY PEOPLE AND THE AMERICAN REVOLUTION By
ALFRED F. YOUNG

门外之民：普通人与美国革命

著　　者：（英）阿尔弗雷德·F.扬
译　　者：胡翠娥
责任编辑：吉昊
复　　审：李鑫
终　　审：梁晋华

出 版 者：山西出版传媒集团·山西人民出版社
地　　址：太原市建设南路21号
邮　　编：030012
发行营销：010-62142290
0351-4922220　4955996　4956039
0351-4922127（传真）　4956038（邮购）
天猫官网：https://sxrmcbs.tmall.com　电话：0351-4922159
E-mail：sxskcb@163.com（发行部）
sxskcb@163.com（总编室）
网　　址：www.sxskcb.com

经 销 者：山西出版传媒集团·山西人民出版社
承 印 厂：北京汇林印务有限公司
开　　本：635mm×965mm　1/16
印　　张：32.75
字　　数：408千字
版　　次：2022年9月　第1版
印　　次：2022年9月　第1次印刷
书　　号：ISBN 978-7-203-12022-3
定　　价：148.00元

如有印装质量问题请与本社联系调换

献给我的孙辈

Davia, Noah, Isabel, and Ruby

导言

为什么要写普通人的历史？

约瑟夫·普拉姆·马丁（Joseph Plumb Martin）是康涅狄格的一个农家男孩，1777 年参加大陆军的时候只有 16 岁，1783 年退伍，其服役年限几乎横跨美国独立战争。他从一个二等兵升为军士，其服役的矿工和工兵部队负责围攻敌方的防御工事，这是一项危险的任务。1830 年，70 岁的马丁出版了他的回忆录，《一个革命士兵的冒险、危险和苦难叙事》（*A Narrative of the Adventures, Dangers and Sufferings of a Revolutionary Soldier*）。这是存留下来的关于一个普通兵卒的最好的一部自传：辛辣、幽默，而且总是带着不敬。

在描述了一场他曾参加过的艰难的战役之后，马丁写道："可是人们很少关注它，因为那里没有华盛顿、普特南或者韦恩等名人。如果有的话，这场战役就会被歌颂到天上了。"他提到的这三个人属于独立战争中最著名的将领之列：以色列·普特南（Israel Putnam）、安东尼·韦恩（Anthony Wayne）以及总司令乔治·华盛顿（George Washington）。他在后者的麾下，从福吉谷（Valley Forge）一直转战到约克镇（Yorktown）。"大人物获得大名，小人物一无所有，"马丁写道。他承认，“每个二等兵都认为自己对所从事的战争是不可或缺的”，但他又问道，“如果没有这些人，军官们能做什么？什么都做不了。如果没有二等兵，亚历山大就无法征服世界”。

马丁回忆起 1777 年可怕的冬天，士兵们“不仅挨饿，而且赤裸着身体。大多数人不仅没有衣服和鞋子穿，还缺少所有其他的遮盖物，尤其是毯子”。他记得，因为缺吃少穿而被“激怒”的士兵们在 1780 年发动了兵变，他也参加了兵变。当时对马丁来说，他的战友就像“兄弟家人”，但是战争结束半个世纪后，他变得尖刻了。他写
1 道，当士兵入伍时，“他们被许诺一百英亩的土地……当这个国家榨干了这些穷苦士兵的最后一滴血后，他们就像驽马一样被一脚踢开，没有人提土地的事情……这样的事情不应该发生”。[1]

詹姆斯·派克（James Pike）的牛角火药筒上刻着一幅画，中间是自由树。左边是英国士兵，名为“英国正规军侵略者，1775 年 4 月 19 日”，右边是“防御的地方部队”。这幅画表现的不仅是列克星敦战役（Battle of Lexington）的爱国者版本，也体现出对这次独立战争的爱国者叙述。派克是马萨诸塞的一个民兵，曾参加过邦克山战役（Battle of Bunker Hill）。士兵们通常把弹药放在牛角制成的火药筒里。[图片来源：芝加哥历史学会（Chicago Historical Society）]

战争结束后，马丁这个没有土地的老兵，“蹲”在缅因边界从效忠派手中没收后又被亨利·诺克斯（Henry Knox）购买的土地上。亨利·诺克斯是当时的“大地主”（Great Proprietors）之一，他们只花少量钱，就能获得几十万英亩土地的合法权利。马丁同缅因其他移民一起，为了获得所耕种土地的所有权而常年斗争。他们称自己是“自由人”（Liberty Men），认为“谁能比我们更有权利拥有这些土地？我们为它战斗、征服它、赋予它价值……上帝把土地给予了他的子民”。1801 年，虽然移民赢得了购买所耕种土地的权利，但是马丁却永远没能买到他的土地，并最终失去了它。1818 年，当他依据国会为“正在减少的”老兵通过的第一个一般养老金法而申请养老金时，他证言，“我没有个人财产，也没有任何形式的收入……我是一个劳动者，因为年老和疾病，我无法工作。我的妻子患有风湿。我有五个 2
孩子……没有养老金，我无法养活自己和家人”。马丁艰难度日，死于 1850 年。他墓碑上的墓志铭是这么写的：“一个革命士兵”。[2]

马丁的辛酸故事为美国历史的一个侧面打开了一扇窗户，其完全被独立战争的主流叙事所掩盖，即独立战争总是被讲述成由“大人物”领导的胜利故事。如果不考虑他的写作能力，马丁是个普通人。他是几十万年轻人中的一个，他们大多没有土地，在独立战争的七年间，他们在大陆军中服役。另外有几十万人服役于民兵组织，还有几万人服役于海军。在 1818 年，也可能是 1832 年，马丁和其他上万老兵一起申请养老金。他也像其他州的几千农民一样，在战后几十年为购买或持有土地而斗争：佛蒙特的格林山兄弟会（the Green Mountain Boys）、马萨诸塞西部饱受债务和税务之苦的叛乱者［其中有丹尼尔·谢司（Daniel Shays）］、哈德逊河谷下游的租住者、宾夕法尼亚名不副实的威士忌叛乱者。许多人可能会有一种同感：美国革命没有兑现它的诺言，正如赫尔曼·赫斯本德（Herman Husband）所表达的："每次革命发生时，广大民众都被号召去卫护真正的自由"，但是，"当外国压迫者被赶走后，那些狡猾的博学之士"取得政权，牺牲了"劳动人民"的利益。[3] 赫斯本德领导了 18 世纪 70 年代北卡罗来纳和 18 世纪 90 年代宾夕法尼亚西部边远地区的两次叛乱，但都被武力镇压。

正如马丁的语言所证实的，革命年代的普通大众绝不是不善表达或者被动的。相反，他们也可以很雄辩。正如南卡罗来纳的历史学家及革命的参加者大卫·拉姆塞（David Ramsay）博士在 1789 年所写的："战争开始的时候，美国人是一群农民、商人、技工和渔夫，但是国家危机激发了他们的行动力，促使他们以远远超越他们之前习惯的方式去思考、演说和行动……战争似乎不仅需要天才，而且创造了天才。"历史学家伊拉·伯林（Ira Berlin）在阅读了几千封南北战争和战后重建时期得到解放的美国黑人的信件后，曾这样说道："在史无前例的大事件的压力下，普通男女也能变得非常敏锐且擅长书写。"革命中的普通人也是如此。[4]

在独立战争中，有五百多名士兵或撰写日记和回忆录或口述记
3 忆，然后请别人整理，马丁是其中之一。成千上万名士兵在他们的养老金申请书中记述了他们的战争经历。普通人的集体行动是美国革命的标志性特征，如自由之子（the Sons of Liberty）、通讯委员会（Committees of Correspondence）、审查委员会（Committees of Inspection）、安全委员会（Committees of Safety）、全镇大会（town meetings）、团连（caucuses）、县特别代表会议（county conventions）、民兵组织。对此有各种分散的文件：请愿书、决心书、新闻报道、演讲词、法庭证词、法律记录等。如果在过去的半个世纪中，花费在出版革命领导人文书的资源，有一小部分投入到收集大众参与的全部档案记载上，那么对于普通人在革命中的角色我们可能会有一个更合理

的认识。[5]

本书的几篇文章源自我挖掘漫长的美国革命时期“自下而上的历史”的长久兴趣。我一直在探索三个大问题：普通人在美国革命中扮演了什么角色？他们对革命的结果产生了什么影响，革命反过来又对他们产生了什么影响？他们在关于革命的公共记忆中表现如何？我把文章按历史顺序排列，这样随着文章的逐步展开和进入公共记忆，读者能够遵循革命的时间脉络。

碰巧的是，这些文章的安排也大致是按照它们在 1980—2004 年间发表的顺序进行的。再版也遵循了原版风貌，除个别地方为了避免重复而做出更改。其中两篇专门为了本书而撰写的文章是第一次出版：“革命时期的技工：‘用锤子和手，所有的技艺都能站立起来’”原是在米兰国际会议上提交的论文，1982 年发表在意大利的一个历史刊物上，后来在 20 年新研究（我自己的和他人的）的基础上大幅扩充；“自由树：建于美国，失于美国”是最近的一篇论文，也是全新的一篇。在这两篇新撰的论文中，我讨论了有关革命时期民众运动的三个问题：他们的起源、影响和公共记忆。

读者可能想知道这些文章同其他我更为人所熟知的有关革命的著述有什么关联，这些著述大多发表于我 1976 年出版的《美国革命：美国激进主义探索》(*The American Revolution: Explorations in* 4
American Radicalism)之后和 1993 年的续作《美国革命之后：美国激进主义史探索》(*Beyond the American Revolution: Explorations in the History of American Radicalism*)之前。前者包含了其他历史学家关于大众运动起源问题的开创性研究，在后一本书中，学者们讨论的焦点是结果。我撰写本书中的这些论文，是想通过探索默默无闻者的个人生活，努力回答关于群体的几个问题。我对乔治·罗伯

特·特维斯·休维斯（George Robert Twelves Hewes）的研究，是想通过挖掘一个技工对于革命的记忆而发现技工的意识。乔治·罗伯特·特维斯·休维斯是波士顿惨案（Boston Massacre）和波士顿倾茶事件（Boston Tea Party）中一个活跃的波士顿鞋匠，在他 90 多岁时，他讲述了自己的故事。我为 21 岁的织工黛博拉·桑普森（Deborah Sampson）撰写了自传，试图去理解革命对处于她这个阶层、生活选择有限的妇女意味着什么。桑普森本是波士顿一农镇的一个契约农奴，乔装成男性参加大陆军达 17 个月。[6]

“门外之民”，本书第一部分的题名，是革命时期用来指称政治圈之外或者在外围向“门内”的立法者和官员提出要求的人的常用语。这部分的三篇文章是关于城市平民的：海边大城市（波士顿、纽约、费城和查尔斯顿）的“技工”、波士顿“中层”和“底层”的妇女。“技工”是工匠们（雇佣短工和学徒的匠人师傅）意识到自己作为活跃的公民和政治生活中存在的力量时对自己的称呼。我的研究追溯了他们从革命时期到战后以及美国建国初期（1788—1815 年）的活动，那段时期，他们在公共生活中的影响力达到鼎盛，自那之后，传统的工匠制度开始衰落。

被“自由之子”称为“自由之女”（Daughters of Liberty）的波士顿妇女认为自己是“重要人物”，因为她们在与英国的抗争中扮演了各种角色：观察家、抵抗者、制造家、叛乱者、凭吊者、告诫者和武装支援者。在第三篇文章中，我考察了革命时期美国史上第一次仪轨活动：涂柏油和粘羽毛、召唤克伦威尔的幽灵、工匠们拿着各自的行业标志集体游行。我考证了这些活动在英国平民文化中的起源，为所谓的“传统活动的发明”打开了讨论的空间。在第三部分的“自由树”这篇文章中，我重又回到政治象征从何而来，以及它们是如何在公共记忆中丧失掉的难题。

美国革命时期城市和乡村的民众运动一直以来被认为是短暂的、局部的、意义不大的。本书第二部分“折中”的论文，检讨了那些 5
“来自底层”和“中间阶级”的运动对“上层阶级”的影响。我感兴趣的是，那些将成为统治阶级的人如何试图建立一种能够把大众激进主义关进牢笼的“政治制度”［像詹姆斯·麦迪逊（James Madison）所说的］。我着重讨论（论文 4）在联邦《宪法》起草和批准阶段（1787—1788 年）革命的政治后果。我认为宪法制定者们本质上是一群保守派精英分子，他们试图限制农民大众，因为正如在费城制宪会议上许多人表述的，农民大众正用“民主激情”威胁着“有产者”阶级。宪法制定者们被迫在民主上让步，这样做既是为了建立一个能够在日益民主化的社会生存的政府，也是为了获得宪法通过所必需的大众支持，尤其是城市技工的支持。

在论文 5 中，我扩展了关于后果的讨论：“美国革命有多激进？”我把镜头拉回，以整个国家作为全景。我发现未来的统治阶层被迫做出各种妥协，不仅与来自“中间阶层”并努力想挤进政治体系的自耕农和工匠妥协，而且与不在体制之内的底层黑人农奴以及体制之外的妇女和美洲原住民妥协。从这些私人领域和公共领域的各种妥协来看，美国革命比传统的主流叙事表现出更加激进也更加保守的两面性。

美国革命的历史，就像大多数历史一样，沉淀为两种记忆：个体的个人记忆和历史的维护者所制造的公共记忆。革命结束之后的五十年间，他们竖立纪念碑，制定节日，决定历史学会应当收集哪些文件以及哪些事件应当进入儿童教科书。公共记忆是由一位杰出学者所说的“主导记忆”（或称主流集体意识）和“替代记忆”（通常是次要的、主流之外的）构成的。对公共记忆的研究对于重新发现普通大众显得尤其重要，因为历史通常是由胜利者撰写，失败者的经历通常被打上胜利者的阶级偏见，或者被有意遗忘。[7]

在第三部分“记忆：失去的和找到的”中，我探讨了革命的三
个著名标志在公共记忆中的样子：托马斯·潘恩（Thomas Paine）、波
6 士顿的自由之路和自由树。潘恩通常被认为是革命时期的典型激进
分子，是革命时期两部最有影响力的手册《常识》（*Common Sense*）
和《人的权利》（*The Rights of Man*）的作者。自由之路建立于 20 世
纪 50 年代，它把革命时期最负盛名的民众事件发生的场址连在一起。
自由树在革命时期是波士顿人民抵抗运动的主要场址（真的是在门
外），就像整个殖民地的自由树和自由杆一样。这部分的每篇文章都
探讨了丢失的公共记忆问题。当潘恩于 1802 年从法国回到美国时，
他遭到了来自四面八方的辱骂，那个时代的其他主要人物都没有这种
遭遇，而这也开启了其在公共记忆中两个世纪的沉浮。[8] 在波士顿的
自由之路上，参观者可以沿着街道上的红色砖线，看到精心修复的建
筑物，不过他们却需要自己在脑海里去拼凑普通大众是如何嵌入这一
景观中的。

当我发现——最近而且非常意外——自由树是民众抵抗英国的主要象征，同时也是“自由之子”的领袖试图控制民众抵抗的场所时，我选择了把“自由树”作为本书的书名*。战争期间，它是革命的主要象征，并且成为后代人尤其是那些决心实现革命未完成目标的非裔美国人的暗喻。在一个如此尊重其爱国象征的国家，这样重要的一个标志竟然在历史记忆中消失了，实在匪夷所思。

为什么要撰写美国革命中普通人的历史？我使用“普通”（ordinary）一词不是作为“杰出”（extraordinary）的反义词，而是作

* 因出版需要，本书中文版改名《门外之民》。——编注

为社会中有权有势且有钱的“精英分子”（elites）的反义词。我更倾向于使用“大众”（common people）一词，与“普通人”不同，“大众”在当时的使用很广泛，只是因为滥用，这个词现在有点纡尊降贵的意味。事实上，当时最常用的是“人民”（the people）这个词，它的出现也是革命时期日益变化的语言的一部分。在波士顿，当领袖们想把参与公共集会的人群扩大到包括有权在正式的全镇大会中投票的人时，往往会召集“人民全体”（the whole body of the people）大会。约翰·亚当斯（John Adams）称之为“全体人民”（the whole people），詹姆斯·麦迪逊称之为“人民的天才”（the genius of the people），其他人称之为“广大人民”（the people at large）。还有，《独立宣言》 7
（Declaration of Independence）中说到“人民有权利改变或者废除”持续侵犯其权利的政府。[9]

这些常用语本身值得我们思考：我们有必要问为什么要撰写“普通人”的历史这一问题吗？他们就在那里。他们是演剧人员：他们作为个体特别是群体，让历史发生了。他们根本不是边缘人物——事实上他们经常是不可或缺的。但是他们却没有得到当初他们寻求的认可。比起赞美他们，有太多的事情迫在眉睫。这不仅仅是表达人道主义同情，不是因为21世纪的美国不需要它。简单的事实是，如果不考虑“整体人民”扮演的角色，我们就不能理解美国革命。这里简单回顾一下1765、1776和1787年革命中的三个著名“时刻”，本书中的文章也讨论了它们。

1. 有时候，“小人物”的存在，用马丁军士的话，为认识“大人物”提供了新的角度。当领袖们的思想和行动同普通人的抱负和行动并置时，前者呈现出新的维度。波士顿的革命经常被认为是著名领袖塞缪尔·亚当斯（Samuel Adams）、约翰·汉考克（John Hancock）和约翰·亚当斯的杰作。在最著名的名为《宣传先锋》（*Pioneer in*

Propaganda）的塞缪尔·亚当斯的传记中，亚当斯被当作策划波士顿所有活动的幕后人。仔细研究一下引发那个时代动荡的政治爆炸事件，即1765年在波士顿发生的反《印花税法案》（the Stamp Act）运动，自由树也是在那时首次出现的（见论文8），我们会发现把三位领袖与不为人知的艾比尼泽·麦金托什（Ebenezer Mackintosh）相比较，前者会呈现出不同的面貌。麦金托什被称为“自由树总队长”，他是一个穷苦鞋匠，之前只作为两个竞争“团伙”中一个“团伙”的头领而为人所知，每年的11月5日，他都会组织教皇节［Pope's Day，英国叫盖伊·福克斯日（Guy Fawkes Day）］游行。在1765年的反《印花税法案》运动中，麦金托什是五个重要民众活动的领袖，这些活动包括两千波士顿人参加的和平游行，游行最终使《法案》无效，以及冲进副总督托马斯·哈钦森（Thomas Hutchinson）宅邸的暴民活动。“自由之子”的领袖们追捧着麦金托什，与他合作，然后又把他抛在一边。1765年之后，他们发动了两线战争：反对英国人的法令以及控制民众。自由树是美国革命这两方面的恰当的象征。

从这一内部拉锯战中爬上顶端的政治领袖都是那些听从小罗伯
8 特·R. 利文斯顿（Robert R. Livingston Jr.）教导的人。利文斯顿是纽约哈德逊河谷的地主贵族，他给同一阶层的同僚提供建议，当时他们都面临叛乱的佃农、政治上觉醒的自耕农以及拥有自己领袖的城市技工的威胁。因为信奉“在不能阻遏的洪流中顺流而行”，他警告他们，“如果想引导水势，就不得不顺着洪流”。[10] 在马萨诸塞，那些胜出的领袖们，都以各自不同的方式学会了在民主政治的洪流中前行。塞缪尔·亚当斯成为“人民的护民官”（tribune of the people），是美国第一个职业政治家。约翰·汉考克是新英格兰最富有的商人，他成为贵族式家长制的代言人，运用自己的财富收买人心。专注于政治哲学的律师约翰·亚当斯，开始了其平衡“民主式”和“贵族式”的漫长生涯。那些逆洪流而行的美国政治家们则未能胜出。

2. 有时候，普通人对决定事件的结果具有足够的影响力。把“广大人民”放入图景中，你会发现，传统的图景常常会发生变化。以很多美国人都感觉熟悉的 1776 年 7 月一个非常著名的时刻为例：来自十三个殖民地的代表聚集费城参加大陆会议、制定《独立宣言》之日。是谁的时刻？在参观如实修复的费城独立大厅时，或者在观看华盛顿国会大厦圆形大厅展示的约翰·特朗布尔（John Trumbull）那幅被不断重印的代表们签字的油画时，我们感觉自己知道答案。当我们看到羊皮纸上约翰·汉考克的签名以及下面众多人签名的《独立宣言》手稿时，我们感觉自己知道答案。

总是被误称为“独立宣言签字图”的油画作品代表的是对这一事件“自上而下”的叙述。它实际描述的不是签字本身，而是向大陆会议提交文件的五位起草委员：托马斯·杰斐逊（Thomas Jefferson）、约翰·亚当斯、本杰明·富兰克林（Benjamin Franklin）、罗杰·谢尔曼（Roger Sherman）和“顺流而行”的罗伯特·利文斯顿。其他代表们只是在旁观。事实上，签字发生在多月之后。历时三十年左右完成画作的特朗布尔，虽然极力想表现每位“杰出政治家”的精确面貌，但只延续了美国人关于独立的共识神话。不存在所有代表齐聚一堂的
场景。特朗布尔的画作中有反对《独立宣言》的人，有投票时缺席的 9
人，还有许多反对脱离英国的人。画作传递了这样一个信息：门内的“签字者”引领了独立之路。[11]

从画面中，我们永远不会知道特朗布尔描绘的这些穿戴整齐的绅士们——当时的“西装革履”之士——是因为“门外”汹涌的舆论而被迫放弃妥协并宣告美国独立的，这些“门外之民”包括穿着自制粗衣的乡村推犁者和被称为“穿皮革围裙的人”的城市技工（详见论文

1）。我们也不会知道，战争已经开始，人们前所未有地在为国家和自身的前途而争论。1776 年 1 月，《常识》出现，作者是刚刚到达费城的一个前英国工匠，他的语言极富感染力，激发了普通人，让他们感到自己有能力让世界发生变化。“我们有力量让世界重新来一次，”托马斯·潘恩这样写道。到 1776 年 7 月，超过十万人在军营、酒馆和礼拜堂读过或听人读过他的册子。“来自各行各业的人如饥似渴地购买、阅读它”，来自新罕布什尔的代表这样说（详见论文 6）。

1776 年春天，当大陆会议还在犹豫不决时，大约八十个地方会议通过决议，指示他们的代表支持独立：全镇大会、县特别代表会议、民兵组织。九个州的特别代表会议也依法效行。代表们清楚这一切。5 月 20 日，约翰·亚当斯写道，“每份邮递、每一天都把独立推到我们面前，像洪流一样无法阻挡”。7 月 3 日，大陆会议为《独立宣言》进行投票的一天后，他描述了这一过程：“全体人民有时间去充分考虑独立这一伟大的问题……人们在报纸和册页上讨论，在各种集会、特别代表会议、安全和审查委员会，在城镇和乡村以及私人会谈中辩论，十三个殖民地的全体人民都决定独立。”然而，特朗布尔只描绘了在宾夕法尼亚议会大厦里的人，似乎只有他们是这一决定的决策人。事实上，“全体人民”走在了特朗布尔的“杰出政治家”的前面。最近撰写亚当斯传记的一位作家写道，“相比其他任何人，约翰·亚当斯是使革命发生的第一人”，没有比这更远离事实的了。特朗布尔虽然擅长描绘惊心动魄的历史画面，但是却需要另一幅画布去描绘“门外之民”。[12]

3. 有时候，人民和领袖之间存在复杂的相互作用，顶层人物做
10 出的政治决策只有在考虑底层民众的运动时才能得到解释。看一看 1787—1788 年费城会议上《宪法》的起草和批准过程（详见论文 4），以及技工们对它的反响（见论文 1）。詹姆斯·麦迪逊、詹姆斯·威尔

逊（James Wilson）和其他宪法制定者并非像通常描绘的那样是在费城创造“奇迹”的“天才”，而是精明的政治领袖，他们清楚必须接受“人民的天才”，这个短语的意思是指人民的价值观或精神。正如一位受人尊敬的弗吉尼亚代表说的，“尽管经历过民主带给我们的压迫和不公正，但是人民的天才仍旧热爱它，人民的天才必须受到尊重”。[13]

代表们来自精英阶层：他们比一般人更有钱、受过更好的教育、政治上更有经验，而且更加保守。诸如托马斯·潘恩、丹尼尔·谢司和亚伯拉罕·耶茨（Abraham Yates）这些民主派代言人虽然没有参加制宪会议，但他们却是独特的存在。他们是之前二十年困扰着代表们的民众运动的幽灵。潘恩非常受欢迎，因为他不仅是独立的卫护人，而且是以广泛选举权为基础的简单民主政府的拥护者。18 世纪 80 年代的马萨诸塞西部，因赋税过多、债务繁重而愤怒的农民发动了起义，谢司是几个领导者之一，而这次起义在各地保守派中引发了恐慌。耶茨是纽约参议院暴风雨中的一只海燕，他从鞋匠做起，是所有“高层人士”（high flyers）的敌人，他就是这样称呼亚历山大·汉密尔顿（Alexander Hamilton）的（汉密尔顿贬低他为“已故的法律和旧鞋的缝补匠”）。他和其他殖民地的立法者都“渴望发行纸币”（麦迪逊的话），渴望阻止关于农场抵押的止赎权，而这两种举措都是“有钱人”所反对的。

新宪法赋予新的国民政府“镇压反叛”的权力（足够对付丹尼尔·谢司的幽灵了），通过了具体的法案，抑制政府“发行”纸币或者批准“法律以削弱契约义务”的权限（大概打败了亚伯拉罕·耶茨的幽灵）。宪法还为将来的逃奴回归主人设立了条文——逃奴是萦绕在南方农奴主心里的巨大“幽灵”，在战争期间，他们经历了大规模的奴隶逃跑事件。（制宪会议主席乔治·华盛顿，仅其弗农山种植园

就丢失了十七个农奴。）但是为了完成这些目标，宪法制定者们知道，
11 他们必须建立一个“持续永久”的政府，而且，更迫切的是，这样的政府在各州特别代表会议上必须得到批准，而各州特别代表会议的代表必须通过人民投票选举出来。在大城市，这意味着由具有民主思想的技工们选举出来。

正如这三个时刻所揭示的，未来的领导者非常清楚，他们正生活在一个挑战现状、充满动荡、反叛、民主暴动和大众苏醒的年代。《独立宣言》中的一个控诉是，国王“引发了国内反叛”，它指的弗吉尼亚一位英国将军呼吁农奴逃离他们的主人。另一控诉是，国王使殖民地陷入“内部动乱”，它指的是1774—1776年政治真空期发生的民主暴动。还有一个谴责是，国王鼓励了边境上“残忍的印第安土著”，但许多美洲原住民并不这么看待他们为从殖民者手中守护自己独立地位而做出的选择。美国革命虽然不是一场无产阶级革命，但它融入了强大的平民洪流，有些水流汇入主流，更多的水流则作为横流与主流交错。仅仅从传统的“自上而下”的传统视角看待这一风雨飘摇的历史，就无法抓住“自下而上”（非裔美国人）或者来自“中间阶层”（自耕农和工匠）视角的历史，遑论局外人（美洲原住民）或者女性视角了。这些论文的目的是描述一个更有包容性的历史，综合所有的视角，阐明整体。

多年前，在关于爱默生（Ralph Waldo Emerson）、梭罗（Henry David Thoreau）和惠特曼（Walt Whitman）的本科文学课程上，我被拉尔夫·瓦尔多·爱默生1837年在哈佛大学的“美国学者”演讲中对学者们提出的建议所吸引。他说，要去探求“身边的、底层的和大众的”生活。惠特曼的诗《我听美国在唱歌》（I Hear America Singing）把我引向了“技工们”。美国革命的民主历史主题对美国人和历史学

家来说并不新奇。它不是最近流行的“政治正确”的结果，而后者不过是牵强附会而已。半个多世纪之前，当我成为一名历史学家时，我在研究生院碰到了这一主题。自那之后，我详尽分析了整个 20 世纪的历史学家如何对研究这些问题的所谓的进步历史学家提出的挑战进行回应。在历史研究达到高峰期时，J. 富兰克林 · 詹姆士（J. Franklin Jameson）提请学者们把美国革命看作一场社会运动：“面对革命浪潮，谁能说：到此为止……革命的洪流一旦涌起，就无法被挡在狭窄 12
的堤坝之内，而是冲向大地。许多欲望、社会抱负都随着政治斗争而得到释放。”卡尔 · 贝克（Carl Becker）专门研究美国革命中的政治斗争，他指出了革命的双重特征：它不仅是争取“地方自治”的战争，也是争取“谁来统治”的战争。查尔斯 · 比尔德（Charles Beard）是 20 世纪 40 年代最有影响力、著作被广泛阅读的美国历史学家，他认为当时通过的《宪法》是少数的一群领袖试图遏制“民主激情”的胜利。

直到二战前，进步主义者的解读在历史学家中都非常普遍。他们使我们对美国革命的理解脱离了那种干巴巴的宪法解释。从好的方面看，他们的理解富有洞见，激动人心，然而在很多方面却存在局限性（我对技工的研究，部分是出于对比尔德无法解释的这一阶层进行解释的欲望。而我关于民主共和党人的书，则是出于对杰斐逊主义者理解的欲望，他们不能被简单地概括为“重农派”）。[14]

然而，从二战结束一直到 20 世纪 60 年代的十五年中，进步主义者提出的问题被多数学者漠视了。“在冷战高峰期”，历史学家彼得 · 诺维克（Peter Novick）在检视了一群主要历史学家的著述和私人通信之后指出，在历史学领域，“一种危机感和迫在眉睫的大决战意识正在蔓延”。美国历史学家的重心“从阶级冲突转向共识文化”，诺维克写道。共识之外的激进主义，在麦卡锡主义时代受到质疑，在历史研究中不再流行。[15]

从统治阶级的视角，美国革命必须被“消毒净化”，打造成安全的革命产品以供出口。冷战被刻画成是“民主制度”和“共产主义”的世界灾难性的较量，它也是第三世界国家的殖民地和前殖民地进行自身革命的时期。有些国家从俄国革命中获得灵感，有些从美国革命中获取资源。如果像进步历史学家那样把美国的革命年代描绘成一个充满社会转变、内部争斗和代表阶级利益的领袖的年代，这是行不通的。探究美国革命的失败也是行不通的：可以庆祝，却不能打破偶像。我还记得美国历史学会的一位会长，也是一位殖民主义者，警告年轻的历史学家不要“夺走人民的英雄……侮辱他们对所崇拜的伟大人物的记忆”。他号召“书写一部心智健全的、保守主义的美国史”。[16]

20 世纪 60 年代中期和 70 年代的事件打破了这一神话。越南战争的失败（美国人如果对自己民族推翻 18 世纪最大帝国的七年殖民
13 抗争有更好的认识的话，就会理解这一事件）和水门事件象征的腐败削弱了人们对国家领袖的英雄崇拜。争取种族和性别平等的广泛斗争所取得的成功使美国人——包括历史学家——更加意识到，这些斗争有着悠久的历史，我们的历史知识存在巨大的缺漏。当历史学领域因为高等教育繁荣而得到扩展，反映出美国生活的多样性，并且学术领域的气氛变化鼓励更富有质疑的态度时，人们开始尝试新的历史道路，新的历史领域也开始形成。引发当代变革的运动的能动性，使我们无法忽视其先行者的能动性。“能动性”（agency）是历史学家笔下的一个流行词语，它首先由广为人知的英国历史学家 E. P. 汤普森（E. P. Thompson）使用。他说自己“正在努力从后代的傲慢中解救劳动人民的能动性，挖掘他们在何种程度上为缔造历史做出了自己的贡献”。[17]

作为这些变化的结果，长期以来封闭的课题（被多数资深历史学

家认为“无趣”的）重新开放，历史学家开始重新发现美国革命的民众层面，包括进步史学家鲜少关注的一系列主题，比如他们曾经斥为“宣传”的意识形态问题或者被传统叙述排除在外的非裔美国人和美洲原住民。正如历史学家琳达·科伯（Linda Kerber）在总结第一代历史学家截至 1990 年取得的成就时说的，新的学术研究试图“恢复美国革命历史中的反抗性”，强调不同群体“塑造革命并反过来被革命影响”的各种方式。到 2005 年，另一位史学开拓者加里·纳什（Gary Nash）在总结两代史家的史学研究成果时，写道：“在过去的几十年里，具有性别、种族、宗教和阶级敏感性的美国史，或者说民主化的历史，空前繁荣，它向我们展示了一个不同的、长期被遗忘的美国革命。”[18]

“美国革命有多激进？”（论文 5）对这个问题在几十年前的回答一定会是“不怎么激进”，只要历史学家还专注于一小撮领袖人物、沉迷于寻找革命的“起源”和“原因”而无视革命过程和后果，这个
问题就很难回答。1994 年的“历史学科国家标准”以学生能够“回 14
答美国革命实际上有多大的革命性这个中心问题”作为要求之一，代表着学术研究的巨大转变。为了回答这一问题，学生们“必须从不同的角度看美国革命——沦为奴隶又被解放的非裔美国人，美洲原住民，不同社会阶层、宗教信仰、意识型态阵地、区域和职业的白人男女”。代表着大约三十个国家教育组织的几百位不同层次的历史学家、教师和教育家经过几年的讨论，制定了这些标准。[19]

事实上，历史研究的数量和质量发展是如此迅速，要从整体上把握美国革命是一种挑战，但也让人振奋。对非裔美国人历史的研究使奴隶和奴隶制的能动性作为一个公共问题从边缘走向革命的中心，迫使人们重新审视“大人物”的政治决策，[20] 虽然这一审视早应该进行；对于农民的研究表明，反叛很普遍；对于城市工人阶级的研究则揭示

出“技工的顽强在场”；对私人生活的长期趋向的社会史研究，使得对革命前和革命后的美国社会进行比较变得可能；女性史研究不仅揭示出不同阶层女性的积极作用，而且表明在国父们的意识形态中，性别思想多么具有局限性；新的印第安人历史表明美帝国的扩张在那些挡住其道路的人眼中是多么可怕，他们的反应有多么不同。

如果把美国革命看作一场戏剧表演，你可以说历史学家成功地把一个更大的演剧阵容搬上了舞台，这些人过去曾被视作群众场面中的演杂人等，或者仅仅作为小角色。现在，“大人物”依然在那里，却非舞台上的唯一，他们没有包揽全部台词，而是在与同时代的人互动。现在的剧本必须包含这样一批人，他们或作为民众运动的领袖或作为潮流的典范，以各种方式显示其在场：农民运动领袖［赫尔曼·赫斯本德、威廉·普兰德加斯特（William Prendergast）、伊森·艾伦（Ethan Allen）、塞缪尔·伊利（Samuel Ely）、丹尼尔·谢司、约翰·弗莱斯（John Fries）］，城市激进分子［托马斯·潘恩、托马斯·扬（Thomas Young）、詹姆斯·坎农（James Cannon）、亚历山大·麦克杜格尔（Alexander McDougall）、艾萨克·西尔斯（Isaac Sears）］，工匠活动家［艾比尼泽·麦金托什、保罗·里维尔（Paul Revere）、乔治·罗伯特·特维斯·休维斯、塞缪尔·辛普森（Samuel Simpson）、蒂莫西·毕格罗（Timothy Bigelow）、乔治·沃纳（George Warner）、詹姆斯·考克斯（James Cox）］，来自底层的立法者［亚伯拉罕·耶茨、威廉·芬德利（William Findley）、马修·利昂（Matthew Lyon）、梅兰克顿·史密斯（Melancton Smith）］，女性
15 作家［阿比盖尔·史密斯·亚当斯（Abigail Smith Adams）、默茜·奥蒂斯·沃伦（Mercy Otis Warren）、朱迪斯·萨金特·默里（Judith Sargent Murray）、黛博拉·桑普森·甘尼特、菲莉斯·惠特利（Phillis Wheatley）］，非裔美国人［理查德·艾伦（Richard Allen）、阿布萨

罗姆·琼斯（Absalom Jones）、普林斯·霍尔（Prince Hall）、伊丽莎白·“孟贝”·弗里曼（Elizabeth “Mumbet” Freeman）、托马斯·彼得斯（Thomas Peters）、波士顿·金（Boston King）]，作为记录自身经历的老兵核心成员的士兵和海员［约瑟夫·普拉姆·马丁（Joseph Plumb Martin）、耶利米·格林曼（Jeremiah Greenman）、詹姆斯·科林斯（James Collins）、威廉·维杰（William Widger）、安德鲁·舍伯恩（Andrew Sherburne）]，各教派的激进分子［约翰·伍尔曼（John Woolman）、雷津·哈蒙德（Rezin Hammond）、亚伯拉罕·克拉克（Abraham Clark）、菲利普·弗雷诺（Philip Freneau）、乔尔·巴洛（Joel Barlow）、威廉·曼宁（William Manning）]，第一修正案自由条文的改革者［艾萨克·巴克斯（Isaac Backus）、杰米玛·威尔金森（Jemima Wilkinson）、突尼斯·沃特曼（Tunis Wortman）、吉迪亚·派克（Jedediah Peck）]，当然，还有美洲原住民酋长［“拖独木舟人”（Dragging Canoe）、约瑟夫·布兰特（Joseph Brant）、“玉米种植者”（Cornplanter）、“红外套”（Red Jacket）、亚历山大·麦吉利夫瑞（Alexander McGillivray）、丹尼尔·尼汉姆（Daniel Nimham）]。

如果这一长串的演职员名单能够让读者走进图书馆，那就表明，在这个时代，读者会在新的多卷本传记系列中发现其中的许多人，这些系列正在改变美国历史上的“名人传”。[21]

历史学家在如此纷繁的分支情节中增加了如此众多的人物，剧本如何结束则有赖于不同的阐释：剧本似乎要求在不同的时期有不同的结尾，因为很多故事不受美国革命的政治节点限制。1787 年的宪法对有些人来说可能是圆满的，但是对其他人却不是。舞台上的许多群体彼此之间极其不和：全部演职人员在最后并没有一起歌唱革命时期的国歌《扬基歌》（*Yankee Doodle*）。美国革命比我们认为的要更加多面，色彩也更加丰富，这也是它能既激进又保守的原因。如果两百年后的我们这些观众任自己的情感回应，我们可能会发现，革命比多数美国人想象的要更加令人激昂，也更加令人心碎。

当我回顾半个世纪前，我不仅惊讶于历史学家的研究如何改变了美国革命的图景，而且对负责早期美国历史研究的学术机构发生变化的方式也感到吃惊。1945 年所谓的“遗忘的领域”（a neglected field），现在正迅速发展，变得去中心化和民主化。历史学家的训练不再局限于一小群精英研究生院。大部分原始文献曾经只能在东部
16 的少数图书馆和档案馆获得，如今其获取途径扩大，开始是通过缩微图片，最近是通过电子文献传播（1950 年，在撰写关于纽约的民主共和党人的博士论文时，为了阅读该州出版的报刊和册子，我开着一辆 1937 年的福特来往于几十个图书馆）。成立于 1945 年、一直以来固步自封的早期美国历史研究所（The Institute of Early American History），开始在研究领域开疆扩土，已经成为青年学者的开路者。

历史知识的传播者也行动起来。几十年前，要不是殖民地时期威廉斯堡古迹公司（Colonial Williamsburg Inc.）重建弗吉尼亚殖民地的首府，把它作为种族隔离的活博物馆，游客们永远不会知道这个城市的一半人口是非裔美国人。今天，它发起了名为“另一半”（the other half）的旅游，再现奴隶生活的原貌，例如抓捕逃奴。芝加哥历史学会创办了名为“我们人民”（We the People，1987—2005 年）的展览，我是其中的特邀合作策展人，展览致力表现的是：普通人在缔造美国的过程中扮演了什么角色？国家公园管理局（The National Park Service，NPS）对修改美国革命许多旧址的阐释持开放态度。多人合著的大学美国史教材的作者通常包括对新研究有所贡献的历史学家。前面提到的“历史学科国家标准”受到了中学老师的欢迎。所有这些都表明，公众随时欢迎关于美国革命的新研究。[22]

尽管已经取得如此巨大的成果——或许正因为如此——许多历史的守护者依然拒绝变化。小学教材出版商象征性地加入了这些被遗忘的群体形象，但是却随时屈服于威胁董事会的压力团体——董事会对学校采用教材具有批准权。电视虽然播放了肯·伯恩斯（Ken Burns）的动人心弦的纪录片《美国内战》（*The Civil War*）和讲述奴隶制的引人入胜的美剧《根》（*Roots*），却也不能摆脱国父占据荧屏的尊敬叙事。好莱坞还没有制作出一流的革命电影。在《爱国者》（*The Patriot*）中，梅尔·吉布森（Mel Gibson）创造了一个梦幻世界，在那里，他作为一个南卡罗来纳的农场主，与快乐的奴隶们一起为了美国而战。而事实上，这些奴隶更有可能逃跑加入英军阵营。国家人文基金会（The National Endowment for Humanities, NEH）一直以来是创新研究和公共历史的主要资助者，现在也在减少对性、种族和性别 17
进行特别回顾的课题资助。一位前基金会主席对“历史学科国家标准”中说乔治·华盛顿“只是昙花一现”进行了抨击，认为那是一种误导。“历史学科国家标准”由该基金会资助，而且她也是早先的赞助人。[23]

美国不乏自告奋勇的历史卫道者，他们对史学教授和学校课本肆意抨击（查尔斯·比尔德在一战期间因此丢掉了在哥伦比亚大学的教职）。在 20 世纪 40 年代后期和 50 年代对政治观点的冷战调查，以及后来 60 年代对持异议者的不宽容反击，对包括历史学家在内的大学教职工产生了负面影响。1970—1973 年，我在美国历史学会委员会工作，该委员会负责报告这几十年的破坏情况。报告产生的结果是，学会采纳了《历史学家学术人权法案》（Academic Bill of Rights for Historians）。[24] 到 80 年代和 90 年代，激进的右翼把历史和历史学家作为“文化战争”的目标，其激进程度令我震惊。他们的运动有雄厚的资金支持，组织有力。20 世纪 90 年代，我们看见这一年有“国家标准”颁发，另一年则有史密森尼博物馆策展人事件，再下一年又是“国家人文基金会”事件；在一个州爆发要求学校课程中删除奴隶制科目的活动，在另一个州则立法规定州立大学教师要有多样性。总有声音在妖魔化历史学家和人文学科教师，就像右翼所夸大的，认为他们在提倡“政治正确”“相对主义”和“多元文化主义”。[25]

自告奋勇的历史卫道者似乎专注于对建国史“维护治安”。他们希望我们把国父们奉若神明，把《宪法》* 看作“费城奇迹”，把《独立宣言》《宪法》和《人权法案》原稿作为神圣经典，置于神龛内，放在华盛顿展示。他们逐字分析《宪法》中的文字，想要发现制定者们的“原本用心”，好像那些非常讲求实际的人想让政府两百年不变一样。那些卫道者是多么不情愿让可能有损“建国者”的历史问题成为美国革命的中心问题。他们对于谁是“建国者”的理解有多么浅狭！他们想要的是一部以“成王败寇”哲学教导的美国历史。[26]

历史新研究的成功也部分导致卫道者热衷于讴歌“大人物”的传记，这些传记非常之多：这些书把这个国家带回到关于革命的沾沾自喜的宏大英雄叙事，他们把它们看作新研究的解毒剂。[27] 新的传记作
18 家们从新研究出版的多卷本大人物“书信”项目中获取资料，但是却拒绝接受采用新视角对领袖们做出的浩如烟海的新研究成果，奴隶制除外。新传记作家们发现要避开革命时期的奴隶制问题非常困难，正是在这一问题上，新的学术研究触到了建国者的致命要害。[28]

当我听着来自右翼卫道者的嘈杂声时，发现他们似乎不愿意承认历史学方法。他们坚持认为关于一般历史，尤其是美国革命，存在某种确定的、不变的事实。历史学家，无论其领域如何，没有别的选择，只能在众多事实中选择一些来叙述或者分析。这意味着，当新的

---

* 用书名号表示的一律指美国的联邦《宪法》，其他各州宪法都无书名号。——译注

事实被发现时，历史叙事和分析必然要被修正。一位总统嘲笑“修正主义历史学家”，好像“修正主义”是一个脏字。[29] 而这正是历史学家的任务：对过去的阐释进行修正。虽然对历史进行修正通常具有政治意义，但有时在这里开一条路，有时在那里开一条。历史学家的任务就是审视过去的历史叙事：从一个新的角度，或者运用最新发现或鲜被注意的原始文献，看待一个熟悉的题目。历史学家最重要的任务是，从新的研究兴趣提出新的问题，这些兴趣有的来自可以察觉到的历史知识断缺，通常则来自我们生活的世界。本书的论文即来自所有这些兴趣。

约瑟夫·普拉姆·马丁，这位大陆军中不敬的军士这样写道：“大人物获得大名，小人物一无所有。”当他补充说，“但是从来如此，将来也是如此”的时候，他表露出过度的悲观。如果知道自己在 1830 年的回忆录在 20 世纪被多次印刷、历史学家利用它重新发现普通士兵的经历并且探寻革命对于那些认为其未能兑现诺言的人的意义，那么马丁会激动的。一旦知道一代人的“修正主义”经常会成为下一代的智慧，我们应该鼓起勇气。

在每篇文章的末尾，我都有致谢。对整本书，我非常乐意向以
下人表达我的感谢：哈维·J. 凯伊（Harvey J. Kaye），他是第一个
想到把我的论文结集出版的人；纽约大学出版社的编辑尼克·芬德
（Niko Pfund），他非常赞成这一想法；纽约大学出版社团队，包括编
辑主任埃里克·齐纳（Eric Zinner）、黛博拉·格谢诺维兹（Deborah 19
Gershenowitz），他们作为编辑对本书的敏锐批评、耐心和支持是本
书不可或缺的，安德鲁·卡茨（Andrew Katz），一个非常棒的助理编
辑，还有总编德斯皮纳·P. 金贝儿（Despina P. Gimbel），他是一个真
正的执行者。

注释

在此，谨向为此导言几易其稿而提出批评洞见的学者表示感谢：Woody Holton, Harvey Kaye, Ray Raphael, David Waldstreicher，尤其是 Gary B. Nash，他在关于历史论辩中的胜利给每一位学者增加了信心和勇气。

1. Joseph Plumb Martin, *A Narrative of Some of the Adventures, Dangers and Sufferings of a Revolutionary Soldier, Interspersed with Anecdotes of Incidents That Occurred within His Own Observation* (Hallowell, Maine, 1830); 重印版：*Private Yankee Doodle: Being a Narrative of Some of the Adventures, Dangers and Sufferings of a Revolutionary Soldier* by Joseph Plumb Martin, ed. George E. Schneer (Boston, 1962, 重印 1992), 95 (大人物); 101 (赤裸); 182 (兵变); 280 (兄弟); 283 (土地)。
2. Alan Taylor, *Liberty Men and Great Proprietors: The Revolutionary Settlement on the Maine Frontier, 1760-1820* (Chapel Hill, N.C., 1990), 103 (权利); 247-49 (养老金)。
3. Herman Husband, "Manuscript Sermons," 48-49, 转引自 Mark Jones, "The Western New Jerusalem: Herman Husband's Utopian Vision" (未出版手稿)。关于农民运动的研究，见本书论文 4 和 Alan Kulikoff, *The Agrarian Origins of American Capitalism* (Charlottesville, Va., 1992), chap. 5 and bibliography, 273-329。
4. David Ramsay, *The History of the American Revolution*, 2 vols. (Philadelphia, 1789; 重印 , Indianapolis, 1990), 1:315-16; Ira Berlin et al., eds., *Free at Last: A Documentary History of Slavery, Freedom, and the Civil War* (New York, 1992), xiv。
5. J. Todd White and Charles H. Lesser, eds., *Fighters for Independence: A Guide to Sources of Biographical Information on Soldiers and Sailors of the American Revolution* (Chicago, 1977); 参见 John Dann, ed., *The Revolution Remembered: Eyewitness Accounts of the War for Independence* (Chicago, 1980), 内有养老金申请书样本。
6. Alfred F. Young, ed., *The American Revolution: Explorations in the History of American Radicalism* (DeKalb, Ill., 1976); Alfred F. Young, ed., *Beyond the American Revolution: Explorations in the History of American Radicalism* (DeKalb, Ill., 1993); Alfred F. Young, "George Robert Twelves Hewes (1742-1840): A Boston Shoemaker and the Memory of the American Revolution," *William and Mary*

Quarterly, 3rd ser., 38 (1981): 561-623, 也转载于 Alfred F. Young, *The Shoemaker and the Tea Party: Memory and the American Revolution* (Boston, 1999); Alfred F. Young, *Masquerade: The Life and Times of Deborah Sampson, Continental Soldier* (New York, 2004)。

7. Michael Kammen, *Mystic Chords of Memory: The Transformation of Tradition in American Culture* (New York, 1991), 9-10; Young, *Shoemaker and the Tea Party*, part 2.
8. 参见：Harvey Kaye, *Thomas Paine and the Promise of American Life* (New York, 2005), 既是传记，也是对潘恩在公共记忆中的形象的分析。
9. 关于波士顿，见本书论文 8，关于麦迪逊，见论文 4，关于阶级语言的讨论，见论文 5。
10. Robert R Livingston Jr. to William Duer, June 12, 1777, R. R. Livingston Papers, New-York Historical Society, 转引自 Alfred F. Young, *The Democratic Republicans of New York: The Origins, 1765-1797* (Chapel Hill, N.C., 1967), 15。
11. 关于油画，见：Alfred F Young, Terry Fife, and Mary Janzen, *We the People: Voices and Images of the New Nation* (Philadelphia, 1993), xi–xii; David Fischer, *Liberty and Freedom: A Visual History of America's Founding Ideas* (New York, 2005), 190-94; Irma B. Jaffe, *John Trumbull: Patriot-Artist of the American Revolution* (Boston, 1975), chap. 7。
12. 关于政治背景，见：Pauline Maier, *American Scripture: Making the Declaration of Independence* (New York, 1997), chap. 2, 33-34 (新罕布什尔的 Bartlett); Ray Raphael, *Founding Myths: Stories That Hide Our Patriotic Past* (New York, 2004), chaps. 6,7, and pp. 248-251; John Adams to Abigail Adams, July 3, 1776, in C. F. Adams, ed., *Familiar Letters of John Adams to His Wife Abigail Adams, during the Revolution* (Boston, 1875), 193; David McCullough, *John Adams* (New York, 2002), 129。
13. Max Farrand, ed., *The Records of the Federal Convention of 1787*, 4 vols. (New Haven, Conn., 1937), 1: 101 (George Mason). 在 Farrand 编辑的 *Records* 中，宪法制定者在另外 10 处地方使用了"人民的天才"。
14. Ralph Waldo Emerson, "The American Scholar," in Brooks Atkinson, ed., *The Complete Essays and Other Writings of Ralph Waldo Emerson* (New York, 1940), 61; 关于 20 世纪历史学的研究趋势，见：Alfred F. Young, "American Historians Confront 'The Transforming Hand of Revolution,'" in Ronald Hoffman and Peter J. Albert, eds., *The Transforming Hand of Revolution: Reconsidering the American Revolution as a Social Movement* (Charlottesville,

Va., 1995), 346-492; Alfred F. Young, “The Mechanics and the Jeffersonians: New York, 1789-1801,” *Labor History 5 (1964): 247-76*; 及 Young, *Democratic Republicans*。

15. 关于舆论，见：Peter Novick, *That Noble Dream: The “Objectivity Question” and the American Historical Profession* (Cambridge, U.K., 1988), 332-33 (共识)。
16. Samuel Eliot Morison, 转引自 Novick, *That Noble Dream*, 332-33。
17. Edward P. Thompson, *The Making of the English Working Class* (New York, 1963), 12; 他的其他有影响力的相关论文，见：Thompson, *Customs in Common* (New York, 1993), chap. 4, “The Moral Economy of the English Crowd in the Eighteenth Century,” 及 chap. 6, “Time, Work-Discipline and Industrial Capitalism” 。
18. Linda Kerber, “The Revolutionary Generation,” in Eric Funer, ed., *The New American History, for the American Historical Association* (Philadelphia, 1990), 26; Gary B. Nash, *The Unknown American Revolution: The Unruly Birth of Democracy and the Struggle to Create America* (New York, 2005), xxix; 关于另一杰出的综述，见：Edward Countryman, *The American Revolution* (New York, 1985; 第2版, 2003), 附全面的研究文献述评, 237-63。
19. *National Standards for History: Basic Edition* (National Center for History in the Schools, Los Angeles, Calif., 1996), 85; 关于国家标准的起源和争论，见：Gary B. Nash, Charlotte Crabtree, and Ross E. Dunn, *History on Trial: Culture Wars and the Teaching of the Past* (New York, 1998)。
20. 关于非裔美国人历史的研究综述，见：Ira Berlin, *Many Thousands Gone: The First Two Centuries of Slavery in North America* (Cambridge, Mass., 1998); 及 Ira Berlin, *Generations of Captivity: A History of African-American Slaves* (Cambridge, Mass., 2003)。
21. 比较 John A. Garraty and Mark C. Carnes, eds., *American National Biography*, 24 vols. (New York, 1999) 与 Allen Johnson and Dumas Malone, eds., *Dictionary of National Biography*, 20 vols. (New York, 1928-1937); 关于 *American National Biography* 的分析，见：Edmund S. Morgan and Marie Morgan, “Who’s Really Who,” *New York Review of Books* 47 (March 9, 2001): 38-43; 又见：Edward James et al., eds., *Notable American Women*, 3 vols. (Cambridge, Mass., 1971); Henry Louis Gates and Evelyn Brooks Higginbotham, eds., *African American Lives* (New York, 2004); Darlene Clark Hine, *Black Women in America: An Historical Encyclopedia*, 2 vols. (Brooklyn, N.Y., 1993); Richard L. Blanco, ed., *The American Revolution, 1775-1783: An Encyclopedia*, 2 vols. (New York, 1993)。
22. 关于学术机构的变化，见：Novick, *That Noble Dream*, chap. 12; 关于一个风

向标博物馆的变化，见：Richard Handler and Eric Gamble, *The New History in an Old Museum: Creating the Past at Colonial Williamsburg* (Durham, N.C., 1997); 关于一个城市的历史机构的变化，见：Gary B. Nash, *First City: Philadelphia and the Forging of Historical Memory* (Philadelphia, 2002); 关于历史景点的变化，见：James W. Loewen, *Lies across America: What Our Historic Sites Get Wrong* (New York, 1999), 及 Gary B. Nash, *Landmarks of the American Revolution* (Oxford, U.K., 2003); 关于反对国家公园管理局对自由钟阐释的运动，见：www.ushistory.org/presidentshouse。

23. 关于"国家人文基金会"，见：Lynne Cheney, 转引自 Nash, *History on Trial*, 3, 及 Anne Marie Borrego, "Humanities Endowment Returns to 'Flagging' Non-Traditional Projects," *Chronicle of Higher Education* (January 16, 2004): 1, 20-21; 关于对史密森尼博物馆的攻击，见：Edward T. Linenthal and Tom Engelhardt, eds., *History Wars: The Enola Gay and Other Battles for the American Past* (New York, 1996), Alfred Young, "S.O.S.: Storm Warning for American Museums," *OAH Newsletter*（美国历史学家组织）(November 1994):1, 6-7, 及 Alfred F. Young, "A Modest Proposal: A Bill of Rights for American Museums," *Public Historian* 14 (1992): 67-75。

24. Ad Hoc Committee on the Rights of Historians, 美国历史学会, *Final Report* (March 1974); "The Rights of Historians: An AHA Report," *AHA Newsletter* 12 (1974): 9-12; Ellen Schrecker, *No Ivory Tower: McCarthyism and the Universities* (New York, 1986); Ellen Schrecker, *Many Are the Crimes: McCarthyism in America* (Princeton, N.J., 1998)。

25. 关于针对历史的"战争"，见：Harvey J. Kaye, *The Powers of the Past: Reflections on the Crisis and Promise of History* (Minneapolis, 1991); Lawrence W. Levine, *The Opening of the American Mind: Canons, Culture and History* (Boston, 1996); Nash et al., *History Wars;* John K. Wilson, *The Myth of Political Correctness: the Conservative Attack on Higher Education* (Durham, N.C., 1995)。

26. Frances Fitzgerald, *America Revised: History Schoolbooks in the Twentieth Century* (New York, 1979); 后续研究见：James W. Loewen, *Lies My Teacher Told Me: Everything Your American History Textbook Got Wrong* (New York, 1995)。

27. 关于学者们对新一波传记的反应，见：T. H. Breen, "Ordinary Founders—The Forgotten Men and Women of the American Revolution," (*London*) *Times Literary Supplement* (May 28, 2004): 14-15; Sean Wilentz, "America Made Easy: McCullough, Adams and the Decline of Popular History," *New Republic* (July 2, 2001); Alan Taylor, *Writing Early American History* (Philadelphia, 2005); Jeffrey

Pasley, Andrew Robertson, and David Waldstreicher, eds., *Beyond the Founders: New Approaches to the Political History of the Early Republic* (Chapel Hill, N.C., 2004), introduction; David Waldstreicher, "Founders Chic as Cultural War," *Radical History Review* 84 (2002): 185-92; Ray Raphael, *Founding Myths: Stories That Hide Our Patriotic Past* (New York, 2004)。

28. 关于领袖和奴隶制的最近研究，见：Henry Wiencek, *An Imperfect God: George Washington, His Slaves, and the Creation of the Nation* (New York, 2003); David Waldstreicher, *Runaway America: Benjamin Franklin, Slavery, and the American Revolution* (New York, 2004)。又见：Cassandra Pybus, *Epic Journeys of Freedom: Runaway Slaves of the American Revolution and Their Global Quest for Liberty* (Boston, 2005)。

29. George W. Bush, 转引自 James McPherson, "Revisionist Historians," *Perspectives* (美国历史学会), (September 2003); "President's Column" 。

目 录

第一部分　门外之民

第二部分　折中

第三部分　记忆：失去的和找到的

第一部分 门外之民

1
革命时期的技工：
“用锤子和手，所有的技艺都能站立起来”

18 世纪 90 年代，保罗·里维尔记录了他在 1775 年 4 月 19 日那次名垂青史的星夜骑奔——向国人警告一支英军部队正从波士顿前往列克星敦。他这么写道：“30 多个人为了监视英军的动向自发成立了一个委员会，我是其中之一。”写完这句话，他又在“30 多个人”后面加了一个破折号，补充道“主要是技工”。这极好地表明，里维尔，一个战前的银匠，把自己看作与其他技工并肩战斗的一分子，而不是一个独立的英雄人物。1795 年，里维尔成为马萨诸塞技工协会（Massachusetts Mechanics Association）的第一任会长。[1]

如果里维尔是在 1775 年记录这件事，他可能就会称呼自己和其他工匠为“手艺商人”（tradesmen），这是殖民地时期波士顿人对他们最通常的称呼。1783 年，他谈到自己时，还说自己是“一个生活相当不错的手艺商人”。整个殖民地时期，在大多数美国城市，“技工”（mechanic）一词是“上层人”使用的充满傲慢的词语。里维尔在用词上的变化说明，工匠们采用这个具有嘲弄意味的词并且把它当作荣誉勋章，如同别人会借用“雅各宾派”“民主党”和“黑人”等旧词，赋予其自豪感。旧的用法仍在使用：1788 年，里维尔所在的一个委员会，号召“手艺商人、技工和工匠们”集合。把“技工”包括在内，表明 18 世纪 60 年代至 90 年代意识的转变，它标志着在美国革命期间，技工成为公共生活的一部分。本文探讨的就是这一过程。[2]

正如当代历史学家认为的，革命的时间超过了从 1765 年到 1775
27 年同英国的政治冲突期。它还包括从 1775 年到 1783 年的战争，以及从 1783 年到 1815 年将近半个世纪的建国时期，其间各方因争夺革命的胜利果实而发生内乱。本文的焦点是这一漫长时期北方三个主要港口城市——波士顿、纽约、费城——的工匠，间或包括最大的南部城市查尔斯顿和巴尔的摩以及其他城市。文章试图回答以下问题：第一，技工是什么人，他们的抱负是什么？第二，在那半个世纪的时间里，他们在公共生活领域的能动性是什么？第三，工匠们的意识如何随着其经历而改变？第四，我们能否衡量他们对美国公共生活的影响？最后，工匠的遗产是什么，它又如何被后世窃取？

我的观点是：技工在革命时期的事件中起到了主要作用。他们对个人独立的向往同美国对国家独立的向往交织在一起。当工匠们进入政治生活，他们视自己为手艺人和生产者的传统自我意识在延伸扩大，开始产生作为市民和“技工利益群体”的强烈意识。统而言之，这四层意识可以被称为工匠共和思想。工匠对建国后美国政治的影响是可见的：托马斯·杰斐逊认为自耕农对美国的民主制度形成至关重要，工匠亦然。但是他们的地位得到了多大程度的认可却是值得考察的问题。19 世纪的头二十五年，随着势头强劲的资本主义经济改变美国，工匠制度开始衰落，因短工和工匠师傅之间的矛盾而撕裂。以后几代丧失独立性的工人和有抱负的企业主，又回过头去窃取工匠的遗产。[3]

《冶炼场的帕特·利昂》(*Pat Lyon at the Forge*)描绘了一个“靠自己辛勤劳动”为生的、自豪的独立工匠的工作场景。利昂是费城一名成功的消防车制造商，他要求画家约翰·尼格尔(John Neagle)把他画成一个工作中的铁匠，他就是靠此起家的。画中，他系着手工艺人的皮革围裙，周围是工具，背景中有一个年轻的学徒。窗外则是利昂被误判入狱的监牢，它时刻提醒着利昂作为一名市民成功抗争过的不公正。[图片来源：宾夕法尼亚美术学院(Pennsylvania Academy of the Fine Arts)，费城]

Ⅰ 谁是技工？区分和依附

保罗·里维尔和本杰明·富兰克林都是技工，主导着人们对早期美国工匠的大众记忆。然而，他们为大众所知的形象与历史学家发现的事实并不相符。里维尔在大众心中是无畏的报信人，是亨利·沃兹沃斯·朗费罗（Henry Wadsworth Longfellow）在《保罗·里维尔的午夜策马报信》（*The Midnight Ride of Paul Revere*，1861 年）诗篇中赞美的英雄，是约翰·辛格尔顿·科普利（John Singleton Copley）的画像中熟练的银匠。从富兰克林的《自传》（*Autobiography*）中，我们
29 得知富兰克林是来往于波士顿和费城的白手起家的学徒印刷工；从他的《穷理查年鉴》（*Poor Richard's Almanac*）中，我们得知他是美国成功福音名言警句的作者，例如“早睡早起使人健康、富有和聪明”。但是，牺牲群体、美化个体的美国方式在此处起着作用。里维尔如果不是波士顿北区技工们的领袖，就什么都不是，而在费城，年轻的富兰克林在工匠文化中如鱼得水：他组织的工匠俱乐部最初被称为“皮革围裙”（The Leather Apron），取自工匠们工作时的常用装扮。[4]

熟练工匠的存世作品也起着误导作用。尽管里维尔的银碗和邓肯·法福（Duncan Phyfe）的椅子装点着博物馆，但是大多数参观者从未见到过皮革围裙。而诸如“殖民地时期的威廉斯堡”（Colonial Williamsburg）和“老史德桥村”（Old Sturbridge Village）这类户外博物馆中重建的工匠店铺，尽管是真的，却带来更大的误解。无意中，它们呈现了一个安全、繁荣的工匠世界，远离艰难时世和政治动荡，而后者恰恰是城市工匠生活环境的标志。[5]

词语也在误导。“工匠”（artisan）和“手工艺人”（craftsman）是我们现在常用的词语，但是殖民地时期并不常用；同时，现在的“技工”已经转为狭义的机车技工。现在的美国人对“手艺商人”一

词没什么好感，因为这个词带有其英语语源的势利意味。但是在殖民地时期，“手艺商人”似乎是最常用的词：就是从事一技之长的人，他在学徒期间习得该技能，并靠它去打短工，之后成为师傅。虽然他可能在工坊做事，售卖自己制造的产品，但他不认为自己是“店主”（shopkeeper），“店主”指的是卖别人制造的商品的零售商。“制造商”（manufacturer）则可以指工匠或者像冶铁厂、索道工场这样的大型企业的拥有者，或者指拟建“制造厂”的投资商。在 18 世纪 70 年代，手艺商人们在政治上变得很活跃，他们要发起聚会时，可能会这么措辞：“技工们、制造商们和手艺商人们”（正如他们在费城做的那样），以确保没有遗漏。在革命年代，这些称呼一直在变化——表明工匠们的自我集体意识在发生变化。[6]

工匠占据了殖民地各城市人口的最大比例，虽然城市人口在整个殖民地人口中占比不太大，但是他们在公共生活中的重要作用超过了其人口占比。在 1776 年之前的 10 年，在大约 250 万的总人口中，包括 50 万奴隶，有大约 10 万人居住在大西洋沿岸的大城市：费城最 30
大，人口 3.3 万；纽约其次，人口 2.5 万；波士顿第三，人口 1.5 万；查尔斯顿第四，人口 1.2 万；巴尔的摩第五，人口 6700。到 1800 年，这些城市的人口翻了一倍，增长到 20 万，殖民地的总人口增长到 400 万。在前三大城市中，2/3 的自由成年男性属于劳动阶层，总人口的大约 45% 是工匠。在 1790 年的波士顿，职业或多或少可以精确测算了，在 2754 个成年男性中，有 1271 个熟练工匠，占比几乎接近一半。[7]

大约 20% 的自由成年男性是熟练的手艺商人之外的工人：商人海员（非常擅长船只航运，但又不是正式学徒身份），像锯木匠、挖沟工人和码头工人这样的普通劳动者，像烟囱工、叫卖商贩这样的流动工人，以及车夫，他们一般拥有自己的马车，在城镇拉货。在革命之前，纽约和费城的近底层则是契约佣工，几乎都是从不列颠群岛或者欧洲北部来的移民。

最底层是非裔美国人，几乎都是奴隶，只有一小部分是自由人。尽管他们在总劳动力中的比例在减少，到革命前夕，三大北部城市的奴隶数量是 5000 人：波士顿 750 人，费城 670 人，纽约 3000 人。在实行奴隶制的城市查尔斯顿，约有 6000 奴隶，是其人口的一半。工匠师傅也可能拥有奴隶：在费城，1/3 的奴隶主是工匠师傅，在纽约，比例还要高。有些奴隶变成工匠：在查尔斯顿，白人工匠经常请愿，要求驱赶或者限制工匠师傅雇佣的有一技之长的奴隶。[8]

把这样一个异质多样的群体称为一个“阶级”（class）或者使用 19 世纪的词汇“工人阶级”（working class），似乎是年代错误，不管大家对“阶级”一词如何理解。那时人们谈论的是“类”（sorts，分低端、中间和富裕）和“层”（ranks）。“阶级”这个词是在 18 世纪 80 年代晚期和 90 年代开始使用的。本文中使用的“劳动阶层”（laboring classes，复数形式）避免了这两种年代错误。“小资产者”（petty bourgeois），用来指称拥有资产的城市工匠，尽管从理论上是准确的，但是作为一个分析范畴，并不特别有帮助。正如卡尔·马克思不无尖锐地指出的，一个工匠师傅具有双重特征：他“确实拥有工具、资料等生产条件又拥有产品。在这一意义上，他是资本家”。但
31 是，“在生产过程中，他又以工匠面目出现，就像短工一样，也是他引领学徒进入神奇的手艺世界”。[9]

在 18 世纪六七十年代，多数工匠都是本地人，祖先来自英国。革命发生前的 10 年，大批来自欧洲和不列颠群岛的契约佣工移民到大西洋中部殖民地，此前费城已有大量苏格兰人、苏格兰-爱尔兰人、爱尔兰人和德国人移居。纽约有说着不同语言的人，波士顿则被认为是一个典型的“英语”之城［保罗·里维尔的父亲把自己的法语

姓“里瓦尔”（Rivoire）改成了英语拼写，因为当地的“土包子”读不出来]。在一个新教徒占压倒性多数的社会，几乎所有工匠都是新教徒，几乎所有行业的工匠都是男人。在大城镇，虽然在不少女性熟练工行业可能会见到许多女人，例如缝制业或者护理业，但是在“男性”行业，只有少数的女性，而且无一例外都是沿袭其丈夫的家业。在一个典型的家庭小手艺作坊，妇女充当工匠丈夫的“帮手”，丈夫拥有家长特权。[10]

大城市都是港口城市，其发展或衰退受航运影响——每个城市的海上进出口贸易由那些拥有船只、码头和仓库的商人包揽，其数量从一个到两百个不等。你总是能知道自己身处海港：你能看见通往船坞的马路尽头停放的高大的海船桅杆，听见船厂的嘈杂声。在这些商业中心，根据劳动市场，人们可以约略分出四种主要的手艺商人“分支”：（1）海上业务，在船厂、索道工场、帆布品制造车间和建造船只或生产船只装备的其他行业工作的工人；（2）建筑业，随着城市扩大而发展起来的木匠、泥瓦匠等人；（3）为受到保护的地方市场生产消费产品的行业，例如俗语中的“屠夫、面包师、烛台制造者”；（4）与来自英国的制造商竞争，生产消费产品的行业，既包括“奢侈品”行业（精美家具制造商、马车制造商等），也包括面向更大消费市场的行业（金属锻造工和皮革制造工人）。[11]

工匠们对行业之内、行业之间、行业与其他阶层之间的一系列经济与社会区分有充分的认识。首先当然是行业内的等级差异：师傅、短工、学徒。师傅通常是有自己的店铺，并在店里工作的小规模的生产者。他通常有一到两个学徒，两者之间一般签约七年，学徒只求 32
维持生计，不拿薪水，同时学习“行业的艺术和奥秘”，这是契约里的一句话。这种契约是如此常用，乃至于印刷商把它制成模板售卖，工匠们只需填名字即可。师傅也可以雇佣要求薪酬的短工（完成了学徒生涯的人）。甚至他自己也可以在一个大型工场为获得薪酬而工作：例如雇佣6到20人的船厂，雇佣10个人的索道工场，或者有十几个全职手艺人的冶炼厂（几乎都位于邻近丰富水能的乡村）。革命前，在大多数城市作坊里，师傅多过短工，波士顿尤其如此，费城少些。然而，师傅和短工之间的界限是模糊的：在建筑业，一个木匠在这份工作上可能是自己的“老板”，会雇佣其他人，在那份工作上又可能为别人打工。在这种等级体系中，学徒是城市最大的单一工人群体（查尔斯顿除外），学徒制教育是大多数城市男孩接受的教育。[12]

这种体制内的流动性有多大？下面这条标语表达出一种理想情况：“今天的短工，明天的师傅。”19世纪早期，一位年老的费城人回忆道，当他还是个男孩时，在每个行业，“每个师傅亲自劳动——没有人靠雇佣短工的利润为生”，“每个鞋匠、裁缝都为自己工作，洋铁匠、铁匠、帽商、轮匠、织工无不如此”。对理想的怀念误导了他的记忆。18世纪前半期还是存在充分的流动性的，这使理想多少能成为现实，但是从1750年到1770年，能成为师傅的短工越来越少。那很难称得上是黄金时代：在费城，大量的鞋匠和裁缝短工永远不能拥有自己的店铺。[13]

工匠们对行业内和行业间的财富差别也有充分认识。少数手艺商人像富兰克林一样成功，得以在42岁时靠投资退休养老，或者像里维尔一样有钱，里维尔后来成为一家铜铸车间主和铜矿主。工匠们可能有的富裕，有的很穷，但只有少数几个行业能让他们由穷到富。在多数行业，他们不是在“中间”就是在“底层”，当时的人谈论时，分别将他们称为“重要”手艺商人和“次要”手艺商人。建
33 造了费城“木匠厅”（Carpenters Hall，至今存在）的木匠、造船匠和“奢侈品”行业的工匠常常是“重要的”。但是，历史学家比利·史密斯（Billy Smith）发现，在4个“次要”行业中——鞋匠、裁缝、船

员和劳工——“贫穷和匮乏的幽灵困扰着他们的生活”，生活对他们来说，“脏乱、短暂、残忍”。在主要的殖民地城市，很大一部分位于“中间”阶层的工匠们战战兢兢地生活在贫困的边缘，随时可能欠债入狱或者靠救济为生。港口商业生活的起伏意味着，许多商人“都经历过‘破产’、萧条和不景气”，历史学家加里·纳什（Gary B. Nash）这么写道，或者正如他们自己可能会说的，他们知道什么是“黄瓜季节”（cucumber times），即以“白脱牛奶和土豆”维持生活的日子。换句话说，大量的城市工匠通常生活在忧惧之中：他们害怕朝下的社会流动。[14]

在几大城市中，波士顿的经济是最萧条的。1750 年之前的 20 年间，工匠们成群地离开，纳税清册上的“应纳税人”数量实际减少了 1000 人。一名观察者说，“位于社会‘中间’的人每天都在减少”，“他们中的许多人日益陷入极度贫困……许多正直的手艺商人都失业了”。到 1750 年，一个小册子的作者把穷人和富人对立起来，后者从与法国的战争中得利，“建造船只、房屋，购置农场，配备四轮马车、双轮马车，过着豪华的生活，沽名钓誉”。在 18 世纪六七十年代，贫富差距成为城市社会景观的一个显著现象：房子方面，有装修豪华的楼栋，也有茅檐低小的棚舍；大街上，有坐马车的，有骑马的，有推着装满货物的独轮车的；集会上，根据财富不同而定座次。在 18 世纪 60 年代中期开始的政治斗争中，阶级不满情绪从来都是表面可见的。[15]

工匠们，不论其财富多少，都特别在意他们的社会地位，即他们与他们之下的“底层”人群和之上的“有钱人”间的区别。几乎所有师傅们的地位都很低。自认为“上层人”的绅士和太太们把手艺商人看作“中间”或“底层”人，或者说他们自己是“出身好的人”，其他人是“出身卑贱的人”。他们应该会同意塞缪尔·约翰逊（Samuel Johnson），后者在英语词典（1756 年）中不无贬低地把“技工”定义为“制造者；一个低下的工人”，并将其作为一个形容词，意为“卑贱的；卑屈的，与卑贱的行业相关”（“卑贱的”一词具有鄙视、轻视
34 的含义）。7 所殖民地大学教导将成为未来绅士学者的小部分新生说，自由七艺优于手工艺。一位哈佛学生把印刷工贬低为“新生都不屑一顾”的“排版和上墨的小技工”。约翰·辛格尔顿·科普利是一位享有大名的画家，他的生花之笔经常把波士顿的暴发户描绘成新贵派头。大名如他也抱怨他的客户把绘画看作“不过是一种有用的技艺而已，正如他们有时说的，就像木匠、裁缝或者鞋匠一样”。即使像里维尔这样受人尊敬的工匠，波士顿的一位爱国领袖介绍他时，也带着明显的屈尊口气：“我的可敬的朋友里维尔……没有哪个如他这种地位和生活机遇的人能比他更值得社会的尊重。”[16]

许多工匠内心认同这种社会分层。在波士顿，一位新闻记者仔细思考了“手艺商人之间古怪的区分程度”。正如他发现的，“羊毛布商说裁缝是低等人；后者同样对鞋匠不屑一顾”。在纽约，一位印刷工为越过自己的“生活地位”而道歉。即使是成功如富兰克林者，在费城推销公共工程时，书面中也以“一个普通的穷技工”自居。[17]

不论其地位如何，在这些商业体中，几乎所有的劳动阶层都处在一个依附网中。短工和学徒依附师傅获得工作，师傅们再依附商人获得生意（用他们的话是获得“顾客”）。在店外工作的师傅通常承接“订制活”，按客人的订单制作产品。像马车制造商和时装裁缝这样的“奢侈品”手艺商人经常处在被保护人—庇护人关系中，对“有钱人”感激涕零。另一方面，鞋匠、铁匠和面包师每天做着小本生意，为像他们一样的人提供服务。资金紧缺的技工依附私人借贷者（革命之后才出现了银行），租房而住的劳动人民（大多数都如此）依附于他们的房东地主。市政府的重商主义法律条文建立了一整套对市政府的依附机制：手推车工为了许可证，屠夫为了市场摊位，面包师为了面包

法令的有利决判。为了获得救济，贫穷的工人或者寡妇不得不和“穷人的监管人”打交道，他们确实就是监管人。“财富不均”的结果正如约翰·亚当斯，一个并不苛刻的美国社会观察家所写的：“人们很容易看到，各个行业、制造业和其他职业的许多穷人，要依附富人才 35
能度日。”这种依附和社会区分激发了人们的抱负，并且在政治生活中发挥作用。革命时期是工匠们摆脱依附和区分，为实现抱负而共同行动的时期。[18]

II 抱负：成为“一个自立的人”

工匠们的抱负可以分为三种。首先，多数人努力获得英语中所谓的“能力”（competency，“足够舒适生活的手段，产业”，根据《牛津英语词典》），以及殖民地工匠可能会说的“独立”“独立性”“自立”，或者“诚实的生活”。一个工匠要成为“一个自立的人”或者“自己的老板”，这些都是当时的常用语。这意味着，他要在自己的行业内出人头地，而不是在自己的行业外。1779 年费城制革匠、鞣皮匠和皮匠（都是皮革行业）的一个请愿表明这种思想有多么普遍。这是一个“所有人都知道的境况”，他们写道，“这些行业的任何人，无论多么勤劳和辛苦，无论其生活方式多么节俭，都不能迅速致富……我们中的绝大部分都满足于一种体面的生活，即使没有财富；我们中也很少有人拥有额外的产业。”他们的目标是什么？“我们的职业使我们成为社区有用而必需的成员，我们以此为荣，不想往前走。”大多数手艺商人可能都是这么想的。1788 年，当波士顿 380 名“最受尊敬的手艺商人”集会为《宪法》而游说时，他们把自己定义为“用自己的汗水和双手生活的人，为自己的生存和国家的尊严工作的人”。

这两条典型的工匠价值表达出对劳动价值理论和道德经济学的坚持。传统的工匠依靠“汗水”谋生，满足于做一个“受人尊敬的手艺商人”。[19]

第二，一些人梦想着跳出自己的行业而致富。马萨诸塞的律师约翰·亚当斯在 1760 年写道：“我想制鞋这一行业对于托马斯·霍利斯（Thomas Hollis）而言太卑贱、太渺小了，正如假发制造之于纳
36 特·格林（Nat Green）先生、房屋制造之于丹尼尔·威拉德（Danie Willard）先生。”所有人都想“突然转型”，他说，“为了出人头地”，而这带他们走向了毁灭。也有成功的：在英国与法国的几场战争中，一个工匠可能通过为英国陆军或海军提供装备、把积蓄投入商船的一次航行或者在城市房地产中投机而赚取雪花般的利润。在 1789 年的波士顿通讯录中，4 个商人中有 1 个是工匠的儿子，而在 18 世纪，波士顿前 10 种最富有的职业中，没有一个是工匠。[20]

第三，劳动阶层中的有些人，包括“次级”行业中的许多人，除了谋生，别无他想。正如一位商人解释的，这些穷人“总是糊口度日，干一天活，挣一天面包”。他们不仅包括依靠城市救济的穷人，还包括有工作的穷人。历史学家筛选出的许多证据表明，从 18 世纪中期以后，城市贫困是多么普遍：急剧增长的救济院、济贫所和院外家庭救济的记录数字；城镇张贴出来的不接受新来者的警告通知，他们害怕这些人可能会成为“慈善病房”（这些人被迫成为新英格兰海边的“流浪穷人”）；战争期间，英军轻易地就能招募城市中的男人加入他们在美国的军队，海盗船长轻易地就能诱惑人们加入私掠船；尤其是认证的遗嘱表明，处在底层行业、辛劳一生的人留下的产业是多么可怜。[21]

本杰明·富兰克林格言录的流行表明，这些“中产”理想多么深入人心。《穷理查年鉴》是最受城镇乡村喜爱的文学作品，它开始出

本杰明·富兰克林在《穷理查年鉴》里的格言被各阶层的工匠牢记在心。在这幅伦敦版画中，“谁有了手艺，谁就有产业”鲜明地体现在烧火的铁匠和锤打马蹄铁的妻子身上，这样的场景并不少见。背景里的蜂巢象征着“勤劳”，这是第二条格言所倡导的。[来自《鲍勒斯的道德图》或《画中的穷理查》(*Bowles Moral Pictures* or *Poor Richard Illustrated*)，单页报，伦敦，约1790—1800年。资料来源：美国哲学学会(American Philosophical Society)]

现在 1737 年的一个年鉴中，从 1758 年到 1800 年又作为独立宣传册印刷了 36 版。富兰克林在书中主要面向工匠讲话。他这样夸赞手艺："谁有了手艺，谁就有产业，谁有了职业，谁就名利双收。"他还以此雇佣者同彼雇佣者的口吻说："师傅眼睛所做的工作比他的双手所做的还要多。"他理所当然地认为，工匠要赤手干活，"别戴着手套握工具，记住，手套里的猫逮不住老鼠"。[22]

我们了解富兰克林提倡的主要品德：理性、勤劳、节俭。但是为了什么目的呢？"首先是要避免债务。""想想欠债时你做了什么？你
37 把自己的自由交给了另外的人。""借方是贷方的奴隶，债务人是债权人的奴隶。鄙弃枷锁，守住自由，保持独立，勤劳而自由，勤俭而自由。"富兰克林给汇编这些格言的文章取的名字是《财富之路》（*The Way to Wealth*），它可能会被误解，其目标其实是让人可以抬起头，过上一种家庭舒适、养得起孩子和能维持自己老年体面的"中产"生活。

现代读者忽略的还有一点，这些个人化的品德创造了一种集体身份感和工匠们的自豪感。在一幅号召"技工们、制造商们和手艺商人们"参加 1773 年费城一场政治集会的单页报中，这样写道："手艺商人们的生活几乎看不到腐败、浪费和奢侈"，相反，"在他们身上经常能发现勤劳、节约、谨慎和毅力"。后世美国人在把 19 世纪的"白手起家之人"的个人主义强加给"穷理查"时，忽略了富兰克林的建议对他那个时代的工匠读者意味着什么：这些品德把他们联系在一起，给他们一种既有别于上面的富人又有别于下面的穷人的区别意识，那两类人很可能都不需要以这些品德生活。成为"一个自立的人"并不代表"人人为己，最后的人遭殃"。在工匠之间有一种互助意识和同仁情谊，他们通常相互称为"行业兄弟"。[23]

共享文化的另一些因素也使这些身处"中间"层的工匠们团结起

来。历史学家对富兰克林和里维尔之类的人了解很多，他们代表了事业有成的师傅、受过教育和自我教育的人、书店和收费图书馆的顾客、报刊读者、账簿管理员和作家。这是一个启蒙的世界，那些鼓捣“小发明”的工匠（冶炼业的里维尔、拥有无数发明的富兰克林）为实用的工艺和科学做出了贡献。他们是公理会和贵格会礼拜堂、共济会会堂、兄弟会、民兵组织、消防队、钓鱼协会和饮酒俱乐部的成员，在聚会中，他们互相结交、彼此认识。这些人大体上都是“受人尊敬的”手艺商人。[24]

历史学家才刚刚开始揭开“次等”行业和“低等”行业中男男女女更加黑暗的世界，与“受人尊敬的”手艺商人相比，他们与海员和苦力（甚至奴隶）有更多的相同点。他们的思想世界似乎较少受到启蒙运动的触动。他们读的是沿街兜售的写着下流诗的单页报和美国书商进口的成千上万的英国畅销故事书。他们可能是民兵组织或者消防 39
队的成员。他们在无数的海滨或者城市社区中的小酒馆消磨时光，他们的休闲活动（新英格兰南部）是诸如斗鸡和斗兽之类的血腥游戏。他们非常可能旁观过公众绞刑（整个城镇的人都可能出动）。在费城，他们可能是1776年、1787年向“女巫”扔石头致其死亡的人群中的一员，也可能是1788年纽约群众抗议医学院学生为解剖课需要而从乞丐坟墓中偷取尸体的人群中的一员。在前途黯淡的情况下，他们被招募者“为国效力、发家致富”的口号诱惑到海上的私掠船只上。这些人在社会上无根无本，极有可能成为在大西洋北部自由逡巡的海上无产大众。[25]

有时，这两个世界的人交互重叠。形形色色的劳动者都信仰伟大的福音派传道者，尤其是乔治·惠特菲尔德（George Whitfield）的“狂热宗教”，相信他们说的救赎无论贫富，对所有人都敞开大门。在1740—1770年对殖民地的4次巡回演讲中，惠特菲尔德这位英国福音派传道士去的重点地方是“人口众多的城镇”，他可以在户外轻易吸引 1 万人，每天都让最大的会堂座无虚席。波士顿是他最喜欢去的城市，经常早上 6 点在那里开始讲道，男男女女在开始每天的工作之前，先去倾听他的讲道。虽然惠特菲尔德的讲道并不激进，但是正统的牧师还是很愤怒，因为他，尤其是继他之后的美国福音派鼓励“每个下层文盲”相信，他“能够解决复杂的道德良知和最艰深的宗教问题，甚至胜过最博学的神学家”。1770 年，惠特菲尔德在马萨诸塞的纽波利波特去世时，波士顿印刷商发行的单页报悼词数量，比为 18 世纪去世的其他任何人发行的都要多（其中一篇悼词是非裔美国诗人菲莉斯·惠特利写的）。1776 年，当纽波利波特的民兵组织开往战争前线的时候，他们在他的墓地驻足，从他的裹尸布上撕下几片，作为护身符带上战场。在殖民时期后期，惠特菲尔德不亚于富兰克林，成
40 为几代劳动阶层心中的文化偶像。[26]

Ⅲ 习俗：行业、工场和社区

我们有关于殖民地美国的工匠师傅集体行动的确切记载。师傅们只维持几个组织，像费城木匠协会（Carpenters Company of Philadelphia）。他们可能建立了“友好协会”或者“同行俱乐部”，向会员们提供便利。很普遍的是，在一个城市的单一行业内，师傅们经常因为彼此需要而随机地联合起来。许多行业的师傅都可能与同一行业的“兄弟们”建立友好的关系。房屋木工们聚在一起讨论价格问题，面包师们一起讨论城市管理条例，还有很多手艺人向政府请愿，要求驱赶无执照营业者，或者要求得到各种帮助。在马萨诸塞，150 年内，有 39 个行业向殖民地地方议会进行了 258 次请愿活动。其

他殖民地也发生了类似请愿。尽管短工针对师傅采取的集体行动不太多，但是罢工也不是没有发生过。但是，如果因此说，直到 1827 年工资工人出现之前没发生过劳工运动，就像美国劳工历史学家约翰 · R. 康芒斯（John R. Commons）所认为的，那就是在用后来工会制度的标准衡量历史。[27]

学徒和契约仆从表达了“对自由的热衷”，正如波士顿的科顿 · 马瑟（Cotton Mather）牧师在 1720 年说的，他们或者逃跑，或者把主人告上法庭，要求他们履行自己的契约条款。随意翻开一份北部殖民地的报纸，你会发现每一期都登载热切寻找能替代逃跑劳工的广告：逃跑的学徒、逃跑的契约仆从（包括男女）或者逃奴。还有愤怒的丈夫对逃跑的妻子发出的通告，宣称不会为她的债务负责，因为她“已经离开我的床和我的家”。逃跑的男男女女一般都逃往城市，这些通告揭示出一个隐藏的智慧的平民世界：假造身份、异装、机智地生活。[28]

工人中缺乏正式组织并不说明缺乏保护：工匠们的工坊由习俗裁决，它内在于工艺过程之中。学徒从师傅那里学习技艺，师傅告诉他“自古以来”手工艺人就是按任务而不是按时间来设定作息的，他们交出整个产品，如果是在船厂，则为他们的集体产品而感到自豪。他们的工作节奏毫无疑问与英国不同。他们并没有跟随历史学家汤普森 41
形象描绘的英国节奏：密集劳动之后是尽情的休息，在酒馆庆祝“圣周一”（Saint Monday）作为继周日之后的第二个休息日，整年的工作不时有各种节假日。美国的工匠们工作更加有规律，很少有人庆祝“圣周一”，节日也很少。尽管如此，还是能看见许多源自“旧国”的工作文化。毕竟，富兰克林的根本假定就是，作为“穷理查”，他必须与老派的“任务 + 休闲型”工人不懈地斗争，说服他们“时间就是金钱”。[29]

在拥有相当数量工人的大型工场，旧世界的习俗随处可见。工作中和工作结束后的茶水时间非常普遍。看看工场的仪式，非常吸引人：18 世纪 60 年代，波士顿的船厂工人在上午 11 点和下午 4 点会立刻停止工作，享受茶点，在别的地方，在船只建造过程中每个阶段完成的时候，从铺放龙骨到船只下水，都会用朗姆酒进行庆祝；18 世纪 90 年代，塞勒姆的索道工人会在 11 月 25 日庆祝“圣凯瑟琳日”（Saint Catherine’s Day），“伴随巨大的噪音、炮声和挥舞的旗帜等等”。18 世纪 80 年代后期，如果富兰克林参观费城或者纽约的印刷厂，他会发现，短工和学徒们在沿袭他曾经忍受过的苦工这一习俗，而它在 60 年前的伦敦就是印刷工的梦魇。水手们要遵循很多规定海上集体劳动的习俗，纯粹是出自危险工作中的自我保护。不过鞋匠不必在大型鞋厂工作也知道，圣克里斯宾（St. Crispin）是他们的“神圣”庇护人。[30]

劳动阶层在群体行动中也会行使通常的权利，来自不同行业和层次的人聚集在一起，展现出行业间的团结。[31] 波士顿素有“暴民城”之称：1750 年之前发生过 4 次谷物骚乱、2 次市场骚乱，1747 年发生了 1 次反对强制征兵的暴乱，使该城数天无法正常活动——都是恪守“道德经济学”原理的表现。“喧闹音乐”（rough music）是新英格兰流行的一种惩罚仪式，在仪式中，民众对社区违反两性道德风俗的人施以公众惩罚，后来在新英格兰文化散播到的其他地区也开始流行。在波士顿，革命前的几十年间，11 月 5 日是教皇节，在这一天，平民和年轻人说了算。纽约人也庆祝教皇节，费城人则在 5 月 1 日庆
42 祝“圣坦慕尼日”（King Tammany’s Day）。革命期间，在 30 个地方发生过妇女主导的群众性价格控制行动。[32]

之所以复述这些习俗和传统是想说明，自 18 世纪 60 年代以降，当对英国人的抵抗使城市劳动阶层走向政治化时，他们拥有一个可资利用的大众文化资源——行业的、工场的和社区的。

Ⅳ 政治：“我们已经顺从忍耐很久了”

1765 年，在与英国发生第一次大危机之前，工匠在政治领域没有发言权。作为有产者，大多数“中产”师傅们都在政治体制内，有资格投票选举殖民地地方议会的成员。在新英格兰，他们也可以参加全镇大会，参加每年一次的殖民地大会代表和城镇行政委员的选举。在纽约和费城，公民权更加受到限制，选举偶尔举行。程序使选举变得不那么自由：在纽约，个人可以在执行官面前当众口头投票；在波士顿的全镇大会上（事务由干部安排），人们通常举手表决。波士顿有 2000 名白人成年男性，在 1763 年和 1774 年间的正式大会中，参加人数平均 555 人，最多时大约 1000 人。市议会厅法尼尔厅（Faneuil Hall）能够容纳 1200 人。但是当爱国领袖们召集“全体人民”的抗议大会时，取消了参加人的财产资格规定，大会因此不得不在老南聚会所（Old South Meeting House）举行，据说在 1773 年超过 5000 人参加了在那里谋划的反对茶叶上岸的大会。[33]

技工们是否尊敬政治领袖精英？以马里兰一个典型的尊敬事例为例。马里兰是由大种植园主主导的社会。一位费城人（也许是本杰明·富兰克林）观察到，大种植园主们“对待穷种植园主（自耕农或者佃农）满是傲慢，对待工匠满是轻视。后两类人在同老爷们说话的时候，要手拿帽子，话前话后都要称呼‘尊敬的老爷’”。遵守脱帽礼仪、以敬称称呼人是表示尊敬的典型标志。但是这种尊敬有多少是因为经济上的依附，有多少是发自内心，这对历史学家来说是一个迷。在殖民地美国所看到的很多礼敬形式很可能更像一种角色扮演：非裔 43
奴隶尤其擅长表现出主人们期望看到的顺从。在城里，劳动人民对富人没有尽头的依附也可能使他们在表面上流露出对富人的默从。[34]

进入 18 世纪 60 年代，殖民地的政治总体来说是精英阶层之间的竞争：在纽约是利文斯顿家族和德兰西家族的竞争，在宾夕法尼亚是有产者和议会派之间的竞争，在马萨诸塞是“宫廷”派和“大众”派之间的竞争。斗争变得激烈时，绅士们可能组织一个“皮革围裙俱乐部”，就像他们在 18 世纪 30 年代的费城做的那样；或者可能在印刷品上假冒工匠之名，获取工匠的选票，就像他们在纽约做的那样。工匠们的消极行动似乎多于积极行动。工匠师傅虽然非常擅长和同一行业的人聚会，起草请愿书或者制定价格，但是却不习惯选举集会。他们很少为某一选举职位推选自己人；在波士顿，他们可能在全镇大会上有发言权，也确实担任了大多数小的委任职位，但是他们仍旧从“富人”中选出行政委员和议员。什么样的手艺商人能从工作中空出时间？什么样自学成才的工匠愿意面对“富人”对其粗鲁的言谈举止的嘲笑？[35]

来自底层的支持不得不通过买卖或者谈判而获得，即使是那些依附自己的人的支持，这表明尊敬正在慢慢消失。我们可以从 1765 年一个波士顿人的写作中看出这种变化过程，似乎他是一个为某职位而竞选的商人：

> 我可以……告诉选举开始前两到三个星期，我采取的步骤。我派人找来桶匠，把所有的木桶都修得整整齐齐……我找来泥瓦匠，让他把我家的壁炉或烟囱修修，我找来木匠，修补房顶和木房子；我经常在 11 点的时候去船厂，那时他们会有茶歇，我和他们聊天。他们都投我的票。

一位费城人的写作告诉我们“绅士”玩这种把戏的另一种套路：“在两周的选举会上，一个在过去 7 年从未正眼看过他们的绅士跟他们握握手、笑一笑，故作熟悉地聊个天，有多少穷人、普通人和工匠

被这些姿态所取悦啊。”[36] 44

这与其说是尊敬，不如说是默许，而关于其持续性的最有力的证据是，不管是谁想在选票上动员技工，都不得不让他们改掉上述态度。以 1760 年波士顿一次选举中手艺商人委员会使用的语言为例。他们说，手艺商人必须“穿上安息日的衣服……洗漱干净，看上去光鲜整洁”，去参加选举。或者让我们看看费城报纸上的这些呼吁。1739 年，康斯坦特·特鲁曼（Constant Trueman）不得不恳请技工们不要“被大人物的威胁或者皱眉所吓倒，要敢于说出心里话”。三十年后，“一位从业者”在向他的“手艺商人、技工兄弟们”讲话的时候，感慨道，“一些领袖提名自己的人，并且理所当然地认定手艺商人会投出他们的选票，这已经成为一种习俗”：

> 我们已经顺从忍耐很久了，以致那些绅士们毫不迟疑地说，技工们（尽管目前为止是数量最多的，尤其是在乡村）没有被咨询的权利，也就是说，没有为自己说话或为自己考虑的权利。[37]

1774 年查尔斯顿发生了一件事情，报纸上广为报道。对这件事情的反应体现出类似的服从。当一位英国圣公会牧师嘲笑“每个愚蠢的乡下人和文盲技工”试图批评统治者的时候，他招来了一片哗然。克里斯宾·希尔塔珀（Crispin Heeltap）在一家当地报纸上反驳说，“一位诚实的补鞋匠比一位糟糕的牧师更值得尊敬”，随之，他被赶出了教堂。罗得岛一家报社记者认为，“所有这类神职人员必须知道，技工和乡下人才是国王、地主、普通人和牧师的真正主人”。但是，他又补充道，“尽管（说出来很羞耻）他们经常骑在仆人的背上作威作福”。[38]

也许这样的证据可以让我这样评价殖民地后期美国技工的行为，

一如 E.P. 汤普森这样评价同时期的英国贫民阶层：“尊重其实是非常脆弱的……里面有一部分自我利益，一部分伪装，只有一部分是出自
45 对权威的敬畏。”在美国充满冲突、导致独立的那十年，尊敬很容易破碎。[39]

V 能动性：群众、委员会、联盟

从 1765 年到 1776 年，在主要海边城市，技工进入公共领域，改变了政治特征。技工和劳动阶层作为一个整体在政治上活跃起来，既有与其他阶层相同的原因，也有专属于他们自己的原因。

首先，所有影响殖民者争取自治权利的事情，同样也影响着技工，例如英国议会未经同意就征税一事。辉格党在 1765 年以后常用的爱国标语“自由和财产”，不仅针对大地产所有者，作为利益攸关的小产业所有者，技工和农民也能对此有所行动。其他有点财产或没有财产的劳动人民也可以有所反应。1773 年在费城，“一名技工”争论说，“不管我们有没有自己的财产”，《茶税法案》(Tea Act ）对谁都是压迫的。这是危险时刻:《法案》打开了一个“缺口”，英国政府“将由此进入我们神圣的自由堡垒，不会停止，直到征服整个美国”。关键问题是，“我们的财产以及通过艰辛劳动获得的宝贵成果是否由我们自己支配”。[40]

也可以认为，“就算他们没有财产，只要有自由，他们的后代可能也会有财产”。一名波士顿人在 1770 年的“全体人民大会”上就是这么说的，这次大会让短工、学徒和海员都参加。更为根本的是，工匠们相信一个自明的真理，那就是，劳动本身就是财产。师傅和短工把自己从“艺术和神秘”中学来的手艺视为他们的财产。1792 年的

一份请愿书上有不少于1200名康涅狄格技工的签名，请愿书提到了革命前的岁月，认为“在那时，劳动是市民拥有的主要财产”。[41]

“劳动者得食，不劳者不得食”成为18世纪六七十年代的颂歌。在像约翰·洛克（John Locke）一样的英国政治思想家和美国福音派传道士中，这已经是不言而喻的道理。凡事都有两面，这个道理的另一面就是对不生产者阶层的谴责。这解释了为什么美国人谴责《印花税法案》的发行者、税务司以及他们的雇员，因为他们“无所事事，生活奢靡，依附于诚实且辛勤劳动的人而活”。他们是寄生虫，或者换句话，用马萨诸塞年鉴里的话，是“领取养老金的人”“禄虫”“皮条客”“娼妓”，或者“水蛭”“尺蠖”。劳动价值理论是联结由那些不靠“汗水”生活的律师、牧师、商人、种植园主提倡的辉格党权利论与城乡那些以“汗水”为生的贫民之间的纽带。[42] 46

其次，英国政府的一系列行为直接影响了一些劳动人民的利益。对于水手以及在船坞码头工作的人来说，英国海军在18世纪60年代的新一轮强制征兵确确实实威胁到了他们的自由。关税法的严格执行也触及水手的利益，他们不过私运几瓶朗姆酒而已，这都是海上的惯例。从18世纪60年代晚期起，驻扎在纽约和波士顿的英国军团时刻挑战着人们的耐心，特别是他们被允许夜间出去兼职，承接民用工作，压低美国工人的工资。[43]

第三，制造业开始成为一个问题。英国议会强加给美国人的特殊制造业（例如铸铁制品、帽子、羊毛纺织）似乎并没有导致大麻烦。但是在英国王室否决了殖民地立法部门鼓励制造业的法案之后，英国对美国总体制造业的反对开始成为一大问题。一位费城人在1771年写道，“我们的立法部门能够鼓励自由七艺和科学的发展，却不能以同样适当的方式鼓励技工和制造业的发展，这是一种遗憾。然而，我们的母国*认为，她有权利生产我们消费的每一件物品，除了面包和肉”。18世纪美国对各种制造品的消费急剧增加——“消费革命”——这对工匠来说喜忧参半，因为它导致了从英国大量进口商品，塞缪尔·亚当斯称之为“英国的小玩意”。“伦敦制造”比“费城制造”或者“波士顿制造”具有更高的威望。然而在18世纪60年代，当爱国运动采取抵制英国进口的策略时，很自然的，“买美国货”为美国制造商带来了商机。当依赖英国进口的商人对抵制运动淡然的时候，技工们意识到他们的利益与那些“重商主义的先生们”（纽约人这么称呼他们）不同。开始时的策略变成了目标，它滋育了工匠们清晰的阶级利益感。[44]

个体工匠渴望获得个人“独立”的传统梦想就这样与美国摆脱英国制造的运动交织在一起。例如，1774年马萨诸塞地方代表大会的
47 一条决议，从“家庭越独立，人们越幸福”的前提转向“必须鼓励农业、制造业和经济发展，从而使马萨诸塞在国家制度许可的范围内尽可能独立于其他各殖民地”。决议列举了一长串值得公众支持的马萨诸塞制造的产品名目。美国制造业打造的国家独立的愿景在半个世纪里将是工匠横幅标语上不变的主题。[45]

群众性运动是劳动阶层表达自身要求的最壮观的方式。城市群众运动的目标是王室官员、海关告密者、驻军、美国的托利党，尤其是拒绝参加抵制活动的商人。群众来自不同的层次，抱着不同的目的：有辉格党或者“自由之子”领袖等中间阶层组织的群众行动，有低一层工匠自己组织的、发泄阶级不满的群众行动，还有脱离了控制、不能善始善终的群众性行动。[46]

举着蜡像的群众经常由中间阶层领导——因为这种行动需要制定

* 指英国。——译注

计划、印刷号召大家参加行动的传单、在蜡像中塞稻草。另一方面，一时冲动、自发组织的群众活动，就像那些在税务官脸上涂柏油、身上粘羽毛（tar-and-feathering），或者骚扰英军的人，通常由学徒、短工、“次级”工匠、海员、年轻人和黑奴组成。1770 年早春，纽约为争夺自由杆而同英军发生的小冲突的制造者就是他们，这些冲突导致了“金山战役”（Battle of Golden Hill）；在波士顿逗弄英军并最终导致“波士顿惨案”的始作俑者也是他们。群众行动是爱国者联盟发生内部冲突的主要原因。“拒绝暴力，否则有害大业”是波士顿“自由之子”领袖们的口号，十年里，他们一直致力于一边控制群众、一边抵抗英军。两边都有技工加入。[47]

群众行动以惊人的方式利用熟悉的大众习俗传统。在波士顿，对《印花税法案》的抵制建立在每年一次教皇节的领导力、象征意义和选区的基础上（见本书论文 8）。涂柏油、粘羽毛的惩罚行动利用了喧闹音乐和羞辱罪犯的官方公众仪式。伴有情绪激昂的演讲和听众呼应的大规模公众抗议集会，则呼应了由福音派传道士们，如惠特菲尔德推广的种种狂热形式。

工匠政治的方向是把“门外”的人民推进“门内”。工匠们参加各种委员会、选举政治集会、正式协会以及新英格兰的全镇大会和县特别代表会议。在激进派发表 1775—1776 年政治议程表之前，费城 48
没有什么群众性活动。波士顿则不然，那里发生了大量的群众性活动，但是工匠们直到战后才发展出自己的议程表和组织。除了参加人数在增加外，没有一个单一的模式。在波士顿，大批技工参加了爱国者组织，例如“九人团”（Loyal Nine）和“北区团连”（North End Caucus）。在查尔斯顿，已经组织了“联谊会”的工匠们又组织了政治性的“约翰·威尔克斯俱乐部”（John Wilkes Club）。到 1774 年，查尔斯顿、费城和纽约都成立了独立的工匠委员会，他们召开“工匠和手艺商人"大会，通过决议，推选参与商人联合委员会的代表，推举工匠参加公职。在这三大城市，工匠在全城范围内的各种革命委员会中获得 1/4~1/2 的席位。[48]

在费城，志愿者民兵队于 1775 年组成之后，一个"士兵委员会"（Committee of Privates）成立，其代表来自 30 个主要由低层工匠组成的民兵队，他们为自身利益发声。来自"中间"层的激进派加入后，他们成为平均主义政治激进主义的带头人——辩论政治、计划策略、发表声明——所有的一切都展示出一个世纪之前英国的奥利弗·克伦威尔（Oilver Cromwell）军中士兵的做派。[49]

当政治抵抗演化成军事反叛时，城市工匠成为领导者。1774 年当一支英国军队占领波士顿时，房屋木工拒绝为他们建造营房，镇通讯委员会派遣保罗·里维尔去纽约通知那里的"自由之子"，让城市工匠们不要响应英国人对罢工者的呼吁（纽约工匠没有妥协）。1775 年，大约 30 名波士顿工匠成立了地下委员会，监视英军的活动，并且给银匠里维尔和制革匠威廉·道斯（William Dawes）传递情报，后来两人把情报传给列克星敦的爱国者。一支"主要由工匠组成的"民兵炮兵队伍把黄铜大炮偷运出城，事实证明，它成为华盛顿将军不可或缺的有力武器。[50]

在这些形式多样的行动中，工匠们响应了不同领袖的号召。首先，他们支持了"自由之子"中间阶层，这些人常常同劳动阶层有着自然的接触：波士顿有塞缪尔·亚当斯，他是镇收税员，经常往来于"皮革围裙"工匠之间，还有托马斯·扬，一位在穷人中行医的
49 医生；纽约有亚历山大·麦克杜格尔和艾萨克·西尔斯，他们是私掠船的船长，擅长获取船员的信任；费城有提摩西·梅拉克（Timothy Matlack），是个发起斗鸡、斗牛和赛马运动的酿酒师，也有詹姆斯·坎农，是个教授，还有本杰明·拉什（Benjamin Rush）医生，和

刚从英国来的工匠托马斯·潘恩。这些人都是新型的政治家，都依赖工匠的选票。[51]

第二，工匠们支持证明自己爱国的富人，例如查尔斯顿的克里斯托弗·加兹登（Christopher Gadsden）或者波士顿最富有的商人约翰·汉考克。汉考克的知名度部分在于他的庇护人身份——约翰·亚当斯认为新英格兰一千多户家庭的“每日面包”仰赖于他。但是汉考克的政治生涯很大程度上属于公众舞台上的家长作风：向教堂捐赠大钟或者向市镇捐赠消防车，下令建造船只或码头，雇佣失业的工匠，为教皇节组织的官员购买制服。作为一个有钱人，他必须证明自己作为一个共和主义者的价值；单单是经济依附并不管用。约翰·辛格尔顿·科普利没有把他描绘成其他炫耀财富的新贵模样，而是把他描绘成坐在书桌前、一手拿着账本、一手握笔的商人——毫无疑问，衣着鲜亮，但更是一个工作中的人。[52]

第三，领袖来自劳动阶层。在1765—1766年的《印花税法案》危机中，街头行动通常由下层劳动人民主导：在波士顿是鞋匠艾比尼泽·麦金托什；在纽约是“托尼和戴利”（Tony and Daly），一位英军上尉称之为“两个能迅速发起或镇压暴民运动的船上木匠”；在纽波特是约翰·韦伯（John Weber），当地报纸称其为“一个20或21岁的被遗弃的罪犯”，但是也可能是刚从英国来的水手。这些人后来都被晾在一边。1770年，约翰·亚当斯所称的“古怪的水手”，像波士顿的水手克里斯普斯·阿塔克斯（Crispus Attucks），领导了反抗英军的行动。在费城、纽约和查尔斯顿1774—1776年危机的最后阶段，来自不同行业的“大批”技工对委员会的领导给予了持续性的支持，而在费城，“次级”工匠则进入了士兵委员会。[53]

随着政治问题到1775年成为战争问题，而到1776年成为独立问题，绝大部分技工们成为爱国者。战争期间的波士顿和查尔斯顿，技工中反对独立的人数非常少，费城则多些，纽约人数最多（整个战争期间纽约都被英军占领）。非常可能的是，相比其他阶层，技工中的爱国者比例更高。在这些城市，很少有那种反其道而行之的阶级心
50 理，这种心理会导致长期与地主绅士处于敌对状态的贫困农民因为他们的敌人支持爱国事业而拒绝它。

所有这些力量对事件过程的影响，我们能说什么呢？技工在爱国者联合战线中的影响同商人中辉格党的人数或爱国主义程度是成反比的。这种影响在费城最强烈，因为那里传统的统治阶层要么放弃其统治，要么固守中立主义，所以技工们填补了权力真空。相反，在波士顿，至少 2/3 的商人是辉格党，“自由之子”所借重的是“那些受人尊敬的社会成员——手艺商人”。“在获得全胜”的形势下，技工们显然不需要自己的委员会。在纽约和查尔斯顿，技工自发组织起来，由商人—地主贵族组成的一派积极参与大众政治，技工的影响介于费城和波士顿之间。[54]

我们很难不夸大城市技工的影响。在主要城市，他们取消了《印花税法案》（1765—1766 年），通过武力强制手段进行抵抗（1768—1770 年），率先采取直接对抗英军的行动（1768 年起），亲身支持倾茶行动（1773—1774 年）。城市和乡村起义的幽灵，即《独立宣言》中所说的“内部痉挛”，吓坏了有钱人，把许多人赶进了效忠派阵营，也促使辉格党试图控制与低层民众的联合。城乡的激进主义使将来的统治者形成一种复杂的保守主义。罗伯特 · R. 利文斯顿是纽约一家贵族商人—地主家庭的主人，他建议与他同一阶层的人要学会“顺流而行，如果不能阻止的话”，“如果想控制水势的话，就不得不顺着洪流”，技工就是那洪流的主要力量。[55]

从 1774 年早期到 1776 年中期，当问题变成是独立还是同母国妥协的时候，技工成为不可或缺的力量。在费城，独立的推动力来自政

治化的士兵委员会，这一事实表明了“低层”民众的影响。木匠们把
自己的大厅让出来，第一次大陆会议就在那里举行，这表明大量工匠
转向了革命事业。托马斯·潘恩的《常识》（1776 年）提出了独立之
后建立民主共和制度的强烈要求，这样一本书由一位刚从英国来的
前工匠写成，标志着一位具有工匠意识的作家进入了美国政治领域。
《常识》是革命时期最具影响力的小册子。技工和农民一起施加了来 51
自底层的压力，这股压力迫使不太情愿的精英阶层迈向独立。[56]

Ⅵ 技工在场：“技工厅”的“皮革围裙”

当技工们参加一个又一个的群众性活动，当群众性活动变成集会，当集会成为委员会并推举公职候选人时，技工认识到了自己控制事态发展的能力。当“独立”隐约可见时，新的州政府前景摆在了爱国者面前，使其面临谁应统治国内的问题。古弗尼尔·莫里斯（Gouverneur Morris）是纽约一家地主贵族家庭的少爷，他捕捉到了这一过程在纽约的两极化。1774 年，当他“站在阳台上”看着外面宏大的群众集会时，惊讶于人群的阶层差异：“我的右手边是所有的有产阶层，和少数贫穷依附者，”他写道，“另一边都是手艺商人等等，他们认为为了国家利益而放下手中的活是值得的。”对“手艺商人等等”的政治觉醒，他感到恐慌：“民众开始思考和推理。这些穷鬼！对他们来说，这是一个春天萌动的早晨；他们正在努力甩掉冬天的泥淖，沐浴在阳光中，不到中午他们就会咬你一口，相信我。乡绅们开始感到害怕了。”现在的问题不再是是否以及如何反对英国人的管制了：“他们在争论将来的政府形式，是建立在贵族制基础上还是建立在民主制基础上。”[57]

“有产者”压制技工的每一次努力都仅仅强化了后者的意识。他们肆无忌惮地表达对后者的蔑视。例如1774年在费城，当技工提名了自己的候选人而保守派质疑“皮革围裙”的领导能力时，一名报社记者愤愤不平地问道：“美国99%的人难道不是技工和农民吗？”“费城的一半财产不是掌握在那些穿着皮革围裙的人手里吗？”这当然是夸张之辞（前10%的财产所有者拥有该城市72%的财富），但它是
52 激发技工感到自身重要性的方式。[58]

类似过程也在南部主要城市上演。到1775年，南卡罗来纳的副总督相信，查尔斯顿的技工们“已经发现了他们自身的力量和重要性”，将不会“再轻易听命于以前的领袖”。佐治亚的总督非常震惊地发现，萨凡纳的革命委员会“由一帮最底层的民众组成，主要包括木匠、鞋匠、铁匠等等，首领是个犹太人”。“他们的傲慢无礼会激起任何一个英国人的愤怒。”另一人写道。绅士们长期以来都相信这一名言：“鞋匠！管好自己的事吧！”这句话充分表达出他们对政治领域中的手艺人的蔑视。他们感到非常愤慨，那些只知道“用灵巧的手修补鞋子，或者建造房子”的人，竟然胆敢对国家事务发表意见。[59]

这种阶层蔑视在技工和劳动阶层中引发了对富人的不信任，这种不信任最初是由本杰明·富兰克林、乔治·惠特菲尔德和托马斯·潘恩明确表述出来的。这三个人是殖民地后期对技工产生过最明确影响的人物。富兰克林对“中产”理想的赞扬，惠特菲尔德对奢侈和炫耀的福音派新教徒式的冷漠，以及潘恩让普通人相信自己具有基于“常识”做出决定的能力，这些都滋育了他们对富人的不信任。

在1774—1776年的最后危机中，这种不信任导致技工们去寻求直接的阶级代表。在费城，士兵委员会要求民兵队成员选举“志同道合的人”，让他们小心“大人物和太有钱的人”以及“学问圈的绅士们”。在纽约，技工们在自己购买的大楼里开会，并名之曰“技工厅”

（Mechanicks Hall），标志着他们想让自己在政治领域保持一种存在感。[60] 随着州立宪法的起草工作即将展开，他们要求将宪法提交给他们批准。“技工联合会”（The Mechanics in Union）的决议称，“上帝给予了他们所有人这种权利，去判断（政府提案）是否符合他们的利益，以决定是接受还是拒绝”。在政治制度有碍技工利益的地方，比如在纽约，他们要求改革；新闻报纸登满了希望无记名投票、年度选举和公职轮换的要求。在费城，激进派不仅要求广泛的选举权，而且要求通过相关法律，以免“大量的财产掌握在少数人手里”，因为那“对人类的共同幸福是灾难性的”。在政治制度已经容纳中间阶层的地方，比如波士顿，他们不是改革的倡导者；确实，大多数技工为全镇 53
大会这样混乱的直接民主制度而辩护，而精英们则想复兴旧制度，通过选举市长和市政议员来代替直接民主制度。[61]

总体而言，在拥有大城市的各州，技工在爱国者联盟中的影响越大，该州宪法就越趋向于民主。南卡罗来纳的宪法是最保守的，宾夕法尼亚的宪法是最激进的，马萨诸塞和纽约的宪法居于二者之间。新的宾州政府最接近那个时代的民主理想模式：单院制的立法机关，偏弱的执法机关，所有纳税人都有权参加的每年一次的选举，担任公职没有财产资格的要求，而且是轮换制（激进派要求控制财富的提议被拒绝）。但是纽约的宪法，正如一位保守派所称的，“在主张民主制和主张贵族制的人之间达到了完美的平衡”，因而没有成为与技工产生争端的焦点。在马萨诸塞州，有两个宪法提交给公众讨论，968 名波士顿人在全镇大会上拒绝了 1778 年的非民主制宪法，但是在 1780 年默许接受了一个修订后的保守派宪法。[62]

理解技工思想的关键是潘恩的《常识》。虽然这本册子的重点是反对君主制，支持“共和政府”，但是潘恩只对宪法的细节“抛出了一些想法”：经常性的选举、“大规模的平等的代表权”和权利保护。

手握锤子、高举的健壮手臂是成立于1785年的“纽约市技工和手艺商人总会”（General Society of Mechanics and Tradesmen of New York）的会员资格证上的中心标志。锤子是各手工艺行业最常用的工具。“用锤子和手，所有的技艺都能站立起来”这一格言自豪地宣称，技工艺术优越于自由七艺。（资料来源：纽约市技工和手艺商人总会）

虽然潘恩自己是宾州宪法的拥护者，但是考虑到他书中少有的“暗示”，不难理解其他州的技工读者会如何勉强接受一部“中间道路的”具有两院立法和强力执法的《宪法》，只要它是建立在经常性选举、平等代表权和小财产所有者有权选举的基础之上。“选举自由是人类能够拥有的最可贵的珍宝”，纽约的技工在决议中如此宣称，纽约州宪法通过每年一次的地方议会选举和承诺将来进行无记名投票强化了这种自由。在纽约，由于民主派害怕哈德逊河谷的大地主们对几千佃农施加影响，几十年里，男性普遍选举权没有提上议案。这一姿态解释了技工后来对1787年联邦《宪法》的支持。[63]

1775—1783 年的长期战争阻挡了技工运动的势头。整个战争期
间，英国军队占领了纽约，而占领波士顿、费城和查尔斯顿的时间稍
微短些。劳动阶层加入美军的人数与他们在总人口中的比重不相称，
他们乘坐私掠船出海作战，因为在那里可以瓜分掠取的战利品。战争 54
破坏了城市各经济体，尤其给穷人带来了苦痛。战争的不公正、商人
的牟取暴利和价格控制的失败，加剧了阶级对立，也加剧了技工之间
的对立。随着 1783 年战争的胜利和外贸重新开放，一波进口的英国
制造品使美国技工们有陷入困境之虞。其结果是技工们滋长了对自身
利益的关注。[64]

Ⅶ 意识：手艺、生产者、技工利益群体

如果我们追溯技工从 1783 年战争结束直到 1815 年的生活，可能
会发现他们中存在四种意识：手艺意识、生产者意识、技工利益意识 55
和市民意识。他们手艺人和生产者的自我意识由来已久，但是其集体
技工利益和作为市民的共同能力的意识却是新的。所有的意识交织在
一起，尽管有时一种意识优先于另一种意识，或者代替另一种意识。

手艺意识。这是工匠们最古老也是最自然的意识，这可以从 18 世纪后期雨后春笋般增加起来的行业协会中看出来：家具匠、房屋木工、椅子匠、箍桶匠、皮匠、锡匠、印刷工、船木工、制帆工——名单能一直延续。协会成员最初是师傅们（后来是短工），他们是些为自己的劳动定价、关注自我利益的群体，或是为会员生病或死亡时提供福利的“友善”协会。尽管记录显示，只有少数协会延续下来，但它们似乎是具有章程、会员资格证、选举产生的官员和详细的会议记

录的正式协会，不同于殖民地时期某一行业的临时集会。[65]

在纽约，三种行业协会的会员资格证能说明会员的自豪感。纽约市制帆师傅协会（The Society of Master Sailmakers of the City of New York）的会员资格证描绘了制帆的每个步骤：从编制粗硬的帆布到其缝合，再到将船帆安装在停靠水边的即将出海的船上（它还描绘了一个会员如何给一名寡妇发放福利以及一个妇女如何释放一名奴隶）。箍桶匠协会（The Coopers Society）的会员资格证描述了其工艺过程：先制作木板，将其箍起来做成木桶，再把桶推滚到船上。帽商的真助理协会（True Assistant Society）极有可能由短工组成，它的会员资格证上画了一只嘴里叼着帽子的北美秃鹰，下方是穿着皮革围裙的工匠同一位西装革履的绅士握手（可能是做帽子的师傅，也可能是顾客）。帽子短工可能会携带这样一个镶嵌在硬纸板上的资格证，向雇主证明他已经度过了自己的学徒生涯。[66]

行业自豪感也生动地体现在成功的工匠请人画的肖像画上，在画中，他们往往加上自己的行业标记。殖民地时期，极少有工匠请人画肖像画，而且他们会掩饰自己的出身。当本杰明 · 富兰克林在 18 世纪 40 年代后期退休时，肖像画中的他俨然是个绅士：在罗伯特 · 菲克斯（Robert Fekes）的画作中，他头戴假发，身穿一件两袖翻褶的天鹅绒外套。你永远不会知道他不久前还是一个印刷工。在 18 世纪
56 60 年代晚期，科普利笔下的保罗 · 里维尔则在工作台前，自豪地展示自己打造的一个银茶壶，面前放着工具。他穿着亚麻衬衣，自然生长的头发梳向后边。19 世纪早期，邓肯 · 法福，他的姓名是当时纽约精美家具的代名词，在一位不知名的画家的笔下，戴着苏格兰式无边帽，手拿木工锯。这种传统将会继续。[67]

生产者和技工利益群体意识。当政治思想家讨论“利益群体”

在纽约市制帆师傅协会的会员资格证上，描绘了该行业生产的每个阶段：编制帆布、把帆布缝到船帆上、把船帆挂到船上。一名会员向另一名会员的遗孀赠予福利（右上），一名妇女手握一个戴着自由帽*的棍子，在释放一名奴隶（左上）。［资料来源：纽约历史学会（New York Historical Society）］

* 一种软帽，又叫弗里吉亚帽。——译注

时，“制造者利益群体”可能指大型“制造工厂”主，也可能指工匠，也可能二者兼而有之。在18世纪八九十年代，技工们经常自称“技工利益群体”：一群具有自身经济需求的小生产者。他们以两种方式展现了这种意识：发起保护美国制造者的运动和组织全城范围的各种协会。

产生工匠利益群体的动力出自双重需求：保护美国工匠免受如洪水般涌入美国市场的英国制造商的损害；阻止“航海”下滑，因为它会导致航运业和海上贸易的衰退。作为18世纪六七十年代抵制活动的成果，保护运动在战争期间处于沉寂状态，在18世纪80年代报复性地复兴了。在阻挡具有竞争力的英国物品事务中有直接利害关系的行业和海运行业的领导下，技工们同那些希望在一个闭关的帝国时代发展海上商业的进出口商人并肩作战。用1789年纽约技工的话说（他们在1800年逐字逐句重复），“海外进口十分不利于技工的发展，它培养一种依赖精神，某种程度上击垮了我们的革命目的”。虽然他们对保护性关税的要求在马萨诸塞州、纽约州和宾州获得了满足，但是各州在阻挡海外商品涌入问题上的无能，促使技工们转向强化国民政府的功能。[68]

战后出现了两种技工组织。保护运动直接产生了由各行业选举的代表组成的各种委员会，在波士顿，这样的组织是手艺商人和制造商协会（Association of Tradesmen and Manufacturers）。波士顿的组织者解释说，其目的是，“人人不仅关心自己的行业利益，而且关心兄弟行业的利益”。波士顿的委员会在写给纽约、费城和巴尔的摩的兄弟委员会的信中，还希望“全国的整个制造者利益群体和谐共
58 处”。但是这个代表制组织只持续了大约两年，它没有成为未来发展的方向。在波士顿和纽约成立的第二种技工组织是多重目的的会员制协会，这些协会的名称表露出其拉拢工匠的企图，不管他们如

何标明自己的身份：在波士顿是马萨诸塞工匠协会［Massachusetts Mechanics Association，后来的马萨诸塞慈善工匠协会（Massachusetts Charitable Mechanics Association）］，在纽约是工匠协会（Mechanics Society，后来的技工和手艺商人总会），在查尔斯顿是查尔斯顿工匠协会（Charleston Mechanics Society），向“自由白人技工、制造者和手工艺人开放”。

整个 18 世纪 90 年代和 19 世纪早期，技工总会如雨后春笋：新英格兰在波特兰、朴茨茅斯、纽波利波特、伍斯特、塞勒姆和普罗维登斯有总会；纽约州在奥尔巴尼、兰辛堡、哈德逊、卡茨基尔（哈德逊河谷的小镇）和金斯县有总会；南方在萨凡纳和诺福克有总会（连结巴尔的摩和查尔斯顿，战争爆发之前的群体）。当然还有其他的协会：这是一种有传染性的现象。要加入这样的协会，必须先经过学徒阶段，也就是说这些协会主要由行业师傅组成。谁有资格成为技工也能成为争论的话题：波士顿和普罗维登斯的协会也接受工厂主和主管。[69]

在纽约和波士顿，精英阶层害怕工匠们潜在的经济和政治影响力，工匠协会在与他们旷日持久的斗争之后才能获得州政府的特许：纽约人等了 7 年，直到 1792 年才获得特许，波士顿人不得不等到 1806 年。拥有 125 位成员的波士顿协会一直规模很小，不具有典型性，里面的师傅从来不超过波士顿师傅总数的 1/10，而纽约协会则蓬勃发展，到 1798 年大概有 600 人。协会有很多功能：确认学徒身份、分发福利、调解纷争、促销产品，偶尔借贷资本。在后来的几十年，它们还会为学徒赞助图书馆，为会员的孩子赞助学校，赞助银行以及推广工匠艺术的展览。它们还会建造自己的大楼。他们的重要性首先在于，为“受人尊敬的技工和手艺商人”在城市建立一种“在场”。当美国制造业的保护问题出现时，那些临时组织的由各行业代表参加的委员会向国会提交了大量的请愿书。[70]

总会的资格证生动地表现出技工的生产者意识，是对众多行业的
59 有形致敬。组约技工群体的版画中有一些插入画，每张都描绘了一个“通过汗水”而生活的人：正在转动车床的木工、正在造房子的建房工人、正在船厂工作的造船工人、正在铁匠铺工作的铁匠、正在犁耙后面工作的农民。其中心标记（查尔斯顿和普罗维登斯也采取了一样的标记）是一只高举的健壮的手臂，手里握着锤子，上面有一句格言：“用锤子和手，所有的技艺都能站立起来”（在查尔斯顿，这句格言是“勤劳致富”）。它向社会骄傲地宣称了“有用技艺”的首要性——是对绅士们一直以来宣称自由七艺优越性的大胆挑战。这一标记抓住了工匠们的想象力，它还将出现在游行横幅上。[71]

即使当这种象征主义变得不那么愤怒且表现出技工和商人的利益融合时，它仍然开辟出一片新的天地。波士顿资格证上的中心标志（也被塞勒姆和朴茨茅斯采用）是一头展翅飞翔的鹰，下面是一副天平，上面的标语是“公平，无畏”。天平右边是大捆的货物，协会的会议记录这样解释，“它代表商人群体”，天平左边是“数不清的行业工具，表示社会中的各技工利益群体”：有控制杆、螺丝钉、楔子、滑轮、轮子。当天平“保持平衡，商人和技工保持着公平，则无所畏惧”。[72]

在这种生产者意识中，技工的象征主义对农民是口惠而实不至：1788 年波士顿技工委员会提出，“可敬的手艺商人和自耕农是社会民主的一部分”，但是整个 18 世纪 80 年代，他们却从未与农民组成政治联盟。相反，城市技工，通常是债权人，同商人一样都反对农民在州立法中救助债务人的请求。波士顿的技工对谢司领导的起义抱有敌意（但也反对对叛乱分子的严厉惩罚）。到 1785—1786 年，技工们在多个城市与寻求强大国民政府的商人建立联合，不仅出于推广自身商

品的需求，也为了阻挡大多数激进的农民进入州政府。作为国家独立的早期倡导者，技工们倾向于捍卫一个更强大的中央政府：在《常识》中，潘恩曾写道，“大陆的皮带系得太松了”。为了支持联邦《宪法》的起草和批准，技工因此与他们长期以来不信任的“商人大佬”达成了联盟。[73] 60

Ⅷ 市民意识：游行的技工

从 1765 年到 1776 年，在响应辉格党爱国领袖倡导的一系列事务中，技工的市民意识开始觉醒并逐渐获得一种自身利益群体感。在 18 世纪 80 年代，技工开始形成一种自身利益群体感，发动自己的运动，形成自己的组织。在他们热切响应他人——18 世纪 80 年代晚期的联邦主义者和 90 年代中期的共和主义者——提出的问题时，这些政治运动也在响应他们。

没有哪个运动比技工的游行更明确地记录了他们的市民意识，没有哪次游行比 1788 年那些庆祝《宪法》通过的游行更能清楚地表明他们的观点。“大游行”在美国的每个大城市都发生，全体市民都出动：波士顿（4000 人），纽约（5000 人），费城（5000~6000 人），巴尔的摩（3000 人），查尔斯顿（2800 人）。小点的城市也会爆发游行，其中包括朴茨茅斯、奥尔巴尼、纽黑文、特伦顿、萨凡纳，乡镇也有。游行是市民的欢庆活动，技工是其中人数最多和最突出的——事实上，它们是美国历史上最早的“劳动”游行。[74]

1787 年夏天在费城召开的起草联邦《宪法》的会议上，虽然技工没有参加，但是他们却真实地“在场”。代表们开始意识到，如果《宪法》要在各州民众投票的特别代表会议上通过，就必须认真对待城市的技工选民。会议对众议院选举权的资格问题提出的解决方案表明了《宪法》制定者如何接受技工、如何否定限制地产所有者投票权的提案。正如我们看见的，对技工来说，选举权是民众政府的必要条件。[75]

关于《宪法》通过的大众辩论吸引的人比革命时期的其他任何辩论都多。在城市，争论不仅仅出现在小册子和报纸上，而且发生在酒馆、工场、理发店。虽然辩论双方都希望得到技工的支持，但是反联邦主义者对阶级的呼吁对城里的技工无甚作用，尽管其在农民中获得了热烈的支持。梅兰克顿 · 史密斯（Melancton Smith）是纽约最能说会道的反联邦主义者和商人。他的笔名是“平民”，但他把“中间阶
61 层”和“普通人”清楚地定义为“本质上的农民”。在一篇代表“美利坚合众国低层民众”的辛辣文章《卑微的约翰致辞》（Address of John Humble）中，一位费城作家痛斥了“出身好的人”，因为他们想建立一个由“国王、贵族和平民百姓”组成且由600个富人领导的政府，这最终会成为“建立在我们血汗基础上的王权政府”。他的诉求，虽然打动了费城技工多年来的心弦，但却无疾而终。

联邦主义者没有停留在高大的政治理论上，而是注意严峻的面包黄油的现实问题，这为他们带来了成功。在波士顿，一位作家指出，“大量的勤劳手艺商人为了生活而花着以前挣的钱，或售卖自己的工具”。另有作家说，技工们“大半时间无所事事，或者干活后只有实物作为酬劳，一半的水手没有活干——劳动者找不到工作”。不管是对美国制造商品的保护还是对美国海上商业的支持，都处于危险之中。塞缪尔 · 布莱恩（Samuel Bryan）是费城一位敏锐的反联邦主义领导人，他承认所发生的事情：“无数依赖商业尤其是那些依赖航海业（海外贸易）的手艺商人陷入危难”，并支持《宪法》，而另一些技工“因为之前对于革命的不同立场”——辉格党或是托利党——和对

激进的宾州宪法的态度而产生分歧。换句话说，在渴望工作机会的城市技工中，经济利益超越了传统的阶级忠诚。[76]

在选举代表参加各州的宪法通过特别会议时，城市技工绝大部分投票给联邦主义者。在费城，反联邦主义者在 1400 张选票中只获得 150 票；在纽约，在全体男性市民投票的情况下，反联邦主义者的票数是 150 票，联邦主义者的票数是 2700 票。在波士顿，技工们支持一个由联邦主义者占主体的候选人名单，上面会有他们政治上的老朋友塞缪尔 · 亚当斯和约翰 · 汉考克的位置，但两人的态度都不明确。正是当亚当斯在州特别代表会议上犹豫不决时，380 名“可敬的”手艺商人聚集在绿龙酒馆（Green Dragon tavern），派了一个代表团（其中就有保罗 · 里维尔）去找他并且说服他放弃反对立场。这样，当《宪法》最后通过时，技工们感到他们在此过程中起到了作用。[77]

游行是四种工匠意识的一种华丽体现。市民意识即体现在工匠游行这一事实上，不管在哪里，工匠游行几乎都按行业分组。游行既是庆祝性的活动，也是政治活动，目的是给三个拒不让步的州施加压
力。第一次游行于 2 月在波士顿举行，欢庆马萨诸塞州通过了《宪 62
法》；其他游行发生在春天和 7 月 4 日，其时一些州仍旧摇摆不定。只有波士顿的游行是由手艺商人委员会（Committee of Tradesmen）组织安排的，其他地方则由市民领导组织，每种行业都各自负责自己的队列。这意味着在每个行业中，师傅们必须碰头，讨论一些细节：携带的标志、横幅上的标语、是否提供游行彩车，如果提供，如何在几天之内准备好。技工们自愿参加游行，热情十足：这是欢庆活动，是新鲜事物（见论文 3）。

参加游行的全体技工人数之多前所未有。游行的技工，在费城以行业“混合”的方式安排，在别的地方以抽签方式安排，他们通常按行业的相似性组队——建筑行业、海运行业等等。报纸经常报道每个

组队的人数。波士顿是三大城市中最小的，在隆冬的一个雪天，全城所有 1200 名工匠几乎都出来了，最后面是一辆拉着手艺商人委员会（包括保罗 · 里维尔）的雪橇。在费城，主队列规模很大：450 名建筑工和房屋木工，350 名“头戴白栎木树枝”的船上木工，300 名皮匠“6 人一排，每人穿着白色的皮革围裙”，80 名供应粮食的人（屠夫）“都身穿白色衣服”。参加游行的有 40 到 55 种行业。[78]

手艺自豪感和生产者意识遍布工匠各个行业。每个行业都尊重传统的等级划分：典型的做法是，在费城由 100 位橱柜工匠和椅子工匠组成的游行队伍中，师傅们 6 人一排站在最前面，由“4 位年龄最大的师傅”领头，后面是他们的游行彩车；紧跟着的是短工和学徒队伍，“6 人一排，穿着麻布围裙，戴着带扣帽尾的帽子”（麻布围裙比皮革工作围裙更常见）。波士顿的游行准备得比较仓促，手艺商人拿着工具或者他们制作的产品。在费城，游行彩车很大，上面安放的工作台随着车子而起伏，工匠们就在上面表演他们的技艺，这是美国游行队伍中从未有过的现象。彩车上有皮匠、铁匠、造船工人、造炮工、马具匠、橱柜匠、制陶工、轮匠、印刷工和面包师的标准工作台。如果工匠们没有现场演示他们的工艺，他们就会展示一个成品，配上一个恰当的名字，例如面包师会带上一条巨大的“联邦面包”，分发给观众。

63 在费城，最惊人的展品是由房屋木工建造、10 匹白马拉着的名为“联邦大楼或新屋顶”的一个房屋成品。它的穹顶由“十三根科林斯柱支撑”，代表 1788 年 7 月 4 日批准《宪法》通过的十三州，其中十根是完工的，其他三根“没有完工”。穹顶上放着一个戴有羊角*的丰饶女神（Goddess of Plenty）。在主要城市，游行中轰动最大的展品

* 丰饶的象征。——译注

是一艘象征着“州之船”的巨大船只（在费城，船身长 30 英尺，配有 24 门大炮），放在车上，由马队拉着。船只由造船木匠建造，水手们模仿在船长的指令下进行船上作业等操作。船的名称不一而足，“联邦船舰联合”“州之船”“宪法”，在纽约，它又叫“汉密尔顿”。

游行的横幅上，有些行业不过重复着其传统的手艺象征（例如鞋匠的横幅上是“圣克里斯宾”），其他行业的工匠打出的标语则是自己的政治经济诉求。所有标语都希望新政府能够维护每个行业的经济利益，当然，针对不同的产品市场，其标语也不一样。船舶木工为他们的生命线——商业而呼吁：

> 这艘联邦大船将振兴我们的商业
> 商人、造船匠和船舶木工都将兴旺。

铁匠和制钉匠要求禁止进口：

> 工业繁荣
> 我们不需要外来钉子。

椅子工匠希望向国外市场出口：

> 联邦各州手拉手
> 我们的椅子必将遍布全球。

皮革工匠则总结了大家的一般愿望：

> 美国人鼓励自己的制造。

最后，横幅表达出了工匠心中的共和市民权。在费城，铁匠们宣称，“用锤子和手，所有的技艺都能站立起来”；泥瓦匠的口号是，“大楼和统治者，都由我们的双手打造”，这是一个大胆的双关语；印刷工举着富兰克林的肖像，提出，“哪里有自由，哪里就是我的祖国”；油脂蜡烛商则反过来说，“美国的星星，世界的光亮”；纽约的家具商（共 13 个）举着一把名为“州之联邦椅”的漂亮椅子，两边站着两位
64 清秀的小伙子，手里拿着装饰自由帽的棍子或一把“公正之剑”。

这是工匠们（师傅、短工、学徒）按行业进行的集体游行——在此意义上，它们是美国最早的“劳动”游行——但是它们并不拒绝其他阶层。在波士顿，报道强调有“150 位重要商人参加”，在费城和纽约，游行中有单独的商人、医生、律师、教士、教师和学生队伍。官员们——城市、州政府和国家级别的——也参加游行。在纽约和费城，士兵队伍也夹杂在各分队中。正如整个游行队伍所证明的，工匠们发现自己的利益与社会其他阶层的利益联系在一起。妆扮起来的农民代表了农民的利益，费城制造协会（Manufacturing Society in Philadelphia）代表了大规模制造商的利益，协会赞助了一辆仿照纺织“工厂”的彩车，投资人站在最前排。

在游行组织者的眼中，“联邦大游行”的宗旨是人民，而不仅仅是代表人民。游行结束后，在大型户外庆祝宴席上，技工们落坐，同其他阶层的人一起吃饭喝酒（在纽约，他们坐在围成一圈的 13 张桌子旁）。白天的活动为技工们带来了他们在革命时期希望获得的：认可、尊敬和发言权。游行是激动人心的：在波士顿，有人高呼建立一个“技工厅”，作为永久的集会场所；在费城，一位酒馆主人保管着“联邦船舰联合”和“联邦大厦”等展示品，以备将来游行之需。[79]

当然，大游行呈现了“工匠行业”的理想。想象一下纽约锡匠协

会（New York Society of Pewterers）携带的旗帜，今天它被纽约历史学会裱挂了起来。其左上角是美国星条旗，下面是改自伦敦行会的锡匠的标志，两边是衣着得体的美国锡匠，拿着他们自制的锡壶。他们的格言是："坚固、纯粹"。其右上角是一张巨大的锡匠工作台，一位师傅、一个短工和两个年轻的学徒正肩并肩工作着，大家都穿着衬衫。其上面，是一首诗，表达了大多数工匠的理想：[80]

联邦计划坚固又牢靠
美国人的自由将确保
所有工艺将在哥伦比亚的土地上蓬勃
她的子民团结如绳绕 65

这首诗提到了学徒和短工这些年轻的游行者，穷其一生想要的和谐；提到了各行业因其对国家做出的贡献而获得尊敬的道德经济学。游行也掩盖了几年之后将会爆发的矛盾：在依赖进口英国制造品的商人和努力抵制进口的工匠之间；在具有民主制思想的技工和因他们的政治力量而感到威胁的保守精英之间；在将要成为资本主义企业主的师傅和他们压榨的短工之间；在相信平等观念的学徒和坚持尊卑等级的师傅之间。在描述费城游行时，本杰明·拉什能够说的只是"大众暂时忘记了自己所有的要求"。[81]

游行同时也是一个排外运动。所有的行业工匠都参加，"次等"的和高等的一起，但是除了海员和赶大车的，没有一个队伍代表工匠系统之外更加低级的民众：按日计酬的零工、码头工人、渔夫、街头小贩、家庭佣工、烟囱工，更不用说救济院的人了。也没有具有一技之长的妇女参加，倘若她们受邀，在大城市很容易就能组成十几支队伍：纺纱工，织工，针线工，女裁缝，做手套、饰带和曼图亚的人，护士，妇孺学校教师和洗衣工。费城的一辆纺织厂彩车上，几个妇女在纺纱，这昭示着未来。来自各阶层的妇女和她们的孩子可能是游行的主要观众。在费城，她们挤在“小路上、窗户前和房顶上”观看。作为共和主义者的母亲，她们可能担负着教导自己孩子了解那个时代的象征的责任，她们的作用可不小。但是我们可能会问，是谁缝制了各行业的横幅和麻布围裙？又是谁为游行后的宴席准备了食物？[82]

如果我们要问，非裔美国工匠、水手和仆人是否参加了任何游行，我们不得不面对报道中的空白。更可能的是，大量的报道没有提及黑人，表明他们缺席游行而不是因为报道者的歧视（费城和波士顿已经解放了黑奴，但在纽约仍有很多，而在查尔斯顿，黑奴人口是其总人口的一半）。很难相信，波士顿的皮革匠们会把普林斯·霍尔拒之门外，霍尔是一个自由的黑人皮革工匠，自己拥有一家名为“金羊毛”（Golden Fleece）的店铺，也是一个战争老兵和“黑人共济会分
66 会”的师傅。但是话说回来，作为一个对波士顿在战后否定自由黑人权利的愤怒的反对者，霍尔可能不会上街庆祝一个确立奴隶制的《宪法》。1788 年，没有一个工匠的游行横幅上提到“解放”，当然其他人的游行横幅上也没有。北方的城市居民参与了《宪法》制定者与奴隶主达成的妥协。[83]

之后的几年，游行成为劳动阶级的选择。1789 年，华盛顿总统在对北部各州的大巡视中曾停留波士顿，他看到该城组织的由 46 个手艺商人队伍组成的大游行［按英文首字母的顺序排列，从面包师（bakers）到轮匠（wheelwrights）］，每个队伍都举着一个新制的白色横幅，上有各个行业的标志。当总统到达时，游行者被要求列队迎接，脸朝里，华盛顿骑马穿过了如海洋般的工匠们的脸颊——共和主义的“皇家入场式”。18 世纪 90 年代，当上层贵族对“油渍帽”和“猪一般的大众”的轻视甚嚣尘上的时候，游行成为劳动人民宣称自

身平等权利的有形方式。1794 年，对英国海军可能发起进攻的恐惧致使人们要求强化纽约港总督岛的防御工事，每个手工行业都自愿义务承担一天的工作，他们游行穿过街道，走到炮台，吹着横笛，敲着军鼓，坐船到达总督岛。在接下来的 20 年，每年的 7 月 4 日，行业协会和兄弟会都会游行到一家教堂，《独立宣言》正是在那里宣读的，一位共和党人还在那里致辞演说。[84]

工匠们抓住每一个机会组织集体游行。他们一起追悼爱国英雄（1790 年追悼富兰克林，1800 年追悼华盛顿），一起庆祝他们帮助建立的公共事业的开张（1786 年是波士顿查尔斯河大桥建成，1825 年是纽约的伊利运河），1824—1825 年间一起欢迎两次革命的英雄人物拉法叶特（Lafayette）侯爵。[85] 游行成为低层手艺人要求在同一太阳下享有同一片阳光的方式。在波士顿，这种方式的集中体现是，在哈佛学院的典礼日，马车夫们游行到剑桥，典礼日也是一个传统的公共庆祝日。在波士顿拥挤的街道上，马车夫们赶着自己的马拉车，不给任何人让道，使得一位英国游客不无嘲讽地发现，“他们看上去非常清楚所有人的生而平等，以致在每个场合都非常自豪地向人展示自己知道这一原理”。通常情况下，他们带着工作中的尘土，骑在自己的马上，穿着白色的罩衫和蓝色的裤子，赶往剑桥。在费城，膳食供应者——屠夫给自己起的名字——则在街道中游行。他们的围裙因为行 67
业缘故通常是血糊糊的，但是为了今天这样的场合，他们都穿着白色罩衫，骑着白马，拿着写有“我们填饱饥饿”的横幅，后面跟着的是 1788 年游行中保管下来的船只。因此，当短工们最早罢工时，他们经常会在街道游行，举着横幅，吹着横笛，敲着军鼓。在北部三大城市，自由的非裔美国人也参加游行，当然总是伴随着白人的嘲笑。当国会在 1807 年取消奴隶贸易之后，非裔美国人创立了他们自己的节日，7 月 14 日，它既承认了 7 月 4 日，也否认了 7 月 4 日。总而言之，游行是衡量工匠对美国公共生活影响的一个主要方面。[86]

Ⅸ 技工在场："城市农民"？

技工的在场还可以从其他方面衡量。1785 年，托马斯·杰斐逊在《弗吉尼亚笔记》（*Notes on the State of Virginia*）中提到，"那些在土地上劳作的人"是"上帝的选民，如果上帝确实有过选民的话"。只有他们才远离了"道德腐败……依附滋生谄媚和唯利是图"，"窒息了美德的萌芽"。杰斐逊明确反对制造者，尤其反对城市："当我们还有土地可以耕作时，但愿我们永远也不要看见城里人为了制造业的运转……在工作台上忙碌或者旋转卷线杆，但愿工坊留在欧洲。"1793 年，当杰斐逊观察到费城市民对联邦制政策的反对时，他灵光一闪，认识到手艺商人就是"城市农民"（而不是时尚达人或报人）。到 1794 年，技工和联邦主义者的蜜月期结束了：纽约、费城和巴尔的摩工匠们的选票把共和党人送进了国会。到 1800 年，除了以上三个城市，共和党拿下了纽波特、威尔明顿、诺沃克，并且将要拿下波士顿。主要的海边城市（查尔斯顿和普罗维登斯除外）也都帮助杰斐逊成为总统，并且成为从 1801 年到 1825 年间共和党统治的主要力量。在这个新国家，技工在公共生活中的在场对美国政策和思想的影响是什么？杰斐逊是否找到了让可贵的技工同可贵的农民并肩同坐的位置？[87]

当然，技工在政治生活中的在场是最明显的。因为城市工匠导致
68 了联邦党的失败，促使了民主共和党的胜利以及美国政治的民主化。工匠共和主义塑造了政治上的政党共和主义，尤其是在大西洋中部城市，很难分辨这两者的区别。虽然共和党从未成为一个"劳动"党

派，但是劳动阶层是它的一派，在北部城市包括商人共和党和大型制造业共和党在内的联合中，他们还是人数最多的选民。在新英格兰，工匠联邦制也影响了联邦党。[88]

自 18 世纪 90 年代开始，在共和党发起的运动中，几乎到处都能看到技工的影响。他们参加由商人和律师领导的多阶层协会：在波士顿、纽约、费城、巴尔的摩、查尔斯顿和较小的城市如波特兰、纽黑文、诺福克、纽瓦克、纽卡斯尔以及许多城镇盛行的具有鲜明政治性的民主共和党协会，总共 40 多个团体组织。在费城，大约 1/3 的协会成员是技工。有一个怀有敌意的漫画家描述他们的聚会时，说里面满是恶魔般的低等人物，包括黑人。纽约人指控参加聚会的都是“最低等的技工、劳工和马车夫”，解释说工人们只能在工作一天之后的晚上聚会。工匠在诸如“圣坦慕尼之子”（Sons of Saint Tammany）共和党兄弟会中的人数比例更大。[89]

技工也是共和党报纸的主要读者。在 18 世纪 70 年代，爱国的波士顿印刷商以赛亚·托马斯（Isaiah Thomas）成功创办的《马萨诸塞探察报》（*Massachusetts Spy*）是独一无二的。他写道，该报的“目的是从技工和其他没有太多闲暇时间的阶层中获得订阅量”。随着报纸数量从 1790 年的 91 种增加到 1800 年的 234 种（24 种是日报），出现许多像《探察报》那样的报纸，其中绝大多数是共和党人创办的。那些兼任出版商、社论撰写人、排字工和印刷工的人往往把自己当作技工。一批逃离英国政治迫害的激进逃亡者后来成为城市共和党的社论撰写人，他们在拉拢新移民方面尤其成功。[90]

正如他们在 1776 年所做的，工匠们重新开始阅读政治小册子（在 1790 年到 1800 年间，美国印刷商的出版物翻了一倍，增加到 2600 种）。再一次，托马斯·潘恩的小册子《人的权利》（1791—1792 年）和《土地的正义》（*Agrarian Justice*）在美国工匠和农民中引起

反响。他谴责政府的税收是从那些“靠汗水”生活的人身上攫取的
69 “劳动的果实”，这是工匠的控诉。[91] 更多的工匠同时也是阅读者，他们从收费图书馆或者技工协会图书馆借阅书籍，在一些较大的工作场所，工匠们互相给对方朗读。纽约的修帆工史蒂芬·艾伦（Stephen Allen）记得自己还是学徒的时候，听着“帆布制品间最博学的人”朗读《哈姆雷特》和《罗密欧与朱丽叶》。[92]

一些乡村和城市的平民成为长篇专题论文的作者。“税收下的技工”（The Mechanick on Taxation）叫威廉·布鲁斯特（William Brewster），一个 28 岁的鞋匠，他撰写的 11 篇系列文章引发了 1200 名工匠抵制一项不公正的康涅狄格税法的签名请愿运动。我们还发现像威廉·曼宁这样没有出版作品但自学成才的人，曼宁是马萨诸塞的一个农民兼酒馆老板，他的笔名是“一个劳动者”。他撰写了一篇写给“美国共和主义者、农民、技工和劳动者”的长篇演讲，解释为什么需要成立一个全国范围的劳动协会，使“多数人”不受“少数人”的伤害。自称“劳动者”的大卫·布朗（David Brown）是个鼓动家，据说他走遍了马萨诸塞的 80 个城镇，向民众朗读他书稿中的一页［外加潘恩的《理性时代》(*Age of Reason*)］。联邦党人根据《煽动法》（Sedition Act）把他投进监狱。技工们还为自己在协会中的发言和 7 月 4 日的庆祝仪式撰写了演讲词。[93]

技工们选举自己的公职人员，终于实现了他们的夙愿。在 19 世纪初期的城市，经常看到技工出现在共和党的选民候选单上，通常按行业分。在纽约，1820 年之前技工总会（General Society of Mechanics）中的 25 个人中有 19 个被选进市委员会或者州议会。史蒂芬·艾伦，一个事业兴旺的帆船制造师和热心的共和党人，在 1821 年到 1824 年间被推选 3 次，终于成为纽约市第一个工匠市长。波士顿在 1822 年取消市政会议之后，建筑师傅查尔斯·韦尔斯（Charles

Wells）成为第 3 个当选的市长。

就国会人选而言，技工们可能会支持专业人员。在纽约，他们 3 次把律师爱德华 · 利文斯顿（Edward Livingston）选入国会，5 次把哥伦比亚大学教授塞缪尔 · L. 米切尔（Samuel L. Mitchell）选入国会。直到 1816 年，他们才选举了一位工匠——制帆工彼得 · 海克立斯 · 温多华（Peter Hercules Wendover）进入国会。巴尔的摩则选举了一位钟表匠。技工选民心安理得地选举了共和党商人进入国会（例如在费城、巴尔的摩和后来的塞勒姆）。事实上，技工与共和党商人组成了新的联合，后者正在脱离与英国的贸易，并且展开了与法国、亚洲和南美洲的贸易活动。[94] 70

工匠共和党向选举政治的突破影响了街头政治。群众性运动虽然没有消失，但是共和党人似乎能把阶级对立向政治体系引流。1795—1797 年，一桩阶级不公行为引发的一件著名案件体现了自 18 世纪 60 年代以来发生的这一变化。在两个贫穷的爱尔兰籍摆渡人辱骂一位匆忙从布鲁克林到曼哈顿的市政官之后，一位傲慢的联邦党市长判决这两人笞刑并将之投入监狱，因为他们犯了“侮辱官员”罪。其中一人越狱后死亡。一个名叫威廉 · 凯特拉斯（William Keteltas）的年轻的民主共和党律师在州议会上为他们辩护，议会判他“蔑视法庭”，结果几千人高喊“1776 年精神”，并用椅子抬着他，护送他到监狱。在监狱里，凯特拉斯在共和党办的报纸上为自己辩护，要求法律赔偿。获释时，又是一群人用一辆敞篷马车载着他，穿过大街小巷，马车上装饰着一幅画，画中是一个遭受鞭打的年轻人，上面还有一行字：“什么，你这个无赖，竟敢侮辱你的长官！”在 1796 年的选举中，共和党把凯特拉斯放在州议会候选人名单上。尽管他们以 1775 票比 2250 票落选，但那次选举出现了该城历史上最高的选民投票率。共和党人继续卫护诸如油脂蜡烛商、车夫和皮匠等低层行业的利益，并在 1800 年赢得了选举。[95]

革命之前，带着这种阶级情感的群众可能试图拆毁市长官邸，悬挂市政官员的蜡像，或者用柏油和羽毛威胁两人辞职。在口头表决和有限的选举权之下，他们不可能在偶一为之的选举中表达自己的愤怒。在大城市，劳动阶层聚集的郊外和社区成为共和党的大本营。

因此，不难解释为什么联邦党人在 1788 年失去了工匠的普遍支持。在《联邦党人文集》（*The Federalist Papers*）中，亚历山大·汉密尔顿相信“技工和制造商总是会鲜有例外地把票投给商人，而不是投给和自己同一行业的人”。但是只要汉密尔顿仍然插手纽约的政治，他的政党肯定会把一到两个工匠放在议会候选人名单上。到 1794 年，当局势开始转变的时候，汉密尔顿开始致敬“那些有用的技工团体，因为他们在社会中的重要性正在攀升”。但是 1796 年，他惊愕地发现，鞭打爱尔兰摆渡人的“邪恶事件”已经使选举“在普通人眼里成
71 为富人和穷人之间的问题”。1800 年，汉密尔顿制定了一个几乎全部由籍籍无名的技工组成的选民名单，试图让联邦党人东山再起，但已为时晚矣。联邦党人所宣扬的平民主义在他们失利之后，再也没能在技工中取得重要进展。[96]

联邦党之所以失去了工匠的支持，是因为他们对那个时代民主化过程的敌视，而且从来没有履行其发展制造业的承诺。那些政治上与进口英国制造品的商人联姻的联邦党人因此反对保护关税。他们还要求征收入税，以支付汉密尔顿提出的公债筹资方案。汉密尔顿自诩的制造业工程关注的只是大型“制造工厂”的投资商，而不是工匠作坊，其结果是两边都没有获益。[97]

在新英格兰，整个 18 世纪 90 年代，工匠主要是联邦党，他们形成了同工匠共和主义区别不大的工匠联邦主义。在波士顿，联邦党技工们游行示威，集体出动去全镇大会，在请愿书上签名，也是该城联

邦党大报《哥伦比亚哨兵报》（*Columbian Centinel*）的主要读者。波士顿的发展可能不如其他大西洋中部城市，因为它吸引的移民较少，其传统的工匠制度较长时间保持不变，在商人和技工之间也比较和谐。保罗·里维尔不是本地唯一一个这样说自己的富裕保守的联邦党工匠：“我永远是一个温和的共和党人；我永远鄙视民主制度，一如我鄙视贵族政治。”[98]

工匠共和党领袖强化了技工的公民意识。18 世纪 90 年代，反对“以富自傲的贵族”“大财阀”和“傲慢的名门”的讨伐语针对的是试图强迫选民的联邦党精英，老调重弹。“选举的自由和权利”是“维护自由不可或缺的手段”，乔治·詹姆斯·瓦尔纳（George James Warner），一个共和党的制帆匠，1797 年在纽约的独立日演讲中这么说。“无论什么地方，如果有钱人通过施加影响就能够左右公职选举，那么离自由的衰败也就不远了。”这种事情能发生，是因为“手艺商人、技工和勤劳的社会各阶层认为他们对政治体的作用太微弱”。20 年前对技工的诉求表明，把处于依附状态的劳动人民从对他们拥有经济权力的人手里解放出来，使其不再服从后者，是每一代人都必须要做的斗争。瓦尔纳的召唤能够取得成功，是因为他面向的是由四大协会中的技工成员组成的听众。一个工匠可能是他自身行业的协会 72
成员、技工总会的成员、兄弟会的成员、民主共和党俱乐部的成员，也许还是共和党党团的成员。他还可能是一份共和党报纸的订阅人、选民和游行者。[99]

我们已经开始回答“技工对美国人的生活有什么影响”的问题。大西洋中部城市的技工共和主义是平均主义、公民自由主义和人道主义。在一次晚宴上，坦慕尼协会（The Tammany Society）提出为“加快取消任何形式的奴隶制”“改善我们的刑法”和“建立公立学校”而干杯。然而，“在行业内部”，师傅们不愿意扩大平均主义的界限。

他们无心向获得自由的非裔美国人开放技艺行业，也不愿意接受学徒越来越高涨的反抗。一个阅读潘恩《人的权利》的工匠并不必然会去阅读玛丽·沃斯通克拉夫特（Mary Wollstonecraft）的《为女权辩护》（*Vindication of the Rights of Women*）。[100]

自称为“可敬的技工们”的技工开始赢得他们一直以来努力寻求获得的尊敬。在19世纪的第一个25年，“技工”一词似乎失去了它曾经在塞缪尔·约翰逊1756年的英语词典中的低等印记。在1806年出现的第一部美国词典中，联邦党人诺亚·韦伯斯特（Noah Webster）认为，英语应当适应美国人的流行用法，他把“技工”定义为“一个巧匠，手工艺人”，虽然有点古雅，然而摆脱了其贬义色彩。在1828年的第二版中，他按职业来定义“技工”：“其职业是建造机器或者制造商品、器具、工具、家具等等的人。”[101]

还有迹象显示出技工出现在了小说家和艺术家的作品中。在第一部美国小说，威廉·希尔·布朗（William Hill Brown）的《同情的力量》（*The Power of Sympathy*，1789年）中，一个男性角色谴责一场社交聚会“轻蔑地”将一个颇有成就的年轻女性斥为“工匠的女儿”。在休·亨利·布拉肯里奇（Hugh Henry Brackenridge）的流浪汉小说《现代骑士团》（*Modern Chivalry*，1792—1815年）中，蒂格·奥拉加诺，一个爱尔兰裔仆人，总是比他的主人法拉格队长强。两人目睹了一次选举，选民向他们解释为什么会选择“一个普通织工”而不是一个“受过教育”的有钱人。艺术家把工匠放入了城市场景。在革命前，美国城市风景画中是没有人物形象的。19世纪早期，纽约画家威廉·沙佩尔（William Chappel）的街头画中描绘了工作中的建房木工和消防工人，以及盛装游行的坦慕尼派。约翰·路易斯·克里梅尔（John Lewis Krimmel）是一个才华横溢的德国移民，堪称费城艺
73 术家中的桂冠艺术家。他画了一幅州议会前的选举场景，画中一名系

着“皮革围裙”的人代表他的候选人，正对几个衣着考究的绅士慷慨陈辞；他的一幅独立日庆典画中，来自各阶层的市民在一个公园中打成一片；他还画有一幅屠夫游行全景图；他的一幅风俗画描绘了酒馆里两个戴着皮帽的工人，把他们描绘成受人尊敬的工匠，享受着他们惯常的茶饮时刻。[102]

“技工”一词具有政治印记，乃至于被商人窃取。新建银行的名称——“纽约技工银行”“费城农民和技工银行”“波士顿制造商和技工银行”——掩饰了背后的投资制造商和商人，他们最终控制着董事会。在就政府支持制造业的全国辩论中，共和党人称赞工匠作坊犹如“家庭自制”一样好，即农民的自制品。虽然有些共和党社论撰写人支持工厂，但大多数共和党人对“公司”“资本家”“垄断家”满是怀疑，认为它们有可能重蹈英国工厂镇的悲惨命运。到 1816 年，工匠协会退出了关税保护运动，将其留在了工厂主的手中。[103]

共和党自 1801 年开始在全国掌握权力，其北部城市的商人和制造商一派在国会和内阁都很有影响力。但是共和党执政从未遵循杰斐逊的纯粹农民思想。财政部部长阿尔伯特·加拉廷（Albert Gallatin，他自己也是一个制造商）在为杰斐逊和麦迪逊撰写的《制造商报告》（*Report on Manufactures*，1810 年）中，提出为制造商提供实际支持。在杰斐逊、麦迪逊和门罗（Monroe）任总统期间，共和党人通过有意无意地禁止进口英国产品之举为美国制造业所做的贡献可能比汉密尔顿还多。[104]

杰斐逊是如何回应这一对制造业和技工的日益广泛的认可的呢？他彻底改变了对待制造业的态度。面对那些因为其早期的农业政策而受到损害的城市政治支持者的迫切要求，他在每一份公共声明中都承认，“为了独立，为了舒适的生活，我们必须自己制造——我们现在必须把制造商和农业生产者放在同样的位置”。至于哪种制造商，他则模糊其辞。他可能热衷于“每个美国家庭自身就是工厂”的“家庭式”制造业。他也表现出发展大型制造业的姿态，例如对用康涅狄格州一家工厂的纺织布做成的西装进行宣传。但是杰斐逊对城市工匠的
74 态度是模棱两可的。私下里，他承认“作为我们的制造者”——他说的是手艺商人——“他们一如我们的农民一样沉稳、独立、有道德”——值得注意的认可——“他们会一直如此，只要存在足够的闲置土地让他们谋生：因为无论何时，如果他们被别的阶层逼迫到无路可走，他们将会放弃他们的行业，转到土地上劳作”。因此，他的认可建立在一个虚构的安全保障基础上，即为受压迫的城市工匠提供劳动用闲置土地：但是工匠和农民的技艺是不能相互转化的。公开场合，抛开他对制造业的宏篇大论，杰斐逊从来没有为“独立有道德”的城市手艺商人找到一个与善良的农民等驾齐驱的位置。[105]

大多数美国人也没能做到。城里的共和党演讲家高呼技工是国家的“中坚力量”，但是工匠们必须自己为自己庆祝——这也是他们组织游行并建立协会的原因。但是“手握锤子”的工匠从来没能成为木犁后面农民的平等对手。这当然具有讽刺意味。大型制造业是在后来共和党总统占据优势时扎根的，是工匠在革命之前开始并持续将近半个世纪的运动的成果。但是乡村的工厂和城市大型工匠作坊预示着传统工匠生活方式的削弱。

X 遗产：“劳动是所有财富之源”

整个 19 世纪的前 25 年，迅速增长的资本主义经济开始削弱工匠的生产模式。虽然大城市的工匠绝对不会消失，但是商业市场的压力给师傅、短工和学徒式的古老方式带来了挑战。

在每个行业的师傅中间，一种企业家特质开始成为主导，这是在
道德经济学和行业内面对面关系的制约下的一种隐性特征。或者就像
马克思所说的，身兼资本家和工匠身份的师傅变得更多地像资本家，
较少像工匠。同样，符号揭示出正在变化的价值观。想想 1786 年纽
约市技工和手艺商人总会的会员资格证的中心标志：高高举起、紧握
锤子的健壮胳膊。“总会”成为技工银行的赞助人，该银行迅速成为
该城最大的银行。在银行庆祝美国在 1812 年战争中取得胜利的灯饰 75
上，虽然握锤子的手还在那里，但背景却满是进出港口的船只，象征
着商业，而前景是一只羊角，“作为丰饶的象征，溢出鹰金币和美元”。
10 年后，1825 年，在“总会”的学徒图书馆借阅证上，早期资格证
上劳作中的手工艺人的形象已经消失了，代替的是两个穿着得体的绅
士手艺商人，一个向一名寡妇施舍，另一个指引她的儿子去“总会”
学校。远处，有一只手拿锤子、微弱可见的手臂隐退在云朵中，非常
恰当地比喻那些不再靠汗水生活的师傅。在 19 世纪 40 年代的纽约，
这一象征成为“艾禾美”（Arm and Hammer）烘焙苏打的商标，一直
到现在。[106]

这些年里短工与师傅的比例发生了惊人的变化。在纽约，以制作精美家具而扬名的邓肯 · 法福实际管理着 3 个商店，工人多达 100 人。在费城，正如皮匠短工在 1805 年说的，他们的师傅“不过是出售我们劳动的人，他们事实上靠我们的双手而活”。随着更多的师傅把学徒们变为“半路短工”，学徒制随之瓦解。[107]

同时，革命时期的平等主义也解除了短工和学徒对师傅理应表示的尊重。“师傅”一词在工人阶级中不再受欢迎（就像“老爷和主人”在许多妻子那里不再受欢迎一样）。欧洲游客震惊于美国家庭仆从拒绝被人称为“仆人”，他们否认自己有一个“主人”，坚持被人称呼“帮手”，把雇佣变成自我选择的一件事。费城的“鞋匠”短工反对使

用“主人”，因为它有点像“欧洲奴隶风格”。当技工师傅一方面通过长期斗争，从地位高于他们的人中获得尊重时，另一方面却失去了地位低于他们的人的尊重——又是一个讽刺。[108]

“出去”或者“走出去”成为几个“流汗”行业的常用词，皮匠短工们在 4 个城市举行罢工，使共和党人面临考验。当皮匠师傅以组织联盟从而抑制行业发展的罪名把短工告上法庭时，共和党人的意见产生分歧。在费城和纽约的案件审理中，原告和被告双方都有著名的共和党人支持，但是当鞋匠短工被认为有罪时，只有费城的共和党社
76 论撰写人为他们辩护，大众并没有抗议。[109]

是那些生活拮据的短工们把他们所吸收的工匠共和主义推进到了一个新高度。看看 1809 年纽约建房木工短工协会（New York Journeymen House Carpenters）的罢工宣言吧。他们开篇就用了《独立宣言》中的句子：“在造物主赋予的若干不可剥夺的权利中，包括了生命权、自由权和追求幸福的权利。”然后，他们借用托马斯·潘恩的很可能是《土地的正义》中的话：“通过社会契约，每个阶层都应该有权利获得与其价值相应的福祉。”个人对社会负有责任，社会对个人“也应有所补偿，这样的补偿不仅足以维持他们目前的生活花销，而且足够为他们年老之后不能劳动而设立资助资金”。[110]

面临这些重大变化，许多较年长的工匠试图坚持他们曾经赖以生活的理想，他们的坚持通常是令人心酸的。当本杰明·富兰克林（1706—1790 年）在他生命的最后几年，重新拾起未完成的回忆录时，他只选取了 18 世纪 50 年代的生活经历，从未提及革命时期的经历，而后者正是他声名鹊起的时期。结果就是，他把自己从学徒到印刷工师傅的生涯以及作为一个手艺商人的成功法则作为自传的中心内容，这表明，他希望自己以这种方式被后人铭记。在去世前一年，他写了一个长长的遗嘱附录，分别给波士顿和费城留下 1000 英镑，它

们可以通过借贷“资助独立创业的新婚技工”，因为“在工匠中，好学徒最有可能成为好公民”。他死后，纽约总会提议“为了纪念我们去世的技工兄弟”而干杯。在整个不完整的自传中，富兰克林以一个工匠的身份生活了很长时间。[111]

保罗·里维尔（1734—1816 年）晚年时在波士顿古老的北区拥有一家铜铸车间，在坎顿乡间有一家铜板轧机厂。他一直坚守年轻时作为一个银匠的价值观。他富有且有名，却从不装腔作势。在 19 世纪，里维尔仍然穿着殖民地时期的“短装”：齐膝的短裤和三角帽。他的乡间铜板厂雇佣了 12 个“帮手”和 1 个主管。里维尔对他们的前工业式工作习惯表示哀叹：他们想来就来，“一旦学会了业务就离开”。他希望工人能够像在以前的工匠等级制度下那样工作。1816 年，里维尔去世后，认识他的人记得他是“一个事业有成的北区技工”，“一个天生的领导者”，“他的影响很广泛，尤其在波士顿的技工和劳动人 77
民中间，深受欢迎”。[112]

帕特里克·利昂（Patrick Lyon，1768?—1829 年）是费城成功的工程师和消防车制造商。1826 年，他希望画中的自己保持 18 世纪 90 年代于美国创业时的铁匠和锁匠的形象。作为一个苏格兰移民和共和党人，利昂在 1798 年因被误作抢劫宾夕法尼亚银行的嫌疑人而入狱。他在报刊上成功地为自己辩护，说自己成了不公正的牺牲品，实际上，他只是一个“灵巧的技工”和“有用的公民”。在最终冤屈得雪后，他成了一个成功之士。1826 年，他告诉画家约翰·尼格尔如何给他画肖像画：“先生，我希望你详尽地描绘我，生活的全部，表现我在铁匠铺的生活，鼓风机，铁锤以及我身边所有类似的东西。”他强调：“我希望你能清楚地理解，尼格尔先生，我不想再被画成绅士模样，我不想假装那样的角色。我想让你画出我穿着围裙，卷起袖子在铁砧前工作的样子。”利昂实现了他的心愿。他站在铁炉前，穿着衬衣，手握铁锤，旁边是他的学徒，从窗户远望，是他曾被监禁其中的胡桃街监狱。《冶炼场的帕特·利昂》（1826—1827年）描绘了一个典型的工匠共和党人：一个以自己行业为荣的手艺人，庆祝自己的有效劳动和公民对于不公正的胜利。1832年，200个费城铁匠参加游行，纪念华盛顿的百年诞辰，这是尼格尔画像的现实扩展版。[113]

当这些革命时代的人物开始陨落的时候，他们的世界并没有消失。传统的工匠生产形式在大城市的许多行业中继续存在，在较小的东部城市蓬勃发展，而且随着人口的扩展，在西部城市也兴起，这也是为什么今天你能在旧金山看到一所技工学院和一个技工纪念碑。工匠共和党的价值观根植于小制造主，那些靠“汗水”生活的“为自己的人”，他们的价值观被高低贵贱不同阶层的人所窃用。本杰明·富兰克林的理想鼓舞着人们去超越自己的阶层，这一理想受到白手起家的企业家如卡耐基和洛克菲勒的赞美。[114]

工匠共和党的理想对那些丧失独立性的劳动人民尤其具有意义：那些面对“资本家”的“工人”和“工人阶级”，这些术语现在已经成为大众语。到19世纪二三十年代，不管什么地方出现新的劳工运
78 动——短工工会、劳动党、劳动改革家——7月4日都会成为在雇佣工人中点燃“1776年精神”的日子。事实上，7月4日是美国的第一个公民节日，也是工作休息日。1835年的波士顿，波士顿工会（Trades Union of Boston）在4日举行了第一次完全由短工参加的游行，泥瓦匠们走在写有“劳动是劳动者的财产”的横幅下，箍桶匠则宣誓“所有的人生而自由、平等”。[115]

工人们现在回顾过去，宣称美国革命整体上是他们自己的革命。马萨诸塞州林恩市的鞋匠们深陷商人的排外制度之中，他们在报纸《锥子》（*The Awl*）第一期上重印《独立宣言》，第二期上把他们的“老板”比作乔治三世（King George III）。1835年，继马萨诸塞州一

位法官判“工匠联合”非法后，木匠赛斯·路德（Seth Luther），一个革命老兵的儿子，在整个东部发表演说，追问：“当身穿皮革围裙的农民和技工在邦克山同穿着闪亮制服的英国正规军鏖战的时候，不是联合吗？”波士顿倾茶事件和《独立宣言》是“联合的结果”。在费城的第一次总罢工期间，一位工匠提议，“为我们的先人干杯：他们的伟大罢工是为了自由”。[116]

工业工人同样也窃用了该价值观。当洛威尔一家纺织厂的800名工厂女工因为大幅度削减工资而走上街头时，她们去“聆听一位领导关于女性权利和有钱贵族”的激昂的沃斯通克拉夫特式演讲。[117]当林恩市成为男女鞋匠的工厂镇之后，他们在1860年的华盛顿诞辰日开始了罢工。在1877年伟大的铁路起义中，罢工的铁路工人模仿阿奇伯德·威拉德（Archibald Willard）的近作《1776年精神》（*The Spirit of '76*），以染满鲜血的三代爱国者形象游行：一人吹着横笛，另两人击鼓，并排前行。1882年，在纽约市的第一次劳动节游行中，为首的横幅上写着“劳动是所有财富之源”，显而易见，其可以追溯到18世纪的工匠。[118]

20世纪，随着以前“美国劳工联合会”（American Federation of Labor）中日趋商业化和精英化的手工艺工会成为“劳动贵族”，这一丰富的工匠遗产消失殆尽，新的工业工会开始转向其他的激进传统。找回那些怀着兄弟情义的“皮革围裙工”已经失去的民主遗产，对我们的想象是一种挑战。今天，我们很难把集体斗争这一形象加到恢复田园般生活的殖民地工坊手工艺人身上，正如我们很难打破里维尔和 79
富兰克林的模式化形象，去重新捕捉他们的工匠诚心一样。尽管如此，工匠作为美国第一个劳工运动，以及国家及其民主理想的塑造者，值得拥有一席之地。他们也是“建国者”。

注释

收入本书的这篇文章在以前的基础上进行了修改。它起初是向 Milan Group in Early American History（1978）和 Organization of American Historians Convention（1980）提交的论文，后以“Sul Martello e Sulla Si Fondano Tute le Arti: Gil Artigiani e la Rivoluzione”之名在 *Revista di Storia Contemporanea* (Turin)1 (1982): 1-32 上发表。该文简略版“Revolutionary Mechanics ”发表在 *In These Times* 4: 32 (August 1980)，并且重印于 Paul Buhle and Alan Dawley, eds., *Working for Democracy: American Workers from the Revolution to the Present* (Urbana, Ill., 1985), 1-9。我还参考了我自己的文章，“The Mechanics and the Jeffersonians,1789-1801,” *Labor History* 5 (1964): 247-76, 和同一刊物上的“After Carl Becker: The Mechanics and New York City Politics, 1774-1801,” 216-24（与 Staughton Lynd 合著）。

我要特别感谢 Gary Kornblith 和 Edward Countryman 对这篇文章初稿提出的严格批评。在此，也一并感谢那些对较早期版本提出过批评、意见或者回答过我的问题的学者，他们是：J. L. Bell, Alan Dawley, Paul Gilje, Vincent Golden, John Kaminski, Bruce Laurie, Patrick Leehey, Jesse Lemisch, Lisa Lubow, Staughton Lynd, Loretta Mannucci, Simon Middleton, Simon Newman, Gregory Nobles, Elaine Weber Pascu, William Pretzer, Marcus Rediker, Howard Rock, Steven Rosswurm, Jeffrey Slansky, Barbara Clark Smith, Richard Twomey 和 Shane White。非常感谢 Gary B. Nash，他的学术思想在本文的前面部分很明显，同样感谢 Edward P. Thompson 和 Herbert Gutman，他们启发了我对工匠的研究。文中存在的任何问题，都由我个人负责。

1. Paul Revere to Jeremy Belknap, 未署日期，出版于 1798 年，载于 Edmund S. Morgan, ed., *Paul Revere's Three Accounts of His Famous Ride* (Boston, 1968), 未标注页码 ; Jayne E. Triber, *A True Republican: The Life of Paul Revere* (Amherst, Mass., 1998), 156-58; E. H. Goss, *The Life of Colonel Paul Revere*, 2 vols. (Boston, 1891), 610-11。
2. Triber, *True Republican*,141; *Massachusetts Centinel*, January 9, 1788.
3. Richard B. Morris, *Government and Labor in Early America* (New York, 1946), 其对各种劳工的分析和丰富的史料至今无人超越；Carl Bridenbaugh, *The Colonial Craftsman* (Chicago, 1950), 是关于该问题的第一种综述，该问题来自他为城市手工艺人描绘历史语境的两本著作：*Cities in the Wilderness: The First Century of Urban Life in America, 1625-1742* (New York, 1938) 及 *Cities in Revolt: Urban Life in America, 1743-1776* (New York, 1955)。Bridenbaugh 的研究被 Gary Nash 超越，他的著作 *The Urban Crucible: Social Change, Political Consciousness, and the Origins of the Revolution* (Cambridge, Mass., 1979), 在大量资料的基础上叙

述历史，并进行了敏锐的分析，他的关于工匠主题的许多文章都收录在 Nash, *Race, Class, and Politics: Essays on American and Colonial and Revolutionary Society* (Urbana, Ill., 1986) 一书中。

关于美国工匠的史料编纂调查，见 Sean Wilentz, "The Rise of the American Working Class, 1776-1877," in J. Carroll Moody and Alice Kessler-Harris, eds., *Perspectives on American Labor History: The Problem of Synthesis* (DeKalb, Ill., 1989), 83-152; Bruce Laurie, *Artisans into Workers: Labor in Nineteenth-Century America* (New York, 1989), 221-40; Richard S. Dunn, "Servants and Slaves: The Recruitment and Employment of Labor," in Jack P. Greene and J. R. Pole, eds., *Colonial British America: Essays in the New History of the Early Modern Era* (Baltimore, 1984), 157-94; Thomas J. Schlereth, "Artisans and Craftsmen: A Historical Perspective," in Ian M. G. Quimby, ed., *The Craftsman in Early America* (New York, 1984), 31-61。关于经济语境下的劳工史调查，见 John J. McCusker and Russell R. Menard, *The Economy of British America, 1607-1789* (Chapel Hill, N.C., 1985), part 3, 关于技术语境下的劳工史调查，见 Judith A. McGaw, ed., *Early American Technology: Making and Doing Things from the Colonial Era to 1850* (Chapel Hill, N.C., 1994), 358-460。

4. 关于里维尔和富兰克林的历史声望，见 David Hackett Fischer, *Paul Revere's Ride* (New York, 1994), 327-44; *Benjamin Franklin's Autobiography*, ed. J. A. Leo Lemay and P. M. Zall (New York, 1986), 其中包括多年来关于富兰克林的流行观点的文章 ; David Waldstreicher, *Runaway America: Benjamin Franklin and the American Revolution* (New York, 2004)。
5. 关于展示工匠题材的博物馆，见 Barbara Clark Smith, *After the Revolution: Everyday Life in America* (New York, 1985), 关于史密森尼博物馆 ; Alfred F. Young, Terry J. Fife, and Mary E. Janzen, *We the People: Voices and Images of the New Nation* (Philadelphia, 1993), viii–xxi, 关于芝加哥历史学会 ; Gary Nash, *First City: Philadelphia and the Forging of Historical Memory* (Philadelphia, 2002), intro. and chaps. 1-3, 关于宾夕法尼亚历史学会。关于殖民地时期的威廉斯堡，见 Mike Wallace, *Mickey Mouse History and Other Essays on American History* (Philadelphia, 1996), 3-32，177-246; Richard Handler and Eric Gable, *The New History in an Old Museum: Creating the Past at Colonial Williamsburg* (Durham, N.C., 1997)。
6. 语言问题迫切需要历史学家，见 Alan Kulikoff, "The Language of Class in Rural America," in Kulikoff, *The Agrarian Origins of American Capitalism* (Charlottesville, Va., 1992), 60-95。语言的使用在各个城市都不一样：战前在

查尔斯顿和巴尔的摩，成立了技工协会，“技工”一词很普遍；见 Richard Walsh, *Charleston's Sons of Liberty: A Study of the Artisans, 1763-1789* (Columbia, S.C., 1959), 及 Charles G. Steffen, *The Mechanics of Baltimore: Workers and Politics in the Age of Revolution, 1763-1812* (Urbana, Ill., 1984)。如果某一行业的成员聚会，他们可能会说是“行业会议”，但是在商业城市，报纸报道的“行业会议”一般指商人。例证可见波士顿报纸 *Pennsylvania Gazette*, September 27, 1770 上的报道。关于 18 世纪英国不同劳工的身份，见 E. P. Thompson, *Customs in Common* (London, 1991; New York, 1993), 各处 ; R. W. Malcolmson, *Life and Labor in England, 1700-1780* (London, 1981), chaps. 1 and 4; John Rule, *The Experience of Labour in Eighteenth-Century Industry* (London,1981), chaps. 1, 6, and 8。

7. 关于人口趋势，见 Nash, *Urban Crucible*, 特别是 chaps. 9 and 12 and the appendix; John J. McCusker and Russell Menard, *The Economy of British America, 1607-1789* (Chapel Hill, N.C, 1985), chap. 10; 关于“低层”，见 Billy G. Smith, *The "Lower Sort": Philadelphia's Laboring People, 1750-1800* (Ithaca, N.Y., 1990); Howard Rock and Paul Gilje, "'Sweep O! Sweep O' African American Chimney Sweeps and Citizenship in the New Nation," *William and Mary Quarterly*, 3rd ser., 51 (1994):507-38; Paul A. Gilje and Howard B. Rock, eds., *Keepers of the Revolution: New Yorkers at Work in the Early Republic* (Ithaca, N.Y., 1992)。
8. Gary Nash, "Forging Freedom: The Emancipation Experience in the Northern Seaports, 1775-1820," in Nash, *Race, Class, and Politics*, 285; Ira Berlin, *Many Thousands Gone: The First Two Centuries of Slavery in North America* (Cambridge, Mass., 1998), chap. 7.
9. Karl Marx, *Capital*, trans. Ben Fowkes (London, 1976), I:1029, 转引自 Sean Wilentz, *Chants Democratic: New York City and the Rise of the American Working Class, 1788-1850* (New York, 1984), 4-5。
10. 关于移民，见 Bernard Bailyn, *Voyagers to the West: A Passage in the Peopling of America on the Eve of the Revolution* (New York, 1986); 关于女性，见本书论文 2 的参考文献。关于劳工队伍中的比例分类，见 Gary Nash, Billy G. Smith, and Dirk Hoerder, "Laboring Americans and the American Revolution," in *Labor History* 24 (1983); appendix, table 1, 434-39; 关于波士顿工人的行业分类，见 Alan Kulikoff, "Progress of Inequality in Revolutionary Boston," *William and Mary Quarterly* 28 (1971): 375-412, appendix at 411-12。
11. 关于城市职业类别，见 Nash, *Urban Crucible*, appendix, table1; Jacob Price, "Economic Function and the Growth of the American Port Towns in the

Eighteenth Century," *Perspectives in American History* 8 (1974):123-86。

12. 关于工匠等级内部的群体比例，见 Gary Nash, "A Historical Perspective on Early American Artisans," in Francis J. Puig and Michael Conforti, eds., *The American Craftsman and the European Tradition, 1620-1820* (Hanover, N.H., 1989), 1-13; Smith, "*Lower Sort*," chap. 4; 关于学徒，见 W. J. Rorabaugh, *The Craft Apprentice: From Franklin to the Machine Age in America* (New York, 1986), 及 Lawrence W. Towner, *A Good Master Well Served: A Social History of Servitude in Massachusetts, 1620-1750* (New York, 1998); 关于契约仆从，见 Sharon V. Sallinger, *"To Serve Well and Faithfully": Labor and Indentured Servants in Pennsylvania,1682-1800* (Philadelphia, 1987)。

13. John Fanning Watson, *Annals of Philadelphia, and Pennsylvania, in the Olden Time ...*, 3 vols. (Philadelphia, 1887), 1: 220-21 (记 忆); Gary Nash, "Up from the Bottom in Franklin's Philadelphia," *Past and Present* 77 (1977); Jackson T. Main, *The Social Structure of Revolutionary America* (Princeton, 1965), 各 处 ; Nash, *Urban Crucible*, chaps. 9 and 12; Paul Revere Memorial Association, *Paul Revere—Artisan, Businessman, Patriot: Man behind the Myth* (Boston, 1988), 95-115; Triber, *True Republican*, chaps. 10 and 11. 关于船上木匠，见 James Hutson, "An Investigation of the Inarticulate: Philadelphia's White Oaks," *William and Mary Quarterly*, 3rd ser., 27 (1971): 3-25, 附 有 Jesse Lemisch 和 John K. Alexander 的 反 驳，以 及 Simeon Crowther, *William and Mary Quarterly*, 3rd ser., 29 (1972): 109-42 的说明。

14. Smith, "*Lower Sort*," 124-25, 199. 开创性的研究是 James Henretta, "Economic Development and Social Structure in Colonial Boston," *William and Mary Quarterly*, 3rd ser., 22 (1965): 75-92, 及 Kulikoff, "Progress of Inequality"。关于财富分配的学术对话，见 Gary Nash, "Urban Wealth and Poverty in Pre-Revolutionary America," *Journal of Interdisciplinary History* 6 (1976): 545-84, 附 G. B. Warden 和 Jacob Price 的反驳。第二次学术对话，见 Herman Wellenreuther, "Labor in the Era of the American Revolution: A Discussion of Recent Concepts and Theories," *Labor History* 22 (1981): 573-600, 附 Gary Nash, Billy G. Smith, 和 Dirk Hoerder 的反驳以及 Wellenreuther, *Labor History* 24 (1983): 414-454 的答复。

15. 关于波士顿工匠的悲惨境地，见 Robert Blair St. George, *Conversing by Signs: Poetics of Implication in Colonial New England Culture* (Chapel Hill, N.C., 1998), 205-95, 特别是 238-42, 引语在 239; Gary Nash, "Urban Wealth and Poverty," in Nash, *Race, Class, and Politics*, 199。

16. Samuel Johnson, *A Dictionary of the English Language*, 2 vols. (London, 1756); Main, *Social Structure*, chap. 6; Stephen Botein, "'Meer Mechanics' and an Open Press: The Business and Political Strategies of Colonial American Printers," *Perspectives in American History* 9 (1975): 127-228, 引文在 158 ("小技工"); Paul Staiti, "Accounting for Copley," in Carrie Rebora, Paul Staiti, et al., *John Singleton Copley in America* (New York, 1995), 25-51; Dr. Thomas Young to John Lamb, May 13, 1774, in Isaac Q. Leake, *Memoirs of the Life of General John Lamb* (Albany, N.Y., 1850), 85-86。

17. *The American Journal and Suffolk Intelligencer*, March 29,1785 ("古怪的区分程度"), 转引自 Myron F. Wehtje, "A Town in the Confederation: Boston, 1783-1787" (博士论文 , University of Virginia, 1973), 43-44; Gordon S. Wood, *The Americanization of Benjamin Franklin* (New York, 2004), 35-49, 41 ("生活地位"), 47 ("普通的穷技工")。

18. John Adams, *Defence of the Constitutions of Government of the United States* (1787), in Charles F. Adams, ed., *Works of John Adams*, 10 vols. (Boston, 1850-56), 4: 391-95. 关于分析，见 Richard L. Bushman, *King and People in Provincial Massachusetts* (Chapel Hill, N.C., 1985), chap. 2, "Dependence" ; Richard L. Bushman, "'This New Man': Dependence and Independence, 1776," in Bushman et al., eds., *Uprooted Americans: Essays to Honor Oscar Handlin* (Boston,1979), 79-96。关于取得许可的行业，见 Morris, *Government and Labor*, intro.; Simon Middleton, "'How It Came That the Bakers Bake No Bread': A Struggle for Trade Privleges in Seventeenth-Century New Amsterdam," *William and Mary Quarterly*, 3rd ser., 58 (2001): 347-72; Graham R. Hodges, *New York City Cartmen, 1667-1850* (New York, 1986)。

19. *To the Inhabitants of Pennsylvania in General, and Particularly Those of the City and Neighborhood of Pennsylvania* (Philadelphia, 1779); *Massachusetts Centinel*, January 9, 1788. 关于费城的请愿书，见 Gary Nash, "Artisans and Politics in Eighteenth-Century Philadelphia," in Nash, *Race, Class, and Politics*, 245-47, 以及 n.25 和 n.49 中引用的 Steven Rosswurm 和 Ronald Schultz 的作品。关于伦敦工匠的相似理想，见 Iorwerth Prothero, *Artisans and Politics in Early Nineteenth-Century London: John Gast and His Times* (Baton Rouge, La., 1979), chap.2。

20. John Adams, June 17, 1760, in L. H. Butterfield et al., eds., *Diary and Autobiography of John Adams*, 4 vols. (Cambridge, Mass., 1961), 1:135; Main, *Social Structure*, chap. 5, 引文在 190。

21. "Letter of John Andrews" (1774), in *Massachusetts Historical Society Proceedings*, series 8 (1864-65):344; St. George, *Conversing by Signs*, chap. 3; Douglas Lamar Jones, *Village and Seaport: Migration and Society in Eighteenth-Century Society* (Hanover, N.H., 1981) (流浪穷人); Nash, *Urban Crucible*, appendix, tables 5 and 10; Ruth Wallis Herndon, *Unwelcome Americans: Living on the Margin in Early New England* (Philadelphia, 2001) (警告); Smith, "*Lower Sort*," chap. 4; 及 Billy G. Smith, "The Vicissitudes of Fortune: The Careers of Laboring Men in Philadelphia, 1750-1800." in Stephen Innes, ed., *Work and Labor in Early America* (Chapel Hill, N.C., 1988),221-51; Simon Newman, *Embodied History: The Lives of the Poor in Early Philadelphia* (Philadelphia, 2003)。关于近期的论文集，见 Billy G. Smith, ed., *Down and Out in Early America* (University Park, Pa., 2005), Gary Nash 的导言分析了贫困的原因。

22. Richard Saunders, *Poor Richard Improved: Being an Almanac and Ephemeris...* (Philadelphia,1758), 也以 *Father Abraham's Speech* 的名字出现 (Boston, 1758, 1760), 重 印 于 *The Papers of Benjamin Franklin*, ed. Leonard Labaree (New Haven, Conn., 1963), 7: 326ff.; J. E. Crowley, *This Sheba Self: The Conceptualization of Economic Life in Eighteenth-Century America* (Baltimore, 1974), 84。

23. "To the Tradesmen, Mechanics &c. of the Province of Pennsylvania," 单页报 (Philadelphia, December 3, 1773)。

24. 关于可适用于两个群体的研究，可参读 Elizabeth C. Reilly and David Hall, "Customers and the Marketplace of Modalities of Reading" and "The Colonial Book in the Transatlantic Worlds," in Hugh Amory and David Hall, eds., *A History of the Book in America*, 5 vols. (Cambridge, U.K., 1999), 1: chap. 11; 关于消防队 , 见 Benjamin L. Carp, "Fire of Liberty: Firefighters, Urban Voluntary Culture, and the Revolutionary Movement," *William and Mary Quarterly*, 3rd ser., 58 (2001): 781-818; 关于酒馆，见 David W. Conroy, *In Public Houses: Drink and the Revolution of Authority in Colonial Massachusetts* (Chapel Hill, N.C., 1995), Sharon Salinger, *Taverns and Drinking in Early America* (Baltimore, 2002), 及 Peter Thompson, *Rum, Punch, and Revolution: Taverngoing and Public Life in Eighteenth-Century Philadelphia* (Philadelphia, 1999); Steven C. Bulock, "The Revolutionary Transformation of American Freemasonry, 1752-1792," *William and Mary Quarterly*, 3rd ser., 47 (1990): 347-69。

25. Marcus Rediker, "Good Hands, Stout Heart and Fast Feet: The History and Culture of Working People in Early America," in Geoff Ely and William Hunt, eds., *Reviving the English Revolution: Reflections and Elaborations on the Work

of Christopher Hill (London, 1988), 221-49; Peter Linebaugh and Marcus Rediker, *The Many-Headed Hydra: Sailors, Slaves, Commoners, and the Hidden History of the Revolutionary Atlantic* (Boston, 2000), chaps.2 and 6; Fred Anderson, *A People's Army: Massachusetts Soldiers and Society in the Seven Years' War* (Chapel Hill, N.C., 1984), chap. 2（招募）; Steven Rosswurm, *Arms, Country, and Class: The Philadelphia Militia and the "Lower Sort" during the American Revolution* (New Brunswick, N.J., 1987), 11-39; 关于绞刑，见 Lawrence W. Towner, "True Confessions and Dying Warnings in Colonial New England," in Towner, *Past Imperfect: Essays on History, Libraries, and the Humanities*, ed. Alfred Young (Chicago,1993), 56-81; 关于绞刑"棱镜"下的伦敦劳动阶级，见 Peter Linebaugh, *The London Hanged: Crime and Civil Society in the Eighteenth Century* (London, 1991)。

26. Nash, *Urban Crucible*, chap. 8, 216（"下层文盲"）。我对针对惠特菲尔德的单页报悼词数量的计算，依据的是纽约市公共图书馆（New York Public Library）特藏室和美国古文物学会（American Antiquarian Society）目录中按照时间顺序排列的压印文件。
27. Morris, *Government and Labor*, chap. 3. 在长达 71 页的关于殖民地时期美国"一致行动"的章节中，Morris 用 28 页叙述了师傅们的行动，用 14 页叙述了短工的行动; Mary Roys Baker, "Anglo-Massachusetts Trade Union Roots, 1130-1790," *Labor History* 14 (1973): 352-96. John R. Commons et al., *History of Labor in the United States*, 4 vols. (New York, 1918), 1:25（传统观点）。
28. Lawrence W. Towner, "A Fondness for Freedom: Servant Protest in Puritan Society," *William and Mary Quarterly*, 3rd ser., 19 (1962): 201-19; David Waldstreicher, "Reading the Runaways: Self-Fashioning, Print Culture and Confidence in Slavery in the Eighteenth-Century Mid-Atlantic," *William and Mary Quarterly* 56 (1999): 241-72, 引用了最新的逃奴文献集 ; Jonathan Prude, "'To Look Upon the Lower Sort'：Runaway Ads and the Appearance of Unfree Laborers in America, 1750-1800," *Journal of American History* 78 (1991-92): 124-60; 关于以逃奴通告为素材的绘画作品，见 Bailyn, *Voyagers to the West*, 352ff.; 关于逃亡妇女，见 Alfred F. Young, *Masquerade: The Life and Times of Deborah Sampson, Continental Soldier* (New York, 2004), 6-12。
29. 经典文章有: E. P. Thompson, "Time, Work-Discipline, and Industrial Capitalism," *Past and Present* 38 (1967): 56-97，重印于 Thompson, *Customs in Common*, 352-403，及 Herbert Gutman, "Work, Culture, and Society in Industrializing America, 1815-1919," *American Historical Review* 78 (1973): 531-88，重印于

Gutman 的同名书中 (New York, 1976)。Paul B. Hensley, "Time, Work and Social Context in New England," *New England Quarterly* 45 (1992): 531-59; David R. Roediger and Philip S. Foner, *Our Own Times: A History of American Labor and the Working Day* (London, 1989), chap. 1; David Brody, "Time and Work during Early American Industrialism," *Labor History* 30 (1989): 5-46, 几乎没有触及 18 世纪的习俗。这一主题有待进一步研究。

30. William Bentley, *Diary*, 4 vols. (Salem, Mass., 1907; Gloucester, Mass., 1962), 2: 75, 247 (索道工人); 关于船厂，见 *The Conversation of Two Persons under a Window* (Boston, 1765), 转引自 Nash, *Urban Crucible*, 278; Joseph Goldenberg, *Shipbuilding in Colonial America* (Charlottesville, Va., 1976), 68-71; Gutman, "Work, Culture, and Society," 544-45, 556-57。关于印刷商，见 William Pretzer, "Tramp Printers, Craft Culture, Trade Unions and Technology," *Printing History 6* (1984): 3–16, 和 William Pretzer, "'Of the Paper Cap and Inky Apron': The Labor History of Journeymen Printers," in Robert A. Gross and Mary Kelley, eds., *An Extensive Republic: Print, Culture, and Society in the New Nation, 1790-1840*, vol. 2 of *A History of the Book in America* (New York, 即将出版)。关于水手，见 Marcus Rediker, *Between the Devil and the Deep Blue Sea: Merchant Seamen, Pirates, and the Anglo-American Maritime World, 1700-1750* (Cambridge, U.K., 1987), 和 Marcus Rediker, "The Anglo-American Seaman as Collective Worker, 1700-1750," in Stephen Innes, ed., *Work and Labor in Early America* (Chapel Hill, N.C., 1988), 252-86。关于一般的手艺文化，见 Bryan D. Palmer, "Most Uncommon Common Men: Craft and Culture in Historical Perspective," *Labour/Le Travailleur* 1 (1976): 5-31。

31. 关于英国的群众传统，见 E. P. Thompson, "The Moral Economy of the English Crowd in the Eighteenth Century," *Past and Present* 50 (1971): 76-136, 重印于 Thompson, *Customs in Common*, 185-258, 及 "The Moral Economy Reviewed," 259-351。

32. Barbara Clark Smith, "Food Rioters and the American Revolution," *William and Mary Quarterly*, 3rd ser., 51 (1994): 3-38, 提供了一个新视角。关于美国群众，见 Pauline Maier, "Popular Uprisings and Civil Authority in Eighteenth-Century America," *William and Mary Quarterly*, 3rd ser., 27 (1970): 3-35; Gordon Wood, "A Note on the Mobs in the American Revolution," *William and Mary Quarterly*, 3rd ser., 23 (1966): 635-42; Dirk Hoerder, *Crowd Action in Revolutionary Massachusetts, 1765-1780* (New York, 1977), chap.1; Paul A. Gilje, *The Road to Mobocracy: Popular Disorders in New York City, 1763-1834* (Chapel Hill,

N.C., 1987), chap. 1。关于"喧闹音乐"，参见本书论文3和William Pencak, Matthew Dennis and Simon Newman, eds., *Riot and Revelry in Early America* (University Park, Pa., 2002)中极具突破性的文章，作者是Steven J. Stewart, Brendan McConville, Thomas J. Humphrey, William Pencak及Susan E. Klepp。

33. 关于投票惯例，见Chilton Williamson, *American Suffrage: From Property to Democracy, 1760-1860* (Princeton, N.J., 1960); chaps. 1-4。关于新州宪法中投票权的比较变化，见Willi Paul Adams, *The First American Constitutions* (Chapel Hill, N.C., 1980), chap. 9 and appendixes; Edward Countryman, *A People in Revolution: The American Revolution and Political Society in New York, 1760-1790* (Baltimore, 1981), chap. 3; Charles S. Olton, *Artisans for Independence: Philadelphia Mechanics and the American Revolution* (Syracuse, N.Y., 1975), chap. 4。关于殖民地和革命时期公共生活中的技工，清晰的概述见Gary Nash, "A Historical Perspective on Early American Artisans," in Puig and Conforti, eds., *American Craftsman*, 1-13; 关于费城，见Gary Nash, "Artisans and Politics in Eighteenth-Century Philadelphia," in Margaret C. Jacob and James R. Jacob, eds., *The Origins of AngloAmerican Radicalism* (London, 1984), 162-182。

34. "Pennsylvanus," "A True State of the Dispute Now Subsisting in the Province of Pennsylvania," *Pennsylvania Journal*, March 26, 1756, supplement, 属于Franklin by Ralph Ketcham, ed., *The Political Thought of Benjamin Franklin* (Indianapolis and New York, 1965), 134。Ketcham是Benjamin Franklin文集的副编辑。编辑们谈到Franklin时说，他们"不相信是他写的"，尽管他有可能"直接参与其中"。*The Papers of Benjamin Franklin*, Leonard Labaree et al., eds. (New Haven, Conn., 1963), 5:421-22n. 感谢Gary Nash, Vincent Golden和Elaine Pascu调查这篇文章。关于阶级讨论，见*Journal of American History* 85 (1998): 93-98的研讨会，及*Early American Studies: An Interdisciplinary Journal* 3, no. 2 (2005); 及Gregory H. Nobles, "Class," in Daniel Vickers, ed., *A Companion to Colonial America* (Oxford, U.K., 2003), 259-87。

35. 关于革命前的政治概述，见Nash, *Urban Crucible*, part 1, 尤其是chaps. 2 and 4。

36. *The Conversation of Two Persons under a Window* (Boston, 1765), 转引自Nash, *Urban Crucible*, 278; *Philadelphia Evening Post*, April 27, 1776。

37. *Boston Gazette*, May 5, May 12, 1760, 转引自Nash, *Urban Crucible*, 274; Constant Trueman, *Advice to the Free-Holders and Electors of Pennsylvania* (Philadelphia, 1739), 1-2, 转引自 Nash, "Artisans and Politics in Philadelphia," in Quimby, ed.,

Craftsman, 78; "A Brother Chip," *Pennsylvania Gazette*, September 27, 1770。

38. "Crispin Heeltap," *South Carolina Gazette and Country Journal*, August14, 1774; Walsh, *Charleston's Sons of Liberty*, 70-71; *Virginia Gazette*, October 13, 1774, 抄自罗得岛的一家报纸，转引自 Merrill Jensen, "The American People and the American Revolution," *Journal of American History* 57 (1970): 22。

39. E. P. Thompson, "The Patricians and the Plebs," in *Customs in Common*, 16-96 at 67, 重写的论文："Patrician Society, Plebeian Culture," *Journal of Social History* 7 (1974):382-405, 和 "Eighteenth-Century English Society: Class Struggle without Class," *Social History* 3 (1978): 133-66。

40. "To the Tradesmen, Mechanics &c."

41. 未署名的波士顿演说家，转引自 John C. Miller, *Sam Adams: Pioneer in Propaganda* (Boston, 1936), 207; James P. Walsh, "Mechanics and Citizens: The Connecticut Artisan Protest of 1792," *William and Mary Quarterly*, 3rd ser., 42 (1985):66-89; 关于英国的传统，见 John Rule, "The Property of Skill in the Period of Manufacture," in Patrick Joyce, ed., *The Historical Meaning of Work* (New York, 1987), 99-118。

42. 关于年鉴，见 Scott McIntosh, "Liberty and Property, Arms and God: The Political Culture of the Crowds in Boston, 1765-1775"（毕业论文，Princeton University, 1979), 60-63; 关于农民思想中的类似趋势，见 Richard Bushman, *King and People in Provincial Massachusetts* (Chapel Hill, N.C., 1985), chap.5, 该著作值得关注。

43. 关于水手的经典文章：Jesse Lemisch, "Jack Tar in the Streets: Merchant Seamen in the Politics of Revolutionary America," *William and Mary Quarterly*, 3rd ser., 25 (1968): 371-407; 对强制征兵的早期抵制，见 John Lax and William Pencak, "The Knowles Riot and the Crisis of the 1740's in Massachusetts," *Perspectives in American History* 10 (1976): 163-214, 以及 Linebaugh and Rediker, *Many-Headed Hydra*, chap. 7。

44. "A Pennsylvania Planter," *Pennsylvania Gazette*, August 1, 1771, 转引自 Olton, *Artisans for Independence*, 19-20, and chaps. 2 and 3; Joseph Ernst, "Ideology and an Economic Interpretation of the Revolution," in Alfred F. Young, ed., *The American Revolution: Explorations in the History of American Radicalism* (DeKalb, Ill., 1976), 159-85; Dana Frank, *Buy American: The Untold Story of Economic Nationalism* (Boston, 1999), chap. 1; T. H. Breen, *The Marketplace of Revolution: How Consumer Politics Shaped American Independence* (New York, 2004), part 2; 及 T. H. Breen, "'Baubles of Britain': The American and the Consumer

Revolutions in the Eighteenth Century," in Cary Carson et al., eds., *Of Consuming Interest: The Style of Life in the Eighteenth Century* (Charlottesville, Va., 1994), 444-82。

45. "Resolution of the Massachusetts Provincial Congress, December 8, 1774," in Merrill Jensen, ed., *English Historical Documents: American Colonial Documents to 1776* (New York, 1955), 823-24; Lawrence Peskin, *Manufacturing Revolution: The Intellectual Origins of American Industry* (Baltimore, 2003), chaps. 2 and 3.
46. 分析革命的综述，见 Gary B. Nash, *The Unknown American Revolution: The Unruly Birth of Democracy and the Struggle to Create America* (New York, 2005); 关于托利党对"暴民"的经典观点，见 Peter Oliver, *Peter Oliver's Origin & Progress of the American Rebellion: A Tory View*, ed. Douglas Adair and John A. Schutz (Stanford, Calif., 1961), 68; 对当时群众运动的解读，见本文引用的 Edward Countryman, Paul A. Gilje, Dirk Hoerder, Jesse Lemisch, Pauline Maier, Barbara Clark Smith 及 Robert St. George 等人的著述。
47. 关于标语，见 Pauline Maier, *From Resistance to Revolution: Colonial Radicals and the Development of American Opposition to Britain, 1765-1776* (New York, 1972), 各处；关于费城工匠的分层，见 Olton, *Artisans for Independence*; 关于围绕自由树和自由杆的分歧，见本书论文 8。
48. 关于纽约，见 Staughton Lynd, "The Mechanics in New York Politics, 1774-1785," in Lynd, *Slavery, Class Con ict, and the United States Constitution: Ten Essays* (Indianapolis, 1967), 79-108; Countryman, *People in Revolution*, chap. 5。关于费城，见 Richard Ryerson, *The Revolution Is Now Begun: The Radical Committees of Philadelphia, 1765-1776* (Philadelphia, 1978)。关于查尔斯顿，见 Walsh, *Charleston's Sons of Liberty*, chap. 3; Pauline Maier, "The Charleston Mob and the Evolution of Popular Politics, in Revolutionary South Carolina," *Perspectives in American History* 4 (1970): 173-96。
49. Rosswurm, *Arms, Country, and Class*, chaps. 2 and 3; Ronald Schultz, *The Republic of Labor: Philadelphia Artisans and the Politics of Class, 1720-1830* (New York, 1993), chaps. 1 and 2.
50. Fischer, *Paul Revere's Ride*, 93-112 ("The Midnight Ride as a Collective Effort"); J. L. Bell, *Behold, the Guns Were Gone: Four Brass Cannons and the Start of the American Revolution* (Boston, 2006).
51. Pauline Maier, *The Old Revolutionaries: Political Lives in the Age of Samuel Adams* (New York, 1980), 关于 Adams, Young 及 Sears 的章节；John Alexander, *Samuel Adams: America's Revolutionary Politician* (Lanham, Md., 2002); Roger

J. Champagne, *Alexander McDougall and the American Revolution in New York* (Schenectady, N.Y., 1975), chaps. 1-5; 关于费城，见 Rosswurm, *Arms, Country, and Class*, chaps. 1-3。

52. William Fowler, *The Baron of Beacon Hill: A Biography of John Hancock* (Boston, 1979); Charles W. Akers, *The Divine Politician: Samuel Cooper and the American Revolution in Boston* (Boston, 1982), 各处 (关于 Hancock); Gregory H. Nobles, "'Yet the Old Republicans Still Persevere': Samuel Adams, John Hancock, and the Crisis of Popular Leadership in Revolutionary Massachusetts, 1775-1790," in Ronald Hoffman and Peter Albert, eds., *The Transforming Hand of Revolution: Reconsidering the American Revolution as a Social Movement* (Charlottesville, Va., 1995),258-85; Paul Staiti, "Character and Class," in Rebora, Staiti, et al., *John Singleton Copley*, 53-78 (关于背景) and 211-14 (肖像画)。

53. Jesse Lemisch, *Jack Tar versus John Bull: The Role of New York's Seamen in Precipitating the Revolution* (New York, 1997), 101 (Tony and Dale); Countryman, *People in Revolution*, 62-63; Edmund Morgan and Helen Morgan,*The Stamp Act Crisis: Prologue to Revolution* (New York, 1962), 245-48 (纽 波 特); Steffen, *Mechanics of Baltimore*, 75-77。

54. Rosswurm, *Arms, Country, and Class*, 250; Thomas Young to John Lamb, June 19, 1774, John Leake, *Life of John Lamb*, 89-90; 关于乡村低等阶层对上流辉格党的敌视，见 Lynd, *Slavery, Class Conflict*, chap. 2; Edward Countryman, "'Out of the Bounds of Law': Northern Land Rioters in the Eighteenth Century," in Young, ed., *American Revolution*, 37-69; Countryman, *People in Revolution*, chaps. 4 and 5; Ronald Hoffman, "The 'Disaffected' in the Revolutionary South," 及 Marvin L. Michael Kay, "The North Carolina Regulation, 1766-1776: A Class Conflflict," 两者都载于 Young, ed., *American Revolution*, 73-123, 275-316。

55. Robert R. Livingston to William Duer, June 12, 1777, R. R. Livingston Papers, New-York Historical Society.

56. Eric Foner, *Tom Paine and Revolutionary America* (New York, 1976), chap. 3; Eric Foner, "Tom Paine's Republic: Radical Ideology and Social Change," in Young, ed., *American Revolution*, 188-232; John Keane, *Tom Paine: A Political Life* (New York, 1995), chap. 4.

57. Gouverneur Morris to Mr. [John] Penn, May 24, 1774, in Peter Force, comp., *American Archives*, 9 vols. (Washington, D.C., 1837-53), 1:343.

58. "Queries Addressed to the Writer Who Signs Himself Cato," *Pennsylvania Evening Post*, March 14, 1774; Nash, *Race, Class, and Politics*, 176, table 1 (财富

分配）。

59. Walsh, *Charleston's Sons of Liberty*, 67-68（副总督）；关于萨凡纳，见 Governor James Wright to Lord Dartmouth, December 19, 1775, *Georgia Historical Society Collections* 3 (1873):228, 转引自 Philip Foner, *Labor and the American Revolution* (Westport, Conn., 1976), 146, 及 "Extract of a Letter from Savannah, December 26, 1775," in Margaret Willard, ed., *Letters on the American Revolution, 1774-76* (Boston, 1925), 245。

60. "To the Several Battalions of Military Associators in the Province of Pennsylvania," June 26, 1776, 转引自 Rosswurm, *Arms, Country, and Class*, 101-2。

61. "The Respectful Address of the Mechanicks in Union, Malcolm McUen, Chairman," *New York Gazette*, June17, 1776; Wehtje, "A Town in the Confederation," chap. 6（波士顿全镇大会）。

62. Elisha Douglass, *Rebels and Democrats: The Struggle for Equal Political Rights and Majority Rule during the American Revolution* (Chapel Hill, N.C., 1955); Jackson T. Main, *Sovereign States, 1775-1783* (New York, 1973), chaps. 5 and 6; Gordon Wood, *The Creation of the American Republic,1776*-1787 (Chapel Hill, N.C., 1969), chaps. 4-6; Nash, *Unknown American Revolution*, chap. 6（作为一个整体论述）及 290-305（波士顿）。关于波士顿全镇大会对马萨诸塞宪法草案的反应，见 Oscar and Mary F. Handlin, eds., *The Popular Sources of Political Authority* (Cambridge, Mass., 1966), 307-10, 749-69; 及 Stephen Patterson, *Political Parties in Revolutionary Massachusetts* (Madison, Wis., 1973), chaps. 6-9。关于纽约，见 Alfred F. Young, *The Democratic Republicans of New York, 1788-1797* (Chapel Hill, N.C., 1968), 21（平衡）。关于宾夕法尼亚，见 Schultz, *Republic of Labor*, chap. 2。

63. 关于潘恩，见本书论文 6; "The Respectful Address of the Mechanics in Union," *New York Gazette*, June 17, 1776。

64. 战争中的工匠史仍有待书写。Philip Foner, *Labor in the American Revolution* (Westport, Conn., 1976), chap. 10, 触及了这一主题。Charles Neimeyer, *America Goes to War: A Social History of the Continental Army* (New York, 1996), chaps. 1 and 6, 讨论了军队人员的构成情况，及 Holly A. Mayer, *Belonging to the Army: Camp Followers and Community in the American Revolution* (Columbia, S.C., 1996), 讨论了军营中的工人。关于军队中波士顿工人不相称的比例，见 Philip Swain, "Who Fought? Boston Soldiers in the Revolutionary War"（优秀论文，Tufts University, 1981), 以 1895 年入伍分析为依据。关于国内矛盾，见 Rosswurm, *Arms, Country, and Class*, chaps. 5and 6; Barbara Smith, "Food

Rioters"; John K. Alexander, "The Fort Wilson Incident of 1779: A Case Study of the Revolutionary Crowd," *William and Mary Quarterly*, 3rd. ser., 31 (1974): 589-612。

65. Morris, *Government and Labor*, 139-56; 关于两个丰富的文献集，见 Howard B. Rock, ed., *The New York City Artisan, 1789-1825: A Documentary History* (Albany, N.Y., 1989), part 4, 及 Rock and Gilje, eds., *Keepers of the Revolution*, chaps. 2 and 3; Steffen, *Mechanics of Baltimore*, chap. 5; Philip S. Foner, *History of the Labor Movement in the United States: From Colonial Times to the Founding of the American Federation of Labor* (New York, 1947), chap. 5。

66. 关于资格证，见 Rock, ed., *New York City Artisan*, 25（箍桶匠）, 204（制帽匠）; Howard B. Rock, *Artisans of the New Republic: The Tradesmen of New York in the Age of Jefferson* (New York, 1979), 133（制帆匠）。

67. Harry Rubenstein, "With Hammer in Hand: Working-Class Occupational Portraits," in Howard B. Rock, Paul A. Gilje, and Robert Asher, eds., *American Artisans: Crafting Social Identity, 1750-1850* (Baltimore, 1995), 176-98; 关于里维尔，见 Rebora, Staiti, et al., *John Singleton Copley*, 246-49，比较 Nathaniel Hurd, 一个没有被描绘成工匠的雕刻师, 208-11。里维尔的肖像画保存在波士顿美术博物馆，法福肖像画的复制品收录在 *American Collector* (May 1942), 没有出处，后重印在 Rock, ed., *New York City Artisan*, 230。

68. 关于纽约，见 Lynd, "Mechanics in New York Politics," 及 Alfred F. Young, "Mechanics and the Jeffersonians," *Labor History* 5 (1964): 225-76; Peskin, *Manufacturing Revolution*, chaps. 4 and 5; Minutes of the General Society, January 28, 1799, 转引自 Rock, *Artisans of the New Republic*, 172。

69. 我对协会的统计，依据的是纽约市公共图书馆和美国古文物学会卡片目录中按城市和时间排序的协会地址、机构等的说明。我对纽约的波士顿协会的分析依据是它们的会议记录。关于新英格兰的情况，必读著作是 Gary Kornblith, "From Artisans to Businessmen: Master Mechanics in New England, 1789-1850"（博士论文, Princeton University, 1983), chaps. 1-4（波士顿）; 关于纽约的情况，尤其见 Rock, *Artisans of the New Republic*, 129-32 及其他各处，以及 Young, *Democratic Republicans*, 各处。费城似乎没有总会，这令人费解。Schultz, *Republic of Labor*, 101, 228, 记录了一个建立全城范围的协会的建议 (1785), 显然从未实现过。

70. 请愿见 Walter Lowrie and Matthew Clarke, eds., *American State Papers: Finance*, 38 vols. (Washington, D.C., 1832-61), 1:5-11。关于前 4 次国会的请愿清单，见 *Petitions, Memorials and Other Documents Submitted for the Consideration*

of Congress, March 4, 1789 to December 14, 1795 (House Committee on Energy and Commerce), 99th Cong., 2nd sess., April 1986。

71. Howard B. Rock, "'All Her Sons Join as One Social Band': New York City Artisanal Societies in the Early Republic," in Rock, Gilje, and Asher, eds., *American Artisans*, 156–75; Thomas Schlereth, "Artisans in the New Republic: A Portrait from Visual Evidence," in Schlereth, *Cultural History and Material Culture: Everyday Life, Landscapes, Museums* (Charlottesville, Va., 1990), 114-43; Charles F. Hummel, *With Hammer in Hand: The Dominy Craftsmen of East Hampton, New York* (Charlottesville, Va., 1968)（木匠）。一张会员资格证保存在温特图尔博物馆（Winterthur Museum），纽约的 GSMT 图书馆保存有一张空白资格证。

72. Joseph Buckingham, comp., *Annals of the Massachusetts Charitable Mechanics Association* (Boston, 1853), 71-72.

73. Peskin, *Manufacturing Revolution*, chap. 4; 关于宾夕法尼亚商人—工匠联盟的形成，见 Eric Foner, *Tom Paine*, chap. 6; 关于纽约，见 Lynd, "Mechanics in New York Politics," 及 Young, *Democratic Republicans*, chaps. 3 and 4; 关于马萨诸塞内部利益冲突，见 Robert A. Gross, ed., *In Debt to Shays: The Bicentennial of an Agrarian Rebellion* (Charlottesville, Va., 1993), part 1 and part 2 中的文章 ; Van Beck Hall, *Politics without Parties: Massachusetts, 1780–1791* (Pittsburgh, 1972), chaps. 6 and 7。

74. 关于历史学家对游行的记载，见 Whitfield Bell Jr., "The Federal Processions of 1788," *New-York Historical Society Quarterly* 46 (1962): 5-39; Kenneth Silverman, *A Cultural History of the American Revolution* (New York, 1976), 570-87; Loretta Valtz Mannucci, "The Look of Revolution: Presentation and Representation in the American Revolution," in Mannucci, ed., *The Languages of Revolution* (Quaderno 2; Milan: Milan Group in Early United States History, 1989), 25-36; David Waldstreicher, *In the Midst of Perpetual Fetes: The Making of American Nationalism; 1776-1820* (Chapel Hill, N.C., 1997), 103-7; Len Travers, *Celebrating the Fourth: Independence Day and the Rites of Nationalism in the Early Republic* (Amherst, Mass., 1997), chap. 3; Laura Rigal, *The American Manufactory: Art, Labor, and the World of Things in the Early Republic* (Princeton, N.J., 1998), chap. 1。

75. 我对该会议的分析，见本书论文 4。

76. "The Address of John Humble," in Herbert Storing, ed., *The Anti-Federalist*, 5 vols. (Chicago, 1981), 3:89-90; 关于在纽约发表的论文，同上 , vols. 2 and 6; 关

于马萨诸塞，同上，vol. 4。关于报纸上争论的全文记录，见 Merrill Jensen, John P. Kaminski, and Gaspare Saladino, eds., *The Documentary History of the Ratification of the Constitution* (Madison, Wis., 1976-), *Ratification of the Constitution by States: Pennsylvania*, vol. 2, 及 *Commentaries on the Constitution Public and Private*, vol. 4。关于马萨诸塞州，我阅读了位于威斯康辛麦迪逊市的“宪法批准计划”（Ratification of the Constitution Project）收藏的文献资料，还有活页笔记，为此感谢该计划的主管 John Kaminski; 关于费城，见 Saul Cornell, ed., “Reflections on ‘The Late Remarkable Revolution in Government’: Aedanus Burke and Samuel Bryan’s Unpublished History of the *Ratification of the Federal Constitution*,” *Pennsylvania Magazine of History & Biography* 101 (1988): 103-30。关于反联邦主义者的思想，见 Jackson T. Main, *The Anti-Federalists* (Chapel Hill, N.C., 1961), chaps. 608; Saul Cornell, *The Other Founders: Anti-Federalism and the Dissenting Tradition in America, 1788-1828* (Chapel Hill, N.C., 1999), part 1。Cornell 认为反联邦主义者对工匠几乎没有什么吸引力。

77. 关于批准宪法的投票情况，见 Roland Baumann, “Democratic Republicans of Philadelphia: The Origins, 1776-1797”（博士论文，Pennsylvania State University, 1970), chap. 2 and 607（投票）; Young, *Democratic Republicans*, chap. 4, 89-90（投票）。

78. 我使用了 n.74 中引用的历史学家的记载和下面同时代的记载: *(Boston) Massachusetts Centinel*, February 9, 1788; *New York Journal*, July 23, 1788, 及 *New York Packet*, August 5, 1788; Francis Hopkinson, *An Account of the Grand Federal Procession ...* (Philadelphia, 1788), 重印在 *The American Museum* (1788), 57-88, 及 *Old South Leaflets*, Nos. 230-31 (Boston, 1961); *(Baltimore) Maryland Journal*, May 6, 1788; John P. Kaminski and Gaspare Saladino, eds., *Documentary History of the Ratification of the Constitution* (Madison, Wis., 1995), 关于庆祝活动，见 *Commentaries on the Constitution Public and Private*, vol. 6, 221-311。

79. 对游行的解释中，关于强调精英分子的赞助和价值观的，见 Paul A. Gilje, “The Common People and the Constitution: Popular Culture in New York City in the Late Eighteenth Century,” in Paul A. Gilje and William Pencak, eds., *New York in the Age of the Constitution, 1775-1800* (Rutherford, N.J., 1992), 48-73; 及 Susan Davis, *Parades and Power: Street Theatre in Nineteenth Century Philadelphia* (Philadelphia, 1986),117-26。

80. 锡器匠的横幅正在纽约历史学会展览（展品号：1903.12, Henry Luce Center for the Study of American Culture), 转载于 Rock, Gilje, and Asher, eds., *American Artisans*, 161。关于费城，在木匠大厅，木匠协会展示了他们在 1788 年游行

时的横幅，费城图书馆公司（Library Company of Philadelphia）保存了烟草零售商的横幅。波士顿人协会保存有 4 面工匠横幅，它们首次出现在 1789 年欢迎华盛顿总统的波士顿游行队伍中。

81. Benjamin Rush, "Observations on the Fourth of July Procession," in Kaminski and Salidino, eds., *Documentary History of Ratification*, 6:263（额外强调）。

82. Susan Branson, *These Fiery Frenchified Dames: Women and Political Culture in Early National Philadelphia* (Philadelphia, 2001), 16-18 (the Hewsons); 关于女性的职业，见本书论文 2。

83. Charles Wesley, *Prince Hall: Life and Legacy* (Washington, D.C., 1977), 各处。

84. Alfred F. Young, "Artisans and the Constitution" (Merrill Jensen Lecture, University of Wisconsin, 1996) (1789 年游行); Young, *Democratic Republicans*, 386-88。

85. 关于 1788 年和之后几年游行的总体情况，见 Sean Wilentz, "Artisan Republican Festivals and the Rise of Class Con ict in New York City, 1788-1837," in Michael H. Frisch and Daniel J. Walkowitz, eds., *Working-Class America: Essays on Labor, Community, and American Society* (Urbana, Ill., 1983), 37-77; Waldstreicher, *In the Midst of Perpetual Fetes*, chaps. 1-4; Davis, *Parades and Power*。

86. 关于波士顿的马车夫，见 John Drayton, *Letters Written during a Tour through the Northern and Eastern States of America* (1794), in Warren S. Tyron, ed., *A Mirror for Americans*, 3 vols. (Chicago, 1952), 1:12; *Boston Independent Chronicle*, July 19, 1795; 关于费城的食物供应商，见 Anelise Harding, *John Lewis Krimmel: Genre Artist in the Early Republic* (Winterthur, Del., 1996), figs. 339,344; 关于非裔美国人的游行，见 Shane White, "It Was a Proud Day: African Americans, Festivals and Parades in the North, 1741-1834," *Journal of American History* 81 (1994-95), 13-50; 及 Waldstreicher, *In the Midst of Perpetual Fetes*, chap. 6。

87. Thomas Jefferson, *Notes on Virginia*, in Merrill D. Peterson, ed., *The Portable Thomas Jefferson* (New York, 1975), query 19.

88. Alfred Young, "The Mechanics and the Jeffersonians, 1789-1801," *Labor History* 5 (1964): 247-76; Young, *Democratic Republicans*; Steffen, *Mechanics of Baltimore*, part 2; Rock, *Artisans of the New Republic*, chap. 1; Baumann, "Democratic Republicans of Philadelphia"; Schultz, *Republic of Labor*, chaps. 4 and 5; Paul Goodman, *The Democratic-Republicans of Massachusetts: Politics in a Young Republic* (Cambridge, Mass., 1964), chap. 5, "The Urban Interest" ; William Bruce Wheeler, "Urban Politics in Nature's Republic: The Development of

Political Parties in the Seaport Cities in the Federalist Era"（博士论文，University of Virginia, 1967), 该论文讨论了费城、巴尔的摩、纽约和波士顿（第 400 页列举了 1800 年共和党候选人占据的海港）。

89. Eugene P. Link, *The Democratic Republican Societies, 1790-1800* (New York, 1942); Philip S. Foner, ed., *The Democratic-Republican Societies, 1790-1800* (Westport, Conn., 1976): 3-53; Young, *Democratic Republicans*, chap. 18, 395（晚间会议）; Baumann, "Democratic Republicans of Philadelphia," chap. 9; Albert Koschnik, "The Democratic Societies of Philadelphia and the Limits of the Public Sphere," *William and Mary Quarterly* 58 (2001): 615-36。

90. Isaiah Thomas, *The History of Printing in America* (1810; New York, 1960), 265 (Thomas); Donald H. Stewart, *The Opposition Press of the Federalist Period* (Albany, 1969), 15, 630, 856 n. 72; Jeffrey L. Pasley, *The Tyranny of the Printers: Newspaper Politics in the Early American Republic* (Charlottesville, Va., 2001), chaps. 1 and 2（作为技工的印刷商）; Michael Durey, "Thomas Paine's Apostles: Radical Emigres and the Triumph of Jeffersonian Republicanism," *William and Mary Quarterly* 44 (1987): 682。

91. Thomas Paine, *Rights of Man, Part Second* (1792), chap. 5, 398-454, 和 *Agrarian Justice* (1795-96), 606-23, 两书俱见 P. Foner, ed., *Complete Works of Thomas Paine*, 2 vols. (New York, 1945), vol. 1。

92. Cathy N. Davidson, *Revolution and the Word: The Rise of the Novel in America* (New York, 1985), chaps. 2 and 4; David D. Hall, *Cultures of Print: Essays in the History of the Book* (Amherst, Mass., 1996), 36-78; "Memoirs of Stephen Allen," ed. John C. Travis, 打印稿，纽约历史学会，其中的摘录重印在 Gilje and Rock, eds., *Keepers of the Revolution*。

93. J. Walsh, "Mechanics and Citizens," 66-89; William Manning, *The Key of Liberty*, ed. Sean Wilentz and Michael Merrill (Cambridge, Mass., 1993); 关于 Brown，见 James M. Smith, *Freedom's Fetters: The Alien and Sedition Laws and American Civil Liberties* (Ithaca, N.Y., 1956), 257-70; 关于针对工匠的演讲以及工匠自己的演讲，见 Rock, *Artisans of the New Republic*, chap. 5; 关于 Tunis Wortman，一个为工匠听众做演讲的博学的纽约共和党人，见 Young, *Democratic Republicans*, 520-23。

94. 关于公务员总体趋下的社会变化，见 Jackson T. Main, "The American Revolution and the Democratization of the Legislatures," *William and Mary Quarterly*, 3rd ser., 23 (1966): 354-67; Jackson T. Main, *Political Parties before the Constitution* (Chapel Hill, N.C., 1973); Young, *Democratic Republicans*, chap. 4; Gordon

S. Wood, *The Radicalism of the American Revolution* (New York, 1991), chap. 16。关于工匠对国会选举中非工匠候选人的支持，见 Young, *Democratic Republicans*, chaps. 19 and 26; Roland Baumann, "John Swanwick: Spokesman for Merchant Republicanism," *Pennsylvania Magazine of History and Biography* 97 (1973): 248-56; Steffen, *Mechanics of Baltimore*, chaps. 7 and 8; Rock, *Artisans of the New Republic*, chaps. 2-4; Goodman, *Democratic-Republicans of Massachusetts*, chaps. 5 and 6; William Whitney Jr., "The Crowninshields of Salem, 1800-1818: A Study in the Politics of Commercial Growth," *Essex Institute Historical Collections* 94 (1958): 1-36, 79-118; Frank A. Cassell, *Merchant Congressman in the Young Republic: Samuel Smith of Maryland, 1752-1839* (Madison, Wis., 1971)。

95. Young, *Democratic Republicans*, chap. 22; Hodges, *New York City Cartmen*, chap. 8.

96. Alexander Hamilton, *The Federalist*, essay 35, "Hamilton Ms. 1794, last sheet in vol XV," 转引自 Charles Beard, *Economic Origins of Jeffersonian Democracy* (New York, 1915), 246-47（我还未能找到这一文件）; Hamilton to Rufus King, May 4, 1796, in Harold Syrett et al., eds., *Papers of Alexander Hamilton*, 27 vols. (New York, 1961-1987), 20:158。

97. John R. Nelson, *Liberty and Property: Political Economy and Policy Making in the New Nation, 1789-1812* (Baltimore, 1987), chaps. 2, 4, 6; John R. Nelson, "Alexander Hamilton and American Manufacturing: A Reexamination," *Journal of American History* 45 (1979): 971-95; Peskin, *Manufacturing Revolution*, chap. 4; Roland M. Baumann, "Philadelphia's Manufacturers and the Excise Taxes of 1794: The Forging of the Jeffersonian Coalition," *Pennsylvania Magazine of History and Biography* 106 (1982): 3-39.

98. Gary Kornblith, "Artisan Federalism: New England Mechanics and the Political Economy of the 1790s," in Ronald Hoffman and Peter J. Albert, eds., *Launching the "Extended Republic": The Federalist Era* (Charlottesville, Va., 1996), 249-72; Kornblith, "From Artisans to Businessmen," chap. 1; Triber, *True Republican*, 185.

99. George Warner, *Means for the Preservation of Liberty* (New York, 1797), 9-13, 15; 关于费城的工匠共和主义，见 William Duane 在 *The Aurora*, January 1807 上发表的文章，讨论见 Schultz, *Republic of Labor*, 156; 关于巴尔的摩，见 Steffen, *Mechanics of Baltimore*, chaps. 6, 7, 11。

100. Young, *Democratic Republicans*, chap. 24, 520-21（为改革干杯）; Richard J.

Twomey, *Jacobins and Jeffersonians: Anglo-American Radicalism in the United States, 1790-1820* (New York, 1989), chap. 4; Elaine Weber Pascu, "From the Philanthropic Tradition to the Common School Ideal: Schooling in New York City, 1815-1832"（博士论文，Northern Illinois University, 1979); 关于共和党人的改革文件，见 Irving Mark and Eugene L. Schwaab, eds., *The Faith of Our Fathers* (New York, 1952), 各处；关于工匠蓄奴，见 Shane White, *Somewhat More Independent: The End of Slavery in New York City, 1779-1810* (Athens, Ga., 1991), 10-13。

101. Noah Webster, *A Compendious Dictionary of the English Language* (New Haven, Conn., 1806), S.V. "mechanic"; 及 Webster, *An American Dictionary of the English Language*, 2 vols. (New York, 1829)。

102. Davidson, *Revolution and the Word*, 105, 173-78（小说家）; 关于 William Chappel，见 Rock, ed., *New York City Artisan*, xxii, 5, 34, 171; Harding, *John Lewis Krimmel*, figs. 101, 110, 127, 338-39; Richard R. John and Thomas C. Leonard, "The Illusion of the Ordinary: John Lewis Krimmel's *Village Tavern* and the Democratization of Public Life in the Early Republic," *Pennsylvania History* 65 (1998): 87-96。

103. Nelson, *Liberty and Property*, chap. 10; Schultz, *Republic of Labor*, chaps. 5 and 6.

104. Albert Gallatin, "Report on Manufactures," in James Ferguson, ed., *Selected Writings of Albert Gallatin* (Indianapolis, 1967), 240-64; Nelson, *Liberty and Property*, chap. 10; Peskin, *Manufacturing Revolution*, part 3.

105. 有关制造业的引文出自 Jefferson to Benjamin Austin, January 6, 1816，重印在 "National Utility in Opposition to Political Controversy: Addressed to the Friends of American Manufactures"（单页报，Boston, 1816), 是对 Austin to Jefferson，December 9, 1815 的回复；类似书信，见 Jefferson to the Society of Tammany, February 29, 1808, 发表在 *American Citizen*, April 9, 1808。关于手工艺人的引文出自 Jefferson to John Lithgow, January 4, 1805（在 1804 年 12 月 24 日致杰斐逊的信中，自称是 "the Essay on the Manufacturing Interest" 和 "Of Equality a Political Romance" 两篇文章的作者）。感谢杰斐逊文件的副主编 Elaine Weber Pascu，为我提供这些往来书信手稿。关于着装的象征主义，见 David Waldstreicher, "Why Thomas Jefferson and African Americans Wore Their Politics on Their Sleeves: Dress and Mobilization between American Revolutions," in Jeffrey Pasley, Andrew Robertson, and David Waldstreicher, eds., *Beyond the Founders* (Chapel Hill, N.C., 2004), 79-103 at 84-87。关于杰斐

逊政治经济学的讨论，见 Drew McCoy, *The Elusive Republic: Political Economy in Jeffersonian America* (Chapel Hill, N.C., 1980), chap. 8; Joyce Appleby, *Capitalism and a New Social Order: The Republican Vision of the 1790s* (New York, 1994), chap. 8。关于共和党人和制造业，见 Schultz, *Republic of Labor*, chaps. 5 and 6; Peskin, *Manufacturing Revolution*, part 3; 关于共和党制造商，见 John A. Munroe, *Federalist Delaware, 1775-1815* (New Brunswick, N.J., 1954), 220-27。

106. *New York Evening Post*, February 28, 1815; Rock, ed., *New York City Artisan*, 12-13（两个资格证在印刷的时候弄反了）。

107. 关于经济变化，见 Wilentz, *Chants Democratic*, chap. 1, 36–37 (Duncan Phyfe); Gary Kornblith, "Artisan Response to Capitalist Transformation," *Journal of the Early Republic* 10 (1990): 315-21; Laurie, *Artisans into Workers*, chap. 1; David Montgomery, "The Working Classes of the Pre-Industrial Cities, 1790-1830," *Labor History* 7 (1968): 3-22; Christopher Tomlins, *Law, Labor, and Ideology in the Early Republic* (Cambridge, V.K., 1993), chap. 4; Rock, *Artisans of the New Republic*, part 3; Lisa Lubow, "Artisans in Transition: Early Capitalist Development and the Carpenters of Boston, 1787-1837"（博士论文, University of California, Los Angeles, 1987); "To the Public," by Journeymen House Carpenters, April 10, 1809, in Rock, ed., *New York City Artisan*, 233-34; "Address of the Working Shoemakers of Philadelphia" (1805), in Mark and Schwaab, eds., *Faith of Our Fathers*, 334-35。

108. 关于语言，见 Albert Matthews, "Hired Man and Help," *Publications of the Colonial Society of Massachusetts* 5 (1897-98): 225-56, 这是一篇经典文章。欧洲游客对于仆人词汇的观察几乎都来自后革命时期。关于生活条件，见 Sharon V. Sallinger, "Artisans, Journeymen and the Transformation of Labor in Late Eighteenth-Century Philadelphia," *William and Mary Quarterly* 40 (1983): 62-84; Robert J. Steinfeld, *The Invention of Free Labor: The Employment Relation in English and American Law and Culture, 1350-1870* (Chapel Hill, N.C., 1991), chap. 5; Rorabaugh, "Apprentices, Masters and the Revolution," in Alfred F. Young, ed., *Beyond the American Revolution: Explorations in the History of American Radicalism*, (Dekalb, Ill., 1993), 185-217, 引文在 200, 207。

109. 关于对短工联盟的法律约束，见 Tomlins, *Law, Labor, and Ideology*, part 2; 关于对案件的反应，见 Richard J. Twomey, "Jacobins and Jeffersonians: Anglo-American Radical Ideology, 1790-1810," in Margaret Jacob and James Jacob, eds., *The Origins of Anglo-American Radicalism* (London, 1984), 284-99;

Twomey, *Jacobins and Jeffersonians*, chap. 6; Schultz, *Republic of Labor*, 160-64。

110. Journeymen House Carpenters, "To the Public," *American Citizen*, April 10, 1809, in Rock and Gilje, eds., *Keepers of the Revolution*, 101-4.

111. Benjamin Franklin, "Last Will and Testament," in Carl Van Doren, ed., *Benjamin Franklin's Autobiographical Writings* (New York, 1945), 688-98; Wood, *Americanization of Benjamin Franklin*, chap. 5.

112. Triber, *True Republican*, chap. 11, 187 (工厂 "帮手"); Esther Forbes, *Paul Revere and the World He Lived In* (Boston, 1942), chap. 10; Patrick Leehey, "Reconstructing Paul Revere," in Paul Revere Memorial Association, *Paul Revere*, 33 ("繁荣的北区技工")。

113. Rigal, *American Manufactory*, 179-98; Patrick Lyon, *The Narrative of Patrick Lyon ...* (Philadelphia, 1799). 肖像画的两个版本今保存在波士顿图书馆和宾夕法尼亚美术学院。

114. Dixon Wecter, *The Hero in America* (New York, 1941), chap. 4; John William Ward, "Who Was Benjamin Franklin?" 及 J. A. Leo Lemay, "Franklin's Autobiography and the American Dream," 两者重刊在 Lemay and Zall, eds., *Benjamin Franklin's Autobiography*, 325-35, 349-60。

115. Wilentz, "Artisan Republican Festivals" (New York); Davis, *Parades and Power*, 125-32; (Philadelphia); Alfred F. Young, *The Shoemaker and the Tea Party: Memory and the American Revolution* (Boston, 1999), 147-50 (Boston); Michael Kammen, *Season of Youth: The American Revolution and the Historical Imagination* (New York, 1978), 44-45, 120, 198-200; Len Travers, *Celebrating the Fourth: Independence Day and the Rites of Nationalism in the Early Republic* (Amherst, Mass., 1997), chap. 4; Simon Newman, *Parades and the Politics of the Street: Festive Culture in the Early Republic* (Philadelphia, 1997), chap. 3; Waldstreicher, *In the Midst of Perpetual Fetes*, chap. 4.

116. Gutman, "Work, Culture, and Society," 550-53, 568-69; Alan Dawley, *Class and Community: The Industrial Revolution in Lynn* (Cambridge, Mass., 1976), 70-71; Paul G. Faler, *Mechanics and Manufacturers in the Early Industrial Revolution, 1780-1860* (Albany, N.Y., 1981); Seth Luther, *An Address to the Workingmen of New England ...*, 2nd ed. (New York, 1833); Philip S. Foner, ed., *We the Other People: Alternative Declarations of Independence* (Urbana, Ill., 1976), 1-40, 47-70.

117. Gutman, "Work, Culture, and Society," 568; 另见 Vera Shlakman, *Economic*

History of a Factory Town: A Study of Chicopee, Massachusetts (Northampton, Mass., 1934-35), chp. 5。

118. Kammen, *Season of Youth*, 83-84 (Willard); Bruce Nelson, *Beyond the Martyrs: A Social History of Chicago's Anarchists* (New Brunswick, N.J., 1988), chap. 6 (游行); William Cahn, *A Pictorial History of American Labor* (New York, 1972), 145 (纽约市游行版画，September 5, 1882)。

2
“重要人物”：
波士顿女性与美国革命，1765—1776 年

1776 年 3 月 31 日，大陆会议通过《独立宣言》的三个月前，阿比盖尔·亚当斯从马萨诸塞布伦特里自己经营的家庭农场里给在费城参加会议的丈夫写信，在报告了地方事务之后，结尾处她做出了一个成为美国女权主义开篇宣言的评论：“我迫切地想听到你们已经宣告了独立——同时我认为你们有必要制定新法律，在新法律中，希望你们会记住女性，并比你们的先人更宽容大度地对待她们。不要把无限的权力放在丈夫手中。记住，只要有可能，男人都会变成暴君。”似乎是为了缓解其要求的激烈性，她半开玩笑地补充道：“如果没有给予女性特别的关照，我们决心煽动一次反抗，而且不会让自己被没有我们的声音或代表的任何法律所束缚。”[1]

约翰·亚当斯迅速回信，制止他的妻子：“说到你那非比寻常的法律，我只能一笑置之。”他立刻表明，“1776 年精神”中既包含他欢迎的独立情感，也包含了他决心压制的反叛势头。“我们已经得知我们的斗争使各地政府的管制变得松弛。孩子们和学徒不服管教——大中小学动荡不安——印第安人看不起他们的监护者，黑奴对他们的主人变得傲慢。但是你的信第一次暗示，还有一个比所有其他人的人数更多、更有力量的群体变得不安分起来。”[2]

一名妇女在波士顿的街上愕然地盯着儿子的尸体。她的儿子克里斯托弗·赛德尔（Christopher Seider）被一个关税官员枪杀，图中能看见他从自家楼上的窗户处开枪。事件发生在1770年2月，爱国领袖们组织一帮男孩在T.利利（T. Lillie）家的店铺（左边的标记）周围执行警戒任务，T.利利是一个反对抵制英国制造品的进口商人。柱子上的人头剪贴画是为了警告利利作为国家罪人的悲惨下场。取自单页报《告密者理查森的生活和谦卑忏悔》（The Life and Humble Confession of Richardson, the Informer）。[资料来源：宾夕法尼亚历史学会（Historical Society of Pennsylvania）]

阿比盖尔在向她的朋友默茜·奥蒂斯·沃伦寻求支持的时候，对
100 她的提议是非常认真的，沃伦在爱国事业中早已因其公众写作而闻名。因为约翰“非常轻佻地要求我给他提供一个女性的不满问题细目”，急躁的阿比盖尔提出，“我想让你和我一起向国会提交请愿书”，从而决定采取什么样的形式“煽动反抗”。在总结她和丈夫之间的书

信往来时，她清楚地认识到自己的行为不仅仅是为了自己：“我极大地帮助了女性。”[3]

一周后，她与约翰的争论暂时告一段落。“当你们对男性宣示和平和好意，要解放所有人的时候，却坚持不放下对妻子们的绝对权
力，我不能说我认为你们对女性足够慷慨。”尽管她输了，却发出了 101
挑战性的警告：“任意忘性的权力犹如任何其他坚硬的东西一样，容易破碎。”随后，她放弃了争吵，重新回到男性认为女性具有最终力量的说法：“尽管你们制定了明智的法律和警句，但是我们拥有不仅能解放自身而且能征服我们的主人的力量，无需采用暴力，就能把你们的自然权威和法律权威踩在脚下——

> 在接受中让你陶醉，在隐忍中施加影响，
> 在服从中，我们的诙谐最强。”[4]

这是一次特别的对话，事实上往后还有几次这类对话，研究女性主义和美国革命的学者才刚刚开始探究它们的意义。[5]是什么引发了如此张扬和激烈的威胁？是什么让阿比盖尔认为，即使是半认真地，在 1776 年的春天，妇女有可能“煽动一次反抗”？在 1765 年的《印花税法案》之后具有重大意义的十年，女性都参加了什么活动？她们扮演了什么角色？这些活动的相对重要性是什么？这些活动最后是否以任何形式改变了女性的意识？其他女性是否也有“女性的不满问题细目”？

为了回答这些问题，我们将集中论述 1765—1776 年间波士顿的女性，因为首先，毫无疑问，波士顿是对英国进行政治抵抗的最重要的中心之一；其次，波士顿的女性活动有据可查。不管证据多么支离破碎、多么令人沮丧，我们仍然能够从大体轮廓上追溯女性的活动，

推断她们的意识。[6]

阿比盖尔·亚当斯很熟悉波士顿。自 1764 年结婚以来，她就居住在布伦特里，一个靠近波士顿的城镇。从镇上最高的山顶，她看到了 1776 年的邦克山战役。在波士顿，她也住了 3 年，从 1768 年春直到 1771 年春，其间正是爱国运动——无论女性还是男性——如火如荼的时候。倘对自己的敏锐观察尚有不解之处，她就通过她的丈夫及其朋友与她分享的报道去了解。约翰·亚当斯在因为法律事务或者政治事务而进出波士顿以及新英格兰东部的时候，已经知道了大众运动的每个细节。[7]

我们首先把注意力投向革命前夕波士顿的女性地位和状况中，其次投向波士顿女性和男性用作资源的制度和传统上，最后投向波士顿
102 革命运动的特点。然后，我们会转向 1765 年到 1775 年运动中的女性活动，最后转向女性的意识问题，回到阿比盖尔·亚当斯在 1776 年春天威胁“煽动一次反抗”的特殊时期。

I

虽然至今还没有哪位学者试图对波士顿妇女的社会图像进行描绘，但其大致轮廓在最近对社会结构的整体分析中已经有所暗示，尤其是加里·纳什的研究。目前据我们所知，殖民地时期结束的时候，可以这样概括波士顿妇女的情形：相比其他城市，波士顿的妇女数量尤其多。其中包括大量的寡妇，而且多数都很贫穷；向妇女开放的职业，不管她是单身女性、寡妇，还是老姑娘，都非常少；妇女生活在一个视不平等为常的社会，城市的大部分人要么生活贫困要么处于贫困边缘。[8]

波士顿的女性比男性多 700 人，甚至更多。在 1765 年统计的 15220 人中，有 3612 个成年白人女性和 2941 个成年白人男性。在 16 岁以下的白人儿童中，男性和女性的数量大体相当——分别是 4109 和 4010。城市的寡妇数量很大：1742 年是 1200 人，1751 年是 1153 人，1765 年可能是 700 人。在海边城市，寡妇比内陆城镇多，相当数量的男人靠海为生，在海上需要付出代价。但是波士顿的寡妇主要是因为 1740 年到 1763 年英国同西班牙和法国开战，马萨诸塞的男性尤其是波士顿的男性做出了巨大的牺牲。[9] 波士顿也是吸引马萨诸塞东部“流浪穷人”的地方，其中很大一部分是单身女性。[10]

波士顿由女性当家的家庭数目很大，在 1765 年的人口普查中，2069 个家庭中，这样的家庭可能占 500 个上下。可以推测，这些家庭的大多数当家女性都是穷人。1748 年，估税员统计有 1153 个寡妇，其中有一半被认为“非常贫穷”。在 1751 年估算的 1200 个寡妇中，有 1000 个“生活条件简陋”。只有一小部分当家女性是纳税人。1771 年的纳税单不太完整，但是保留下来的唯一一份那个时代的税单，上面显示在 2106 个纳税人中只有 186 人是妇女，约占总数的 9%。经纳什调查，从 1685 年到 1775 年的经过认证的遗嘱的数据也指出了同样的结论。在 2767 份遗嘱中，334 份（12.08%）是寡妇留下的，93 103
份（3.365%）是老姑娘留下的。在 1775 年的殖民地后期，53.2% 的寡妇死时只有不超过 50 英镑的财产，生前生活贫困；只有 2.8% 的寡妇拥有 400 英镑以上的财产；另外 10.1% 的寡妇拥有 201~400 英镑的财产，可以让她们过上富足的生活。波士顿的富裕寡妇很少。[11]

无论作为当家女性的寡妇或老姑娘，还是劳动阶层男性当家的家庭中的妻子和女儿，女性如何谋生？事实上向女性开放的职业范围是非常狭少的。波士顿是个海港城市和首府，也是商业枢纽，其繁荣有赖于进出口贸易，其财富来源于商船、码头、仓库、存货和不动产。

制造业尚处在工匠制造阶段。贸易的主要分支包括海上贸易、建造和安装船只、建筑业以及为当地消费者市场提供服务的贸易。更何况，到1765年波士顿曾经繁荣的经济已经疲软了一个多世代。主要城市中，只有波士顿的人口在18世纪中期几十年中呈缩小之势。[12]

虽然有少量女性在男性行业工作，但是如同其他地方一样，仅仅是在丈夫或者父亲死后，以妻子和女儿身份接替他们的工作。在那些居家工作的行业中，女性经常是丈夫的“帮手”，但这显然不适合海上或者建筑业男性的妻子。费城的报纸广告表明了寡妇在很多不同行业继续其丈夫的工作，这种情况在波士顿则很少见。[13]波士顿的手工艺女性似乎集中在完全女性化的行业中，尤其是成衣业，在这里，她们负责裁缝、曼图亚制作（即美装）、女帽制作和手套制作。老姑娘和织工的职业在城里很少；与乡村情况不同，城里的女性通常不参与家庭纺织品的生产。大量妇女在护理业工作，充当护士、助产士、奶妈和女教师，后者在家里开办妇孺学校，教学前儿童读书识字。相当数量的妇女售卖货物和为他人提供服务。她们是店主、小零售商，用少量的资金和库存可以在自己家里开店，是获得城镇经营许可的客栈和酒馆老板，也是在市场摆摊的小贩或在城镇兜售商品的推销员。处
104 于女性职业阶梯最低端的是家庭仆人、洗衣工和普通劳动者。在全城只有300个女奴和几乎没有契约仆从的情况下，家庭仆人中人数最多的可能是穷人的女儿。不受人尊敬的职业则是妓女，随着港口水手和学徒等常客因为几支英军部队的出现而猛增，妓女的数量也在增加。[14]

纳什指出，大量的波士顿家庭靠提供寄宿维持生活。波士顿单个家庭单元的人数比纽约或者费城高出50%。波士顿的比例是每户9.26人（1765年），费城是每户6.26人（1760年），纽约是每户6.52人（1753年）。许多妇女会非常赞成女教师萨拉·奥斯本（Sarah Osborn）的话，“能让我们勉强生存的不过是几个寄宿者而已”。[15]

很少有女个体经营者能获得男性工匠、店主和商人企望的“能力”或者“独立地位”。帕特里夏·克利里（Patricia Cleary）在对波士顿的“女商人”——售卖从英国进口的商品以及从英国或者美国批发商手中赊账购买商品的零售商——进行调查研究后，确认了 1745 年到 1759 年间有 41 个女个体经营商，从 1760 年到革命期间有 64 个。毫无疑问，还有更多的人。其中多数是寡妇，许多人取得了成功，生意能维持 10 多年。[16] 但即使这些人中，也只有少部分人能够书写，像其中最成功者伊丽莎白·默里（Elizabeth Merry）一样，她能够“如我所愿地生活、做事”。

伊丽莎白·默里是一个靠个人奋斗而成功的女性。作为一个苏格兰移民，她移居到美国的时候携带了大量干货，在波士顿成为一个成功的零售商，后来嫁给一个商人兼船长，却很快成为寡妇，后又以一份罕见的婚前协议再婚。这份协议既保障了她管理自己带入婚姻的财产权，也保障了她管理一个大定居点的权利，而不仅仅是传统的寡妇产权。以此为基础，她赚取了一笔小财富。在约翰·科普利给她画的肖像画中，她身穿丝绸和天鹅绒的服饰（正如一位年轻女性记忆里的），“气质庄重、举止优雅”，“思想活跃”，“精神饱满”。[17]

默里也帮助其他女性获得独立。她帮助两个年轻的孤儿安·卡明（Anne Cummings）和贝琪·卡明（Betsy Cummings）在一个小零售店工作，她们对这位“善良的导师”充满感激，“她让我们除了自己，不依赖任何人”。她帮助一个叫雅内特·达伊·巴克莱（Jannette Day Barclay）的私生子创办学校。“没有帮助，没有朋友，几乎一无所有”，巴克莱写道，“我失去了希望，无以为生”，是默里的行为“让我看到了自身的价值，让世人看到了我的价值”。默里没有孩子，她 105
把她的侄女像亲生孩子一样抚养，提倡“一种有用的教育”。“相比这个时代华美精致的人，我更喜欢对社会有用的人。”如果书写和记账是贸易中不可或缺的，那么“有多少家庭因为不懂记账的女人而毁灭”？她的一个侄女感谢她“给予我至今没有泯灭的独立精神”。无论单身还是丧偶，波士顿很少有女性，能够提出这样的主张。[18]

与此形成鲜明对比的是，绝大多数当家女性依赖对贫困的救济。要求救济的穷人的数量，包括男女，一直都让镇长们震惊。1757 年，救济所报道称，“由济贫院内或院外全部或部分救济的穷人将达到 1000 人”。济贫院的收留人数——原本为病患年老残疾之人的室内救济——从 1759 年到 1763 年的每年 93 人增加到 1770 年到 1775 年的每年 149 人（有个冬天将近 275~300 人）。大多数依赖救济的穷人——多数是女性——居家度日，接受院外救济。一家救济所关于 1769—1772 年的记录显示，两个选区大约有 15% 的户主靠救济生活，意味着这样的家庭在整个城市有 500 到 600 家之多。[19]

波士顿为数众多的贫困女性的独特之处是，她们坚决拒绝让她们感到羞辱的救济形式。贫困潦倒的妇女坚定地认为，接受家庭救济是一种权利。一位到波士顿的游客揭示了“拒绝”后面的价值观：救济所“小心翼翼地公布那些生活贫困的人，偷偷地给他们救济品，不让邻居们知晓”。妇女都坚持认为，她们不应当以去济贫院或者工厂工作的方式接受救济。1739 年开放的一家大型砖房济贫院里雇佣的大人小孩按照严格的制度捡拾麻絮、梳棉、纺纱，人数从来不会超过 50 人。18 世纪 50 年代由私人投资公司兴建的生产亚麻布的工厂情况稍稍好点。主办方必须建立纺纱学校教授纺纱技能。1753 年，他们在波士顿公共绿地举办纺纱展览，“将近 300 名纺纱工，有些七八岁，有几个是我们中最好家庭的女儿……华丽出场”。主办方从海外输入
106 男织工，并建造一栋大砖楼。到 1758 年，整个运作以失败告终。为什么？加里 · 纳什写道，“答案在于大多数妇女儿童不愿意在工厂劳动。她们愿意在家里纺纱……而转移到一个制度环境下，即使只是白

天劳动，也涉及新的劳动纪律以及生产责任和生殖责任的分离，它挑战了根深蒂固的价值观”。[20] 因此，在抵制英国的前夕，波士顿大量妇女尽管处在依附地位，却坚守着一种道德经济学和个人独立的渴望。

II

约翰·亚当斯曾为新英格兰独特的制度机构感到自豪：全镇大会、公理会礼拜堂、民兵自卫队、公立学校。[21] 他有理由这样，因为这些制度和机构，虽然可能传奇化了，却是男人抵制运动的基础，正是这些运动使波士顿的革命不亚于小城镇。人们还可以说，在波士顿，抵制运动还建立在集体群众性运动传统之上，这是约翰·亚当斯不愿为之感到自豪的，因为该传统使波士顿成为美国最“暴徒式”的城镇。

参与导致革命的运动的女性只能利用这些机构中的一种：教堂。她们也能利用她们习以为常的家庭角色——家庭经济中的消费者和生产者，还可以利用生活中的仪式，例如葬礼队伍和社区惩戒仪式等。她们还继承了战争传统。

波士顿的政治制度机构是殖民地大城市中最具民主性的。有一定财产的所有男性都有资格在全镇大会上投票、审议、选举管理法律的行政委员、选择参加地方议会的代表。18 世纪 60 年代，3000 名成年男性（其中 2100 人是纳税人）中有 600 至 700 人会投票，而在一次争论激烈的选举中投票人数达到了 1100 人，[22] 占有投票资格的成年男性的一半。全镇大会通常举行的场所法尼尔厅可容纳 1500 人。1770 年后，爱国领袖们召集了“全体人民”参加的大会，降低

107 了投票人的财产条件要求，贫穷的工匠、短工、学徒和水手能都参加了。这类大会的参加人数增至3000到5000人不等，必须换到能容纳5000人左右的城里最大的教堂举行。[23] 另一方面，全镇大会的主持人、行政委员和救济院长都来自富人阶层，大约150个小公职人员来自中等阶层。[24] 女性不参加全镇大会，不投票，也不担任公职。

女性也不是各种男性协会的成员：为波士顿3个城区（北区、南区和中心城区）预先安排会议事项的政治党团、商会、3个共济会团体，或者是各种饮食、社交和消防俱乐部。[25] 工匠们没有永久的组织机构，不同的行业不定期开会处理行业事务——房屋木匠讨论定价问题，面包师同行政委员讨论面包的法令价格，制革匠和其他人则向殖民地政府发出诉求——都是男性行业。[26]

波士顿那些享有盛名的公立学校也都只招收男生。全镇资助了5所学校：3所书写学校（北区、南区和中心城区）和两所语法学校（北区和南区）。它们只招男孩，在2000名左右的学龄男孩中，接受教育的人数不超过一半。女孩被送往妇孺学校学习基本认字，之后，家长就必须延聘私人教师。[27]1773年，克里奥（Clio）说，“很少有女孩接受了充分的英语教育，并能优雅、恰当地将之运用”。10年后，一位未来的改革家宣称，在整个波士顿，能记账的女性太少，只有“大概十几个人能胜任店铺老板”。[28]

尽管男女教育存在差距，波士顿女性的文化程度仍然比乡村女性较高。其中，能够读写的人的比例似乎在增长。[29] 女性帮助维持书店运转（1761年到1776年间有31家书店）。有的能阅读报纸——18世纪60年代有5种报纸——甚至经营女性创办、为女性创办或关于女性的报纸。没有专门针对女性读者的杂志，这要到战后才会出现。尽管如此，有许多迹象显示，大众女性阅读群体正在增长：进口的英国小说越来越受欢迎、宗教读物的稳定畅销以及面向读写能力欠缺的读者的廉价图书和单页民谣渐多。[30]

教堂可能是殖民地后期就女性而言波士顿最重要的机构了。1761年，一位牧师估计，波士顿有 17 家教堂，管理着 2000 户家庭，是全镇家庭的 3/4。有 11 个公理会礼拜堂，2 个浸礼会礼拜堂和 1 个长老 108
会教堂（这 14 个持守不同教义的教堂管理着 1500 户家庭），3 个圣公会主教教堂（管理共 350~500 户家庭）。最大的 5 个公理会教堂管理着 150~350 户家庭，小点的教堂管理 100 户家庭或更少。它们分布在整个城市，意味着对多数家庭来说，参加礼拜无需去远处，在社区里就行。[31] 就社会阶层而言，公理会教堂人员混杂：位于西边富人区布拉托街礼拜堂的人“地位更高、更有份量”，约翰·亚当斯如此观察，而北区的教堂则更能吸引工匠家庭。[32] 最底层的是第一浸礼会教堂——一个小会堂，去礼拜的都是更穷苦的工匠、黑奴和水手。[33] 圣公会教堂的教区居民穷富都有。圣公会牧师是效忠派，而公理会牧师总体上正如效忠派彼得·奥利弗（Peter Oliver）所称呼的，是支持“煽动叛乱神职人员的”“黑人军团”。[34]

不同教义的教堂显然是女性的活动中心。18 世纪中期，女性被接纳为会众的人数是男性的 2 倍。在大多数教会中，她们都容易形成多数。[35] 男人在教堂中一直居于主导地位，担任牧师、执事、长老和教区委员，而对于女人，教堂为她们和她们的姊妹提供了一种自然的联系形式。喻示生命周期的圣礼在这里得到演示。也是在教堂，女人带着她们的孩子来洗礼，儿女们成年后也在这里结婚，这里还是葬礼队伍出发的地方，所有参加葬礼的人从这里出发走向墓地。葬礼是仪式，显然所有阶层的女性都穿昂贵的礼服——一直以来都有人想改变这一点，却没有成功。

女性参加完礼拜仪式——星期日通常有两次——后会去听演讲。她们是教堂唱诗班的成员，唱诗班在 18 世纪 70 年代因为受到威廉·比林斯（William Billings）的激发而非常流行，威廉·比林斯是革命时期的一位赞美诗作者，从一个制革匠变成唱诗班领唱，他那富有激情的赞美诗表达出饱满的宗教热情。[36] 妇女在家里读《圣经》，有时大声读给彼此听。妇女建立了非正式的联络。波士顿的萨拉·普林斯（Sarah Prince）和爱丝特·爱德华·伯尔（Esther Edwards Burr）之间的往来书信证明了这点。萨拉是一个女性祈祷团成员，她戏称自己的女性朋友圈为“共济会俱乐部”。爱丝特经常提到她在波士顿学到的“姐妹情谊”，这是一个内涵非常丰富的词语。[37] 对于波士顿
109 的穷苦寡妇而言，各修会的教堂既是慈善的所在，也是姐妹情谊的来源。

波士顿女性对教堂活动的参与因为始于 18 世纪 40 年代大觉醒时期的福音传教而活跃起来。乔治·惠特菲尔德是最著名的巡回传道者，他不仅在 1740 年的第一次大觉醒时期访问了波士顿，而且后来在 1745 年、1754 年、1765 年以及 1770 年去世之前也都分别访问过波士顿。纳什发现，没有哪个主要城市经历的觉醒，“像波士顿那么强烈、那么长久，那么具有救世意义”。[38] 觉醒对女性的影响也是如此。惠特菲尔德“一般最能打动较年轻的人群，女性就是其中之一”，查尔斯·昌西（Charles Chauncy）牧师写道。1745 年，当惠特菲尔德像往常一样在清晨 6 点开始讲道时（为了赶在工人上班之前），他惊喜地发现“如此之多的男人和女人，穿戴整齐，早早地在街道两边走路或赶车，为他们的灵魂寻找食粮”。[39] 波士顿是他最喜欢的美国城市。

福音传道对女性的影响是巨大的。皈依的女人比男人多，她们更能坚守多年前建立的传统。宗教热情第一个浪潮的影响是，“鼓励了女性，甚至女孩，在宗教敬拜聚会上讲话”；“因为男人、女人、儿童、仆人现在都成为像他们自称的布道者”。批评家抱怨这种“责全

求备”，意思是“丈夫责备妻子，妻子谴责丈夫，主人批评仆人，仆人抨击主人”。[40]

惠特菲尔德与波士顿的三十年“缘份”无疑给女性带来了平等主义思想，即使后来的牧师努力减弱这种热情也无济于事。惠特菲尔德宣讲的救赎向所有人开放，无论其地位、种族或性别如何。他当之无愧是革命前波士顿最受欢迎的文化英雄。1770 年当他在附近的纽波利波特去世时，波士顿的印刷商发行了至少十四种纪念单页报，比 18 世纪的任何人物都要多。[41] 他的影响至今还未得到全面评估。

男人和女人的革命运动还利用了传统的公共仪式。在节日里，男人是积极的参与者，女人是旁观者。清教徒废止了天主教的节日，殖民地的官方节日有“训练日”，当天民兵自卫队游行，每个城镇都举办庆祝活动；有“选举日”，立法委员们坐在华盛顿华丽的典礼上；还有哈佛在附近的剑桥举办的“毕业典礼”，这是一个狂欢式的大众节日，到 18 世纪 50 年代变成了文明节日。在乡村，年轻妇女同男人一样参加诸如剥玉米等秋天的收获节活动；在城市，节日中的妇女仅仅是旁观者。[42] 110

教皇节是波士顿劳动阶层中年轻人的喜庆日，参加的人主要但不绝对是男性。这个节日在英国时原本叫盖伊·福克斯日，在波士顿，革命之前，人们至少已经庆祝了二十五年。每年的 11 月 5 日是一个喧闹的颠覆日，学徒们、年轻的短工和穷苦的工匠占领全城。白天，各年龄段的男孩、女孩挨家挨户上门讨钱，同时两队男性坐在货车上，举着巨大的教皇、恶魔和冒牌者的蜡像游行。晚上，这两支代表北区和南区的游行队伍为毁坏对方的蜡像而鏖战。无论白天还是晚上，女性都是旁观者，给她们心目中的英雄呐喊。对英国的第一次抵制运动，即《印花税法案》暴乱，很大程度上就利用了教皇节中游行队伍的领导者和仪式。[43]

女性在公共惩罚中扮演的角色更加积极和平等。作为马萨诸塞首府，波士顿时常在公共场合实施绞刑。执行绞刑前，有一个牧师和地方官组织的仪式化程序：人们沿街叫卖犯人“真正的忏悔和临终告诫”的单页报；犯人会步行到位于城郊波士顿海峡的绞刑架；在绞刑架下，牧师当众给犯人布道，人群经常数以千计，包括各年龄段和各种生活条件下的男男女女，他们经常或嘲笑或向犯人投掷东西。例如，1773 年，一个被判杀人罪的年轻人列维 · 埃姆斯（Levi Ames），连着几个安息日“脚踝拖着锁链、戴着手铐在街上拖行……数不清的男孩、女人和男人在观看”。[44] 还有证据表明，女性加入了喧嚣，在新英格兰叫“闹街”——是社区惩罚男性通奸者的仪式。后来革命中的涂柏油、粘羽毛就沿用了这些公共和私人惩罚仪式。[45]

妇女也继承了波士顿丰富多样的暴乱传统。艾瑞克 · 霍布斯鲍姆（Eric Hobsbawm）发现，波士顿很符合前工业城市的“经典”暴乱模式，即暴乱“不仅仅是为了抗议，还期望达成某件事”。[46] 波士顿发生过针对商人的谷物暴乱（1709 年、1713 年、1729 年和 1741 年），饥荒时期，商人们为了牟利而将谷物出口。发生过市场暴乱和为公共目的而拆毁建筑的行动（1734 年、1737 年和 1743 年）。有时，妓院也会被拆毁，妓女们被大张旗鼓地赶出城。可以确定，妇女认可这些
111 暴乱活动，但就我们目前所知，她们并没有频繁参与这些活动。她们很可能参加了 1747 年的诺里斯暴乱，那是截至当时最大的一次群众性运动，在那场暴乱中，“下层民众”将全城控制了三天，目的是保障被迫加入海军的男人能够回家。[47]

战争期间，波士顿有一个传统，就像自古以来的那样，妇女是男人爱国主义的鼓动者，也是懦夫士兵的羞辱者。新英格兰对印第安人发起的频繁战争以及美国对法国的 4 次战争充分体现了这一传统。[48] 例如，1707 年的安妮女王之战中，波士顿士兵大败而归，市民们认

为其失败不是战争所致，而是怯懦所致，由此妇女发起了一场引人注目的暴乱行动。一个同时代的人生动地描述了这一羞愧性的场面：

> 他们（士兵）在斯卡利特码头上岸，迎接他们的是几个妇女。她们向他们行军礼："欢迎回来，士兵！"然后递给他们一把木制大长剑，说："真是你们的耻辱！放下你们的铁剑吧，你们现在只配用木剑！"听到这些，一名军官说："安静，蠢女人！"这使女人们更加激动，彼此叫喊："你们家的夜壶是满的吗？老乡？是满的，淹这些胆小鬼吧！向罗亚尔港致敬！老乡，你好！"一大群手拿木剑的儿童和仆人跟在士兵后面，不断喊着"向罗亚尔港致敬！向罗亚尔港致敬！"[49]

在公众对英国的抵制运动前夕，波士顿女性继承了她们与男人在公共领域共有的一些传统：参加福音派礼拜仪式，参加送葬队伍，在行刑仪式中羞辱罪犯。作为波士顿人，她们对暴乱行动或者战争期间对男人进行训导并不陌生。根据习俗，她们在家庭事务中，既是消费者和家庭生产者，也是决策者。从 1765 年到 1775 年，曾经是个人的和私人的决定将成为政治的和公共的决策。

Ⅲ

当我们重新审视在美国革命形成记忆中波士顿那些已经具有史诗性质的著名事件时——《印花税法案》（1765 年）、波士顿惨案（1770 年）、波士顿倾茶事件（1773 年）和波士顿围城（1775—1776 年）——
它们就像老电影里的熟悉画面，倘若定格，或者更精确点，如果镜头 112

更敏锐，转向未曾拍摄过的场景，就不仅能发现人群中有女性的面容，而且还能看到大量的女性在运动中，这一点在以往鲜为人知。

波士顿效忠派的比例在沿海大城市中最小，或许占总人口的10%，占商人的15%。但是爱国者阵营内部有分裂。温和的爱国者从商人手中获取力量；本身来自中层阶级的大众领袖（历史学家称之为激进派）向那些没有资格参与普通实体政治的群体敞开了大门。也许我们应该说，一直以来被排外的群体推开了大门，不请自入。结果就是为获得抵制运动的控制权而展开了拉锯战。

在波士顿，男性的爱国运动吸收了所有阶层：商人、医生、律师、牧师（“生活好的阶层”）；工匠和店主（“中等阶层”）；还有短工、学徒、海员和劳工（“低等阶层”）。每个阶层都有各自的领袖和清楚（有时模糊）的组织机构：商人有商会；中间阶层有政治党团和特别指导核心干部会“九人团”；低等阶层有教皇节游行队。牧师们在祭坛讲道，印刷商则把信息散发到报纸、小册子和单页报中。[50]

当我们在画面中搜索女性时，发现从1765年到1774年，她们扮演了几种清晰（尽管有时重叠）的角色：（1）旁观者；（2）消费者抵制运动的实施者；（3）制造者；（4）暴乱参加者；（5）政治化的葬礼队伍和纪念集会的参加者；（6）让男人采取行动的训导者。然后，在1775年和1776年，当抵制演化为武装暴动时，我们又发现女性成为（7）军队支援人员和（8）政治难民。女性的活动呈现出从文明到好战、从小规模的私人决定到大规模的公共活动、从比较温和到比较激进的趋势。

作为旁观者的女性

1765—1766年的《印花税法案》抗议活动，也即抵制英国的第一次浪潮中，所有的爱国因素都统一在协调一致的活动中。大众抵制建立在上、中层领袖与教皇节两个队伍合作的基础上，他们放弃了彼此的敌对，把教皇节仪式转化成爱国手段。主要有 7 个行动：“绞 113
死”英国牧师蜡像的仪式及之后破坏印花税收税官办公室的活动（8 月 14 日）；烧毁副总督托马斯·哈钦森的官邸（8 月 26 日）；在《印花税法案》即将生效日和每年一次的教皇节中进行的两次大规模军事游行（11 月 1 日和 11 月 5 日）；《印花税法案》的专员安德鲁·奥利弗（Andrew Oliver）在公众面前宣告放弃长官职务（1765 年 12 月）；模拟公开审判《印花税法案》（1766 年 2 月），及之后为庆祝《法案》废止而举办的大规模群众活动（1766 年 5 月）。[51]

在大多数这类活动中，女性主要作为旁观者在场，被男性爱国者用来证明社区的团结一致。她们目睹了 8 月 14 日的绞刑和游行；她们虽然没有亲自烧毁副总督官邸，因为爱国者领袖没有同意，但是一周前，“大批男人和女人包围副总督位于北区的官邸，大声喊着‘自由和财产’”。[52]“众多的绅士和淑女”加入了《法案》废止的庆祝活动，在每年 8 月 14 日的抵制运动纪念日，正如一家报纸所报道的，自由树附近“房屋的窗户”都被装饰起来，美丽的自由之女们精彩亮相，脸上挂着满意的微笑。[53]

在攻击《印花税法案》的时候，爱国领袖们老调重弹的一个主题是：法案对寡妇产生明确的影响。英国法律要求所有的法律文书以及报纸和印刷品都交印花税。一首打油诗预告了《法案》带来的恐慌：

接着是遗嘱认证书，人们在叹息，
一定要被践踏吗？有人轻声喊：
我们的生命和呼吸，自由把握，
捍卫我们的孤儿寡母。[54]

在模拟审判中，贴上印花的文件上印着这样的警句：“为了受压迫的孤儿寡母。”[55] 这一行为的用意是向男人用戏剧化的方式展示《法
114 案》的影响，同时，无论已婚或丧偶，它对妇女的影响是明显的。

作为抵制者的女性

在抵制运动的第二阶段，也就是从 1767 年到 1774 年，女性在重要的爱国运动策略中起核心作用：抵制从英国进口的商品，并制造美国纺织品作为替代品。

在波士顿，大部分商人都签订了不进口协议。爱国委员会对不服从的零售商进行监管——其中一些是妇女。男性爱国者第一次直接请求妇女不要光顾那些违反协议的店铺，一幅张贴在全城突出位置的单页印刷海报这样写道，“希望自由之女和自由之子们不要购买威廉·杰克逊的商品”，海报在报纸上也一再印刷。[56]

市政府列出一长串的英国制造品名单，要求市民不要购买，而是购买美国制造的。女人和男人一样被要求签订这样的协议。1767 年后期，妇女组织了自己的运动，“宣誓不消费”活动——这是该十年中完全由女性参加的运动。《波士顿新闻通讯》（*Boston News-Letter*）报道说，“城里一大圈淑女一致决定”不使用“缎带等诸如此类的东西”，暗示会有集会、讨论和决议。[57]1770 年，茶叶成为主要目标。“菲拉吉”（“Philagius”）在《波士顿晚报》（*Boston Evening Post*）上号召“女性”远离进口茶。为了响应这一号召，“三百多名家庭妇女，其中包括出身最高贵、影响最大的夫人们”，在请愿书上签名，宣誓：“我们与城里受人尊敬的商人团体和在法尼尔厅聚会的其他居民一起……不再喝茶。”[58]《波士顿公报》（*Boston Gazette*）报道了第二起

独立的女性运动，“超过一百位城北（工匠中心）的女士，出于自愿，前来参加并签署协定”。这些“年轻女士”的协议开头是：“作为爱国者的女儿，我们胸怀公共利益，并且现在站出来。”[59]

抵制运动总体上是有效的，但同时也有些女店主表示反对，她们资金小、库存少，几乎无法像大型批发进口商一样安然度过抵制运动。伊丽莎白·默里帮助创业的安·卡明和贝琪·卡明姐妹，拒绝参加抵制，与七个男性一起被公开列入“国家敌人”名单，并是其中仅有的女性。“我们从来没有签订任何协议，”贝琪告诉商人委员会。她 115
们的生意很小，贝琪对他们“试图激怒两个通过自己的诚实劳动而获取面包的勤劳女孩”的行为感到愤怒。她们安慰默里夫人，被列入黑名单“对我们的生意没有丝毫影响”，它“反倒鼓励了我们的朋友从我们这里购买商品”，所以“我们的顾客比以前还要多”。[60]

作为制造者的女性

使用美国制造的产品——抵制英国进口商品这枚硬币的另一面——使家庭制造业中女性参与合作变得不可或缺。用《乞丐的歌剧》（*The Beggar's Opera*）配曲的一首打油诗这样对女性说：

> 城里的年轻姑娘，还有周围的女孩，
> 让一位朋友此时给你忠告：
> 钱这么少，日子越来越糟糕，
> 奇怪的事情很快会发生，吓你一跳：
> 先扔掉你那高高的头饰，
> 只穿自己国家的亚麻布；
> 以节俭而自豪，你最大的骄傲

就是让人看看你自制自纺的衣裳。[61]

到 1768 年年末，乡村家庭的纺织已经很常见了，虽然不是全国性的，但足以让爱国者夸耀，“全国几乎每家每户都是一座工厂；一些城镇的织布机比房屋还多”。[62] 但是在商业城市，女性从事纺织并不常见，尚有待学习纺织技术。

在波士顿的爱国者至少有两个阶层组办了纺纱活动：中间阶层和低等阶层。前者的活动模式，效仿了历史学家劳拉尔·撒切尔·乌利齐（Laurel Thatcher Ulrich）在其他地方发现的模式。在她确定的 1768—1770 年间新英格兰的四十六场纺纱大会上，有三十二场是在牧师的家里举办的。通常是五十余位女性白天聚在一起，报纸报道有时称她们是“年轻女士”“女性”，有时是“自由之女”。每个女人坐在织布机后面纺着羊毛。有时会有布道，偶尔也会有颂歌。纺出来的羊毛线球会作为礼物送给牧师，整个活动按照教堂女人的慈善传统进行。尽管有证据显示那些年女性的纺纱数量在增长，但这些勤劳的纺
116 织活动只是偶尔为之，不是常久之举。乌利齐确定在波士顿有六次这样的聚会，一次在 1768 年，五次在 1770 年。有四次在牧师的家里举办；两次由世俗家庭赞助，其中一次在一位知名的爱国者家中进行。可能有两百到三百名女性参与了这些活动。[63]

另一方面，就劳动阶层的女性而言，纺纱活动是由一位叫威廉·莫里诺（William Molineaux）的激进爱国企业家组织的。在 1767 年末，市政府再次面临常年性的穷人就业问题，制造船帆布的计划流产。1769 年初，市政府建议专门拨款雇佣学校女教师向妇女儿童教授纺纱技术。组织者莫里诺是塞缪尔·亚当斯集团的一个商人，也是集团中两位主要群众领导人之一。他用自己的钱和市政府的钱来投资，让工匠建造了四百个织布机，并在一年之内宣称，让三百名妇女

和儿童在家里以外包的方式纺织。大众领袖显然从 18 世纪 50 年代的事件中吸取了教训：波士顿的女性不会为了获取救济而被迫去四面封闭的工厂工作。为了发展纺织业，莫里诺组织了“一个制造屋”，包括编织、熨烫和染色等工艺流程，并且雇佣刚从英国来的、技术成熟的男性工人。“制造屋”成功避免了英军企图接管的计划，穷人中的纺纱活动一直坚持到 1775 年。[64]

作为暴民的女性

波士顿从 1765 年到 1774 年的群众运动主要是男性运动，女性只在某些活动中扮演某种角色。

波士顿的群众运动历史不能简化为一种单一模式。1765—1766 年间，商人和中间阶层的大众领袖与每年一次的教皇节游行活动的工匠领袖组成联合战线。但是，波士顿南区教皇节游行队伍的鞋匠队长、后来成为“自由树总队长”的艾比尼泽·麦金托什，在大众以及保守的爱国者领袖之间引发了“马萨涅诺”（“Masaniello”）的幽灵。“马萨涅诺”是渔夫托马斯·安涅诺（Thomas Anielo）的别名，他领导了 1647 年意大利那不勒斯的叛乱，是革命中无序的典型。1766 年后，塞缪尔·亚当斯领导集团经常推举他们自己的人作为街头运动的领袖，要么是医生托马斯·扬博士，要么是企业家莫里诺，而把麦金托什晾在一边。整个 1775 年，他们关心的事件既包括反抗英国制度， 117
也包括控制暴民，他们的铭言是：“不要暴力，否则损害大业。”[65]

1766 年之后，波士顿的群众运动有三种：第一种由大众领袖发起，针对的通常是违反“不进口协议”的零售商以及后来的茶叶商。第二种是内部发起的自发运动，绝大部分由劳动阶层的男性组成，例如反对没收约翰·汉考克的“自由号”货船的运动以及反对 1768 年海军征召的运动。最典型的是惩罚收税官的涂柏油、粘羽毛暴乱。第三种是脱离控制的群众运动，这些运动开始时是这样，结束时则变成了那样，伴随突发暴力和大规模群众参与，例如1770年初的利利—理查森事件和波士顿惨案。

女性并没有被邀请加入由自封的男性大众领袖发起的群众运动中。她们更可能参加了像涂柏油、粘羽毛之类的自发运动或者未经许可的运动。例如1768年初发生了一起针对税务司长官的群众运动。悬挂在自由树上的蜡像被塞缪尔·亚当斯集团的“九人团”成员砍下。然而到了晚上，有800人游行到税务长官的官邸，“敲着鼓，挥舞着彩旗”。亚当斯的政治利益决定了其不采取行动策略，他称这些游行的群众是“一些杂七杂八的人，大部分是男孩”而了事，但是总督弗朗西斯·伯纳德（Francis Bernard）的利己主义决定了他精确地向伦敦汇报该事件，“大批人群，各个年龄段的男男女女，许多人表现出对骚乱的热衷”。[66]

1768年年中之后，波士顿出现的士兵使许多男男女女都参与到政治中来。为了付诸实施不受欢迎的关税法，最多的时候驻扎了4000名英军，即使减半，数量对一个15000名居民的城镇来说依然很大。这些士兵是日常摩擦事件的根源。爱国领袖们利用每一次事件驱逐“驻军”；不过从大约21起强奸和袭击案的指控来看，妇女反抗英军有着基于自身性别的苦痛。[67]虽然“上层”妇女一开始还同军官们一起参加舞会，但是后来也退了出来。对于工匠来说，他们不满于士兵们的第二职业，这剥夺了他们在困难时期的工作。1770年3月惨案的催化剂是在一家索道工场发生的一次斗殴：一个休班的士兵想
118 在那里找份工作，结果与工人发生摩擦，被工人打败的士兵发誓要报仇。7名妇女在法庭上作证，说在枪杀前几天，她们听到了士兵们的暴力威胁。一些妇女以牙还牙：当一个英国军官的妻子告诉苏珊

娜·卡斯卡特（Susanne Cathcart），“清晨之前，很多笨蛋都会被打倒”时，她反驳道：“我希望被杀的是你丈夫。”[68]

惨案发生当晚，当学徒们奚落哨兵从而导致一队士兵突然集合时，几个妇女也出现在与士兵对抗的一小批群众中，其中有个寡妇试图让自己的儿子远离伤害。在士兵们向没有武器的群众胡乱开枪，致使 5 人死亡、6 人受伤后，几千名男女冲出家门，冲到广场。爱国领袖们冲到突发事件的现场，经过协商，成功阻退了英军，幸免了第二次灾难。

作为送葬者的女性

在为英国人枪下的死难者举办的群众性社区葬礼仪式上，妇女扮演了主要角色。1770 年 2 月，惨案发生两周前，发生了另一起令人发指的事件，一名税务官员杀死了一个叫克里斯托弗·赛德尔的 11 岁男孩。当时，一队由大众领袖组织的大约 150 个“男孩”组成的纠察队在一个叫“利利”的进口商的商店进行和平警戒（“男孩”既可以指儿童，也可以指 14 到 21 岁的学徒。此处指学龄阶段的少年，从而说明他们的活动得到了父母的批准）。警戒活动很顺利，直到艾比尼泽·理查森（Ebenezer Richardson）出现。理查森是海关总署的一名雇员，是一个臭名昭著的告密者。他试图解散人群，随后退回到隔壁自己家的二楼，向楼下人群狂射，射杀了赛德尔。为这位牺牲者举办的葬礼截至当时“可能是美国有史以来规模最大的”。送葬队伍从自由树开始，400 到 500 名“少年小伙”行走在由 6 个男孩扛着的棺椁前；其后是 2000 名男人和女人，紧跟的是坐在 30 辆马车上的“上层”人士。“我从未见过如此壮大的葬礼，”约翰·亚当斯写道。[69]

惨案之后不到三周，为英军枪下的死难者——四个劳动阶层的单身男性和一个叫克里斯普斯·阿塔克斯的年龄较大的黑人水手——举办的葬礼规模超过了赛德尔的葬礼。“我从未见过这么多人，”一个商
119 人在日记里这样记述，“我相信有一万到一万两千人。”教堂的钟声响起，船上的桅杆降下半旗，商店关门，城镇中的几乎所有人——包括妇女在内——六人一排行进在游行队伍中。“每个人的脸上充满悲痛……独特的肃穆……无法言喻。”[70]

在当时对这两起事件的爱国图解作品中，女性是中心人物。保罗·里维尔在他的惨案版画作品中，把一位穿着寡妇黑纱的妇女放在一群不幸的市民牺牲者中间，他们的鲜血在鹅卵石间流淌。[71] 以赛亚·托马斯的赛德尔枪杀案单页报刻画了一个站在街中心的悲伤妇女形象：她的胳膊上是一支干草叉；脚边是死去的男孩，可能是她的儿子；周围是十几个睁大眼睛的男孩；后面的背景中，一支冒烟的枪从楼上的窗户探出。[72]

自 1771 年到 1775 年，妇女们每年都会参加惨案纪念日，大约五千人聚集在城里最大的老南聚会所，聆听对驻扎英军恶行的悲痛演说。1773 年，约翰·亚当斯报道，“几千名不同年龄、不同性别、不同性格的人挤满了大教堂的每一排长椅、凳子和走道”。1775 年，当英国军官高喊着“呸，呸”（fie, fie）并嘲笑发言人时，有些观众听成了“开火”（fire），“妇女们跳出窗外”，[73] 引起了恐慌。

赛德尔的死和惨案的死难者可能比这十年里的其他任何事件都更强烈地调动了女性的积极性。

作为劝诫者的女性

在波士顿群众运动的高潮时期，即 1773 年 12 月发生的波士顿倾茶事件中，女性扮演了新角色。她们没有参加这十年最大规模的“全

民”群众集会，也没有像登上三艘船的船员那样破坏一箱箱的茶叶。她们很可能是码头上众多沉默的旁观者，在月光下静静地看着这一戏剧性的事件。

更重要的是，如果浏览当时报纸上关于茶叶事件的公众辩论，会发现女性在扮演着另一种角色，似乎是第一次：劝诫男人采取行动。她们采取的手段是向《马萨诸塞探察报》写信，该报是以赛亚·托马
斯面向技工读者创办的爱国报纸。“带着希望的汉娜、忠诚的萨拉、 120
真理玛丽和可信任的阿比盖尔”签署了一封短信，开头是“作为自由之女的我们”。她们感谢“享受特权的男人”在“我们的父亲、丈夫、兄弟和孩子”中激起了愤慨。[74]《探察报》还刊登了一首来自“一位上了年纪但是非常热忱的自由之女，M——s 夫人”的短诗，她被认为是一个“裁缝”：

小心！可怜的波士顿要抵抗
不要让任何茶叶登陆海港
因为，一旦它们站稳脚跟
最可贵的自由就会消亡。[75]

波士顿的一位女裁缝也站在“自由男孩”一边，反抗“在我们的海港横行霸道、在我们的田野和街道肆意侮辱的专制者”。[76]

Ⅳ

倾茶事件后，大众领袖坚持不懈地有意识地努力动员女性，说明他们认识到了女性的重要性。没有什么比 1774 年春天波士顿的政治

斗争高潮更能体现出女性的重要性，那是大众领袖和温和派对革命控制权的斗争。

在茶党的激烈破坏和英国人的报复之后，商人中出现了保守派的反冲，其中的许多人之前曾是爱国联合运动的一分子。为了挫败保守派，大众领袖开始转向“那些协会中受人尊敬的成员”，那些“手艺商人”，也就是工匠和“自耕农”。[77] 同时，他们也有意识地转向妇女。

他们的战术是通过波士顿通信委员会（Boston Committee of Correspondence），一个不受法律管辖的机构，去动员全城，对英国进口产品进行抵制，让那些不情愿的商人接受既成事实。他们向全城秘密发行了一份请愿书，名为“神圣盟约”（Solemn League and Covenant），特别要求“所有成年男女都要订阅”。[78] 首先，这一行动非常激进，不仅仅因为它承认了女性是政治社会的成员，而且其发起机构不受法律管辖，不是官方的全镇大会。其次，它让订阅者保证，不仅抵制英国进口产品，而且拒绝同任何不在合约书上签字的人做生意，并且“向全世界公布”那些人的名字。后者实际上是一种间接
121 抵制活动，是一种排挤形式。最后，因为这一合约类似于1643年的“英国神圣盟合约”，爱国者们甚至穿上了克伦威尔时代祖先的革命衣冠。

妇女也做出了回应。一名波士顿商人报道说，“合约在全城疯狂传播，除了少数几个人，每个成年男女都在上面签了字”。另一名商人听说在有些城镇，教士把文件放在圣餐桌上，告诉会众“拒绝签字的人没有资格到桌边来”。在马萨诸塞西边的伍斯特，一个比海边城市还要激进的城市，有一个自发建立的美国政治学会传阅了另一份合约，“要求所有成年女性在上面签字”。[79] 我们不清楚这份“神圣盟约”的传阅范围有多广；新任总督托马斯·盖奇（Thomas Gage）将军立

即宣称这是非法行为。一些存留下来的签名文件显示，有些女性的签名在其男性亲人签名旁边，有些则是独立签名，这非常清楚地证明了女性独立的政治愿望。[80]

V

从 1774 年春天波士顿成为英军的驻防城市和被占区开始，经过 1775 年春天敌视情绪的爆发，直到 1776 年 3 月波士顿成为爱国者围攻的城市，女性一步步证明了她们对国家的忠诚。她们一开始为军队提供后勤服务，后来则成为逃难者。

作为军队后援的女性

作为对波士顿人抵制《茶税法案》（Tea Act）并拒绝做出赔偿的回应，英国人关闭了波士顿港，调动大批占领军，希图用军事统治代替摇摇欲坠的政治统治。如果《港口法案》（Port Act）的目的是激起群众对爱国领袖的不满，那么，它失败了。妇女和所有穷人一样深受其害。[81] 港口关闭后，大多数工作停止，甚至食物也被封锁，全城依赖的是周围村庄和遥远城市源源不断的捐赠。城里的捐赠委员会选择了工作救济而不是向穷人无条件地发放供给品，以促使人们出去工作：制砖，修路，向“纺纱工和织工”——即妇女——分发羊毛、亚麻和棉花。塞缪尔·亚当斯承认，制定的计划“让穷人不再 122
抱怨”。有人则说，“其中有些人抱怨自己为了获得救济而被迫辛勤劳动，而他们本以为不需要劳动就有权利获得”。[82] 即使正值危机之时，贫困的男人和女人也试图坚持其传统的获得救济是一种权利的道德经济学。

随着与英军的紧张关系在波士顿和乡村升级，妇女采取了敌对立场。1774 年秋，当英军要袭击附近剑桥民兵的错误警报响起时，一名观察者发现，妇女“武装保卫自由的渴望和热情超过了男人”。1775 年 3 月，当英国军队试图从波士顿过河到内地搜查隐藏的武器时，“河两岸聚集了大批男人、女人和小孩，一些人手里拿着枪”，以阻止英军通过。[83]

事实上，当一名效忠派在波士顿附近看到这一场面时，他相信，“某种传染病似的狂热在我们的女同胞心中流淌，它胜过体格更加强壮的男人所假装出的爱国品德——这些作乱的小魔鬼们已经迈进了一个几乎没有异议的协会，那些终将背叛自由事业的卑鄙怯懦的男人，从此刻开始，将被踢出协会，任何悔过都无法弥补他们犯下的罪行”。[84] 如果说在 1765 年是男人动员女人，那么到了 1775 年则是女人动员男人。

作为逃亡者的女性

1775 年春天当战争最终在列克星敦爆发之后，直到 1776 年 3 月英军撤离，这段时间里，波士顿都被爱国的民兵和军队包围。爱国者们放弃了这座城市，效忠派留了下来，他们同其他奔涌来的效忠派一起，寻求英国人的保护。在围城期间，波士顿的市民人口从大约 15000 减少到 3500，据估计其中至少 2/3 是效忠派。因此，无疑有 12000~13000 名波士顿人逃离了他们的城市，把马萨诸塞东部城市变成逃亡之地。[85]

我们知道，妇女们成群结队地逃离。留在波士顿或者进入波士顿显然标志着效忠派的政治选择，除了小部分商人留下来是为了保护他

们的财产。可以这么认为，离开波士顿与其说是一种政治决定，不如
说是一种自我保护行为。留下来意味着有在爱国者的攻击中失去生命
或肢体的危险和就算不饿死，也会陷入极端贫困的风险。那些离开波 123
士顿，不知道将面临什么危险的人，尤其是那些没有家人可以投奔也
没有资源可以依赖的贫困妇女，她们的选择应当被视为出自其政治信
仰。当英国人占领纽约和费城的时候，那里的弃城行为和波士顿不可
相提并论。

来自费城的贵格会教徒给这些穷困的逃亡者送去了救济品，他们给我们留下了一本波士顿穷苦妇女的“调查清册”。对每一个接受救济的人，清册的记录员都有条理地记录下户主和家庭其他成员的姓名、籍贯、所属教会和大约一半时间内的职业。虽然没有计算每一类的数字，也没有总是清楚地记录逃亡者来自何处，但却记录下了寡妇的总数：800 人。有职业的寡妇是少数，一位贵格会教徒写道：“没有职业、通常靠自己双手谋生的寡妇，现在也因为时局动荡而辍工。”另一方面，大多数单身女性好像都记录有工作。女性的行业只限于成衣业（缝补、裁缝、曼图亚制作、织布），其中，记录行业最多的是织工（spinster，在这里，它指的是一种行业，而不是“老姑娘”）。只有少数人是零售商（店主、推销商、客栈老板），很多人从事护理业（女教师、护士）。总而言之，女性逃亡者绝大多数来自劳动阶层。[86] 那些后来与英国人一起离开波士顿的反对独立的妇女就不是这样，她们平均分布在上层和中间阶层。[87]

VI

爱国妇女扮演着多重角色。她们的重要性是什么？在群众运动

中，总是很难分析一个群体在众多群体中的相对作用。显而易见，抵制运动酝酿了波士顿的事件，而且很显然女性是其中重要的一部分。有时她们被男人动员；有时她们自己动员自己；有时她们又帮助动员男人。明白无误地是，她们扩大了大众领袖的支持基础；她们很可能促使抵制运动向更加激进的方向发展。

对波士顿妇女的影响留下最全面记述的同时代男性是彼得·奥利
124 弗，一个效忠派。这并不奇怪，他同时也是对整个大众运动最敏锐、最有敌意的记录人。他的手稿《美国叛乱的起源和过程》（*The Origin and Progress of the American Rebellion*）完成于1781年，直到1961年才出版，是同时代人对波士顿事件最详细的记述。彼得·奥利弗——殖民地最高法庭的首席法官、《印花税法案》专员安德鲁·奥利弗的兄弟、副总督托马斯·哈钦森的小舅子，这些人都是爱国者愤怒的目标——显然不是一个客观的目击者。他的笔端充满了愤怒。他对大众参加运动的解释，至少可以说受了其阶级偏见的限制。他写道：“大众一般就像所有国家的流动人口一样，完美的机器，可以被任何一个首先拧紧发条的手转动。”[88]他是一个傲慢的、被吓坏的、厌恶女性的托利党，同时也是城里事件的近距离观察者，当他逃亡到英国后，他鲜明地记下了自己的回忆。

奥利弗按照时间顺序娓娓道来的同时，有板有眼地、充满鄙夷地叙述了波士顿妇女的活动。对劳动妇女参加抵制运动，他深感滑稽。“人们发放订阅单，”他写道，把他们不会购买的商品列入清单，“丝绸、丝绒、钟表、马车”。“看到行李搬运工和洗衣女的订阅单上出现这些商品名和商标，实在是很有趣。”[89]他还恶意地嘲笑那些试图通过放弃“葬礼上穿戴昂贵丧服的习俗”而抵制英国进口商品的妇女。“葬礼现在更像前往伦敦上流住宅区的游行盛典，盛典队伍因为女士们而延长，她们找到了一种方式来抒发自己的不满以及展示她们的丝绸外衣。”[90]奥利弗还说妇女对茶叶的抵制是伪善的：

> 女士们如此热衷于自己国家的福祉，除了消化存货，或者生病需要，她们同意不再喝茶。实际她们足够小心，在做出保证之前已经大量囤货；她们也可以在方便或喜欢的时候随时生病。[91]

在所有的女性活动中，纺纱引来了奥利弗最冗长，也最具讽刺的描述，表明了纺纱对女性的重要性。正如他经常做的那样，他认为教堂的教士是煽动者：

> （詹姆斯·）奥蒂斯先生的黑色教团，那些持异议的教士们也开始行动起来，为制造产品而不是为福音布道。他们讲啊讲啊，直到妇女儿童，家里家外，都支起了纺纱机，反抗大不列
> 颠。女纺纱工一周六天都在纺纱，到第七天，牧师接手，用他们 125
> 的祈祷和布道纺出长长的政治之线，比别的纺纱工获利更多，因为其他人都用自己的劳动产品去供养牧师和他的家人。这是一种新的宗教热情，可以正当地称之为“纺纱机热情”。[92]

在所有的女性活动中，最让奥利弗震惊的是她们参加了涂柏油、粘羽毛的群众运动。

> 1772年，他们（男性爱国者）继续那令人称颂的涂柏油、粘羽毛习俗；就连妇女也抛开矜持，采用了这种新时尚……一个时尚的女士如此热衷于此以至于当群众带着犯人路过时，她从窗户扔出枕头，使气氛更加热烈。

这促使他无所顾忌地宣扬男权主义：“当一个女人抛开了矜持，美德留下了眼泪。”[93]

当奥利弗回顾这些年波士顿的动乱时，他的记叙被愤怒主导，对女性挣脱等级制和男权主义的反抗充满了愤怒。女性运动让他印象如此之深，以致更加证明了女性的重要性。

Ⅶ

证据，尽管片面，而且零散，但足以呈现波士顿妇女从 1765 年到 1776 年的广阔全景。当我们试图探究前面提出的最后一个问题时，证据更加稀少，即，女性的思维方式是否发生了变化？

用三个女性笔名“阿斯帕夏”“贝琳达”和“科琳娜”写给《波士顿公报》的一封长信揭示出，早在 1767 年，女性就已经参与了爱国活动，这有助于她们树立女性自豪感。情况是这样的：几个男人给报纸写信，以一种男权口吻，教训女性在爱国事业中应当怎么做。一个叫“斯桂波”的人建议妇女不要喝茶，只喝朗姆酒，以此支持新英格兰最重要的制造品。一个叫“亨利·弗林特”的人神气十足地告诉女性，“将多余的饰品置于一边”，买一套美国制造的新衣服。最糟的
126 是，“一个年轻的美国人”傲慢地要求女性“鄙视诸如着装、丑闻和娱乐等琐碎话题”，试图让妇女们的谈话变得千篇一律。[94]

在妇女们的回信中——爱国的《公报》印刷商认为这些回信非常重要，可以作为副刊出版——她们的语气里有生气、愤慨和自豪。信的开头是，“美国女性已经在不同场合被称为目前经济管制条件下的重要人物”。她们对“斯桂波”要她们喝朗姆酒的提议感到愤慨，认为那是一种侮辱；她们可以用她们觉得适合的茶饮来代替红茶和台

森茶（Tyson teas），她们可能会选择来自拉布拉多或者自家花园的草本茶。对于“亨利·弗林特”要求她们怎么穿戴，她们的反应如出一辙：“我们自己会看着办”，“只要通过良好的家务管理，使我们的旧衣服看起来更漂亮，就可以把它们穿出去，这是切实可行和审慎的做法”。而“当它们破旧时”，她们将用“我们美国工厂的产品”取代它们。至于那个“年轻的美国人”，他受到鄙视，因为他“毫无根据地暗示了”“性别特征”。在结尾，就像开头一样，她们自豪地宣称，“波士顿的女性，她们朴素的穿戴、纯洁优雅的举止、向上的心灵和良善的品格，没有人比得上”。

这一时期唯一保留下来的女性日记为女性的政治化过程提供了线索。安娜·格林·温斯洛（Anna Green Winslow）是个十二三岁的女孩，她从 1771 年 11 月到 1773 年 5 月一直在写日记。[95] 对我们来说幸运的是，她是波士顿中间阶层年轻女性的完美典型，而且，她写日记的时候正是抵制运动在男人和女人中全面展开的时期。

安娜的父亲是驻扎在哈利法克斯市的一个出生于美国的英国军官，母亲来自马萨诸塞的一个古老家庭，他们把她送到波士顿同她的姨妈萨拉·戴明（Sarah Deming）和姨夫约翰·戴明（John Deming）一起生活。戴明夫妇是来自中间阶层的爱国者。戴明先生是一家重要的公理会教堂老南聚会所的司铎，戴明夫人运营着一个女子学校。安娜的日记形式是给父母的书信。她上了几家私立学校（一家阅读学校、一家写作学校和一家针线学校），她阅读小说［其中包括《天路历程》（*Pilgrim's Progress*）和《格列佛游记》（*Gulliver's Travels*）］。她参加老南聚会所的会堂活动，虔诚地记下布道内容，每天为她的姨妈大声朗读《圣经》。她喜欢参加上层社会的聚会，因为她可以“翩翩”起舞；她熟练掌握了刺绣技巧，并为自己的奢侈穿戴向母亲 127
道歉。

她像海绵一样不仅吸收中间阶层的文化，而且吸收中间阶层的政治。教导她的是家族成员。格瑞德利（Gridley）上校是她的一个亲戚，“带来了辉格党和托利党的话题，并教我如何区分”。她的姨夫约翰向她解释宗教与政治的细微区别。她向父母报告说，尊敬的彭伯顿（Pemberton）和库柏（Cooper）牧师“穿着传闻中的主教法衣式长袍”，这是“在新英格兰的善良人民受到主教的威胁并害怕主教的到来时……姨夫说，他们都是亨利八世”。[96]

她的日记表明，纺纱运动让她变得政治化。1772 年 2 月 8 日，在姨妈的建议下，她决心“学习纺亚麻线，以完善自己。我对这个提议感到高兴，现在正在为此努力”。她希望“两到三个月后”，可以展示“我的熟练技术”。十天后，她报告说，“今天，十个结子纱完成了”。[97] 到了 3 月，也就是纺纱两周后，她第一次从政治上描述自己：“因为我是（如我们说的）自由之女，我想尽可能穿我们自己制造的衣服。”5 月底，当她参观莫里诺创办的“工厂”，“去看看莎莉表妹为姨夫的夏装纺的一块布”时，她清楚地意识到那个场景的政治意义。“在参观完作品后，我们回想起当时坐的房间是‘自由礼堂’，又叫‘工厂大厅’，格瑞德利小姐和我很荣幸地在大厅里跳了一支小步舞。”[98]

如果安娜·温斯洛具有典型性，那么我们可以说，到 1772 年，波士顿的中产女性具有一种女性爱国主义意识。如果我们把眼睛投向战前马萨诸塞最有公众演说口才的女性，默茜·奥蒂斯·沃伦，便可分析其中的因素。

沃伦夫人的偶像是凯瑟琳·麦考利（Catherine Macaulay），一个英国历史学家，因其关于 17 世纪英国的自由斗争的多卷本著作而受到爱国者欢迎。波士顿的“自由之子”在席间会为麦考利夫人干杯；一个波士顿的印刷商在日历上印上她；当禁止进口英国书籍的时候，爱国者允许她的书进入波士顿。麦考利夫人虽然是个共和主义者，但在她的历史著作中，女性是缺失的，而且她从来没有以一个女性辩护人的身份去写作。沃伦夫人和阿比盖尔·亚当斯与她通信，且非常崇拜她。[99]

默茜·奥蒂斯·沃伦住在普利茅斯，但她生活在波士顿领导人的圈子中，并且在波士顿出版书籍。她的家庭是最显著的爱国者家庭：她的兄弟詹姆斯·奥蒂斯（James Otis）是马萨诸塞最优秀的律师之一，是爱国运动中一个主要的、有点古怪的人物；她的丈夫詹姆 128
斯·沃伦（James Warren）是普利茅斯县和殖民地立法议会的领袖人物。她的家里频繁举办政治活动，她本人则与约翰·亚当斯这样的男性爱国领袖通信。[100] 从 1772 年到 1775 年，她在波士顿的报纸上连续发表诗歌和韵文戏剧，后来又以小册子的形式出版。正如她自己说的，“戏剧小品”以绚丽的新古典风格写成，相比表演，它更适合阅读。在《谄媚者》（*The Adulateur*，1772 年）中，被讽刺的大反派拉帕提奥的原型是托马斯·哈钦森。拉帕提奥是一个虚构的国家塞维亚的君主，试图“扼杀塞维亚自由儿女对自由的热爱”。哈钦森的兄弟和亲戚安德鲁·奥利弗、彼得·奥利弗是同谋；里面的主人公“布鲁特斯”和“卡西乌斯”的原型可能是詹姆斯·奥蒂斯和约翰·亚当斯。在《失败》（*The Defeat*，1773 年）中，她继续把哈钦森作为撒旦一样的人物进行鞭挞。在《群体》（*The Group*，1775 年）中，她的目标是那些接受英国王室任命，进入军事总督委员会的马萨诸塞男人，他们被描绘成阿谀奉承者和“饥饿的鸟身女妖”。[101]

沃伦夫人的戏剧和诗歌都是匿名的，她只在爱国者的内部圈子里，才被称为和钦佩为作者。在这些战前的戏剧作品中，她没有呈现女性人物。然而她的诗歌中出现了寓言式的女性，并且对女性说话。在一首长诗中，她责备女性，要她们扔掉进口的“女性饰品”以支持抵制运动。她把“克拉丽莎”和“拉米娜”同参加抵制事业的“科妮莉娅”和“阿里亚斯”做了对比。在一首诗中，她庆祝倾茶事件，海神的妻子“安菲特律特”和“萨拉西亚”还在其中就倾茶事件进行辩论。另一首写于1775年的诗则吹响了爱国主义的号角，无论对女性还是男性。[102]

私底下，默茜·奥蒂斯·沃伦是女性通信群和政治领袖的妻子们——汉娜·林肯（Hannah Lincoln）、汉娜·温斯罗普（Hannah Winthrop），尤其是阿比盖尔·亚当斯——的中心人物，她鼓励她们勇于表达自己的观点。不过，她只限于鼓励她们的爱国主义。战后，在18世纪80年代，她的的剧本中，女性开始作为中心人物出现，作为其他时期和其他国家为自由斗争的女主人公出现。其中有一个女人责备男人，因为他们更喜欢女人“弱不禁风、容易凋谢的美貌”，不喜欢女人“高尚的心灵成就”。[103] 直到1790年，沃伦才用自己的本名出版了那些剧本和诗歌。然而，当她在1805年完成了三卷本的美国革命史时，几乎没有一个字是关于女性的。我们可以说，她把女性
129 爱国主义描述成了“无私”。[104]

Ⅷ

我们的探索告一段落，现在可以回到之前的问题：是什么促使阿比盖尔·亚当斯提出了女性不平等的问题，是什么使她在1776年冒出了“煽动反抗”的想法？有呼应她的其他女性吗？我的回答是肯定的，但这是后来之事。通过分析促使阿比盖尔·亚当斯发出“女性不满问题细目”的系列事件——通过考察她在1776年春天这一历史性时刻的所作所为——我们能够发现让其他女性采取类似行动的历史

过程。

我们首先可能要问，“女性不满”的内容是什么，她说的“新的法律”指的是什么？她想遏制“丈夫们手中”“不受限制的权力”。她的敌人是威廉·布莱克斯顿（William Blackstone）撰写的《英国法释义》（*Commentaries on the Laws of England*），他把英国规定丈夫“控制妻子的财产、指导她的劳动和维持她的生活”的习惯法编成法典。[105]是什么促使阿比盖尔对女性的不平等地位这一特殊问题提出了质疑？这十年里马萨诸塞没有其他人在公开场合提出过这个问题。或许私底下她和她的律师丈夫曾经讨论过这个话题，这也是为什么她没有详细说明改革的措施。[她经常在给丈夫的信件中署名“鲍西亚”（Portia），这是否说明她在借用《威尼斯商人》（*The Merchant of Venice*）中女律师的角色？]她也许在约翰的书房翻阅过布莱克斯顿的书或者其他的法律书，发现了这些可憎的律法——正如几十年后一位叫伊丽莎白·卡迪·斯坦顿（Elizabeth Cady Stanton）的人在她父亲的律师事务所那样，恨不得把其中侮辱性的篇章从书中剪下。[106]

阿比盖尔所做的是超越她丈夫自1765年以来熟练使用的辉格党政治语言，把它运用到女性问题上。她丈夫的语言风格“独断”“居高临下”，尤其充满着把新英格兰自耕农变为“领主”的“家臣”的危险。她则跳出了丈夫和妻子间如同君臣般的关系，认为丈夫不应当拥有“不受限制的权力”。“你们这一性别天生就独断专制”，“女人不是你们的家臣”，这就是她的语言风格。[107]

然而为什么她在这一时刻做出这种超越呢？首先，她强烈意识到女性对爱国事业的贡献，尤其是她自己的贡献。她不仅支持丈夫的所有政治活动，而且自己也成了一个“政治家”——用她自己的话。她在提及塞缪尔·亚当斯的妻子伊丽莎白·亚当斯（Elizabeth Adams） 130
以“姐妹候选人”的身份进入费城会议这件事时，问约翰：“为什么我们在将自己的姓名交给你们时，不能使用你们的头衔呢？”[108]她曾看见过其他女性在公众场合表达自己的观点，最著名的就是默茜·奥蒂斯·沃伦。她也目睹过波士顿“悲惨女性”的苦难生活，并且自1775年之后，尽自己最大努力帮助那些涌入布伦特里的爱国逃亡者。

其次，在她丈夫离开家的18个月里，她承担了照顾全家的责任，由此逐渐产生了分权意识。约翰自1774年9月以后就一直待在费城，回家也只做短暂停留。她管理着农场事务，即佃农和工人事务。“再过一年，我会是一个不错的女农民。”在报告完农场事务后，她这样结尾。不久，她将写“我们的”农场。[109]

第三，她强烈地意识到包括她自己在内的女性教育的局限性。约翰不在的时候，她还承担了他们4个孩子的“女教师”的任务，这些孩子都不到10岁。尽管在她父亲的教导下，她的教育水平超过了绝大多数女性，而且在如何教导孩子方面还经常被约翰训诫，但依然自觉力有不逮。为此她同约翰争吵，毫不掩饰自己的“好战性”：

> 如果你抱怨忽视了男孩的教育，那么对每天都缺乏教育的女孩，我又能说些什么呢？关于我自己孩子的教育问题，我发现自己很快江郎才尽了，在教育的每一个方面我都很贫乏。
>
> 我真诚地希望为了未来下一代的福祉，能够制订一些更加自由的计划，希望我们的新宪法能因为注重学习和美德而闻名，如果我们想培养英雄、政治家和哲学家的话，我们必须先培养有学识的女性。[110]

对这一观点，约翰欣然同意，两人达成协议，要打造琳达·科伯所称呼的“共和国母亲”。[111]

第四，1776 年春天是美国革命中特殊的激进主义时期。和成千上万人一样，阿比盖尔·亚当斯和她圈子里的女性阅读了托马斯·潘恩的《常识》，阿比盖尔是在 2 月下旬读到该书的。在为独立和共和政府辩护的同时，潘恩打碎的不仅仅是对君主制政府的顺从，而且发出了平等和相信普通人有能力塑造自己未来的呼声，结尾是千禧年的呼吁："我们有力量使世界重新开始……新世界的诞生掌握在我们手里。"[112] 在给阿比盖尔的信中，约翰·亚当斯历数了那些位于从属地位的依附阶层是如何把对上层阶级的尊敬放在一边的，他不是在开玩笑。约翰显得很谨慎，但是阿比盖尔对那些从政治自由向个人自由 131
跨越的其他人则充满了同情，最近的就是马萨诸塞的奴隶，他们自 1773 年以后每年都会为了自由而向立法议会请愿。[113]

最后，这也是激发乐观主义的时刻。英国军队已经在 3 月 17 日撤离了波士顿，有史以来在美国集结的最大舰队——包括 70~100 艘战舰——载着被后起美军的战略重创的军队驶离了港口。波士顿一年的围城得以解除，"情形比我们想象中的还好"。迫在眉睫的军事威胁消失了。阿比盖尔在 3 月 31 日写下了日后闻名的信件："春天伊始，我对一个月前做的事情有种不同的感觉。我感到从未有过的轻松。太阳更加明亮了，鸟儿唱着更加美妙的歌曲，大自然穿上了令人更加赏心悦目的衣装。"正是在这些词语中间，她写道，"顺便说一下……请记住女士们"。这当然不是"顺便"，而是在一个充满机会的时代里宣告她们的权利。

我要说，其他女性将不得不经历阿比盖尔的所有事情，才能做到在私底下或者公众场合提出女性的不满问题：参加革命的经历、战争的经历、承担男性角色时的个人赋权意识、挑战传统权威时的欢欣鼓舞、对未来的乐观主义意识。

1776 年，对于大多数返回波士顿的女性而言，正值春天，但还不是她们人生的春天。妇女们或坐着推车、或骑着马、或步行回来，努力从战争的混乱中重建她们的生活。还有很多人虽然永远不会回来，但是在别处开始了新生活。生存是第一位的。波士顿很快会爆发天花，然后是食品短缺和恶性通货膨胀。男人们走上战场，女人们不得不应对谋生问题。在马萨诸塞，宪法的制定推迟到 1777 年。战争优先，战争时期不太可能提出“废止男性体制”的问题。

是否存在其他女性，具有从 1765 年到 1776 年女性爱国者的经历，随时准备像阿比盖尔提出在书写一部新的法典时“请记住女士
132 们”那样做出跨越？我想是的。当然也可以认为，在过去十年妇女在波士顿的所作所为都是在保持长久以来为男权社会所接受的行为传统，妇女在其中扮演的所有角色从来没有离开过家庭范围，因此不会从不同的角度来思考自己。

不管在城里如何萎缩，纺纱都是传统的女性活动。对参加礼拜的女性来说，参加纺纱活动并把纺出来的线团赠给牧师，这是公理会的传统。对于那些在 18 世纪 70 年代享受救济的女性，纺纱是回到 18 世纪 50 年代波士顿试行过的工作救济方式。消费决定是妇女的权力范围。不消费奢侈品是清教牧师的主张，其历史同殖民地一样悠久，在葬礼上拒绝华丽穿戴的运动则是之后几十年反英国运动的先声，尽管并不成功。在送葬队伍中总有女性身影，悼念意外死亡的儿童和青年的单页报就是赛德尔和波士顿惨案单页报的样板。对于女性而言，出席纪念活动同样历史悠久。大型宗教集会是惠特菲尔德牧师从 1740 年到 1770 年对波士顿五次访问中的一个共同特征，男人、女人和年轻人挤满了教堂，只为了能聆听牧师的布道。事实上，每年一次的波士顿惨案纪念活动就会令人想起这些集会。至于妇女劝诫她们的男人走上战场，这是她们在新英格兰与印第安人、法国人发生的多次战争中经常做的事情。

然而，同样可以认为，这十年里，女性活动开始背离传统。对女性来说，要求她们承担爱国义务是崭新的事情。承认女性在公众事业中的平等地位对女性来说当然也是崭新的——这是与“自由之子”平行的短语“自由之女”所显示的明白无误的含义。妇女联合起来为抵制进口而签订世俗协议对她们来说是崭新的。虽然在教会合约书上男女签字的情况并不少见，但 1774 年让成年男女在“神圣盟约”上签字，这是包裹在 17 世纪清教徒革命语言外衣下的一种公开的政治盟誓。总而言之，十年间发生的所有事情都是崭新的。女性发表她们的政治观点，无论是私底下的谈话或书信，还是公开场合的印刷品或集会和游行，都在迈向一个新领域。

18 世纪 70 年代早期参加过这些活动的妇女，到 1775 年将成为城市女性主体——发展出女性爱国者的自觉意识。更加明确的女权主 133
义自觉是如何形成的不在本文的讨论范围，但把从 1784 年开始的战后十年作为全面考察的时间段，将有获益。因为当我们浏览战后波士顿的报纸、杂志和印刷品时，总有一种感觉，由女性书写和关于女性的公共书写如大坝决堤般涌现。阿比盖尔从 1776 年开始在给她丈夫的书信中私底下讨论的话题现在已经成为公众话题。

例如，如果你翻开《马萨诸塞哨兵报》(*Massachusetts Centinel*)，会发现关于“夫妻之爱”和“婚姻不幸福的原因”的文章，它们与阿比盖尔·亚当斯对丈夫在家庭中的专制的关注是一致的。[114] 女孩的教育成为一个女性参与其中的大辩论的主题，该辩论始于 1785 年，其结果是 1789 年公立学校向女孩敞开了大门。[115]1784 年，朱迪斯·萨金特·默里发表《关于性别不平等》(*On the Inequality of the Sexes*)一文，之后又发表了一些报刊文章，这些文章在 1798 年以三卷本的形式出版，成为第一批美国女权主义理论文献。[116]

正如一个女学生的日记表明了 18 世纪 70 年代的变化历程，1791

年一个女学生的演讲显示出革命后正在发生的变化，她很有可能是公立学校的第一批女毕业生之一。随着“男孩女孩”都在接受教育，她感受到一个新时代的来临，在这样的时代，“迷信和偏见的迷雾正在散去”。在提到欧洲女性取得的成就时，她宣称：“在我们自己的西岸，我们有沃伦女士、莫顿女士和亚当斯女士，她们的才华和美德为女性增添了光彩，是我们学习的榜样。”“我们是否可以沉浸在诚实的自豪中，即这个城市在促进女性进步方面一直是最重要的力量之一。”[117] 她敏锐地感觉到我们还需要探索“女性爱国主义”为“女性进步”开辟道路的方式。

注释

这是一篇会议论文，会议名为 Gender and Political Culture in the Age of the Democratic Revolution (Bellagio, Italy, 1985)， 收 录 于 Harriet B. Applewhite and Darline G. Levy, eds., *Women and Politics in the Age of the Democratic Revolution* (Ann Arbor: University of Michigan Press, 1990)。经密歇根大学出版社许可重印。

我想对参会人员表示感谢，感谢他们的评论，感谢 Linda Kerber 富有卓见的批评，感谢 Darline Levy 和 Harriet Applewhite 的编辑意见，感谢 Laurel Thatcher Ulrich, Lucy Eldersveld Murphy，Patricia Cleary 和 Elizabeth Reilly 分享他们的学术研究成果。

1. Abigail Adams to John Adams, March 31, 1776, *Adams Family Correspondence*, ed. L. H. Butterfield (Cambridge, Mass.: Harvard University Press, 1963), 1: 369-71.
2. John Adams to Abigail Adams, April 17, 1776, 同上 , 381-83。
3. Abigail Adams to Mercy Otis Warren, April 27, 1776, 同上 , 396-98。
4. Abigail Adams to John Adams, May 7, 1776, 同上 , 401-3。
5. 开创性的制度分析，见 Joan Hoff Wilson, “The Illusion of Change: Women and the American Revolution,” in *The American Revolution: Explorations in the History of American Radicalism*, ed. Alfred F. Young (DeKalb, Ill.: Northern Illinois University Press, 1976), 383-445; 关于女性运动和意识的全面探讨，见 Mary Beth Norton, *Liberty's Daughters: The Revolutionary Experience of American Women, 1750-1800* (Boston: Little, Brown and Co., 1980), 及 Linda K. Kerber,

Women of the Republic: Intellect and Ideology in Revolutionary America (Chapel Hill: University of North Carolina Press, 1980)。

6. 本文是在为即将出版的著作所收集文献的基础上写成的，“In the Streets of Boston: The Common People in the Making of the American Revolution, 1745-1789”。本书的一些主题在以下著述中已经涉及：Alfred Young, “George Robert Twelves Hewes (1742-1840): A Boston Shoemaker and the Memory of the American Revolution,” *William and Mary Quarterly*, 3d ser., 38 (October 1981): 561-623, 以及本书的论文 3 和论文 8。
7. Charles Akers, *Abigail Adams: An American Woman* (Boston: Little, Brown and Co., 1980, 作者是最熟悉革命时期波士顿历史的传记作家。我还参考了 Butterfield, ed., *Adams Family Correspondence*, vol. 1, 及 Butterfield, Marc Friedlander, and Mary Jo Kline, eds., *The Book of Abigail and John: Selected Letters of the Adams Family, 1762-1784* (Cambridge, Mass.: Harvard University Press, 1975)。
8. Gary Nash, *The Urban Crucible: Social Change, Political Consciousness, and the Origin of the American Revolution* (Cambridge, Mass.: Harvard University Press, 1979), chaps. 7, 9, 11 and the appendix; Nash, “Urban Wealth and Poverty in Pre-Revolutionary America,” *Journal of Interdisciplinary History* 6 (1976): 545-84, 重印于 Nash, *Race, Class, and Politics: Essays on American Colonial and Revolutionary Society* (Urbana: University of Illinois Press, 1986), chap. 7。先驱性论文包括：James Henretta, “Economic Development and Structure in Colonial Boston,” *William and Mary Quarterly*, 3d ser., 22 (1965): 75-92, 及 Allan Kulikoff, “The Progress of Inequality in Revolutionary Boston,” *William and Mary Quarterly* 28 (1971): 375-412。
9. Nash, *Urban Crucible*, 172-73, 188-89, 253-54; Alex Keyssar, “Widowhood in Eastern Massachusetts: A Problem in the History of the Family,” *Perspectives in American History* 7 (1974):83-119, 既没有涉及波士顿，也没有触及寡妇人数增长背后的政治因素。
10. Douglas Lamar Jones, *Village and Seaport: Migration and Society in Eighteenth-Century Massachusetts* (Hanover, N.H.: University Press of New England, 1981).
11. William Pencak, “The Social Structure of Revolutionary Boston: Evidence from the Great Fire of 1760,” *Journal of Interdisciplinary History* 10 (1979): 274-75; Nash, *Urban Crucible*, appendix, table 5, 398; Alice Hanson Jones, *Wealth of a Nation to Be: The American Colonies on the Eve of the Revolution* (New York:

Columbia University Press, 1980),198-200, 322-25, 332.

12. 关于职业的分类，见 Jacob Price, “Economic Function and the Growth of American Port Towns in the Eighteenth Century,” *Perspectives in American History* 8 (1974): 171-86, 及 Kulikoff, “Progress of Inequality,” appendix, 411-12。

13. Frances May Manges, “Women Shopkeepers, Tavernkeepers and Artisans in Colonial Philadelphia”（博士论文，University of Pennsylvania, 1958)。关于 1774 年的情况，Lucy Murphy 记录了《波士顿公报》上的女性广告商：八个零售店商（四个种子商、两个杂货商、一个布商、一个奶酪商），一个成衣业主（女帽制造商），两个学校老师，三十六个奶妈和三个可以被视为从事男性职业的女性［一个面包商、一个批发 / 零售商、一个农民（登广告寻找丢失的一匹马）］（研讨会论文，Northern Illinois University, 1985)。早期的标准著作是 Elizabeth A. Dexter, *Colonial Women of Affairs, Women in Business and the Professions in America before 1776*, 2nd rev. ed. (Boston: Houghton Mif in, 1931)。对费城的提示性分析，见 Carole Shammas, “The Female Social Structure of Philadelphia in 1775,” *Pennsylvania Magazine of History and Biography* 107 (January 1983): 69-83。

14. 可作为分析波士顿女性职业的一手资料有：Bettye H. Pruitt, ed., *The Massachusetts Tax Valuation List of 1771* (Boston: G. K. Hall and Co., 1978), 2-46（不幸的是不完整，只给出了少量的职业）；贵格会教徒对 1775—1776 年救济的发放记录，在 n. 86 中提到；及 the “Assessors ‘Taking Books’ of the Twelve Wards of the Town of Boston, 1780,” in *Bostonian Society Publications*, 1st ser., 9 (1912): 15-59（里面列举了职业，但只是战争时期，而且不完整）。

15. Nash, *Urban Crucible*, 194-95.

16. Patricia Cleary, “‘She Merchants’ of Boston: Women of Business on the Eve of the Revolution, 1745-1775” (Ms. Newberry Library Seminar in Early American History, Chicago, January, 1988); 另见 Cleary, *Elizabeth Murray: A Woman’s Pursuit of Independence in Eighteenth-Century America* (Amherst, Mass.: University of Massachusetts Press, 2000)。

17. Mary Beth Norton, “A Cherished Spirit of Independence: The Life of an Eighteenth-Century Boston Businesswoman,” in *Women of America: A History*, ed. Mary Beth Norton and Carol Ruth Berkin (Boston: Houghton Mif in, 1979), 48-60.

18. 所有引文同上。

19. Nash, *Urban Crucible*, chap. 9, 各处。

20. Gary Nash, “The Failure of Female Factory Labor in Colonial Boston,” *Labor*

History 20 (1979): 165-88, 重印于 Nash, *Race, Class, and Politics*, 119-41。

21. L. H. Butterfield, ed., *Diary and Autobiography of John Adams*, 4 vols. (Cambridge, Mass.: Harvard University Press, 1961), 3: 195.
22. Alan Day and Catherine Day, "Another Look at the Boston Caucus," *Journal of American Studies* 5 (1971): 27-28.
23. Samuel Adams to Arthur Lee, December 17, 1773, *The Writings of Samuel Adams*, 4 vols., ed. Harry A. Cushing (New York: G. P. Putnam's Sons, 1904-8), 3: 73-74.
24. Dirk Hoerder, *Crowd Action in Revolutionary Massachusetts, 1765-1780* (New York: Harcourt Brace Jovanovich, 1977), 24-36, 在后一本书中补充了统计证据: Hoerder, *Society and Government 1760-1780: The Power Structure in Massachusetts Townships* (Berlin: John F. Kennedy Institute, 1972), 41-49; Edward M. Cook Jr., *The Fathers of the Towns: Leadership and Community Structure in Eighteenth-Century New England* (Baltimore: Johns Hopkins University Press, 1976), 167, 172-74。
25. Richard D. Brown, "Emergence of Voluntary Associations in Massachusetts, 1760-1830," *Journal of Voluntary Action Research* 2 (1973): 64-73.
26. Mary Roys Baker, "Anglo-Massachusetts Trade Union Roots, 1130-1790," *Labor History* 14 (1973): 352-96. Baker 没有在马萨诸塞档案馆找到从事工作的女性的请愿证据。
27. Richard Dufour, "The Exclusion of Female Students from the Public Secondary Schools of Boston, 1820-1920" (教育学博士论文, Northern Illinois University, 1981), chap. 1。
28. Clio, "Thoughts on Female Education," *Royal American Magazine*, January 1774, 9-10; "Tanterbogas," *Massachusetts Centinel*, March 30, 1785.
29. Kenneth Lockridge, *Literacy in Colonial New England: An Inquiry into the Social Context of Literacy in the Early Modern West* (New York: W.W. Norton and Co., 1974), 21; Linda K. Kerber, "'Nothing Useless or Absurd or Fantastical': The Education of Women in the Early Republic," in *Educating Men and Women Together*, ed. Carol Lasser (Urbana: University of Illinois Press, 1987), 37-48.
30. Cathy Davidson, *Revolution and the Word: The Rise of the Novel in America* (New York: Oxford University Press, 1986), chap. 4; Elizabeth Reilly, "Demography and Reading in Mid-Eighteenth-Century New England," 及 "Cheap and Popular Print in Mid-Eighteenth-Century New England," 未出版手稿，感谢 Ms. Reilly 的慷慨共享。
31. Franklin Bowditch Dexter, ed., *Extracts from the Itineraries and Other Miscella-*

nies of Ezra Stiles... (New Haven, Conn.: Yale University Press, 1916), 100-101.

32. 转引自 Charles Akers, *The Divine Politician: Samuel Cooper and the American Revolution in Boston* (Boston: Northwestern University Press, 1982), 26。
33. Isaac Backus, *History of New England with Particular Reference to the...Baptists* (Boston, 1796), 3: 125-26.
34. Peter Oliver, *Peter Oliver's Origin and Progress of the American Rebellion: A Tory View*, ed. Douglass Adair and John A. Schutz (San Marino, Calif.: Huntington Library, 1961), 42-45.
35. Richard D. Shiels, "The Feminization of American Congregationalism, 1730-1835," *American Quarterly* 33 (1981): 46-62, 其中包括三个波士顿教会的数据。
36. Kenneth Silverman, *A Cultural History of the American Revolution* (New York: Thomas Y. Crowell Co., 1976), 198-209.
37. Lucia Bergamasco, "Amitié, amour et spiritualité dans la Nouvelle-Angleterre du XVII Siècle: L'Expérience d'Esther Burr et Sarah Prince," in *Autre temps autre espaces: Etudes sur L'Amérique pré-Industrielle*, ed. Elise Marienstras and Barbara Karsky (Nancy, France: University of Nancy Press, 1986), 91-109; *The Journal of Esther Edwards Burr, 1754-1757*, ed. Carol F. Karlsen and Laurie Crumpacker (New Haven, Conn.: Yale University Press, 1986), introduction, 34.
38. Nash, *Urban Crucible*, chap. 8, 引文在 219。另见 Edwin Scott Gaustad, *The Great Awakening in New England* (New York: Harper and Brothers, 1957); 及 John William Raimo, "Spiritual Harvest: The Anglo American Revival in Boston, Massachusetts, and Bristol, England, 1739-1742" (博士论文, University of Wisconsin, 1975)。
39. Charles Chauncy, *Seasonable Thoughts on the State of Religion in New England...*(Boston, 1742); George Whitfield, February 16, 1745, in Luke Tyerman, *The Life of the Reverend George Whitfield*, 2 vols. (London: Hodder, 1876-77), 2: 73-74.
40. 引文出自 Nash, *Urban Crucible*, 204-19。
41. Clifford K. Shipton and James E. Mooney, comps., *National Index of American Imprints through 1800* (Worcester, Mass.: American Antiquarian Society, 1969), George Whitfield 条目的时间是 1770—1771 年。
42. Young, "In the Streets of Boston," pt. I. 关于更早的研究，见 W. deLoss Love, *The Fast and Thanksgiving Days of New England* (Boston: Houghton Mifflin, 1895); Alice Morse Earle, *Customs and Fashions in Old New England* (New York: Macmillan, 1893), chap. 9; George Kittridge, *The Old Farmer and His Almanack*

(Boston:W.W.Ware, 1904), 168-83。

43. Young, "In the Streets of Boston," chaps. 1-3.

44. Lawrence W. Towner, "True Confessions and Dying Warnings in Colonial New England," in *Sibley's Heir: A Volume in Memory of Clifford Kenyon Shipton, Publications of the Colonial Society of Massachusetts* 59 (1982): 523-39.

45. Alfred Young, "English Plebeian Culture and Eighteenth-Century American Radicalism," in *Origins of Anglo-American Radicalism*, ed. Margaret Jacob and James Jacob (London: Allen and Unwin, 1983), 189-94.

46. Eric Hobsbawm, *Primitive Rebels: Studies in Archaic Forms of Social Movements in the 19th and 20th Centuries* (New York: W. W. Norton and Co., 1965), chap. 7 at 111.

47. Hoerder, *Crowd Action,* chap. 1; Nash, *Urban Crucible*, 各处; Jesse Lemisch, "Jack Tar in the Streets: Merchant Seamen in the Politics of Revolutionary America," *William and Mary Quarterly*, 3rd ser., 15 (1968): 371-407; Joel Shufro, "Boston in Massachusetts Politics, 1730-1760" (博士论文, University of Wisconsin, 1976), chap. 5; Pauline Maier, *From Resistance to Revolution: Colonial Radicals and the Development of American Opposition to Britain, 1765-1776* (New York: Alfred A. Knopf, 1972), chap. 1。

48. Laurel Thatcher Ulrich, *Good Wives: Image and Reality in the Lives of Women in Northern New England, 1650-1750* (New York: Oxford University Press,1982), chap. 10, "Viragoes."

49. 转引自 George Rawlyk, *Nova Scotia's Massachusetts: A Study of Massachusetts–Nova Scotia Relations, 1680-1784* (Montreal: McGill-Queens University Press, 1973), 105, 是 Bryan Palmer 让我注意到它。

50. Young, "In the Streets of Boston," pt. II; G. B. Warden, *Boston, 1689-1776* (Boston: Little, Brown and Co., 1970), chaps. 8-15; 关于群众，见 Hoerder, *Crowd Action*, chaps.2-11; 关于大众领袖，见 Maier, *From Resistance to Revolution*, chaps. 3-8; 关于商人，见 Arthur M. Schlesinger, *The Colonial Merchants and the American Revolution, 1763-1776* (1918; 重印, New York: Atheneum, 1968), 及 John W. Tyler, *Smugglers and Patriots: Boston Merchants and the Advent of the American Revolution* (Boston: Northeastern University Press, 1986)。

51. Hoerder, *Crowd Action*, chaps. 2-3; Edmund S.Morgan and Helen M.Morgan, *The Stamp Act Crisis: Prologue to Revolution*, 2nd rev. ed. (New York: W. W. Norton, 1963), chap. 8.

52. *Boston Gazette*, August 19, 1765; *Boston News-Letter*, August 22, 1765.

53. *Boston Gazette*, May 26, 1766; August 22, 1768; *Boston News-Letter Extraordinary*, May 22, 1766.
54. "A Stamp Dream," *Boston Gazette*, October 14, 1765.
55. *Boston Gazette*, February 24, 1766.
56. "William Jackson, an Importer at the Brazen Head..." (Boston, 1769-70[?], Broadside).
57. *Boston News-Letter*, November 5, 1767.
58. "Philagius," *Boston Evening Post*, February 5, 12, 1770.
59. *Boston Gazette*, February 12, 1770.
60. "A List of the Names ..." (Boston, 1770, Broadside), 同样在 *Boston Gazette*, Supplement, March 12, 1770; Betsy and Anne Cuming, 转引自 Norton, "A Cherished Spirit of Independence," 55。
61. *Boston Post-Boy*, November16, 1767.
62. 转引自 Oliver M. Dickerson, ed., *Boston under Military Rule, 1768-69 as Revealed in a Journal of the Times* (Boston: Chapman and Grimes, 1936), 33。
63. Laurel Thatcher Ulrich, "'Daughters of Liberty': Religious Women in Revolutionary New England," in *Women in the Age of the American Revolution,* ed. Ronald Hoffman and Peter J. Albert (Charlottesville: University of Virginia Press, 1989), 211-43. 感谢 Ms. Ulrich 分享手稿。
64. Norton, *Liberty's Daughters*, 164-70.《波士顿晚报》报道了从 1769 年 5 月到 12 月新英格兰举办的 27 次纺纱活动。
65. 转引自 Hiller Zobel, *The Boston Massacre* (New York: W. W. Norton and Co., 1970), 151; 这一主题在下列书中得到阐述: Maier, *From Resistance to Revolution*, chap. 5 和各处。
66. Samuel Adams,*Writings* 1: 241-47; Francis Bernard to Earl of Hillsborough, March 19, 1768, in *English Historical Documents: American Colonial Documents-to 1776*, ed. Merrill Jensen (New York: Oxford University Press, 1955), 736-39.
67. Dickerson, ed., *Boston under Military Rule*, 各处 ; Melinda Munger, "Women's Activities in Boston, 1765-1776" (研讨会论文 , Northern Illinois University, 1975), 分析了 Dickerson 列举的军事统治时期波士顿的女性活动，最初发表在波士顿之外的报纸上。
68. *A Short Narrative of the Horrid Massacre in Boston...to Which Is Added an Appendix...* (Boston, 1770), depositions nos.2, 11, 12, 17,20, 86, 90.
69. Young, "In the Streets of Boston," chaps. 11, 12; Zobel, *The Boston Massacre*, chap. 15; John Adams, *Diary and Autobiography* 1:349-50.

70. *Letters and Diary of John Rowe, Boston Merchant, 1759-1762, 1764-1779*, ed. Anne Rowe Cunningham (Boston:W. B. Clarke, 1903), March 8, 1770, 199.
71. Paul Revere, "The Bloody Massacre Perpetrated in King Street" (Boston, 1770, Broadside), 在以下书中重新叙述并讨论：Clarence S. Brigham, *Paul Revere's Engravings* (New York: Atheneum, 1969), 52-78。在 Christian Remick 的水彩印刷中，这位妇女尤其突出，在几个黑白印刷作品中则不太鲜明。
72. "The Life and Humble Confessions of Richardson, the Informer" (Boston,1770, Broadside). 作品重新收录于：Elizabeth Carroll Reilly, *A Dictionary of Colonial American Printer's Ornaments and Illustrations* (Worcester, Mass.: American Antiquarian Society, 1975), no. 1008。在与 Elizabeth Reilly 商榷后，我把该版画作者定为 Isaiah Thomas，基于后者的风格以及他这一时期作为一个印刷商为人熟知的政治活动。
73. John Adams, March 5, 1773, *Diary and Autobiography* 2:70.
74. *Massachusetts Spy*, December 2, 1773.
75. 同上。
76. Mary Salisbury to Susanna Shaw，August 2, 1774, 转 引 自 Norton, *Liberty's Daughters*, 172; 同时参见《马萨诸塞探察报》上关于茶叶作用的通信争论："A Woman," December 23, 1773; Dr. Thomas Young, December 3, 1773; "A Woman," January 6, 1774。
77. Thomas Young to John Lamb，June 19, 1774, in *Memoirs of General John Lamb*, ed. Isaac Q. Leake (Albany, N.Y.: J.Munsell, 1850), 89-91.
78. Letter of the Boston Committee of Correspondence to the People of Every Town, June 8, 1774, 及合约书，见：Peter Force, comp., *American Archives*, 4th ser., 6 vols. (Washington, D.C.: M. St. Clair and Peter Force, 1837-46), 1:397-98。
79. Harrison Gray, 转引自 Tyler, *Smugglers and Patriots*, 219; John Andrews to William Barrell, July 22, 1774, in Winthrop Sargent, ed., "Letters of John Andrews, Esq. of Boston, 1772-1776," *Proceedings of the Massachusetts Historical Society* 8 (1864-65): 329; 关于伍斯特的参考文献，我要感谢 Edward Countryman。
80. "We the subscribers, inhabitants of the District of Charlton..." (Boston, June 1774, Broadside), 132 个签名，"unusual because of the number of women represented among the signers," in *Massachusetts Broadsides of the American Revolution*, ed. Mason I. Lowance Jr., and Georgia Bumgardner (Amherst: University of Massachusetts Press, 1976), 42–43。
81. Hoerder, *Crowd Action*, 278-80; 引文在 Adams, 同上 , 279。
82. John Andrews to William Barrell, "Letters of John Andrews," *Proceedings of the*

Massachusetts Historical Society 8 (1864-65): 337.

83. *Boston News-Letter*, March 2, 1775.
84. *Middlesex Journal (England)*, November 22-24, 1774, "An Extract from a Letter from Boston Dated October 25th," 重印于 R. T. H. Halsey, *The Boston Port Bill as Pictured by a Contemporary London Cartoonist* (New York: Grolier Club, 1904), 310-11。
85. Richard Frothingham, *History of the Siege of Boston* (Boston: C. C. Little and J. Brown, 1849).
86. Henry C. Cadbury, "Quaker Relief during the Siege of Boston," *Colonial Society of Massachusetts Transactions* 34 (1943): 39-149, 据手稿誊抄本。评论在第 63 页，我的分析是印象式的。
87. Norton, *Liberty's Daughters*, 138; Norton, "Eighteenth-Century American Women in Peace and War: The Case of the Loyalists," *William and Mary Quarterly*, 3rd ser., 33 (1976): 393-95.
88. Oliver, Origin and Progress, 65.
89. 同上 , 61。
90. 同上 , 62。
91. 同上 , 73。
92. 同上 , 63-64。
93. 同上 , 97。
94. 信件刊登于 *Boston Gazette,* Supplement, December 20, 1767, 重印于 *Providence Gazette*, January 9, 1768; 关 于 "Henry Flynt," 见 *Boston Gazette*, November 2, 1767; "A Young American," 同上 , December 21, 1767。"Squibo" 重印于 *Providence Gazette*, January 2, 1768。
95. Alice M. Earle, ed., *Diary of Anna Green Winslow, a Boston School Girl of 1771* (Boston: Houghton Mif in, 1894); Mrs. Earle 的 "导论" 是传记材料的来源。
96. 同上 , 14, 59。
97. 同上 , 20, 25, 27。
98. 同上 , 32, 72。
99. Lucy Martin Donnelly, "The Celebrated Mrs.Macaulay," *William and Mary Quarterly*, 2nd ser., 6 (1949): 173-207.
100. Robert A. Feer, "Mercy Otis Warren," in *Notable American Women 1607-1950*, 3 vols., ed. Janet and Edward James (Cambridge, Mass.: Harvard University Press, 1971), 3:45-56; Katherine Anthony, *First Lady of the Revolution: The Life of Mercy Otis Warren* (New York: Doubleday and Co., 1958); Maud M.

Hutcheson, "Mercy Warren, 1728-1814," *William and Mary Quarterly*, 3rd ser., 10 (1953): 378-402.

101. Silverman, *Cultural History of the American Revolution*, 212-13, 255-56; Bernard Bailyn, *The Ordeal of Thomas Hutchinson* (Cambridge, Mass.: Harvard University Press, 1974), 202, 244.

102. Mercy Warren, *Poems Dramatic and Miscellaneous* (Boston: Thomas, 1790).

103. "The Sack of Rome" and "Ladies of Castille," 同上；关于女性的句子来自 *The Motley Assembly* (1779)。

104. Mercy Otis Warren, *The History of the Rise, Progress and Termination of the American Revolution*, 3 vols. (Boston: Manning and Loring, 1805); Lester Cohen, "Explaining the Revolution: Ideology and Ethies in Mercy Warren's Historical Theory," *William and Mary Quarterly*, 3rd ser., 37 (1980): 200-218.

105. Akers, *Abigail Adams*, 31-47. 详情见：Phyllis Lee Levin, *Abigail Adams* (New York: St. Martin's, 1987); 另一解释可见：Edith B. Gelles, "Abigail Adams: Domesticity and the American Revolution," *New England Quarterly* 52 (1979): 500-521, 及 Gelles, "The Abigail Industry," *William and Mary Quarterly*, 3rd. ser., 45 (1988): 656-83。

106. Elizabeth Cady Stanton, *Eighty Years and More: Reminiscences, 1815-1897* (New York: T. Fisher Unwin, 1898), 31-34.

107. Abigail Adams to John Adams, March 31, 1776, *Adams Family Correspondence*, 1:369-71; John Adams 对这一问题的看法，见：Richard L. Bushman, *King and People in Provincial Massachusetts* (Chapel Hill: University of North Carolina Press, 198), chap. 5。

108. Abigail Adams to John Adams, July 25, 1775, May 9, 1776, *Adams Family Correspondence*, 1:263, 404.

109. 引自 Akers, *Abigail Adams*, 46。

110. Abigail Adams to John Adams, August 14, 1776, *Adams Family Correspondence* 2:94.

111. Kerber, *Women of the Republic*, chap. 9.

112. Thomas Paine, *Common Sense* (Philadelphia,1776); Adams 及其女性朋友阅读《常识》的情况，见：*Warren-Adams Letters*, Massachusetts Historical Society Collections, vols. 72-73, 2 vols. (Boston, 1917-25), 1:204, 208-9。

113. Abigail Adams to John Adams, September 22, 1775, *Adams Family Correspondence*; 关于请愿，见：Herbert Aptheker, ed., *Documentary History of the Negro People*, 2 vols. (New York: Citadel Press, 1959), 1:5-9。

114. 例子可见：the (Boston) *Massachusetts Centinel*: "Clarissa," April 7, 1784; "Conjugal Love," July 7, 1784; "Some Cases of Unhappy Marriages," January 26, 1785。

115. 见 1785 年 *Massachussetts Centinel*: "Humanus," February 19; "Daphne," February 26; "The Force of Education," March 2; "Humanus," March 9; "Mechanick," March 12; "Tantarbogas," March 30; "Lorenzo," April 6; "Semiramis," April 16。

116. Judith Sargent Murray, *The Gleaner*, 3 vols. (Boston, 1798); 讨论见 Norton, *Liberty's Daughters*, chap. 8, 及 Kerber, *Women of the Republic*, 204-6。

117. "An Oration upon Female Education Pronounced by a Member of the Public Schools of Boston, September, 1791," in Caleb Bingham, *The Columbian Orator*, 9th ed. (Boston, 1801), 47-51. Morton 是波士顿的 Sarah Wentworth Morton，她撰写了诗歌"Philenia"，有人误认为她是美国第一部小说 *The Power of Sympathy* (Boston, 1788) 的作者。见 Davidson, *Revolution and the Word*, 85, 287n。

3
涂柏油、粘羽毛和克伦威尔的幽灵：
英国的平民文化和美国的激进主义

英国的平民文化——根植于乡村和城市劳动阶层的风俗、传统和仪式——越来越受到大西洋两岸学者的关注。本文讨论 18 世纪英国平民文化在美国的转变，即它在美国革命时期大众运动中的保留、转化和功能。我们的讨论从相隔一个世纪的四个画面开始。

1675 年的波士顿，九个船上木匠抓着一个叫约翰·兰沃西（John Langworthy）的木匠，“把他粗暴地绑在柱子上”，从城北区带到城中心的码头。这“引发了连同治安官在内的大群人到那里聚集，最后治安官解救了他”。木匠们被带到法庭，他们承认有罪，但解释说兰沃西“是个无执照营业的外来户，从来没有干过船上木匠的工作”，也就是说，他没有完成七年的学徒生涯。法官宣布每人罚款十先令。木匠辩解说，“他们都知道这种事在英国很平常”。或者换句话说，这种事在美国不常见。[1]

1768 年塞勒姆的《埃塞克斯公报》（*Essex Gazette*）报道了城里发生的一件事。9 月 7 日，海关“服务员”，也即看守人罗斯（Ross）“引起了一群居民的注意”，他曾经向上司告发港口有船违反海关法律，居民“决心让众人知道他的行为”。

> 他被人从码头带到大家面前，头上、身上和四肢都被涂上湿
> 144 热的柏油，然后把许多羽毛粘在了上面。可怜的看守人被放到一
> 驾马车的前座上，进入大街，在那里，人们把写着“告密者”的
> 字条贴在他的胸前，背上也贴上同样的字条。这一场景很快吸引
> 了几百人，他们一路高呼，穿过整个城镇。

人群把“这个懵圈的可怜虫”带到城郊，警告他如果胆敢回去，将“受到更加严厉的惩罚”，然后放了他。[2]

这好像是革命时期新英格兰发生的第一起涂柏油、粘羽毛事件。丰富的细节所蕴含的臆断很清楚：仅仅指出一个告密者被涂了柏油和粘了羽毛，这是不够的；没有人知道它意味着什么。

1774年出现了一本匿名小册子：《美国时代志》（*The American Chronicle of the Times*），在几个城市以六卷本形式连续出版，直到1775年春天停刊。[3]书以韵文的形式写成，分成章节，以《圣经》模式呈现，里面包含了1775年的政治人物，按《圣经》人物方式出场。在第三卷的结尾，耶底底亚牧师在叙述波士顿的苦难时，相信“语言将是我主和克伦威尔的刀剑”。他哭喊道，“赐给我克伦威尔！”在第四卷，克伦威尔出现了，在接受“托马斯，姓盖奇特的”“篡位者”（盖奇将军）的挑战时，他以“新英格兰马萨诸塞湾共和国的保护主”的身份发布声明，并且召集部下：“醒醒，我忠诚的费尔法克斯、兰伯特和其他勇敢的武士。”

就像涂柏油、粘羽毛一样，克伦威尔的出现也很突然，没有预告，好像也无从解释。克伦威尔先前并不受革命领袖们的欢迎，他不是他们政治传统的一部分，然而小册子却“非常受欢迎”。[4]他从哪里冒出来的？

1788年，从2月到7月，在每个美国大城市，都会举办纪念美

1774年1月的波士顿，海关告密者约翰·马尔科姆（John Malcolm）被涂柏油、粘羽毛，伦敦的艺术家在右边的背景中，以远景形式表现了波士顿倾茶事件。穿着条状裤子的水手在群众中站在突出位置，他们正要推着约翰·马尔科姆到全城游行。《北美波士顿制作通心粉的新方法》（*A New Method of Macarony Making as Practised at Boston in North America*），版画，卡灵顿·鲍尔斯出版公司（Carrington Bowles publisher），伦敦，1774年。[图片来源：卡耐基艺术博物馆（Carnegie Museum of Art），匹兹堡，伊文森基金会（Eavenson Fund）]

国新《宪法》的大型社区游行。在每个城市，工匠们按照行业游行，他们或者拿着自己的行业工具，或者推着展示自己行业工作的花车。他们举着写有伦敦行会或者其他行业标记的横幅，夹杂着支持《宪法》的图像和标语。[5] 这是美国历史上第一次出现这样的横幅和游行，殖民地从未有过这类东西；事实上，当时的英国也没有出现过类似的
146 东西。那么，它们到底来自哪里？

我之所以选择这四个画面，是因为它们以不同的方式描绘了风俗、仪式和传统不仅从一代传到另一代，而且从一个国家传入另一个国家、从一个世纪传入另一个世纪，以及它们重新出现的时候如何发生变化。

关于这些变化过程出现时的历史背景，我有以下假设：

首先，我假定大量的大众文化形式从英国传入殖民地，其主要传入者就是移民本人。在 17 世纪，这种文化传播不只有一种形式，而是有很多种，特别是在 18 世纪。在革命前后的这段时间里，移民非常盛行，带来了很多像托马斯·潘恩一样的人，我们怀疑，他们受英国威尔克斯派（Wilkesite）政治文化的影响。还有短期的移民，也是文化的传播者，例如福音传道者乔治·惠特菲尔德，大家还记得，他在 1770 年于纽波利波特去世前的三十年，在美国做了六次伟大的巡回布道演讲。[6]

关于英国文化的转变在殖民地研究的主要领域里一直是显学。在研究思想史时，人们都想当然地认为“从英国开始”，不管是佩里·米勒（Perry Miller）或埃德蒙·S. 摩尔根（Edmund S. Morgan）对 17 世纪清教的研究，还是伯纳德·贝林（Bernard Bailyn）对 18 世纪“乡村聚会”（country party）政治意识形态的研究，都是如此。它也是新英格兰老城研究（尤其是那些专注于城市规划、建筑或者农业系统的研究）[7] 中的一个主题，一些学者正在回归这一主题，探

讨“新英格兰多样的地方制度直接模仿母国的地区差异，其模仿程度惊人”。[8] 在研究民间文化的学者中，文化的保留和变化是常见的主题——他们会想到诸如巫术、英美民谣、民间物质文化和儿童故事。“事实上，大多数英国童谣，”主要的权威人士指出，“在美国更为人熟知，而且比在母国更加古老，其版本更接近原本。”——这个说法在其他领域也是如此。[9]

其次，我们现在知道，美国的一些情况也促进了英国文化的保留。关于平民文化口头传播的程度，只要想想关于殖民地美国识字率的最新发现。肯尼斯·洛克里奇（Kenneth Lockridge）写道，“新英格兰人曾经比我们想象的更接近农民的口口相传的世界，更接近其吸收性的地方主义，更接近其对传统和少数知情者的依赖”。英国的习俗 147
多大程度上是在社会分层的背景下产生的——这种分层使地位颠倒的仪式长期存在，我们只须指出加里·B. 纳什提供的到 18 世纪中期城市阶级两极化的大量证据就可以了。[10] 正如彼得·伯克（Peter Burke）指出的，在美国城市中发展兴旺的印刷文化可能“保留，甚至传播了大众文化，而不是破坏了它”。[11] 报纸新闻上一个又一个的城市发生了涂柏油、粘羽毛事件；小册子“召唤”克伦威尔的幽灵；有一本日历还在封面印上了他身穿盔甲的图片。

第三，其他经常强调的情况则对保留英国文化产生了不利影响。各阶层在上上下下、来来回回流动。清教权威压制节假日，因为它们是文化更新所需仪式中必不可少的场合。工匠制度，如延续仪式和象征的行会，并没有形成，即使形成过，也没有延续。[12] 源自社会环境的风俗失去了其意义，开始萎缩。事物迷失了，语言和曲调发生了混乱。

考虑到延续性和断裂，有必要把我们的注意力转向英国文化的保留程度。我们能从梅尔维尔·赫斯科维茨（Melville Herskovits）的探索性概念中得到启发，他是一位人类学家，比其他任何人都更多地开创了非裔美国人的文化研究领域。赫斯科维茨关心的是非洲人在新世界的生存，他的重点是文化的“韧性”和“延续性”。但是他了解非洲文化的各种变体，从非洲的“丛林”到西印度群岛，从拉丁美洲到美国南部和北部、乡村和城市。他提出了“新世界非洲性的强度表”（scale of intensity of New World Africanisms）概念，从“非常非洲性”和“相当非洲性”到“有点”再到“非洲习俗痕迹或不存在”（没有量化，可怜的人！），而且他区分了非洲文化在不同类别中的保留程度——技术、巫术、艺术、语言等等。以这个表为基础，他提出了以一组变量为指标的非洲文化保留“连续体”（“continuum”）。[13] 他还推广了“融合”（syncretism）这一概念。例如，在新世界皈依基督教的非洲人中，“圣人”相当于非洲的神灵；在新英格兰，黑人过“黑奴选举日”，利用官方的政治节日来复制有国王、法庭和农神节的非洲仪式。[14]

赫斯科维茨的方法在彼时引起了激烈的争论：E. 富兰克林·费雷泽（E. Franklin Frazier）相信北部的美国黑人已经“完全脱离了其社会传统”。[15] 最近，那些对赫斯科维茨心怀敬意的学者在细节问题
148 上与他发生了激烈争论。赫伯特·古特曼（Herbert Gutman）批评他“没能研究沦为奴隶的非裔美国人的变化历史，这导致他在断裂的经验中强调直接的连续性。”[16] 尤金·吉诺维斯（Eugene Genovese）提出质疑，黑奴钟爱浸礼宗是否反映出西非宗教的持续影响？[17] 我们可以利用这一有益的争论来阐述英国平民文化在美国的保留和转变。

第四，我假定，在有保留的地方，也有创新。我们在理论框架方面所依赖的那些学者都强调存在一个选择的过程：古特曼曾经引述过的西德尼·明茨（Sidney Mintz）强调“具有一套历史选项”的“作为资源的文化”，“人们从中做出选择并且贯彻执行”；[18] 查尔斯·蒂利（Charles Tilly）强调“集体行动的全部活动”；[19] 彼得·伯克强调“类

型库”。[20]在所有这些喻词中，人们虽然在选择，但也是从给定的选项范围中选择。我想进一步强调 E.P. 汤普森重点研究 18 世纪的时候所说的“来自底层的创造性文化形成过程”，[21]以及艾瑞克·霍布斯鲍姆在研究 19 世纪上层社会更加具有自我意识的过程时说的“发明传统”。[22]我认为，这些过程需要特别关注。

最后，在探索平民文化时，我也要对证据的构成做一假设。平民文化的主要部分是通过口口相传，很大一部分即使是那些记录下来的作者也没有亲眼见过，而且当执笔者“发现”这些“人群”时，原始材料往往打上了他们的价值观。[23]因此，在这个领域，原始材料可以是未被记录的、孤立的、碎片化的、偶然的，或者带有偏见的。我们需要一种适合“缺乏记录”时代的证据标准和行业技巧，大多数美国历史学家还没有适应这一情况。

我们往往别无选择，只能尽量利用孤证。同时，我认为从孤立的个案中抽取证据存在风险。1675 年发生的船厂工人事件也许不能证明，让人骑在杆上（在英国，叫 riding the stang）在殖民地是普遍现象。同样，1768 年在新英格兰爆发的涂柏油、粘羽毛事件并不一定说明这种事件早有先例。如果我们要分析习俗和传统的功能，以及它们在大众意识和大众运动中扮演的角色，那么事件的分期——什么时候出现、什么时候流行、什么时候被广泛运用、什么时候消失——应当成为主要关注的问题。

我们已经介绍了平民文化在三个领域的表现：大众惩戒仪式、大
众政治传统和工匠文化的象征主义和仪式。在这些领域，我发现几种 149
深层次的过程以不同的联合形式发挥着作用：首先是比较直接的转移、保留和使用；第二是暂存模式，习俗和传统移入、“保存”直到变得功能化时才被实施（或许用“解冻”过程更合适，之前“冷冻”的事物后来复苏）；第三是恢复过程，新的需求促使某一群体将触角

伸向旧国家，回到过去；最后是借用和融合过程，这正是构成创新的最终产物。

I

大众惩戒仪式——“骑杆”和涂柏油、粘羽毛——显示出三种过程。这种仪式与官方惩罚存在明显的连续性，当局在维持惩戒的传统仪式上有特殊的利害关系。在大众惩戒层面，似乎存在一种非连续性——过程延迟、在英国广泛实施的习俗在新英格兰很晚之后才得以广泛传播。涂柏油、粘羽毛代表当时的官方仪式、大众仪式与一种似乎非常古老的形式的融合，后者早就消失在大多数平民和上层人们的视野中了。

让我试着来分析从 1675 年波士顿的“骑杆”事件到 1768 年塞勒姆的涂柏油、粘羽毛事件。“喧闹音乐”是对惩戒仪式的总称，其中，违反社区习俗的人被放在马或驴，或者木马，或者柱子、棍子上游街。在英国各地，这一仪式的名称各不相同；在 18 世纪的北部殖民地，通常称之为“游街示众”（skimmington）。E.P. 汤普森重新开启了英国对这种仪式的研究。[24] 布莱恩 · 帕尔默（Bryan Palmer）明确表明，这种仪式在 19 世纪的美国和加拿大有多么流行。[25] 关于 18 世纪的情况，我们能做的很少；史蒂文 · 斯图尔特（Steven Stewart）详细描述了 18 世纪中期的九个事件，[26] 我知道一些其他的例子。目前阶段，就我们所掌握的资料，我们只能做一些粗略的归纳。

150 游街示众在革命危机前夕很普遍——这是确定的。“噢，发生了骚乱，一座房子被推倒了”，约翰 · 亚当斯以“克拉伦登”（Clarendon）的笔名给“皮姆”（Pym）的书信中这样惊叹，在信中，他嘲笑了托利党对 1765 年事件的担忧：

> 已经发生了一百次骚乱，一百次游街示众。国王陛下的臣民有的受到伤害，有的骑着杆，有的骑着牛，有的是因为品行不端，有的是因为其他罪行。在这种骑杆游街中，国王陛下的一些臣民被杀，有些游行中，国王的治安官在执行公务的时候被杀。祈祷那是公然的叛国罪。[27]

18 世纪 50 年代和 60 年代有文字记录的证据表明，这种仪式主要发生在新英格兰的东南部，纽约殖民地哈德逊河下游，新泽西和有英国定居者的长岛地区。1764 年新英格兰南部的一篇报道说，“游街示众的骚乱最近在这里频繁发生”。[28] 缺乏类似事件的更早证据，这说明它们是新出现的，没有连续性。1675 年仅造船工人的话就能证明这一点。他们不得不恳求说，“他们理解这样的事情在英国很常见”，正如我们已经表明的，这样的事情在新英格兰不常见。在 18 世纪的第一个十年，塞缪尔·席沃（Samuel Sewall）法官记录了两起游街示众事件，其中在英国常见的仪式消失了。例如，1707 年，席沃审理了一宗案子，七八个妇女“联合起来，把一个男人从他家里喊出来，花言巧语请求他带个路，然后在一个小黑奴的帮助下，脱掉他的衣服，拿棍子抽打他，因为他用棍子打自己的妻子”。席沃大怒，判决其中明显是领头的妇女笞刑，因为他认为“失去端庄的女人就像没有了味道的盐一样”。[29]

同时，骑木马也是军队里常见的官方惩戒，这或许是这种形式保留下来的原因。英国军队在对法国人的战争中用过这一仪式，但是美国士兵似乎不怎么适应。1746 年在路易斯堡，一个二等兵“被罚骑木马”，那天晚上，“那个木马被砸得粉碎”。[30] 殖民地的自卫队采用了这种惩戒方式。但是即使1764年波士顿公共绿地发生的一起事件具有典型性，它也没有流行开来。当一个二等兵因“对他的长官无礼”而被罚“骑木马，大家撞击木马，摔坏它，这样二等兵就跑了”。[31]

就目前发现的案例来看，大众惩戒的目标几乎总是犯有通奸或殴
151 打妻子的男性。参加者多为男性（偶尔有年轻男性），从零星的证据我们可以推测，他们都是来自社区的平民。像席沃法官和亚当斯律师这样的上层人物，对这种惩戒方式充满了强烈的敌意，虽然有时他们也会允许。

最后，美国的仪式没有英国的那么繁杂。贺加斯（Hogarth）在《胡迪布拉斯》（*Hudibras*）冒险系列中对游街示众的生动描绘综合了多种因素，但是在美国似乎很难找到同样的象征主义、仪式或者喧闹音乐。当然，美国人做这些事情的时候，也群情激奋，看看来自新泽西的报道：

> 我们听说一群奇怪的人最近在伊丽莎白镇出现，自称属于“正规军教派”，大约有十几个人，穿着女性服装，化了妆，傍晚时分，他们据说去殴打妻子的人的家里。他们中的一个人先进去，抓住犯事者，其他人鱼贯而入，剥掉他的衣服，翻起他的后背，用棍子狠狠地抽打他，边打边喊：“打老婆的人没有好报。”[32]

新英格兰南部也有几个案例，表现出闹街的人在仪式上有细微的差异：克制；感兴趣的是羞辱，而不是暴力；将之在镇上游街示众；让游街的人为做过的错事忏悔，承诺悔过，并感谢大家的宽容。但是更普遍的是，我们发现人们虽然有所克制不用体罚形式，但很快会

诉诸暴力——使人骑在横杆上是他们最常用的方式——结果使人丧命。或许仪式的弱化从另一方面解释了美国历史上暴力的蔓延，毕竟这种仪式把侵犯行为和某种安全性结合了起来，如果大家都遵守规则的话。

如果以上证据成立的话，为什么在新英格兰，游街示众出现较晚呢？一般来说，那里的社区可以依赖殖民地政府和教会实施其道德惩戒。在 17 世纪的马萨诸塞，通奸是死罪，即使根据 1684 年的宽松法律，通奸者也必须脖子上套着绳索在绞刑架下坐一个小时，接受四十下鞭刑，并且余生都要戴上字母“A”*。殴打妻子也是犯罪。1660 年的一条法律条文规定，“每个已婚妇女不得遭受丈夫的身体惩罚，除非其是被妻子攻击后出于自卫”。18 世纪早期的一条法律宣称，“没有哪个男人能打妻子，也没有哪个女人能打丈夫，如有违反，每次罚 152
款不超过十镑”。[33] 虽然法律是一回事，实际又是另一回事，但是地方法庭有足够的证据表明，17 世纪的男性法官确实保护女性。我们是否可以说，当法官和牧师不再履行他们传统的职责时，大众惩戒变得更加流行？[34] 社区，或者其中的一部分，履行了通常由法律负责的，或者法律不能做、不愿做的事情？

大众惩戒的仪式——尤其是涂柏油、粘羽毛——大量利用了官方的惩罚形式。在新英格兰，公共行刑紧紧遵从如伯克所说近代早期欧洲的普遍仪式：“官方精心组织的戏剧性场面，以此向大家表明，犯罪逃脱不了惩罚。”其中包含了很多欧洲因素：罪犯站在推车中游街，安装绞刑架，神职人员出席，可能还有向公众的讲话，贩卖讲述所谓的临终遗言、汲取罪孽的教训的歌谣。[35] 通过劳伦斯 · W. 唐纳（Lawrence W. Towner）对“真实忏悔和临终告诫”册子和单页报的

* Adultery（通奸）的首字母。——编注

分析，我们对新英格兰的仪式有了很好的了解。[36]

然而，就社会背景而言，波士顿和新英格兰县级市镇的绞刑同彼得·莱恩堡（Peter Linebaugh）形象描述的 18 世纪伦敦泰伯恩行刑场的场景不同。他写道，“公众惩戒的效果取决于执行法律者和被法律统治的人之间取得的大致约定”。在泰伯恩，“命令的执行较少取决于社区共识，更多归因于武力和全副武装的绞刑带来的极端恐怖”。[37] 在波士顿，行刑仪式通常获得公众的狂热支持，这似乎强化了革命激情。[38]

偶尔也会发生救人骚乱：例如帮助骑木马的民兵逃跑，乡里同胞把债务人从牢里解救出来，更不用说谢司叛乱了。但是我们没有发现从绞刑架下救人的报道。这并非表示，人们对解剖穷人的尸体没有强烈的道德谴责，事实上，1788 年，因有谣言说医学院的学员从穷人的坟墓里偷取尸体，纽约市为此爆发了为期三天的骚乱。[39]

行刑仪式与殖民地稍轻的惩戒形式有共同点。首先是给犯人贴上公共标签。海丝特·白兰（Hester Prynne）胸前表示“通奸”的“A”和表示“乱伦”（incest）的“I”在 18 世纪中期仍在使用。贴标
153 签［“B”表示 burglary（盗窃），“R”表示 rogue（伪造货币者）］和割耳朵非常盛行。公共标签可能是暂时的：1763 年，贝德福德有一对被控诈骗的男女被戴上颈手枷一个小时，“每人胸前贴着一张大写的‘一个骗子’（A CHEAT）的纸条”。第二是痛苦的当众惩罚，通常是鞭打和上颈手枷。[40] 第三是羞辱。第四是忏悔和悔过。经常是，犯有轻罪的人脖子上套着绳索坐在绞刑架下，警告其如有再犯，将会不赦。最后，所有这些因素的背后是大众的积极参与。1764 年，在波士顿，当约翰·理查森（John Richardson）和安·理查森（Ann Richardson）因为饿死自己的婴儿而被送上绞刑架时，“男人的表现如此厚颜无耻”，上层商人约翰·罗威（John Rowe）写道，“暴徒们向

他投掷石头，这是他应得的”。[41]

新英格兰涂柏油、粘羽毛的来源现在更加清楚了。正如塞勒姆的场景所表明的，它在很多方面利用了官方的惩罚形式：坐在推车上的公开示众；严厉的惩罚；以及忏悔或者承诺悔过（在别的地方，犯人可能会被脖子上套上绳索送到绞刑架下）。不同之处是，宣判不是死刑，而是驱逐或者流放——回到 17 世纪的传统。

新英格兰对第二种资源，即游街示众的利用就没有那么多了。1768—1769 年，新英格兰最先报道的涂柏油、粘羽毛事件发生在港口：塞勒姆、纽波利波特、格洛斯特、波士顿、纽波特和朴茨茅斯（它位于弗吉尼亚的诺福克，也是革命时期第一起为人所知的此类事件的发生地，发生于 1766 年）。在这些城镇，游街示众并不常见，在 1765 之前最常发生的地方是在新英格兰的南部乡村。新英格兰的涂柏油、粘羽毛出现在北部和南部。纽波特是唯一一个曾经有过游街示众历史的涂柏油、粘羽毛港口城镇。而在其他地方，一种仪式似乎逐渐变成另一种仪式。例如 1769 年的波士顿，第一个被游街示众的人是把一个乡下姑娘拐骗到英国军营的美国人，在那里，他们可能企图攻击女孩。当然，游街示众中也有类似的喧闹行为，包括恐吓性叫喊、克制的暴力和嘲笑。虽然这一行为利用了公众惩戒仪式，但是它远没有那么庄重——事实上，它还使仪式带有讽刺性。当群众在行为中觉得安全，没有受到挑战时，他们的情绪甚至像在嬉闹。在特朗布尔的喜剧长诗《麦克芬格尔》（*M'Fingal*，1775 年）中，被涂柏油的乡绅被欢乐的游行队伍用车拖着，前面带头的是三个乐手。[42] 154

可是第三种因素，即涂柏油、粘羽毛从何而来？它来自一种非常古老的英国习俗。1189 年，在率领十字军东征的路上，理查一世下令：任何人如果在船上有犯罪行为都将被涂上柏油和粘上羽毛，并在最近的停靠地将他赶下船去。涂柏油和粘羽毛出现在哈克路特

（Hakluyt）的《航行》（*Voyages*）和霍林斯赫德（Holinshed）的《历代志》（*Chronicles*）中。[43] 然而，所有这些谱系溯源都没有切入正题，因为截至 18 世纪中期，这种行为已经不被精英阶层所采用；只有在英格兰还能看见一些迹象。[44] 事实上，在劳动阶层中间，"骑杆"等等似乎已经成为他们钟爱的惩罚老板或者"工贼"的仪式。[45] 美国的港口提供了最好的线索。涂柏油和粘羽毛似乎成为水手的一种习俗，而且有可能理查一世利用的就是这一习俗。水手们很有可能把这一习俗带到了殖民地，已知革命前的两起事件与此有关，一起涉及一个在纽约港上船的妓女，在另一起事件中，一个女人乔装成了水手。[46]

在陆地上，在新英格兰，大众熟悉这种习俗的唯一其他方式，正如效忠派法官彼得·奥利弗敏锐指出的，是通过波士顿和其他几个港口城镇举办的教皇节，其中恶魔的蜡像和由几个男孩扮演的魔童被涂上柏油。这是"我能发现的唯一线索"，奥利弗写道。作为历史学家，奥利弗对其他两种现象也很敏锐。他发现涂柏油、粘羽毛是新出的现象。他讥讽地写道，"大约在这个时候，发明了涂柏油、粘羽毛"，这是一项"为新英格兰的天才们保留的发明……塞勒姆也有此'荣幸'"。他还发现了这一仪式的阶级特征：涂柏油、粘羽毛是"暴民对罪犯的现代惩戒"。[47]

对革命时期波士顿发生的三起完整的涂柏油、粘羽毛事件的分析证明了他的观点。[48] 这三起事件同塞勒姆的事件一样，（1）针对海关告密者，（2）主要出自低层群众，（3）从内部引导，（4）是一时冲动的行动。它们同辉格党领袖组织的诸如针对违背反进口协议的商人的群众运动形成了鲜明对比。在后一种活动中，波士顿的群众（1）在人员构成上更加复杂，（2）从外部领导，且其行动是（3）提前计划和精心组织的。从文字记载中可以发现辉格党的模式：召开"全镇大会"或者"全体人民大会"，警告目标人物停止反抗的公共通知，报

纸上的文章，正式的代表团或者委员会，领导人，演讲，所有这些都带上合法性标志。[49] 155

波士顿的辉格党领袖们无一例外地都对涂柏油、粘羽毛充满了敌意。[50] 他们试图救出犯事者。只有在 1770 年为了驱逐一个商人，他们精心设计了以涂柏油、粘羽毛为威胁的事件。但是到 1774 年，在没能阻止约翰 · 马尔科姆被涂柏油、粘羽毛之后，他们采取了行动，宣告成立涂柏油、粘羽毛委员会（Committee for Tar-and-Feathering），主席是小乔伊斯（Joyce, Jun.），即 1647 年抓住查理一世的那个英勇的军号手。[51]1774 年，约翰 · 亚当斯对涂柏油、粘羽毛的态度一如十年前他对游街的态度："这些涂柏油和粘羽毛、粗暴地冲进别人家里聚众闹事的人……不应当得到赞许。"[52]

大西洋两岸的同时代人都认为涂柏油、粘羽毛是新现象，是美国特有的。它是"现代装扮""美国方式""新英格兰的外衣"，而且在使这一行为在英国家喻户晓的漫画中，它被描述成"北美波士顿制作通心粉的新方法"。[53] 从字面意义看，他们是错的，但是就更广的意义而言，他们是对的。三种形式的融合——游街示众、公共行刑、海上惩戒——让我们有资格说涂柏油、粘羽毛是美国的发明，其发明者是劳动阶层，至少在新英格兰是这样。

II

在第二个场景中，克伦威尔从 17 世纪的英国进入到了 1775 年美国的一个小册子中，这个过程是怎样的？或许如同下面一样。在英国革命时期，新英格兰人，无论等级，都站在克伦威尔一边。失败后，在长达一个多世纪的时间里，克伦威尔进入大众传统，成为民间传说——传奇和地方传说。到 18 世纪中期，高雅的政治文化开始拒绝这种传统，或者埋没它；与此同时，虔诚宗教的复兴又使它在大众文化中找到了生命力。1765 年，深刻的政治危机使 17 世纪大事件的主人公和情节开始重现，从那时起，便恢复了旧的政治传统。不是所有人都同等程度地参与了这一传统，它扎根于非精英文化。高雅的政治文化借用或者利用了它。

说新英格兰的清教徒支持英国革命中的兄弟，这是温和的说法。
156 其实他们在为后者祈祷。“仅 1644 年的马萨诸塞，人们就遵守了十二个特别的斋戒日”，弗朗西斯 · 布雷默（Francis Bremer）写道。他们禁止对效忠派事业的支持，他们回国支持革命事业，而且许多新英格兰人“升到了重要位置：有十人在议会军中升为上校或以上的位置，其他人进入议会”。[54] 哈里 · 斯托特（Harry Stout）指出，“将近一半受过高级训练的牧师和大学教师回去了”。[55] 根据布雷默的说法，奥利弗 · 克伦威尔在新英格兰人眼里，是“朋友和门徒”，他的统治似乎开启了新的圣公会英国教会。曾经在查理一世行刑时担任布道者的塞勒姆的休 · 彼得（Hugh Peter）牧师只是与克伦威尔关系密切的几个新英格兰人之一。约翰 · 科顿（John Cotton）牧师在 1651 年致克伦威尔的信中评价道：“我非常高兴，你一直在为主的战役而奋战。”这一评价极有可能是他的同代人及之后一代人对克伦威尔的结论。[56]

在克伦威尔的军队里战斗过仍然是几代人的荣誉勋章。1712 年，科顿 · 马瑟很高兴对一个 88 岁的老人提供帮助，“因为他曾是我敬慕的克伦威尔军中的一个士兵，参加过邓巴战役”。[57]1749 年，苏珊娜 · 梅森（Susanna Mason）嫁给了很快就成为新英格兰最重要的浸信会成员的艾萨克 · 巴克斯（Isaac Backus），她发现自己是“同克伦威尔并肩作战过的一个士兵”[58] 的曾孙女。

清教徒对克伦威尔的态度在 1700 年左右发生了变化，可能是因为当时共和主义者埃德蒙·鲁德洛（Edmund Ludlow）的回忆录开始流行，书中克伦威尔作为篡位者的主题因为辉格党对常驻军的恐惧而显得越发迫切。[59]在革命时期的新英格兰领袖们采纳的联邦政治传统中，克伦威尔是个诅咒。在他们钟爱的政治哲学家“卡托”［Cato，即特伦查德（Trenchard）和戈登（Gordon）］的眼里，克伦威尔不过是个暴君。他们最喜欢的历史学家凯瑟琳·麦考利夫人告诉他们，“没有哪个有理性的、拥抱公民自由的朋友”会为克伦威尔“欢呼”。[60]当约翰·亚当斯听到一位乡村牧师赞颂克伦威尔时，他在日记中强调：“奥利弗是成功的，但却不是一个谨慎、诚实、值得赞赏、值得效仿的人。”[61]波士顿的英国军队让人想起克伦威尔最大的罪行。约西亚·“威尔克斯”·昆西（Josiah “Wilkes” Quincy）把凯撒和克伦威尔作为暴君的典型，因为他们曾经用“驻扎在这片土地最深处”的军队奴役了他们的国家。[62]

可以肯定的是，一些辉格党领袖——詹姆斯·奥蒂斯就是其中之一，有人怀疑塞缪尔·亚当斯也是——偷偷地崇拜克伦威尔。乔纳森·梅休（Jonathan Mayhew）在其著名的弑君原则辩护文中，把自己 158
同克伦威尔的“弊政”剥离开来，然而当克伦威尔个人受到抨击的时候，他又站出来维护。[63]就连约翰·亚当斯在被追问时，也说克伦威尔的政府“比他的前任斯图亚特王朝伟大得多、幸福得多”。1786年，当亚当斯出任英国大使时，他前往边山（Edge Hill）和伍斯特的战役遗址，对当地看上去不太感兴趣的人发表演讲，称“这是圣地”。[64]所以，在辉格党的政治遗产中存在某种隐形的特征，一有机会就会显现出来。

无论在英国还是在新英格兰，民众在两个方面对克伦威尔更加钟爱——虔诚的宗教和视克伦威尔为复仇的救世主的秘密民间传统——由克里斯托弗·希尔（Christopher Hill）和艾伦·史密斯（Allen

Smith）提出的主题，并在此后由彼得·卡斯滕（Peter Karsten）以有力的证据加以发展。[65]

在英国，克伦威尔时代仍然是宗教异议者的中心。在17世纪，布里斯托的浸礼宗教徒怀念“那些繁荣、自由与和平的太平日子……那些奥利弗时期的自由日子”。最流行、最具同情心的克伦威尔传记中有两部也是浸礼宗的牧师写的，艾萨克·金伯（Isaac Kimber，1725年）和约翰·班克斯（John Banks，1739年），每本至少出了五版。19世纪，“不信奉国教的教徒的自我信心在增长……部分是因为他们经常回忆起克伦威尔时代；他的生涯是他们心中的黄金史，他的成功是他们的灯塔”。[66]

我们不清楚新英格兰浸礼宗教徒对克伦威尔的感情有多深。福音派宗教从18世纪40年代的大觉醒时期直到革命前连续的运动浪潮，在总体上激活了对克伦威尔的记忆，把他树立为模范基督徒。乔纳森·爱德华兹（Jonathan Edwards）对此非常明确。他说，“热情和决心”是“世上多数伟大事情得以成就”的原因，是“奥利弗·克伦威尔取得伟大成就”的原因，也是“惠特菲尔德先生在各地取得伟大成就”的原因。[67]1774年，康涅狄格的一位福音派牧师在布道时说：“英国在斯图亚特国王的脑袋搬家后，在奥利弗·克伦威尔的保护下，享受了前所未有的幸福，之前没有过，之后也不会有。”艾伦·赫尔默特（Alan Heimert）无疑是对的，他宣称这位牧师“公开宣扬一种情感，它恐怕是大觉醒以来新英格兰每个虔敬主义者都秘密共有的情感”。[68]

在英国，克伦威尔显然进入了民间传说。不亚于凯瑟琳·布里格斯（Katherine Briggs）的权威人士告诉我们，克伦威尔的传说“尤其
159 引人注目”。有“克伦威尔来过这里”的大量故事。在哑剧表演作品中，他的形象总在变化。打油诗和无厘头的押韵诗表明他成为童话

故事中的人物。艾伦·史密斯认为，他的整体形象是一个愤怒的破坏者，亵渎神圣地方的人，顶多是个“勇士”。对孩子们来说，他是个被召唤的妖怪（“老克伦威尔会吃掉他们”）。[69]

然而，显然还有另一个传统，即克伦威尔重新出现，平复大众所遭受的苦难。从 17 世纪晚期到 19 世纪中期这一思想贯穿始终，令人惊讶。证据之一是政治危机时期人们出版的诉求。17 世纪 70 和 80 年代，也即辉格党努力把查理二世排除在外的王位继位危机时期，出现了一本小册子，《奥利弗·克伦威尔的幽灵，又，复活的老诺尔》（*Oliver Cromwell's Ghost, or Old Noll Revived*，1679 年），之后又出现了《从云端掉下来的奥利弗·克伦威尔的幽灵》（*Oliver Cromwell's Ghost Dropt from the Clouds*，1681 年），在书中，克伦威尔说道：“噢，我又能拾起被砍伤的身体碎片……噢，我可能要受累对查理二世做我曾经对查理一世做过的事情。”1755 年的一个小册子《奥利弗·克伦威尔的幽灵》（*Oliver Cromwell's Ghost*），语气比较轻松地“批评了政府部门，因为它没有能力处理同法国的战争”。[70]1756 年和 1759 年随之出现了类似的单页报。

这些是 1775 年的小册子《美国时代志》的幽灵般的祖先。在辉格党传统中，这类政治诉求从民间传统中获得力量。作者这样做还能有别的原因吗？有关大众对克伦威尔的温暖记忆不是公开的。当我们在 19 世纪早期隐约看见它时，我们似乎看见了一种非常古老的心态。1812 年，一位未署名的工人愤怒地发誓要向统治者“复仇”，因为他们忽略“民众的痛苦”，并许诺“第二个奥利弗将会出现，清理奥吉亚斯国王污秽、腐烂的牛舍”。1817 年，塞缪尔·班福德（Samuel Bamford），一个共和党工匠，在参观众议院时，宣称：“噢，倘有一个克伦威尔式的人物改革众议院该有多好！”19 世纪 30 年代，一个劳工对正在伍斯特战场巡视的托马斯·卡莱尔（Thomas Carlyle）说，他向上帝祈愿“我们拥有另一个奥利弗，先生，生活太悲惨了”。[71]

在新英格兰，民间传说中复活的克伦威尔没有了他在英国传说中的负面形象。普通美国人的经历表明，对一个人的记忆正在成为大众的财富：当他的名字而不是姓氏被人熟知（如果一个当时的非裔美国人说起“马丁”或者“马尔科姆”，人们会不知道他说的是谁吗？）；
160 父母用他的名字给孩子取名；各个地方都宣称他在本地出现过（“乔治·华盛顿在这里睡过”）。

新英格兰人就是这样对待克伦威尔的。人们称他“奥利弗”（就连约翰·亚当斯也称他“奥利弗”），而且这个名字只用来指代克伦威尔。[72] 人们用他的名字给自己的孩子取名。爱德华·库克（Edward Cook）在查看了新英格兰城镇的采样税单后，“有一种印象，这个名字在18世纪后期流行之广，令人瞩目”。与此相反，在英国的一些教区记录中，“一般没有奥利弗这个名字，即使出现，三百年间也是偶尔有之”。[73] 彼得·卡斯滕在审查了1800年的美国人口普查结果中“成千上百个名字”后，“有种强烈的印象”，奥利弗这个名字“在新英格兰比在宾夕法尼亚或南卡罗来纳普遍得多”。[74] 这种印象很难忽略。在与克伦威尔相关的地方，这种联系是坚固的。据说克伦威尔、汉普登（Hampden）和皮姆做好了移民到康涅狄格赛布鲁克的准备。这个问题如此重要，以至于从科顿·马瑟到托马斯·哈钦森的一批历史学家不得不对此进行表态。更奇特的是，晚至1864年，革命时期一位水手的回忆录的作者还能说，“殖民者分配给他们的建筑用地仍能被指出来”。[75] 康涅狄格还把一个镇取名克伦威尔镇。

在波士顿，对克伦威尔的记忆在“克伦威尔头像酒馆”（Cromwell’s Head Tavern）中保持常新。酒馆位于城中心，似乎是面向中等阶层，这可以从它的付款通知书抬头上印着的克伦威尔头像中看出来，头像是由保罗·里维尔刻印的。酒馆外面的指示牌上也印着

AN ASTRONOMICAL DIARY; Or,

ALMANACK

For the Year of Chriſtian Æra,

1774.

Being the ſecond YEAR after BISSEXTILE or LEAP YEAR.
And the 14th Year of the Reign of K. GEORGE IIId.
Containing, beſides the uſual Aſtronomical Calculations, &c. many curious, uſeful and entertaining Particulars.

By NATHANAEL LOW.

UNgrateful thoſe, who would no Tears allow
To him, who gave them Peace and Empire too!
Princes who ſear'd him, griev'd; concern'd to ſee
No Pitch of Glory from the Grave is free.

BOSTON: Printed and Sold by J. KNEELAND, in Milk-Street:—Sold alſo by the Printers & Bookſellers. 1774.

奥利弗·克伦威尔，17 世纪英国革命的领袖，身穿盔甲，准备战斗。这是 1774 年波士顿一本日历的封面。保罗·里维尔第一次把这一版画印在波士顿“克伦威尔头像酒馆”的付款通知书抬头上。上面的句子“怕他的王子们会痛苦”公然指向斯图亚特王朝国王查理一世被克伦威尔的追随者在 1647 年砍头一事。纳撒内尔·洛（Nathanael Low），《天文日记，又 1774 年日历》（*Astronomical Diary; or, Almanack for...1774*），波士顿，1774 年。（资料来源：国会图书馆）

同样的头像，“挂得很低，这样凡是路过的人都会无意识地向它致敬”，也就是向这位护国者低头行礼。酒馆主人约书亚·布拉克特（Joshua Brackett）是“自由之子”的成员，在波士顿围城期间，英国士兵推倒了酒馆。布拉克特“认为这一事件增加了酒馆的价值”，[76] 英军撤离后重建了酒馆。

在新英格兰各处，对克伦威尔的记忆还隐约地保留在三个弑君法官的丰富传说中。高夫（Goffe）、惠利（Whalley）和迪克斯威尔（Dixwell）先在波士顿找到避难地，后来又到了纽黑文，高夫到了马塞诸萨西部的哈德利。高夫和惠利在传说中的形象和克伦威尔一样，都是解救者。二人都曾经是克伦威尔军中的将军。高夫进入了传说，成为哈德利地方的守护天使，在菲利普国王的战争中，他从隐匿之地出来，率领市民，把他们从一场近乎致命的印第安人袭击中解救出来。这个故事广为人知——哈钦森在他的《马萨诸塞史》（*History of Massachusetts*）中有所讲述——而且还进入了文学作品，首先是沃尔特·司各特（Walter Scott）爵士的《山顶城堡》（*Peveril of the Peak*,
161 1829 年），最为人熟知的是纳撒尼尔·霍桑（Nathaniel Hawthorne）的作品《苍发勇士》（*The Gray Champion*, 1835 年）。民间故事中，高夫和惠利还演化为战无不胜的剑客。[77]

纽黑文同哈德利一样，孕育了弑君者的地方传说，正如现在的迪克斯威尔大道和惠利大道的名字所暗示的。约翰·迪克斯威尔在这里度过了他的余生（以另一个名字），并埋葬在城里的绿地中。他的真实身份如此出名，以致 1775 年英国军官特意绕道去亵渎他的墓地。18 世纪 80 年代，当耶鲁大学校长埃兹拉·斯泰尔斯（Ezra Stiles）编写他的《查理一世的三位法官史》（*History of the Three Judges of Charles I*）——美国第一部口述史——时，他与居民进行了交谈，他们讲述了有关弑君者最详细的故事。[78] 迪克斯威尔的儿子，也叫约翰

（1680—1725 年），来到波士顿，他受人敬重，成为教会的主事长老，正如哈钦森在 1764 年所写的那样。[79] 新英格兰人因此能时时唤起对三位法官的记忆，具有讽刺意义的是，每年 1 月 30 日英国圣公会举办的查理一世受刑的纪念活动，也唤起人们对三位弑君者的记忆。[80]

王位觊觎者先后在 1715 年和 1745 年要求继承王位，这使得 17 世纪的斗争在新大陆得以延续，当时新大陆四面楚歌，到处都是拥护教皇制的敌人。大约从 1745 年开始，在波士顿和其他新英格兰的港口，每年的 11 月 5 日都作为教皇节而庆祝。人们举着暗示教皇和王位觊觎者的巨大恶魔蜡像在城里游行。在波士顿，这是一个“狂欢”的日子，学徒、年轻的短工、水手和来自各个阶层的年轻人挤占了整个城镇。晚上，参加教皇节游行的北区队伍和南区队伍之间会有一场盛大的比赛，比赛以焚烧蜡像结束。在英国，这个节日是为纪念一位斯图亚特国王得救的盖伊 · 福克斯日或者“火药阴谋日”（Gunpowder Plot Day），到了新英格兰转变成对斯图亚特家族的憎恶仪式，并不断提醒人们他们对权力的觊觎，也不由让人想起那些同他们进行斗争的英雄。[81]

随着克伦威尔进入大众记忆，并且因福音派教士的热情，这种记忆经常被唤起，克伦威尔能在革命危机的早期阶段作为解救者出现就不足为奇了。1765 年，在康涅狄格这个信仰新教义的殖民地，当圣公会拒绝为抗议《印花税法案》斋戒一天时，有人印刷了“一种新的宗教诙谐祈祷文”，“很多城镇的年轻人到了晚上通过饮酒和娱乐的方式把它演绎出来……他们不说‘仁慈的上帝，我们祈求您听我们说’，而是‘噢，我们祈求您，克伦威尔，倾听我们的祈祷’……‘来自苦难、瘟疫和饥荒中的祈祷’，然后是‘噢，克伦威尔，拯救我们吧’”！圣公会的教士勃然大怒；大陪审团控告他们犯有渎神罪，但 162
是法官拒绝签署令状。虽然大陪审团又控告法官叛国罪，可是其他法官不愿签署令状。克伦威尔值得拥护。[82]

随着危机的深入，救世主思想和弑君思想相伴而行。1769 年，波士顿一个领赏告密者，酒馆的老板理查德·西尔维斯特（Richard Sylvester）报告了“自由之子”的八种观点，首先是，“国王是独裁者、流氓、笨蛋，应该被砍头，就像查理一世那样”，最后一个是，“奥利弗·克伦威尔是一个伟大的家伙，他们感到很可惜，现在没有一个这样的人来支持他们的事业”。告密者并不完全可靠。当局在调取爱国者谋划直接行动的证据，而且他报告的是哪个“自由之子”也不清楚。尽管如此，从把克伦威尔作为救世主这一明确的模式来看，尤其在宗教热情主义者中间，这样的观点很难被视为“胡言妄语”而被忽略掉。[83]

事情很快就公开了。1769 年年末，《波士顿公报》发表了一篇署名“高夫和惠利”的短文，作者还加上了心照不宣的附言：“斯普林菲尔德，10 月 30 日。我们差一点要说 1 月 30 日。”1771 年初，“奥利弗·克伦威尔”出现在一篇文章中，他告诉“所有美国的自由儿女”，很久以来，他一直在观察他们在“专制官员和他们臭名昭著的手段（我以前的敌人和信奉天主教的斯图亚特家族的后裔）”下遭受的“伤害和侮辱”。他承诺，“我会很快为你们指出一条解脱的道路”，这条路将使这些人不可能再“压迫你们……我对你们怀有特殊的情感，你们的老朋友，奥利弗·克伦威尔”。[84] 拯救者已经在路上了。1772 年 3 月，波士顿人都在议论明目张胆的弑君标志：“一场诡异的宴席……在城里的某家酒馆，一些托利党人——也许有 17 人——在娱乐。一个盘子里放着三个小牛头（去皮）和它们的附件，俗称‘胆量’。”这是在模仿“伦敦小牛头俱乐部”（Calves' Head Club of London，1693—1735 年）的庆典仪式，每年 1 月 30 日，他们的会员聚在一起吃着小牛头，为“杀死独裁者的爱国者”干杯。[85]

在波士顿，随着爱国者开始行动起来，克伦威尔成为中心标志。1773年11月，一封封威胁茶叶承销商如果不退出就会采取暴力的信件和传单，署名都是“O.C”和“O.C.Secy”，这些首字母只有一个意义*。[86]1774年1月，“小乔伊斯”成为涂柏油、粘羽毛委员会的“主席”——这个名字就是克伦威尔军中军号手乔治·乔伊斯（George Joyce）的符号，他在1647年抓捕了查理一世，而且有谣传说他是1649年查理一世行刑时的蒙面处决人之一。1774年，在单页报和报 163
纸中，他的形象是一个全能的人物，愿意动员人民抵抗敌人，但是不会支持暴民运动。[87]1775年在《美国时代志》中，克伦威尔是个全副武装的军事拯救者，从乔伊斯到克伦威尔只是一小步。

随着抵制演化成反抗，托利党人把新英格兰的领袖描述为“克伦威尔的信徒”。一个刻薄的讽刺家在寻找他能对1775年成立的一个波士顿委员会的最毒辣的嘲讽词时，说爱德华·普罗克特（Edward Proctor）是个“柠檬零售商和本质上的奥利弗信徒”；说赫尔曼·布里默（Herman Brimmer）是“昌西牧师，又名休·彼得的礼拜堂的司铎候选人”；说约书亚·布拉克特是“众所周知的克伦威尔头像酒馆的老板”；小约翰·温斯罗普（John Winthrop Jr.）就是“署名小乔伊斯”的人。[88]彼得·奥利弗深信，“在新旧英格兰之间存在太深的灵魂共情……它们的原则如此完美地契合”。[89]

当然，托利党人只对了一半。塞缪尔·亚当斯不是美国“未来的克伦威尔”。[90]“灵魂的共情”存在于民间传统和狂热宗教中。领袖们利用大众传统，扮演克伦威尔和乔伊斯的人物角色。他们切合了如彼得·卡斯滕描述的一种模式：“精英阶层努力利用他们所认为的大众对某一特定爱国者象征的崇拜。”[91]

---

* 即奥利弗·克伦威尔英文的首字母缩写。——译注

Ⅲ

1788年的工匠游行源自何处？工匠文化移植到新世界——波士顿的造船工、鞋匠和箍桶匠在17世纪40年代试图建立行会制度。然而这一文化有多少被保留下来？毕竟，行会没能继续存在。[92] 在赫斯科维茨的“强度表”中，18世纪中期的工匠文化处在哪个强度呢？有限的证据表明，它并不繁盛。在革命期间和革命之后，这样的证据越来越多，尤其在城市技工中间。随着他们采取集体行动，尤其在政治中，他们对自身作为公民、生产者和“技工利益群体”的身份产生了越来越强烈的自我意识，与此同时，他们从历史中寻找传统。在克伦威尔事件上，新英格兰人不过是重新发现了一直属于他们却处于休眠状态的传统。工匠们正在重新发现早些时候他们曾经丢失的以及曾
164 经属于先驱者的东西。

城市工匠和劳动人民在1765年之后开始进入政治角斗场，并在18世纪80年代带着一种新的自我意识和一套新的未曾满足过的需求登场，这一过程已经被一些学者证实，在此不必赘述。[93] 然而，倘若我们自己看看宪法游行，就可以生动地描述这个过程的意义，这一意义在1788年就已实现了（见本书论文1）。

花车、横幅、标语全面体现出革命年代高涨起来的技工意识：手艺的自豪感、生产者意识、技工利益群体意识，尤其是公民的自豪感——它们一起构成了工匠共和主义。

在各个地方，技工们都在强调他们的手艺。在波士顿，铁匠和木匠“带着各种装饰过的工具”游行示威；每个缆绳工游行的时候，腰间都绕着一个亚麻绳结。别处的工人护送一个展示台，上面的手艺品成为一种政治象征：面包师带来巨大的“联邦面包”；装修工带来超大号的“州之椅”；费城木匠带来的是“大联邦楼”。造船匠无一例外

地赞助一艘人员齐备、装备齐全的小型船只，安装在轮子上，由大型马队拉着。其他的工匠在花车上干自己的手艺活：箍桶匠在制新桶，把代表十三个州的木片箍起来；铁匠在炉子边把剑打成犁头；印刷工在他们的机子上印制游行需要的颂歌。

画家皮尔（Peale）建议不要一味模仿英国的形式。然而有些行业还是会回到过去，就像巴尔的摩的箍桶匠，戴着一个坐在木桶上的金色的酒神巴克斯（Bacchus）像，或者像画师和上釉工那样摆出米开朗基罗的样子。纽约和费城的横幅混合了英国和美国的象征。裁缝的横幅上绘有亚当和夏娃以及“于是他们把无花果树叶缝在了一起”的标语——这是伦敦裁缝行会的徽标——不过，他们在中间添加了一个十字扣链子、“大多数人”的字样和太阳，阳光照耀着正在批准宪法的各州。最主要的是手拿羊皮书即联邦《宪法》的乔治·华盛顿的巨大人物像，和朝着太阳展翅飞翔的联邦鹰。

所有这些——象征、游行的各种形式——从何而来呢？在殖民地后期的美国，某一城市某一行业个体经营的工匠会临时聚在一起商定价格（比如建筑业），同市政府要员商议商业规定（例如面包师），尤其是向殖民地议会请愿要求资助或者救济，这都是常见现象。但是师 165
傅们只支持几个组织，木匠除外，而且几乎没有友善的协会。短工很少集体行动，各行业的首次罢工发生在1779年、1786年，或者更可能是18世纪90年代。[94]

殖民地的工匠似乎没怎么利用传统的行业标志。组织良好的房屋木匠在他们的印刷品上使用他们的象征符号——三个卡尺和一个直角。[95]各处的手工艺人在他们的商店招牌或商业卡片上印上伦敦通行的象征符号。[96]不过，有启发意义的是，在1789年，当波士顿的46个行业被要求带着行业标志行进时（欢迎华盛顿总统），他们不得不为此制作旗子。[97]

因此似乎可以说，直到革命之后手工艺人才开始寻求象征符号。那些在纽约游行中拿着精致旗子的锡器匠已经形成了一个协会。负责纽约市技工和手艺商人总会会员资格证的委员会在 1786 年也使用了伦敦的纹章。资格证的中心标志是一只高举锤子的健壮胳膊，上面的标语是“用锤子和手，所有的技艺都能站立起来”。标语出自铁匠，但是这条胳膊也出现在蹄铁匠、毛毡工、铺路工和轮匠的标志中。在创立一个前所未有的向所有行业开放的全城会员制协会时，纽约工人选取了一个具有象征意义的共同标志。[98]

但是，这种行业游行的传统来自何处？在大西洋的美国这边没有过先例。在殖民地，劳动人民在自卫队中行进。教皇节的游行队伍是学徒、青年人和下层民众。共济会的游行中有少量上层工匠参与。在革命动乱中，平民混杂在可能包括游行的各种群众运动中。但是当“技工、手艺商人和制造者”聚集在一起时，就像费城那样，通常是在群众大会上，或者如波士顿那样在全镇大会上。

英国则有先例。在中世纪的每个宗教节日，行会都会举行庆典游行。[99] 在伦敦，从 16 世纪中期到 18 世纪早期，为欢迎走马上任的市长阁下，伦敦同业公会会发起一次就职游行。市长阁下的就职游行一开始便具有浓厚的行业象征色彩，在其高潮时，充满了古典和田园寓言故事，由剧作家制作。大约 1700 年的一个日记作者提到了“男人
166 抬着的一个工作台，上面有许多人表演从事不同的行业或者工作”。[100]
但由于从来不是严格意义上的行业游行，这些活动到 18 世纪早期就逐渐衰退，大约在 1760 年复活，然后再次衰退。尼古拉斯·罗杰斯（Nicholas Rogers）在布里斯托，一个连接大西洋两岸的重要港口，发现了正式纪念活动——例如 1760 年的加冕日——中的行业游行证据。[101]

关于单个行业的英国工人游行，最近的学术研究发现了比较丰

富的证据。工人经常在游行过程中提出他们的不满，“彩旗翻飞，鼓乐齐鸣”。[102] 有些行业在他们的守护圣徒日游行（如果只是到当地酒馆）：鞋匠在圣克里斯宾节，缆绳工在圣凯瑟琳节，梳毛工在布莱兹主教节。[103] 组成友好协会的工匠经常展示自己的横幅，就像唐顿的织工那样，“集会大厅的门口悬挂着他们的徽章和旗子”。[104]

虽然美国的一些技工可能从这些活动或者有关的记忆中去寻求灵感，但是大多数会从他们自己隐约意识到的更加久远的传统中寻求资源。不管哪种情况，美国的游行总体上都是创新，正如《宪法》和大众参与宪法的批准过程是创新一样。虽然技工们从历史中寻找行动的象征和形式，但是他们以一种新颖的方式将之组合了起来。

英国工匠在取得合法地位后，于 19 世纪 20 年代成立了工会，美国工匠也是如此。“事实上，所有的行业工会，”约翰·戈尔曼（John Gorman）在收集了他们的标语后写道，“都至少使用了传统的行业格言、徽章和象征，即使并非全部借用，也是部分借用。他们想追溯其行业的源头——即使不是其组织——为了能正当地声称代表了行业的最大利益，而不仅仅是工匠的福利。”戈尔曼能够确认的第一条标语出现在 1820 年。[105] 美国人使用标语至少可以往前追溯 30 年。或许我们可以这样想：平民文化往东走，越过了大西洋。

IV

我们讨论的这些习俗和传统后来怎样了？它们在 19 世纪有什么
样的变化？到 19 世纪，大众惩戒仪式开始流行起来。涂柏油、粘羽
毛同新英格兰的“喧嚣音乐”相结合，成为一种惩戒伦理仪式。例 167
如在波士顿地区，战后的第一个惩罚对象是一个搬进皇家总督谢利

（Shirley）在罗克斯伯里的庄园的男人，他被控虐待妻子。[106] 随着仪式的传播，用涂柏油、粘羽毛来惩罚的对象越来越多：左派、右派，从 18 世纪 90 年代威士忌叛乱（Whiskey Rebellion）中的收税官，到马克·吐温（Mark Twain）小说《哈克贝利·费恩历险记》（*Adventures of Huckleberry Finn*）中密西西比河上的骗子，再到南部的美国产业工会联合会（CIO）的组织者。正如布莱恩·帕尔默指出的，游街示众成为美国和加拿大的“一种重要活动”，被平民赋予各种目的，[107] 直到最后成为新婚夫妇求吉利的送别仪式。

17 世纪的政治传统并没有完全消失。1794 年，耶鲁大学校长埃兹拉·斯泰尔斯出版他的《查理一世的三位法官史》，为处决这位国王辩护。“必然而且将会出现新的克伦威尔们，”他写道，“继承奥利弗·克伦威尔和三位法官曾经开创的事业。”[108] 在新英格兰，克伦威尔深入 19 世纪改革家的骨髓，例如温德尔·菲利普斯（Wendell Phillips）在他年轻时写的摘录书中写道：“温德尔·菲利普斯，1811 年 11 月 29 日出生。我热爱清教徒，敬重克伦威尔，崇拜查塔姆，为（丹尼尔·）韦伯斯特欢呼。”[109]

在波士顿，成为传说中的复仇者、随时拯救劳动阶层大众的不是克伦威尔而是小乔伊斯。1777 年，他骑马出现在惩罚违反战时价格控制的商人的暴民前头。1785 年，他威胁要对那些使美国制造商陷入困境的“英国经销商，英国的代理人和英国的商人”采取极端行动，敦促“手艺商人们”建立自己的“协会”。1805 年他出现在一张单页报中，警告“货币兑换商”“诈骗犯”“高利贷人”和“银行董事”，让他们降低租金和利率，“否则他将不得不再次骑上他的公驴”。从那以后，他留在了民间记忆里。[110]

美国工匠继续游行，其风格一如 1788 年。肖恩·韦伦茨（Sean Wilentz）生动地描述了纽约人庆祝 1812 年战争结束后的胜利、拉法耶特的访问、19 世纪 20 年代伊利运河的开凿以及 1830 年法国革命的游行。到 1834 年，事实上，纽约以“标准的标语画家和社会供应商”而自豪，也许比伦敦还要早很多年。[111] 工人手握锤子，胳膊举起，出现在 19 世纪无数的徽章中。“用锤子和手，所有的技艺都能站立起来”这一格言也是制造者自我意识的自豪宣示，它在 1882 年第一个劳动节游行的纸板上被表述为“劳动创造财富”。[112] 有过断裂吗？这一思想也必然来自欧洲？ 168

最后，这些平民文化的例子与 18 世纪的美国激进主义有什么关系？我们的判断取决于如何定义一个联盟为殖民地解放而战斗的革命中的激进主义，毕竟，在这个联盟中，存在着艾瑞克·霍布斯鲍姆提到欧洲革命时所说的阶级“辩证的舞蹈”。[113]

作为建立革命正义的主要手段的涂柏油、粘羽毛，其功能被探察谋叛的正式委员会取代之前是激进的。参加涂柏油、粘羽毛的群众由表达其正义感的劳动阶层组成，对此有疑问的任何人不妨听一听 1774 年 1 月波士顿大街上抗议约翰·马尔科姆活动中的对话。“几位绅士试图转移民众的视线”，他们辩称马尔科姆“可以接受国家法律的裁决，它无疑会向他侮辱过的群体给出一个令人满意的交代”。民众中占多数的水手回答说，马尔科姆“是个犯事作乱的老手——他参与了北卡罗来纳的谋杀（即他同警戒人员打架）——他借口水手在船上喝了一两瓶杜松子酒而没收他们的船只，换句话说，他的所作所为反复无常、无礼、滥用职权”。而“绅士们”再三要求让法律“来裁决”。民众中有人问：

> 法律对普列斯顿上尉和他的士兵（在波士顿惨案中）做出处决了吗？对威尔逊上尉（被控挑衅奴隶）和理查森（因杀害一名 11 岁的男孩克里斯托弗·赛德尔而被控有罪，被皇家法庭判刑后

> 又被赦免）做出处决了吗？站在他们的角度，他们目睹了法官对士兵和收税官员如此偏袒，因此倘若事情保持不变，他们在所有类似场合，都会以自己的方式寻求公正，让他们脱下制服。[114]

克伦威尔的幽灵让普通人和出身较好的人拿起了武器——显然在1775年是一次激进行动——他们的行动因那次成功推翻国王的革命记忆而得到强化。唱着“扬基歌”的人，后来成为第一支美国军队，也确实带有新模范军（New Model Army）的精神。一名英国外科医生在1775年访问波士顿附近一个爱国者军营时，发现这支军队“什么也不是，只是一群醉醺醺的、谎话连篇的、伪善的乌合之众……他
169 们是公理会教徒，四分五裂，自称是奥利弗·克伦威尔军队的后代，他们确实承继了克伦威尔军队……从1642年到复辟时期的血腥精神”。[115]

至于游行的工匠，他们为之欢呼的《宪法》保留了工匠阶层成为民主政府的必要条件这一根本成果：他们中的多数人有权获得选举权；参与政府运转的权利；而且它建立了一个强大到足够满足其政治经济需求的政府。对那些举着“大楼和统治者，由我们的双手打造”的标语的费城砖瓦匠，我们可以表示出不同意见，但是却不能说他们是傻瓜。

在英国，E.P. 汤普森指出，平民文化“显然不是一种革命的甚至也不是一种赞成革命的文化——但是我们也不应该把它描述为顺从文化。它培育骚乱，但不是叛乱；它产生直接行动，却不是有组织的民主活动”。[116] 在美国，平民文化似乎走得更远。大众从骚乱走向革命，从直接行动走向有组织的民主活动。新的运动产生新的传统。我们若想理解其结果，就需要更多地关注传统的传播、保留、重新发现和转变。

注释

本文在“The Origins of Anglo-American Radicalism”大会上（New York, 1980）宣读过，后收录于：Margaret Jacob and James Jacob, eds., *The Origins of Anglo-American Radicalism* (London: Allen & Unwin, 1984; Atlantic Highlands, N.J.: Humanities Press, 1991)。经人文出版国际公司许可重印。

感谢 Pauline Maier，Jesse Lemisch 和已故的 Herbert Gutman 的评论，感谢 Robert W. Malcomson 和 Nicholas Rogers 的意见。

1. 转引自 Richard B. Morris, *Government and Labor in Early America* (New York: Columbia University Press, 1946), p. 147。
2. *Essex Gazette*, 13 September 1768.
3. *The First Book of the American Chronicle of the Times*, chs. 1-4 (Boston/Philadelphia, 1774–5). 南卡罗来纳州的新伯尔尼和康涅狄格州的诺维奇也有出版。见 J. R. Bowman, “A bibliography of *The First Book* ...,” *American Literature*, vol. 1 (1929-30), pp. 69-74。
4. Bernard Bailyn, *The Ideological Origins of the American Revolution* (Cambridge, Mass.: Harvard University Press, 1967), p. 10.
5. 见后面第三部分的注释。
6. Mildred Campbell, “English emigration on the eve of the American Revolution,” *American Historical Review*, vol. 61 (1955–6), pp. 1–20; George Mellor, “Emigration from the British Isles to the New World, 1765–1775,” *History*, vol. 40 (1955), pp. 68–83; John Bumsted and Charles Clark, “New England’s Tom Paine: John Allen and the Spirit of Liberty,” *William and Mary Quarterly*, vol. 21 (1964), pp. 561ff.; Joseph Belcher, *George Whitefield: A Biography, with Special Reference to His Labours in America* (New York: American Tract Society, 1857).
7. 见 Sumner Chilton Powell, *Puritan Village: The Formation of a New England Town* (Middleton, Conn.: Wesleyan University Press, 1963); Anthony N.B.Garvan, *Architecture and Town Planning in Colonial Connecticut* (New Haven, Conn.: Yale University Press, 1951); 最近的研究有 Kenneth Lockridge, *A New England Town, the First Hundred Years: Dedham, Massachusetts, 1636–1736* (New York: Norton, 1970), pp. 18–9。
8. David Grayson Allen, *In English Ways: The Movement of Societies and the Transferral of English Law and Custom to Massachusetts Bay in the Seventeenth Century* (Chapel Hill: University of North Carolina Press, 1981); Timothy Breen and

Stephen Foster, "Moving to the New World: The character of early Massachusetts migration," *William and Mary Quarterly*, vol. 30 (1973), pp. 189–222; Timothy Breen, "Persistent localism: English social change and the shaping of New England institutions," *William and Mary Quarterly*, vol. 32 (1975), pp. 3–28.

9. Iona Opie and Peter Opie, *The Oxford Dictionary of Nursery Rhymes* (London: Oxford University Press, 1951; 1973 年重印), p. 42; George Lyman Kittredge, *Witchcraft in Old and New England* (Cambridge, Mass.: Harvard University Press, 1929), 及 Jon Butler, "Magic, astrology, and the early American religious heritage," *American Historical Review*, vol. 84 (1979), pp. 317–46; Henry Glassie, *Pattern in the Material Folk Culture of the Eastern United States* (Philadelphia: University of Pennsylvania Press, 1968), pp. 47, 124–5, 133–4, 142, 184, 187, 209。
10. Lockridge, *New England Town*, ch.1; Kenneth Lockridge, *Literacy in Colonial New England* (New York: Norton, 1974); James A. Henretta, "Families and farms: mentalité in pre-industrial America," *William and Mary Quarterly*, vol. 35 (1978), pp. 3–32; Gary B. Nash, *The Urban Crucible: Social Change, Political Consciousness and the Origins of the American Revolution* (Cambridge, Mass.: Harvard University Press, 1979), chs. 9, 11; James A. Henretta, *The Evolution of American Society, 1700–1815: An Interdisciplinary Analysis* (Lexington, Ky.: Heath, 1973).
11. Peter Burke, *Popular Culture in Early Modern Europe* (New York: Harpers, 1978), p. 257; E. P. Thompson, "Eighteenth-century English society: Class struggle without class?" *Social History*, vol. 3 (1978), p. 153.
12. Morris, *Government and Labor*, pp.139–56.
13. Melville J. Herskovits, *The Myth of the Negro Past* (New York: Harper, 1941; 重印, Boston: Beacon Press, 1958), 及 "Problem, method and theory in Afroamerican studies" (1945), in his *The New World Negro* (Bloomington: Indiana University Press, 1966), pp. 43–61; George E. Simpson, *Melville J. Herskovits* (New York: Columbia University Press, 1973), 特别是 pp. 25–42。
14. Joseph Reidy, "Negro election day and the New England black community, 1750–1850," *Marxist Perspectives*, vol. 3 (1979), pp. 102–17.
15. E. Franklin Frazier, *The Negro Family in the United States* (Chicago: University of Chicago Press, 1939).
16. Herbert Gutman, *The Black Family in Slavery and Freedom, 1750–1925* (New York: Pantheon, 1976), pp. 211–2.
17. Eugene Genovese, *Roll Jordan Roll: The World the Slaves Made* (New York:

Pantheon,1974), pp. 232–3.

18. Sidney Mintz, Foreword to Norman E. Whitten and John F. Szwed (eds.), *Afro-American Anthropology: Contemporary Perspectives* (New York: Free Press, 1970), pp. 1–16; Herbert Gutman, "Work, culture and society in industrializing America, 1815–1919," *American Historical Review*, vol. 78 (1973), pp. 541–53.
19. Charles R. Tilly, *From Mobilization to Revolution* (Reading, Mass.: Addison Wesley, 1978), pp. 151–9.
20. Burke, *Popular Culture*, pp. 116, 124.
21. E. P. Thompson, "Patrician society, plebeian culture," *Journal of Social History*, vol. 7 (1974), pp. 393–4.
22. Eric J. Hobsbawm and Tenance Ranger (eds.), *The Invention of Tradition* (Cambridge: Cambridge University Press, 1983).
23. Burke, *Popular Culture*, ch. 1.
24. E. P. Thompson, "Rough music: The charivari anglaise," *Annales*, vol. 27 (March–April 1972), pp. 285–312; E. P. Thompson, "Rough music and charivari: Some further re ections," 未发表论文，Le Charivari dans l'Europe Préindustrielle Conference, Paris, April 1977, 后出版于 Thompson, *Customs in Common* (London: Merlin, 1991), 467–533。
25. Bryan Palmer, "Discordant music: Charivari and white capping in North America," *Labor/Le Traveilleur*, vol. 1 (September 1978), pp. 5–62.
26. Steven J. Stewart, "Skimmington riots: A means of enforcing social behaviour," 未出版稿 , 1975 年 ; 及 "Skimmington," 未出版手稿 , 1981 年。Mr. Stewart 非常友好地让我读了他的手稿，他还确认了五起"游街示众的先声事件"；他发现 1751 年在纽约波基普西事件中第一次使用了"游街示众"一词。文章后来出版于 William Pencak, Matthew Dennis, and Simon P. Newman (eds.), *Riot and Revelry in Early America* (University Park: Pennsylvania State University Press, 2002), 41–86。
27. "Clarendon to Pym," 11 January 1766, in *Diary and Autobiography of John Adams*, ed. L. H. Butterfield, 4 vols. (Cambridge, Mass.: Harvard University Press, 1961), vol. 1, p. 291.
28. *Newport Mercury*, 9 and 12 November 1764, 报道了马萨诸塞阿特尔伯勒发生的事件，Edmund Morgan 让我注意到该报道。
29. *The Diary of Samuel Sewall, 1674–1729*, ed. M. Halsey Thomas, 2 vols. (New York: Farrar, Straus & Giroux, 1973), vol. 1, p. 572 (10 September 1707), 及 p. 520 (3 March 1705), 关于波士顿的一起早期事件。

30. James Green (ed.), *Three Military Diaries Kept by Groton Soldiers in Different Wars* (Groton, N.Y., 1901), pp. 3–39, 转引自 John A. Murrin, "Anglicizing an American colony: The transformation of provincial Massachusetts," 博士论文，Yale University, 1966, pp. 105–6。

31. *Letters and Diary of John Rowe*, ed. Anne Rowe Cunningham (Boston: Clarke, 1903), p. 61 (11 September 1764).

32. James E. Cutler, *Lynch-Law* (New York: Longmans, Green, 1903), pp. 46–7.

33. Edwin Powers, *Crime and Punishments in Early Massachusetts, 1620–1692* (Boston: Beacon Press, 1966), 特别是 chs. 6, 7; George E. Howard, *A History of Matrimonial Institutions*, 3 vols. (Chicago: University of Chicago Press, 1904), vol. 2, pp. 175–7, 188–97。

34. John Demos, *A Little Commonwealth: Family Life in Plymouth Colony* (New York: Oxford University Press, 1970), ch. 5; David Flaherty, "Law and the enforcement of morals in early America," *Perspectives in American History*, vol. 5 (1971), pp. 203-53, at 225–45.

35. Burke, *Popular Culture*, p. 197.

36. Lawrence W. Towner, "True confessions and dying warnings in colonial New England," in Frederick S. Allis (ed.), *Sibley's Heir: A Volume in Memory of Clifford Kenyon Shipton* (Boston: Colonial Society of Massachusetts, 1972), pp. 523–39.

37. Peter Linebaugh, "The Tyburn riot against the surgeons," in Douglas Hay et al., *Albion's Fatal Tree: Crime and Society in Eighteenth-Century England* (New York: Pantheon, 1975), pp. 65–117, at 67.

38. 例子可见 1773 年波士顿的 Levi Ames 事件，见 Justin Winsor (ed.), *The Memorial History of Boston*, 4 vols. (Boston, 1881), vol. 2, pp. 486–7。

39. Dirk Hoerder, *Crowd Action in Revolutionary Massachusetts, 1765–1780* (New York: Academic Press, 1977); Jules Calvin Landenheim, "'The Doctors' Mob' of 1788," *Journal of the History of Medicine*, vol. 5 (Winter 1950), pp. 23–43.

40. Alice Morse Earle, *Curious Punishments of Bygone Days* (Chicago, 1896); George Francis Dow, *Everyday Life in the Massachusetts Bay Colony* (Boston: Society for the Preservation of New England Antiquities, 1935), pp. 213–4.

41. *Diary of John Rowe*, p. 65 (4 October 1764).

42. John Trumbull, *M'Fingall: A Modern Epic Poem in Four Cantos* (Boston, 1799).

43. *Oxford English Dictionary*, vol. 11, p. 89. 波士顿的一位英国军官引用了 Rymer 的 *Foedera*（1704）一书，证明理查一世使用了这种惩戒方法：*Diary of*

Frederick MacKenzie, ed. Allen French (Cambridge, Mass.: Harvard University Press, 1930), pp. 10–1 (8 March 1775)。

44. 关于 1623 年修士的涂柏油、粘羽毛行为，见 James Howell, *Familiar Letters* (London, 1645), p. 81; 1696 年伦敦的一起事件中，暴民给一个试图关押债务人的法警涂柏油、粘羽毛，见 John H. Jesse, *London and Its Celebrities*, 2 vols. (London, 1850), vol. 2, p. 343, 两起事件都可见于 *Notes and Queries*, 4th ser., vol. 5 (29 January 1870), p. 116。Peter Linebaugh 报道了 1775 年伍尔维奇造船匠威胁他们的师傅并“把他掀入柏油和羽毛中”，见 “The Passage from workers' power in the period of manufacture: Samuel Bentham, technological repression, and the eighteenth century British shipyards,” 未发表论文，1978。
45. C. R. Dobson, *Masters and Journeymen: A Prehistory of Industrial Relations, 1717–1800* (London: Croom Helm, 1980), pp. 17–8, 90; John Rule, *The Experience of Labour in Eighteenth-Century Industry* (London: Croom Helm, 1981), p. 187; John Stevenson, *Popular Disturbances in England, 1700–1870* (London: Longmans, 1979), pp. 47–50; Robert W.Malcolmson, *Life and Labour in England 1700–1780* (London: Hutchinson, 1981), pp. 105, 126. 这些细致的研究都没有提到涂柏油、粘羽毛行为。
46. Earle, *Curious Punishments*, p. 126; Carl Bridenbaugh, *Cities in Revolt:Urban Life in America, 1743–1776* (New York: Knopf, 1955), p. 121. 1775 年圣诞节后第 12 天在波士顿发生了英国水手游行，一个“男恶魔”被涂柏油、粘羽毛，见 “Letters of John Andrews,” *Proceedings of Massachusetts Historical Society*, vol. 8, p. 393。
47. Douglass Adair and John Schutz (eds.), *Peter Oliver's Origin and Progress of the American Rebellion: A Tory View* (San Marino, Calif.: Huntington Library, 1961), p. 94. 关于早期的涂柏油、粘羽毛行为，见 R. S. Longley, “Mob activities in Revolutionary Massachusetts,” *New England Quarterly*, vol. 6 (1933), p. 115, n. 54, 里面写道 , “Leonard London 先生告诉我，1670 到 1680 年间，在（马萨诸塞）埃塞克斯县有一起涂柏油、粘羽毛事件”。Steven Stewart 告诉我 1762 年在纽约发生的一件事情，该事件的报道保存在纽约历史学会的 John Tabor Kemp 档案中。
48. 波士顿的事件，见 George Gailer (28 October 1769), Owen Richards (18 May 1770), 及 John Malcolm (25 January 1774)。在湾区对岸的查尔斯顿也发生了一起小规模事件（1769 年 11 月），有个男人把一个女人引诱到波士顿的兵营。Thomas Young 领导的流产的辉格党事件反对的是 Patrick McMaster（1770 年 6 月）；英国士兵策划了一次反对 Thomas Ditson 的行动（1775 年 3 月 8 日）。

关于马尔科姆事件，见 Alfred F. Young, “George Robert Twelves Hewes, 1742–1840: A Boston shoemaker and the memory of the American Revolution,” *William and Mary Quarterly*, vol. 38 (October 1981), pp. 592–6; 关于我之前的分析，见 Alfred F. Young, “Pope’s Day, tar and feathers and Cornet Joyce, Jun.: From ritual to rebellion in Boston, 1745–1775,” 未发表论文，Anglo-American Historians’ Conference, Rutgers University, 1973。

49. 对群众运动类型最好的描述，见 Hoerder, *Crowd Action*, 各处。

50. Pauline Maier, *From Resistance to Revolution: Colonial Radicals and the Development of American Opposition to Britain, 1765–1776* (New York: Knopf, 1972), pp. 128–9, 272–3. 关于市民领袖参加的暴民运动，同上，pp. 12–3; 关于领袖参加的涂柏油、粘羽毛事件，见 Pauline Maier, “The Charleston mob and the evolution of popular politics in Revolutionary South Carolina, 1765–1784,” *Perspectives in American History*, vol. 4 (1970), pp. 184–5; 关于诺福克，弗吉尼亚，见 Merrill Jensen, *The Founding of a Nation* (New York: Oxford University Press, 1968), pp. 301–2。

51. 见下文，第 II 部分。

52. John Adams to Abigail Adams, 7 July 1774, 转引自 Maier, *Resistance to Revolution*, p. 274。

53. 英语中的引用，见 Francis Grose, *A Classical Dictionary of the Vulgar Tongue* (London, 1785), “Tar and feathering,” 和 1775 年出版的系列漫画的插图说明，见 M. Dorothy George (ed.), *Catalogue of Political and Personal Satires... in the British Museum*, vol. 5 (London: British Museum, 1935), no. 5232, pp. 168–89。

54. Francis J. Bremer, *The Puritan Experiment: New England Society from Bradford to Edwards* (New York: St.Martin’s Press, 1976), pp. 108–12.

55. Harry Stout, “The morphology of remigration: New England university men and their return to England, 1640–1660,” *Journal of American Studies*, vol. 10 (1976), pp. 151–72.

56. Bremer, *Puritan Experiment*, p. 112; Cromwell to Rev. John Cotton, 2 October 1651, in Thomas Hutchinson, *A Collection of Original Papers Relative to the History of the Colony of Massachusetts Bay* (Boston, 1769), pp. 233–7.

57. 转引自 Barrett Wendell, *Cotton Mather: The Puritan Priest* (New York: Harcourt, Brace, 1891; 1963 年重印), p. 179。

58. William G. McLoughlin, *New England Dissent 1630–1833: The Baptists and the Separation of Church and State*, 2 vols. (Cambridge, Mass.: Harvard University Press, 1971), vol. 1, p. 432.

59. Edmund Ludlow, *A Voyce from the Watch Tower, Part 5: 1660–62*, ed. A. B. Worden, Camden Society, 4th ser., vol. 21 (London, 1978)，我的同事 Stephen Foster 让我注意到这本书，他向我解释了其重要性。
60. David L. Jacobson (ed.), *The English Libertarian Heritage from the Writings of John Trenchard and Thomas Gordon* (New York: Bobbs-Merrill, 1965), pp. xxxv, 72, 206–7, 221, 223; Lucy M. Donnelly, "The celebrated Mrs. Macaulay," *William and Mary Quarterly*, vol. 6 (1949), pp. 191, 193–4, 202; Trevor Colbourn, *The Lamp of Experience: Whig History and the Intellectual Origins of the American Revolution* (Chapel Hill: University of North Carolina Press, 1965), ch. 4, 特别是 pp. 200, 223。
61. *Diary of John Adams*, vol. 1, p. 220 (10 September 1761).
62. Colbourn, *Lamp of Experience*, p. 79.
63. John J. Waters Jr, *The Otis Family in Provincial and Revolutionary Massachusetts* (Chapel Hill: University of North Carolina Press, 1968), p. 11; Pauline Maier, "Coming to terms with Samuel Adams," *American Historical Review*, vol. 81 (1976), 特别是 pp. 34–7; Charles Akers, *Called unto Liberty: A Life of Jonathan Mayhew, 1720–1776* (Cambridge, Mass.: Harvard University Press, 1964), p. 159。
64. *Diary of John Adams*, vol. 3, p. 185 (4–10 April 1786).
65. Christopher Hill, *God's Englishman: Oliver Cromwell and the English Revolution* (New York: Dial Press, 1970), ch. 10; Alan Smith, "The image of Cromwell in folklore and tradition," *Folklore*, vol. 79 (1968), pp. 17–39, 及"Nineteenth-century Cromwell," *Past and Present*, no. 40 (1968), pp. 187–90; Peter Karsten, *Patriot Heroes in England and America: Political Symbolism and Changing Values over Three Centuries* (Madison: University of Wisconsin Press, 1979)。
66. Hill, *God's Englishman*, pp. 266, 271; Smith, "Cromwell in folklore" ; Karsten, *Patriot Heroes*, pp. 30–1.
67. Jonathan Edwards, *Works*, 第 10 版 , (London, 1865), vol. 1, p. 424。
68. Alan Heimert, *Religion and the American Mind from the Great Awakening to the Revolution* (Cambridge, Mass.: Harvard University Press, 1966), p. 357.
69. Katherine M. Briggs, *A Dictionary of British Folk-Tales*, 4 vols. (Bloomington: University of Indiana Press, 1971), pt. B, vol. 2, pp. 3, 25–7, 52–3; Smith, "The image of Cromwell," p. 39.
70. Karsten, *Patriot Heroes*, pp. 21–2.
71. Hill, *God's Englishman*, pp. 273–4.
72. Edmund Morgan 对作者做的评论，1974 年。

73. Edward Cook 致作者，1981 年 6 月 24 日。Cook 扫描了他在其以下著作中使用的税单：*The Fathers of the Towns: Leadership and Community Structure in Eighteenth Century New England* (Baltimore: Johns Hopkins University Press, 1976)。26 个税单中没有“Oliver”；30 个税单中有 1 到 5 个。高频出现的名字有：Billerica (1771), 290 名纳税人中的 5 人；Dedham (1771), 约 250 人中的 5 人；Hadley (1771), 145 人中的 5 人；Sudbury (1770), 438 人中的 4 人。感谢 Cook 教授。

74. Peter Karsten 致作者，1974 年 7 月 23 日。他与我慷慨分享了 *Patriot Heroes* 中没有的信息。

75. John W. Dean, “The reported embarkation of Cromwell, and his friends for New England,” *New England Historical and Genealogical Register*, vol. 20 (1866), pp. 113–21; Charles I. Bushnell (ed.), *Adventures of Christopher Hawkins* (New York, 1864), p. 305, 是 Jesse Lemisch 让我注意到的。

76. Samuel Adams Drake, *Old Landmarks and Historic Personages of Boston* (Boston: Little, Brown, 1900), pp. 61–2.

77. Thomas Hutchinson, *History of the Province of Massachusetts-Bay*, 2 vols. (Boston, 1764–7), vol. 1, pp. 185–7; John Warner Barber, *Massachusetts Historical Collections* (Worcester, Mass., 1839), pp. 325–6; Noah Warner, “Further reminiscences of the valley of the Pawtucket River and its branches,” *Narragansett Historical Register* (1889), p. 238.

78. Ezra Stiles, *A History of the Three Judges of King Charles I* (Hartford, Conn., 1794); *The Literary Diary of Ezra Stiles*, ed. Franklin B. Dexter, 3 vols. (New York: Scribner, 1901), vol., 3, pp. 168–71.

79. Hutchinson, *History of Massachusetts-Bay*, vol. 1, pp. 183–5, 186–7 n.

80. Jonathan Mayhew, *A Discourse Concerning Unlimited Submission and Nonresistance to the Higher Powers with Some Re ections on the Resistance Made to King Charles I on the Anniversary of His Death... the 30th of January, 1749–50* (Boston, 1750); Bernard Bailyn (ed.), *Pamphlets of the American Revolution, 1750–1776* (Cambridge, Mass.: Harvard University Press, 1765), vol. 1, pp. 204–11, introduction.

81. Young, “Pope’s Day, tar and feathers,” secs. I, II, III.

82. Rev. Samuel Peters, *General History of Connecticut*... (1781; 重印于纽约，1877), pp. 231–2。

83. “Sentiments of the Sons of Liberty February 1769,” in Jared Sparks, *New England Papers*, vol. 10, no. 2, p. 18 (Houghton Library, Harvard University); Bailyn,

Thomas Hutchinson, pp. 127–8.

84. *Boston Gazette*, 29 November 1769, 25 February 1771.
85. *Diary of Anna Green Winslow*, ed. Alice Morse Earle (Boston, 1894), pp. 44–5 (14 March 1772); Karsten, *Patriot Heroes*, p. 22.
86. Benjamin W. Labaree, *The Boston Tea Party* (New York: Oxford University Press, 1964), pp. 109–11; 另见 "Oliver Cromwell," *Boston Gazette*, 19 October 1772。
87. Young, "Pope's Day, tar and feathers," sec. VI: Albert Matthews, "Joyce, Jun.," *Colonial Society of Massachusetts Publications*, vol. 8 (1903), pp. 89–104, 及 "Joyce, Jun., once more," 同上 , vol. 9, pp. 280–94。
88. *Massachusetts Historical Society Proceedings*, 2nd ser., vol. 12 (1897–8), pp. 139–42, 以及 James Bowdoin 档案中的手稿，马萨诸塞历史学会。
89. Oliver, *Origin and Progress*, p. 22.
90. 转引自 John C.Miller, *Sam Adams: Pioneer in Propaganda* (Boston: Little, Brown, 1936), p. 343。
91. Karsten, *Patriot Heroes*, p. 7.
92. Morris, *Government and Labor*, pp. 139–56.
93. 同上，ch. 3; Nash, *Urban Crucible*, chs. 11, 12; Eric Foner, *Tom Paine and Revolutionary America* (New York: Oxford University Press, 1976); Philip Foner, *Labor and the American Revolution* (Westport, Conn.: Greenwood Press, 1976); Alfred F. Young, *Democratic Republicans of New York: The Origins, 1763–1797* (Chapel Hill: University of North Carolina Press, 1968), chs. 4, 5; Staughton Lynd, "The mechanics in New York politics, 1774–1788," *Labor History*, vol. 5 (1968), pp. 225–46; Charles Olton, *Artisans for Independence: Philadelphia Mechanics and the American Revolution* (Syracuse, N.Y.: Syracuse University Press, 1975), ch. 9; Richard Walsh, *Charleston's Sons of Liberty: A Study of the Artisans, 1763–1789* (Columbia: University of South Carolina Press, 1959), ch.5。
94. Mary Roys Baker, "Anglo-Massachusetts trade union roots, 1730–1790," *Labor History*, vol. 14 (1973), pp. 352–96; Morris, *Government and Labor*, pp. 193–207; Philip Foner, *History of the Labor Movement in the United States* (New York: International, 1941), vol. 1, ch. 5; John R. Commons et al., *History of Labor in the United States*, 4 vols. (New York: Macmillan, 1918), vol. 1, pt. 1.
95. Roger Moss, "The origins of the Carpenters Company of Philadelphia," in Charles E. Peterson (ed.), *Building Early America* (Radnor, Pa.: Chilton, 1976), pp. 35–53; 同时见 "Articles and regulations of the Friendly Society of Tradesmen House Carpenters in the City of New York, 1767"（单页报）及 *Articles of the*

Carpenters Company of Philadelphia and Their Rules for Measuring and Valuing House Carpenters Work (Philadelphia, 1786)。

96. 有关例子，见 Harriet Ropes Cabot, *Handbook of the Bostonian Society* (Boston: Boston Society, 1979), pp. 4–5; 关于商业卡片的收集，见 Clarence Brigham, *Paul Revere's Engravings* (New York: Atheneum, 1969), pp. 167–75, 及 Bella C. Landauer, *Early American Trade Cards* (New York: Rudge, 1927), 及“商业卡片收藏”（Trade Card Collection），美国古董学会，伍斯特，马萨诸塞州。

97 “Procession, Boston, October 19, 1789”(单页报)。

98. “Certificate of the General Society of Mechanics and Tradesmen of the City of New York,” 纽约历史学会和他处；参考 John Bromley and Heather Child, *The Armorial Bearings of the Guilds of London* (London: Warne, 1960), pp. 15, 79, 86, 262 的对页插图。

99. Charles Phythian-Adams, “Ceremony and the citizen: the communal year at Coventry, 1450–1550,” in Peter Clark and Peter Slack (eds.), *Crisis and Order in English Towns, 1500–1700* (London: Routledge & Kegan Paul, 1972), pp. 57–85.

100. Robert Withington, *English Pageantry: An Historical Outline*, 2 vols. (Cambridge, Mass.: Harvard University Press, 1926), vol. 2, ch. 6, 特别是 pp. 67, 94–5; Frederick W. Fairholt (ed.), *Lord Mayor's Pageants* (London: Percy Society, 1843–4), 特别是 pp. 133–59。

101. Nicholas Rogers 致作者，1982 年 1 月 5 日，转引自 Avon Reference Library, Bristol, Jeffries MSS, xii, 27, 及 *Annals of Bristol* (10154)。Rogers 教授还向我解释了市长大人的游行。

102. Dobson, *Masters and Journeymen*, pp. 82, 123.

103. Robert W. Malcolmson, *Popular Recreations in English Society, 1700–1850* (Cambridge: Cambridge University Press, 1973), pp. 52–3; Rule, *Experience of Labour*, pp. 206–7; 基本文献来源是 William Hone, *Everyday Life*, 2 vols. (London, 1826–7)。

104. Malcolmson, “Workers' combinations in eighteenth century England,” p. 192.

105. John Gorman, *Banner Bright: An Illustrated History of the Banners of the British Trade Union Movement* (London: Allen Lane, 1973), p. 30.

106. Esther Forbes, *Paul Revere: The World He Lived In* (Boston: Houghton Mif in, 1942), pp. 212–13.

107. Palmer, “Discordant music,” p. 22.

108. Stiles, *Three Judges*, pp. 29, 77, 114.

109. 转引自 Irving H. Bartlett, *Wendell Phillips, Brahmin Radical* (Boston: Beacon

Press, 1961), p. 31。

110. Baker, "Anglo-Massachusetts trade union roots," pp. 389–90; [Boston] *Massachusetts Centinel*, 13, 27 April, 5, 25 May 1785; "Miserable times! Miserable times! ... Joyce Junior"（单页报）(Boston, n.d. 1805 [?]), Houghton Library, Harvard University; Matthews, "Joyce, Jun., once more," pp. 280–94。

111. Sean Wilentz, *Chants Democratic: New York City and the Rise of the American Working Class, 1790–1850* (Oxford: Oxford University Press, 1984), chs. 2, 6; 及 Sean Wilentz, "Artisan republican festivals and the rise of class con ict in New York City, 1788–1837," in Michael Frisch and Daniel Walkowitz (eds.), *Working-Class America* (Urbana: University of Illinois Press, 1983)。

112. *Leslie's Illustrated Weekly*, 16 September 1882, 重编于 M. B. Schnapper, *American Labour: A Pictorial Social History* (Washington, D.C.: Public Affairs Press, 1972), p. 172。

113. Eric Hobsbawm, *The Age of Revolution, 1789–1848* (New York: World Publishing, 1962).

114. *Massachusetts Gazette and Boston Weekly Newsletter*, 27 January, 3 February 1774; Young, "George Robert Twelves Hewes," pp. 592–6.

115. 出自波士顿皇家船队中一位外科医生的来信，见 Henry S. Commager and Richard B. Morris (eds.), *The Spirit of '76* (1958; 重印，New York: Harpers, 1967), p. 153。

116. Thompson, "Patrician society, plebeian culture," p. 397.

第二部分 折中

4
保守派、《宪法》和“人民的天赋”

1787年6月18日，费城。一个非常炎热的星期一，亚历山大·汉密尔顿在制宪会议上发表了一篇五至六个小时的演讲，是会上最长也很可能是最奇怪的一次演讲。从“所有的社群都分为……富人和出身好的阶层”这一前提出发，加上他的推论，“大众……很少能判断正确、很少做出正确的决定”，这位来自纽约的代表提出了他的理想政府。他提议，总统和参议员终身制（“在良好行为期间任职”），众议员由民众选举产生，任期三年。总统将拥有对国会的绝对否决权，并有权任命各州州长，而各州州长又可以否决州法律。如果有人一眼看出这个理想政府与国王、上议院、下议院的相似之处，他们没有弄错。在汉密尔顿看来，英国的宪法是“世界上有史以来最好的模板”。[1]

同演讲一样重要的是代表们的反应。没有讨论，会议延期。古弗尼尔·莫里斯说这是“他听过的最有力、最令人印象深刻的”演讲。三天后，威廉·塞缪尔·约翰逊多少有点准确地说到汉密尔顿的演讲，“受到每个人的称颂，却没有一个人支持”。几天后，汉密尔顿缺席会议一个月。他并不完全是一个弃儿；乔治·华盛顿请求他回来，他回来并参加了最后的商议，然后在完成的文件上签署了名字，声称“没有哪个计划比它离我的初衷更远”。[2]

锡器匠协会（The Society of Pewterers）在1788年的纽约庆祝《宪法》通过的游行横幅概括了工匠的理想：支持《宪法》和国家，以（左上角的）旗子和（右上角的）诗行为象征；传统的工匠工坊，师傅、短工和学徒一起干活（右）；英国锡器匠纹章上的工艺传统（左下）以及展示（锡器）制造过程的生产者的自豪。（资料来源：纽约历史学会）

历史没有选择的道路往往能启示它已经选择的道路。道格拉斯·阿戴尔（Douglass Adair）一如既往中肯地指出："为应对 1787 年的危机，汉密尔顿提出选举君主制，如果我们把汉密尔顿的建议看作原创性的，或者没有代表 1787 年美国舆论中的重要部分，那么我们就误判了其建议的重要意义。"[3] 与其理解汉密尔顿为什么提出这一 183
计划，倒不如理解制宪会议为什么否决它，更能进入《宪法》的核心问题。

在这篇论文中，我将论证，宪法是折中的保守派努力的结果：他们起草了一份基本上是中间路线的文件；由于其性质，在同时代的民主派中引起了不同的反响。为了扩展这一论点，我们将探讨一下革命一代的政治经历。首先，我们要看一看 1765 年之后随着大众对英国人的大规模抵制而出现的民主运动和思潮；其次，我们要回到制宪会议，考察保守派是如何向民主派方向趋近的。最后，我们要审视在批准《宪法》的争论中，那些可能被认作民主派的人对《宪法》的反应：有的敌视，有的给予有保留的支持，有的热烈支持。综合起来，这一探讨可能有助于回答《宪法》有多民主这一问题，即回答《宪法》在 1787 年有多民主。

Ⅰ 民主的威胁

到 1774 年春天，曾经隐含在大众对英国的抵制运动中的民主威胁开始变得明确起来。古弗尼尔·莫里斯是韦斯特切斯特县一个大型承租庄园莫里萨尼亚的所有者的儿子，在观察纽约城的一次大型群众集会时，他"带着恐惧和颤抖"写道："暴民开始思考和推理。可怜的爬行动物……他们直截了当地对我们政府未来的形式进行争论，是应当建立在贵族制基础上还是民主制基础上。”[4]

莫里斯捕捉到的是这一过程的一个瞬间。一场开始于 1765 年“暴民活动”的大众运动自身正在发生转变。由律师、船长、手艺商人和崛起的工匠领导的“自由之子”组织被自发组织的技工委员会（Committees of Mechanics，“mechanics”表示有技艺的手艺人）所取代；群众活动让位于公众集会；从前随遇而安的工匠们现在坚持委员会直接代表制。到 1776 年春天，当独立在望、宪法即将拟定之时，纽约的一个技工委员会坚持宣称，“判断宪法是否符合他们的利益，
185 以接受或是拒绝，是上帝赋予他们的、同所有人一样的权利”。转变在继续，权力转移到数不清的委员会手上：执行抵制的委员会、代表自卫队的委员会、安全委员会、侦查谋叛的委员会。[5]

1776 年，托马斯·潘恩的《常识》记录了这一转变的另一瞬间：民主意识形态的繁荣。潘恩不仅仅是为独立辩护。《常识》的第一部分是“从总体上论述政府的起源和设计”，然后转入“君主制和世袭”，接着是“对美国事务现状的看法”，最后则对“大陆宪章”提出了进一步的意见。[6]

潘恩不仅拒绝了乔治三世国王（King George III），而且原则上拒绝了君主制，不仅拒绝了英国的政策，而且拒绝了“广为吹捧的英国宪法”，抨击了其背后隐含的等级、世袭统治和混合或平衡政府。这本小册子在独立问题上不仅引发了同托利党人的争辩，而且引发了同支持独立的保守派人士的争辩。例如，约翰·亚当斯认为《常识》“如此民主，没有任何约束，甚至没有平衡的尝试，或者是反平衡的尝试，乃至于必定引发混乱和各种恶行”，于是，急忙印刷了《关于政府的思考》（*Thoughts on Government*），以便为美国的制宪新手提供指导。[7]

潘恩的信条强调简单政府：“事情越简单，就越不容易混乱，即便混乱也更容易修正。”直接民主制是最理想的，但是因为不可能做

到，所以选举产生的代表应该代表他们的选区，而且应当经常从近便的地区不定期地选举，“因为……那样被选举人就可以回去，在几个月后重新回到广大选民之中”。“让州议会每年一选，只有一位统筹者。代表制更加平等”，这是后来添加的。[8]

在潘恩的“大陆”政府设想中，中心原则是“大范围的平等代表制”。国会应当由选民直接选举产生，各州分为多个区，每个州派出“至少 30 个”代表，总数至少达到 390 人。总统由国会从各州选举产生，实行轮值制，决策由 3/5 的多数票决定。他还提议成立一个独立的机构——“北美大陆联合会议”，负责起草“《大陆宪章》，相当于英国的《大宪章》(Magna Charta)，在其中载明大陆会议及州议会的 186
代表人数、代表产生方式及会议日期，并明确其各自的职责范畴和管辖范围……我们的宪章应顺应善恶是非之辨，保障所有人的自由与财产，其中最为重要的是，保障宗教信仰的自由；同时载明宪章中理应规定的其他事项”。[9]

1776 年，当许多人面临在各自独立的州制定宪法的任务时，这些思想为他们提供了指南；1787—1788 年间，当他们面临制定联邦《宪法》的任务时，这些思想也不为过。然而，潘恩对宪法的结构却言之不详。

代表极端民主党人的胜利的宾夕法尼亚宪法，可以被视为民主信条被贯彻到了极致的典范。它前面有一份《权利宣言》。其结构很简单：单院立法机构和一个平行的弱执法机构。代表来自最新按人口分配的各区（每隔七年重新分配）。选举每年进行一次，要求轮值；每个人的任期在七年内不能超过四年。任何职位都没有财产条件要求（只要求对州政府口头宣誓忠诚）。选举权对所有纳税人开放，其目标是大众参与立法过程：州议会向大众开放；公布选票和选举程序；更重要的是，法案在首次宣读后，只有在殖民地各处公示、讨论并在下一轮会上进行投票之后才能成为法律条文。执法部门将执行议会（十二人组成，任期三年，每年有1/3的议员轮值）的意志。由大众选举的审查委员会的任务是每七年一次，对各种法律是否符合宪法进行审查。最高法庭的法官由执法委员会任命，任期七年，如有不当行为，可被议会撤销资格。其他的法庭官员，例如治安法官和治安官，由执法委员会从每年大众选出的候选人中确定。最后，在宾夕法尼亚宪法中，就连自卫队军官都由大众选举产生。[10]

只在一个重要方面，宾夕法尼亚宪法没有达到广受信持的民主理想。它的制定者在开始时引入了，但是后来又撤销了一条时人所称的“农业”条文：

> 大量的土地财富集中在少数人手中既然对平权是危险的，还破坏了人类的共同幸福……那么，每个自由的州有权通过自己的法律阻止这种财富的所有权。[11]

187 然而，我们应该谨慎，不要把宾夕法尼亚宪法当作民主政治思想的绝对试剂。似乎只有相对较少的民主党人主张一院制立法机构（只有宾夕法尼亚、佛蒙特、佐治亚采取）。至于选举权，许多民主党人坚持小额自由保有财产的资格条件，对更宽的条件持非常谨慎的态度，尤其在像哈德逊河谷这种拥有大量依附人口的地方。更重要的是，这是一个思想不断流动的时期。许多普通人在政治意识觉醒后不得不独立思考。正如约翰·杰伊（John Jay）谈论起草纽约宪法的委员会时说的，“我们的政治家就像宴席上的宾客，眼花缭乱，不知道喜欢哪道菜”。我们也需要提醒自己，战争在进行，需要保持联盟。[12]

战争强化了民主化过程。1789年，南卡罗来纳一位叫大卫·拉姆塞的医生，写出了最早的革命史之一，他在书中捕捉到了这个过程中的瞬间：

> 当战争开始时，美国人只是一群农民、商人、技工和渔夫，但是国家的需要激发了居民的力量并且促使他们开始以远远超越他们之前习惯的方式思考、说话和行动……看起来就像战争不仅需要人才，而且创造了人才。[13]

结果是，尤其在战后，对政治过程的参与得到加强：更多的人参与投票，更多的人寻求公职。[14]

所有这些事件发酵后的重要结果是，州立法人员的社会构成下降了一个等级，有时甚至几个等级。当时的人谈论这些“新人”“生手”，“出身较好的人”嘲笑“那些没有受过教育熏陶和荣誉陶冶的人”却在制定法律。纽约立法委员会在战前由利文斯顿、斯凯勒（Schuylers）、范·伦塞勒（Van Rensselaers）、德兰西（Delanceys）和比克曼（Beekmans）家族占据，都是“士绅”；战后，在丰收季节，它并没有试着增加法定人数，太多的成员是农民。[15]杰克逊·特纳·梅恩（Jackson Turner Main）对这一主题进行了最刻苦的研究，为上述转变提供了详尽的证据。令人吃惊的是，这一变化出现在州代表大会，也出现在参议院，后者原本是大财产的保护者。[16]革命时期的民主运动或许对州立法人员构成的转变产生了最大的影响，而这种转变对保守派人士具有最大的威胁。 188

II 保守派的反应

民主政治运动是革命时期的一种普遍力量，帮助形成每个主要政治群体的反应：大众爱国领袖、效忠派和保守派爱国者。“暴民”不仅对古弗尼尔·莫里斯来说是个问题，对大众领袖也是个问题。波林·麦尔（Pauline Maier）最新的学术研究表明，十多年来，塞缪尔·亚当斯等“自由之子”的领导人都在双线作战：向英国施压和控制下层的运动。1775年，亚当斯的一个商人朋友埃尔布里奇·格里（Elbridge Gerry）告诉他，必须尽快建立一个政府来取代英国人，因为“人民从对其权利的频繁划定中掌握了自己的尊严……他们现在觉得自己太重要了，这需要很高的技巧来萌生这种必要的服从”，亚当斯表示赞同。像塞缪尔·亚当斯和帕特里克·亨利（Patrick Henry）这样的人不是“激进分子”，如果这个词的定义是支持国际政治民主的话。两人在平衡宪法和适度“服从”的问题上都追随约翰·亚当斯。他们只有在英国问题上才是激进的。他们可能同意“人民的声音就是上帝的声音”（vox populi，vox dei），他们不乏追随者（来自他们的军事机构和大众）的原因是，他们在反对英国人的事业中展现出了有效的军事领导才能。[17]

可以这么说，有钱的效忠派是暴民的受害者。许多人成为效忠派，很大原因是古弗尼尔·莫里斯综合征，即一种对自己完全没有能力对付暴民的恐惧，尤其当暴民活动转变为民主运动时。一些效忠派误导人的刻板形象在近几年得到了纠正。不是所有的富人都变成了托利党；相反，包括波士顿在内的马萨诸塞和弗吉尼亚是革命的两个中心，那里居主导地位的富人是爱国者。不是所有的托利党都是有钱人；在贫穷的白人农民和黑人奴隶中间，也存在亲英和不满情绪，因为他们带着一种对立的阶级情感，站在了其爱国主人或地主的对立面。然而，相当一部分有钱人，尤其是在中部殖民地，都是效忠派。他们以贵族自居，对“下等人”充满了阶级偏见，没有参加大众政治的准备，也缺乏应对大众运动的任何方式，除了镇压或强制。

结果是，他们放弃了政治责任（如在费城），成为英国人的政治和军事同盟（如在纽约），或是选择流亡（战时和战后有十万人这样做）。[18] 189

保守派爱国者的社会成员同大多数效忠派一样：城市的商人精英、哈德逊河谷的大地主、南方富裕的奴隶主。为什么在保守社会价值观中长大的人有些要转向托利党，而另一些要转向辉格党，仍旧是一个迷，是一个引起普遍关注的问题，因为这样的分裂似乎在美国历史上反复出现。革命时期的经验表明，它可能与有钱人对自己处理民主运动的能力的自信程度有关。

纽约的精英提供了一个案例。古弗尼尔·莫里斯把暴民比喻成会咬人的蛇。你只能割了蛇皮，因为蛇是不能被驯服的。他还把暴民比作必须鞭打的马匹。他的朋友罗伯特·利文斯顿对自己与其保守派同僚采取的策略有一个更贴切的比喻，他信奉“在不能阻遏的洪流中顺流而行”。1777 年纽约宪法完成之际，他把自己的朋友的成功和宾夕法尼亚同行的失败做了对比：“很久以前我就建议他们要顺着洪流，如果想引领其方向的话——要知道，只有恰到好处的延迟和不屈不挠，才能阻止我们沦落他们的处境。”[19]

纽约人——利文斯顿、约翰·杰伊、詹姆斯·杜安（James Duane）和菲利普·斯凯勒（Philip Schuyler）——几年前就教会自己在委员会的会议上、在选举政治上、在公共集会上“顺流而行”。他们的任务艰难，要面对“自由之子”和有政治意识的技工、大半是托利党人的商人地主精英、他们自己那些随时拿起武器的佃农以及毫不在乎“伟人”的自耕农等竞争对手。

1777 年的纽约宪法就是他们的作品。有关投票的条文说明，妥协已经写进了整个文件。州长和参议员由拥有 100 英镑永久产权的投票人选举产生；议会议员由拥有 20 英镑永久产权的投票人或者已付 40 先令租金的人选举产生；州长经过书面投票产生，其他官员由口头选举产生（战后可能停止）。州长任期三年，同由高等法官组成的修订委员会一起对立法享有否决权，以及同由四位参议员组成的人事任命委员会一起执行任命权。对民主制的让步表现为每年一次的议
190 会选举、书面投票、更广泛的代表制和强制性的重新分配席次。如果极端保守派占优势，每隔四年才会进行口头选举，参议院议员和州长经过非直接选举产生。如果民主党占优势，就可能会：纳税人有选举权，所有选举中采用书面投票，所有公职每年选举产生，没有行政否决权。一位同时代人这样谈论它的结果，“它在贵族制和民主制之间保留了一条合适的线”。约翰 · 杰伊说，这条线保持的平衡如此微妙，“随便动一下就会使绳索断裂”。[20]

这一机器并没有完全按照预期的那样工作。在第一次选举中，菲利普 · 斯凯勒在竞选州长时败给了乔治 · 克林顿（George Clinton），“他的家族和关系”，斯凯勒说，“没有资格让他获得如此杰出的优势”。失败的保守派人士于是同克林顿组成联盟。他给予他们高级职位，并平息了威胁到他们财产的佃农叛乱。他们在政治上支持他，直到 18 世纪 80 年代中期。另一方面，他们既不能控制也不能影响纽约州立法机构中的“新人”。一旦明白这一点，他们便转向国家权力，以遏制与他们擦肩而过的州权力。于是他们同克林顿结束联合。几年后，当利文斯顿同联邦党人决裂，重新加入克林顿之后，他说要回到“利文斯顿家族与州民主党利益的亲密联盟”。[21]

1777 年纽约的经历——对 1787 年的意义极为丰富——可能比历史学家想到的更具有代表意义。正如杰克逊 · 梅恩写到的，在把州宪法提交严格审查之后，“辉格党人的思想很少以纯粹的形式出现，当付诸实践时，民主意识形态的牵引力便扭曲了平衡政府具备的幸福的对称性。同样，民主的信徒在面对实际情况和坚定的反对派时，因为

辉格党人的加入而冲淡了他们的理想”。在多数州，这两种意识形态“相互妥协，最后产生的温和宪法反映了某种共识，吸收了辉格党和民主党人的思想被许多美国人真心接受”。[22]

马里兰州的士绅提供了不同的案例。他们强化了自己的权力：首先是制定了一部超保守的宪法，然后为保持自己的权威去平息低层阶级的愤怒。在马里兰州，除了大量的白人穷人、佃农和永久产权所有人，奴隶占人口的 25%（有些地方甚至占 40% 到 50%）。10% 的白人控制了 50% 的财富；20% 的人控制了 75% 的财富。[23] 191

卡罗尔顿的查尔斯·卡罗尔（Charles Carroll）能够让我们进一步看清这个精英阶层的态度。1773 年时卡罗尔是抵制英国的狂热分子，到 1776 年，他害怕殖民地会“毁灭”在“简单民主”的“坏政府”上。他与拥有大量财产的同僚一起草拟了一部只有财产说了算的宪法。要成为众议院的一员，一个人必须拥有至少价值 500 英镑的不动产或者个人财产；要成为参议院一员、州长委员会的成员或者治安官，至少拥有 1000 英镑的财产；要成为州长，至少拥有 5000 英镑的财产。选民只选举众议院的议员、治安官和选举团成员；选举人才有权投票选举参议员，后者再（同众议院议员一起）选举州长。在这些条文下，只有 10.9% 的马里兰成年白人男性有资格任职众议院，只有 7.4% 的人有资格任职参议院。[24]

强化精英控制只能加剧马里兰内部爱国事业中的巨大不满情绪，导致效忠派公然抵制、人们拒绝在军队服役、自卫队不服从、奴隶反抗以及白人穷人支持奴隶起义。精英是爱国者，正如最近研究马里兰政治的学者所解释的，在 1777 年他们“急切地寻求通过普及独立运动来拯救自己的阶级和革命”。罗兰·霍夫曼（Roland Hoffman）说，他们的解决方法是出台一个财政方案，“旨在压制大量内部抗议背后的阶级对立”：一个让种植园主精英承担更多负担的税收制度和一个实际上“使州内大量借贷债务无效”的倾斜的法律，这个方案严重影响了债权人。[25]

安纳波利斯的查尔斯·卡罗尔，即卡罗尔顿的卡罗尔的父亲，是一个大放债人，他被激怒了；既然立法者走得这么远，他们为什么不说“没有人应当持有超过五百英亩的土地”？他的儿子向他解释调和的必要：“法律适应多数人，个人必须遭受部分损失；一个州如果在私有财产上不进行革命或者变动，就不会有伟大的革命。”他很坦率：“很久以来，我认为我们的个人财产，我指的是放债的部分，会很危险。”“如果我们能保留其中的1/3，以及我们的土地和黑奴，我觉得我们还是富人。”“有的时候，向不公正和流行的异端邪说以及幻想低头是一种智慧。”如果不这么做，结果会更坏，导致“暴力和更多的不公正”。[26]

这样，纽约州和马里兰州的士绅以不同的方式安全度过了革命风
192 暴。自18世纪80年代中期以来，可以这么认为，北方和南方的士绅面临另一场风暴，即使不在他们自己的州，也在其邻州。“制度”——就其通常意义而言——发生了普遍危机，出现了很难折中的新威胁。

学者们一直以来强调1786年马萨诸塞州发生的谢司叛乱是保守派的催化剂。他们错了。“每个州都存在易燃物，星星之火，就能燎原，”华盛顿如此说，最近的研究也如此证实。[27]詹姆斯·麦迪逊在1787年的主要抱怨之一是，“不能向各州保证他们的宪法和法律不受内部暴力的破坏”。但是，从某种意义上说，比叛乱更糟糕的是，麦迪逊说，失败的谢司分子开始转向州选举，“企图让选举出现转折，可以在《宪法》的庇佑下表达他们的观点”。他问，如果他们成功了，会发生什么？将出现合法的谢司主义（Shaysism）：这是一种似乎无
193 法补救的危险。[28]

在一个又一个州，“新人”能够，或者威胁说能够批准通过纸币

“丹尼尔·谢司将军和约伯·沙特克上校”（Gen. Daniel Shays and Col. Job Shattuck）身穿大陆军的制服，在一本波士顿的木刻日历上，以夸张的嘲讽头衔出现。用“谢司叛乱”来描述马萨诸塞州西部农民因债务缠身、不堪税赋重担而发动的暴动是不恰当的。拿起武器的农民吓坏了起草《宪法》的人，《宪法》也遭到了这些农民叛乱者的强烈反对。出自比克斯塔夫（Bickerstaff）的《1787 年波士顿日历》（*Boston Almanack for 1787*）。[资料来源：美国国家肖像美术馆（National Portrait Gallery）、史密森尼学会（Smithsonian Institution）]

法、抵押延期法和把负担转移给富人的税法。如麦迪逊陈述的：

> 债务人欺骗债权人。地产利益群体压制商业利益群体。一种财产的持有者把不相称的税赋转嫁到另一种财产的持有者身上。

这些就是麦迪逊在 1787 年制宪会议前夕想到的、在自己的备忘录中写到的“合众国政治制度之弊端”，备忘录成为他在会上几个演讲的基础，也是后来同样重要的《联邦党人文集》第十篇的基础。[29]

州政府的问题成为迫使保守派人士转向一个更加强大的联邦政府的重要因素，这一主题在历史学家戈登·伍德（Gordon Wood）那里得到了阐述。正如麦迪逊在1787年为杰斐逊总结的，州政府的问题比联邦政府的问题“更让人不安，这种不安导致产生了制宪会议并且使大众为接受一个普遍改革做好了心理准备”。[30] 汉密尔顿在他的私下“猜想”中，说了同样的事。他认为支持宪法的“情况”包括“各州大多数有产者的良好愿望，他们希望一个联合的政府能够保护他们不受国内暴力和被有民主精神的人掠夺财产的威胁”。[31]

当麦迪逊反思州政府的这些问题时，他不得不总结其原因，这也是他在《联邦党人文集》第十篇中著名的一段分析：

> 所有的文明社会都分成不同的利益群体和派系，他们碰巧成为债权人或债务人——富人或穷人——农夫、商人或制造者——不同的宗教派别成员——追随不同的政治领袖——居住在不同的区域——拥有不同的财产等等。

问题是，

> 在共和政府，最后制定法律的是大多数，不管其构成如何。因此，不管什么时候当这个大多数因为某种明显的或者共同的热情凝聚起来时，什么才能阻止他们不公正地侵犯少数或者个体的
> 194 权利和利益呢？[32]

“诚实是最好的政策”“尊重品德”和“宗教”，这些思想是不够的。方法之一在于政府“范围的扩大”：

在这种情况下，不是因为共同利益或者共同热情的冲动对大多数人不重要，而是因为相比少数人，共同利益或者共同热情更不容易被多数人感知，而且作为必要条件的联合也更不容易形成。社会分裂为更加多样的利益群体，他们有不同的追求和热情，彼此制衡，使那些有共同情感的人拥有更少的交流和协作机会。

所以，一个“扩大的共和政体”是解决“一个小共和政体”的“问题”的良药。第二剂良药是国家对州立法的否决权，[33] 它是麦迪逊在别处提出的。

这样，当保守派人士成为开国之父时，他们的首要任务就是用国家权力对抗各州的权力。在这个方面，他们没有任何“折中精神”。但是，为了完成这一任务，他们随时愿意行使他们在这十年和过去的岁月中已经掌握的折中策略。

Ⅲ 制宪会议和折中

1787 年费城会议上，《宪法》的主要设计师是保守派人士，他们有的具有折中心态（如麦迪逊和詹姆斯·威尔逊），有的具有一种“极端”心态（如古弗尼尔·莫里斯）。如果根据代表们在政治斗争中的经历来分析，他们中有的在各自州内对民主运动的威胁有直接经历；有的像詹姆斯·麦迪逊一样，由于在国会中担任国家领导人的职务而对这些威胁有所了解；有的在会上受到那些经验丰富的人的教导。就算他们不是折中主义者——很多人不是——他们还是参与了折中的过程，一个中间立场的《宪法》就是其最终的产物。

我们讨论的三个州的代表本身就具有说明意义。宾夕法尼亚州的八个代表中有六个是“共和宪法主义”（Republican Constitutionalism）团体成员，自 1777 年他们就开始为推翻本州的激进宪法而斗争（他
195 们在1790年取得了成功）。这些人中包括了其领导人詹姆斯 · 威尔逊、罗伯特 · 莫里斯（Robert Morris）和当时暂居费城的古弗尼尔 · 莫里斯。纽约的代表由相互对立的势力构成：一面是已经同纽约地主商业贵族联合的汉密尔顿（同约翰 · 杰伊、詹姆斯 · 杜安、罗伯特 · R. 利文斯顿和他的岳父菲利普 · 斯凯勒联手），另一面是约翰 · 兰辛（John Lansing）和罗伯特 · 耶茨（Robert Yates），他们支持被汉密尔顿所鄙视的克林顿式州权所有者。马里兰州选出小查尔斯 · 卡罗尔，但是据说他因为太忙于内部的州权政治而无法脱身；他的堂兄丹尼尔 · 卡罗尔（Daniel Carroll）和卡罗尔派的其他成员来了。[34]

同民主派的个人斗争经历并不会把一个保守派人士自动推向折中的道路。如果我们对比一下两个人，这一点就非常清楚，这两人是被视为仅次于麦迪逊的《宪法》的主要塑造者，即古弗尼尔 · 莫里斯和威尔逊。莫里斯从未跳出把大众运动当作需要限制的动物的思维。在大会上，他似乎一直在讨论解决问题的保守主义方法。他不仅崇拜汉密尔顿的演讲，而且赞成：“我们早晚会迎来君主……我们越早接受他，趁着还能同他讨价还价，就会越好。”[35]

另一方面，虽然在 1779 年威尔逊的房子成为激进的自卫队攻击的目标，却正如罗伯特 · 麦克洛斯基（Robert McCloskey）所说：

> （威尔逊）比任何人包括麦迪逊都更加坚守政治民主。他钟爱参议院和众议院的直接普选制，他和麦迪逊一起催促把拟定的《宪法》提交给各州由大众选举出的特别代表会议……但是当麦

> 迪逊支持把永久产权作为投票权的资格时，威尔逊提出反对，实际上当他建议总统也应当由人民直接选举产生时，他是在孤军奋战……作为他那个时代最始终如一的民主党人之一脱颖而出。[36]

折中心态在大会第一周关于弗吉尼亚州计划的决议辩论上体现了出来，该计划提出“国家立法机构的第一分支[*]应该由各州人民直接选出”而不是由州立法委员选出。[37]马萨诸塞州的埃尔布里奇·格里，对谢司叛乱心有余悸，他经常被人引用的是这段话：

> 我们经历的罪恶来自过度的民主……他以前太过共和了；虽 196
> 然他现在还是共和主义者，但是他从经验中认识到了平等精神的危险之处。

弗吉尼亚州的乔治·梅森（George Mason）、威尔逊和麦迪逊的反应更加典型：

> 梅森先生强烈争辩立法机构中的大部门[†]由人民选举产生，它将成为政府民主原则的一个大保险库。可以这么说，它将是我们的众议院——它应当了解并同情社会的每个部分。他也承认我们已经过于民主了，但依然担心一不小心就走向反面的极端。我们应当照顾每个阶层人民的权利。

威尔逊“极力主张从人民中直接选举出立法机构中人数最多的部门”，

---

* 指参议院。——译注

† 指众议院。——译注

揭示出他背后的假定：

> 他赞成把联邦金字塔提升到一个相当的高度，为此，他希望为它提供一个尽可能广泛的基础。如果没有人民的信任，没有哪个政府能走得长远。

其次，

> 他还认为，通过让州立法委员成为国家立法机构的选举人来增加州立法机构的权重是错误的……仔细审查会发现，各州对联邦政府的反对更多是来自州政府，而不是来自广大人民。

麦迪逊使用了不同的比喻："举起的大织物如果建立在人民自己的坚实基础上"，将比"仅仅建立在立法机构的几根支柱上 "更加稳定和持久。问题是，有些州已经使用非直接的方式选举产生了一个部门；如果众议院由这些部门机构选举产生，"人民将完全消失在国家的视野之外，人民与统治者及官员之间的必要共情将所剩无几"。他明确宣布，他

> 主张通过连续筛选来完善大众任命的政策，但又担心会走得太远。他希望仅仅在任命立法机关的第二部门以及政府的执法和司法部门时，采用这一办法。

197 格里于是改变了立场：

> 格里先生不喜欢人民选举制……他说，经验已经表明，从人

民中直接产生的州立法机构并不总能得到人民的信任。然而，如果人民选举足以保证有德高望重的人愿意被任命，他也不反对人民选举。他好像认为人民可能会提名某些人，而州立法机构不得不从中挑选。

当我们关注这样一场辩论，探讨整个辩论背后的假定时，似乎可以抽离出推动代表们向民主方向发展的五个因素。

第一，代表们敬奉的政治理论决定了政府要想长期生存，就必须向被统治者的风俗习惯做出调适（这是孟德斯鸠的理论）。麦迪逊说，代表正在建立一个“意欲持续万年”的政府。“英国政府不能成为我们的模板，”威尔逊解释道，“我们没有建立类似政府的材料。我们的风俗、我们的法律、限定继承权和长子继承制的废除，以及人民的整个天赋都反对这样的政府。”梅森使用了同样的术语：“人民的天才必须受到尊重。”[38]

其次，遏制各州民主大多数的“恶行”的理论出路之一，即“扩大的共和”显然在走向民主的方向。麦迪逊思想中的这个方面大家很熟悉，无须赘述。在介绍这一理论时，麦迪逊甚至放弃了“共和”这个词，认为“扩大范围”是“与政府的民主形式相一致的对民主制的不便的唯一的防卫措施”。[39]这一理论的直接应用就是由大众选票产生的众议院。其长远的意义是在平等的基础上接纳新的州加入联邦，而这又将进一步“扩大范围”，这一论题无须详述。

解决各州弊端的第二个理论方案，即国家对州立法的否决权，是同等的不民主。也许具有重要意义的是，麦迪逊从未以他想要的形式实现这一目标。

第三，代表们认识到一个短期的政治现实，即如果《宪法》要通过，必须取得大众的同意。制宪会议不可能把它提交给州立法机构——它们本身就是问题的一部分。因此必须提交给另外的特别代表会议，其代表应该是专门为给《宪法》投票而选举出来的。代表们对
198 “门外之民”极其敏感。皮尔斯·巴特勒（Pierce Butler）是南卡罗来纳的一个种植园主，在答复将联邦司法权扩大至各州的建议时，做出了很好的表述：

> 人民不会忍受这样的革新。对这样的侵犯，各州会反抗。就算这样的机构是有用的，我们也不能冒险。我们必须效仿梭伦，他给雅典人的不是最好的政府，而是他们最能接受的。[40]

第四，调和“门内”代表的政治需要更加迫切。代表们绝不是只有一个想法。例如，本杰明·富兰克林，国家的门面，其知名度仅次于华盛顿，长期以来都支持宾夕法尼亚的民主宪法。如克林顿·罗西特（Clinton Rossiter）指出的，

> （富兰克林）更愿意选择一部具有以下非常不同的条文的宪法：一个平行执法机构，没有薪水，可能由立法委员选举产生；单院立法机构，按人口比例分配席次；所有公职人员每年一选，包括自卫队的军官；普遍的成年男性选举权，没有财产限制；简单、不受限制的权利法案；正式修订法案的简易方法。[41]

乔治·梅森是他所在州权利法案的撰写人，在弗吉尼亚人的眼里，他也是一个圣人。耶茨和兰辛离会，梅森、伦道夫（Edmund Randolph）、格里和路德·马丁（Luther Martin）坚持到最后，但是没有签名。《宪法》的主要设计师已经努力避免这样的挫折。他们还不得不安抚一群温和的国家主义代表，尤其是来自新英格兰的代表。[42]

没有什么比华盛顿在会议的最后时刻采取的行动更能说明他们加在自己身上的调和的压力。马萨诸塞的纳撒尼尔·戈勒姆（Nathaniel Gorham），“为了减少人们对《宪法》的反对”，动议将众议院的代表人数从四万居民中一人改为三万人中一人；对具有民主思想的人来说，代表的数目是他们的痛点。华盛顿离开了座椅——整个会议期间他没有发言——“但还是忍不住表达了他的愿望，希望所建议的改变能够发生。我们非常希望对所建议的方案的反对意见尽可能得少”。[43]

促成大会走向民主结果的第五个因素是外部环境的力量：多样性。多样性导致激烈的争论，几乎使大会分裂：大州和小州之间的差异、蓄奴州和不蓄奴州的差异，超越了农业和商业利益之间的区别。199
这些差异导致了《宪法》中经典的折中措施。同时，在诸如投票资格和公务员任职资格等影响民主的问题上，各州的政治实践差异导致出现僵局，身处其中的代表们又回到了允许各州独立行事的方法。其结果无论短期还是长期都是有利于民主的。

或许可以用关于选举权的辩论为例，来说明这几个因素如何互相作用。这种作用通常情况下是明显的，有时是不明显的。这场辩论发生在大会后期，针对的动议是起草委员会建议由各州允许投票给其“人数最多的部门”，即众议院。古弗尼尔·莫里斯以其特有的方式提出了修改意见，只允许永久产权拥有者，即拥有特定价值或亩数的土地的人拥有投票权，并且明确要求由国家立法机构而不是州立法机构来决定投票资格。[44]莫里斯仍在坚持毁灭“爬行动物”*，仍在辨别，他老调重弹，强调财产是“独立”选票的根本：

* 指暴民。——译注

> 如果把选票给那些没有财产的人，他们就会把它卖给有能力买它的人。我们不应当只关注现在。无须多久，这个国家将到处都是技工和制造者，他们将从其雇主那里获取面包……不能自由投票的人不能被代表。只有能自主决定选票的人才能被代表。

麦迪逊也表达了类似的担心，指出城市是历史上的腐败温床。

对莫里斯修正意见的反对声音广泛而激烈。梅森害怕其短期的政治后果："八九个州已经把选举权扩大到永久产权所有者之外，如果他们被取消选举权，他们会怎么说？"奥利弗·埃尔斯沃斯（Oliver Ellsworth），康涅狄格州的大法官，思考的则是多样性问题：

> 如何界定永久产权？每个纳税人不应该选举出向他征税、支配他的钱包的代表吗？那些承担公共税收全部份额的富裕商人和制造商，在被征税的时候不应该发出自己的声音吗？

最强烈的反对来自对城市选区敏感的代表，因为那里的大量技工已经
200 开始投票了。气愤难平的富兰克林的发言，热情洋溢地赞美了那些可能被"永久产权"这一要求剥夺选举权的"低层自由民"，这是大会少有的场合之一。"这个阶级具有坚强的品德和（伟大的）正直——刚刚过去的战争就是平民品德的有力证明。"费城的威尔逊则面对现实：

> 很难制定对所有州都适用的统一的资格标准……在同一时间，对同一个人，允许他投票选举州立法机构的代表，却将其排除在国家立法机构代表的投票权之外，这是非常困难的、令人不快的。

纳撒尼尔·戈勒姆，一个波士顿商人，对麦迪逊声称城市选举不安全的说法做出了尖锐的回应。“在费城、纽约和波士顿，商人和技工参加投票，那里的选举至少同只有永久产权所有者参加投票的选举一样好。”至于英国的经验，“城市和大城镇不是王室影响和腐败的中心”。更何况，在美国，“人民永远不会允许这项权利被抹杀。如果我们期望他们同意我们的主张，我们必须考虑他们根深蒂固的思想”。

麦迪逊显然左右为难。他毫不怀疑这个问题应当在《宪法》中得到解决，“选举权当然是共和政府的一个基本条例，不应当遗留下来让立法机构去调节”。但是怎么规定呢？一方面是短期的现实：

> 对他来说，《宪法》中是否把拥有永久产权作为选举人资格，很大程度上取决于这一变化在各州可能受到的欢迎，因为现在各种类型的人都在行使这项权利。在有些州，拥有永久产权现在已经定为选举资格了。

另一方面是长期的稳定问题：

> 仅仅从这个提案的优点来看，国家的永久产权持有者将会是共和式自由最安全的保险库。未来，绝大多数人民将不仅失去土地，而且会失去任何形式的财产。他们或者因处在共同的情势下而联合，在这种情况下，财产权和公共自由在他们的手中将得不到保障；或者更有可能的是，他们将成为富人和野心家的工具，这种情况下，另一边也会出现同样的危险。 201

在演讲中，麦迪逊的观点左右摇摆；他显然是同意莫里斯的，其他人也这么认为。在投票的时候，弗吉尼亚州投票反对莫里斯的永久产权修正条例，而麦迪逊的传记作者认为，他同他的州代表投了同样的反对票。更可能的是，现实——这一提案“可能带来的反响”——打败了理论——“仅仅从这个提案的优点来看”。[45]

永久产权资格提案被绝对票数否定——七个州反对，一个州赞成（特拉华州），一个州意见不统一（马里兰州），一个州弃权（佐治亚州）。选举权不仅还像 1787 年一样广泛（且多样化），而且《宪法》中没有任何条文阻止各州扩大选举权。三天后，一项要求众议院和参议院议员的财产资格的提案同样受到一致“否决”，甚至都没有召集各州投票。[46] 以这种方式，多样性与政治理论和政治现实相结合，产生了一个民主的结果。

把《宪法》作为一个整体来回顾，把它放在革命时期的一个时间段衡量时，即把 1776 年的宾夕法尼亚宪法作为一端，把汉密尔顿 1787 年 6 月的提案作为另一端，联邦的最终结果是一条中间路线。上述讨论不关注他们的意图，而是关注开国之父们做事“身不由己”的一个过程。他们对民主做出了让步，以达到保守派的目标。他们需要一个大众支持的“广泛基础”，因为他们想将“联邦金字塔”抬得很高。他们想“扩大范围”以驱散民主大多数的威胁。

他们显然达成了大部分心愿，但是有些心愿也未能达成。在制宪会议后不久给杰斐逊的一封长信中，麦迪逊表达了对没能取得联邦政府对州立法否决权的痛苦失望之情。“宪法对发行纸币和违反合同的约束”不是“很充分”，而且“离目标很远”；司法审查只是马后炮而已。另一方面，詹姆斯 · 威尔逊指出了对州立法的这两项限制，认为“只要能在这部新《宪法》中插入下面几句话，我想也不枉我们采纳它”。主要设计师们自己也意见不统一——或者说私底下是一种想法，公开场合又是另一种想法，我们可以把这看作他们打造中间路线的进
202 一步证据。[47]

Ⅳ 民主党人的反应

那些可被称为民主党的人对1787—1788年《宪法》有不同的反应。有的反对；有的有保留地赞成；有的热烈支持。作为对一部中间路线的文件的反应，这种分歧是预料之中的。

反对《宪法》的民主党人在反联邦主义者中可以找到。并非所有的反联邦主义者都是民主党人，塞西莉亚·凯尼恩（Cecilia Kenyon）很有说服力地阐明了这一点。实际情况是，1776年的意识形态发生了重大反转。在1776年强调潘恩式的政府，即赞成不受制衡的大多数说了算的单院立法制的人，现在发现联邦政府中的制衡和平衡不够。他们并不接受进步主义，也就是J. 艾伦·史密斯（J. Allen Smith）在1906年主张、查尔斯·比尔德重提的进步主义改革思想，即认为制衡和平衡是阻挡民主大多数的手段。不过的确，他们要求更多的制衡和平衡。[48]

这一反转并非完全前后矛盾。许多民主党人——即使不是多数——已经开始接受两院制和权力分立原则。例如，纽约州的反联邦主义者很可能同意他们的州长乔治·克林顿说的，他们的宪法“是卓越的”。1790年，许多宾夕法尼亚州的民主党人附和保守派，重新调整他们的州宪法。[49]

在1787—1788年，许多民主党人相信少数有钱人已经创立了一个“强化的”国家政府，他们的极端权力威胁到了各州。普通的反联邦主义者思考《宪法》的出发点是一种原始的直觉，认为新政府的起草者和赞成者是他们的阶级敌人。马萨诸塞的鲁弗斯·金（Rufus King）说，“强烈影响反对者心理的，不是对《宪法》的具体反对意见，而是对人民的自由处于危险之中的恐惧”以及“对有财产和受过教育的人的不信任”。[50]

阿莫斯·辛格尔特里（Amos Singletary）在马萨诸塞特别代表会议上的发言对这种心理做了总结。辛格尔特里来自伍斯特县的乡村，自学成才，据说他“从未上过一天学”，却在地方代表大会和议会任职：

> 这些律师、学者和有钱人，花言巧语、遮遮掩掩，让我们这
> 203 些没有受过教育的穷人吞下苦果，他们却希望自己能进入国会，
> 成为这部《宪法》的掌控人，把权力和财富都握在自己手中。然
> 后，他们就会像利维坦一样吞噬我们这些小人物，总统先生；是
> 的，就像鲸鱼吞掉约拿一样。这是我害怕的。[51]

这种民主反联邦主义的政治理论在梅兰克顿·史密斯那里得到了清楚的阐述，在纽约的《宪法》批准特别代表会议上，他是反联邦主义者的主要辩论者。[52] 史密斯在关于众议院代表人数的争论中，提出了他的理论，争论最终使保守派在最后时刻做出了让步，同意在投票人中按三万分之一的比例选举国会议员，而不是四万分之一。史密斯提出的是二万分之一。他的代表制思想可以追溯到潘恩：

> 当我们说到代表时，心里自然想到的是，他们要像他们代表的人。他们应该真正反映人民，了解他们的处境和需求，同情他们所有的苦痛，愿意为他们谋取利益。一个自由民族的代表必须拥有的知识，不仅包括广泛的政治和商业信息，就像那些有时间提升自己、受过良好教育的人所获得的知识那样；而且应该包括熟悉人民的共同关切和职业，对此，中产阶级通常比上流阶层更能胜任。[53]

史密斯潜在的恐惧是，“大人物的影响一般会使他们赢得选举”。他们“容易结盟；穷人和中产阶级结盟则非常困难”，而且通常内部会产生分裂，结果是，“一个真正的自耕农，尽管理智、有判断力，也很难被选上”，“政府就会落到少数人和大人物手中”。

众议院人数的增加对采纳民主代表制至关重要。在转向参议院问题时，史密斯寻求改革，希望既能适应他的民主代表制思想，又能消除他对州政府的恐惧。他提出参议员轮值制和撤销制；参议员在十二年内只能有六年任期。撤销制是必须的，因为参议员“是州立法机构的代表……当一个州派出一个代理人去处理任何事务或提供任何服务时，它应该有召回的权力”。他为一项限制总统任期的修正案发言，
他愿意把任期延长为七年。他还希望抑制总统的军事权和任命权。为 204
了限制联邦司法权，史密斯赞成一系列的特权剥夺修正案。[54]

在史密斯的领导下，纽约特别代表会议通过了本来将极大改变联邦政府结构的一长串修正案。后来，当《权利法案》修正案单独获得通过时，亚伯拉罕·耶茨，纽约反联邦主义的风暴海燕，宣称同寻求的目标相比，它们“不重要、琐碎”。[55]

我们不妨把托马斯·杰斐逊当作温和民主党人的代表，他们对《宪法》给予了有保留的支持，并且迅速收回了反对意见。这一代人对杰斐逊的贵族式自由主义的局限性持乐观态度：他关于公民自由的记录的黑暗面、他在奴隶制和种族平等上的失败、他对现实必须凌驾于理论之上的坚持。仔细想想，他仍旧符合民主党人的身份，尽管与费城的一个自卫队员相比，他是温和的民主党人。作为支持平衡政府和权力分立的辉格党人，他对弗吉尼亚州代表制中的严重不平等进行了严厉的批评。不论他如何掩饰自己对人民的信任，他对大众的大多数仍然充满不平常的信心。[56]

整个会议期间，作为美国驻法公使，杰斐逊正在巴黎。他倾向于

一个更强大的政府，但他对《宪法》的最初反应却出人意料地充满敌意。里面有些“东西动摇了我准备接受它的想法”，“所有的优点”，在给约翰·亚当斯的信中，他写道，“本可以用三四条新的条款来表达，添加到《联邦条例》（Articles of Confederation）这个古老、可敬的结构中，后者甚至应该被作为宗教遗物保存下来”。“我发现自己几乎是个中间分子”，他在另一封信中写道，“《宪法》有很多值得称道的地方，是我们理想的形式；但是也有个别不如意的地方”。当潘恩到达巴黎的时候，他与杰斐逊和拉法耶特侯爵讨论这部文件，“在我们自己的会议上，认真程度就像是由我们来做决定一样”，拉法耶特说。[57]

杰斐逊逐渐缓和下来。对麦迪逊，他把自己的想法隐藏在“我喜欢的”和“我不喜欢的”语言后面。他喜欢中央政府这个想法，中央政府“应该平静地独立行事，不需要时时求助于州立法机构”，他喜欢联邦政府中的三权分立，喜欢众议院对税收的投票权，他还喜欢“立法两院中任意一院人数的 1/3 对行政部门的否决权”，虽然他希望司法部门能够参与其中。简而言之，这位温和的民主党人并不排斥联
205 邦政府、权力分立、总统否决权甚至司法审查权。

他不喜欢的是，“首先，没有一部权利法案”，在这个问题上，他对麦迪逊发起了长篇大论的、激烈的抨击。他“极其不喜欢”的“第二个特点”是“放弃了公职轮值制的必要性，尤其是总统一职”。他深信“第一任行政长官总是会连任……然后就成了终身制”。他特别担心这点，因为考虑到外国势力影响的危险。“没有能力第二次当选”是“唯一有效的预防方法”。这些就是他喜欢的和不喜欢的。[58]

在给麦迪逊的同一封信中，杰斐逊从《宪法》谈到谢司叛乱，这很符合杰斐逊的作风，他警告镇压的危险，因为那样可能会扼杀自由精神。“我承认我不是一个积极政府的朋友，那样的政府总是令人压

抑。”尤其符合他的政治思想的是，他在结尾说他会赞成大多数人对《宪法》的意见。“毕竟，我的原则是，大多数人的意志终会占上风。如果他们同意提交的《宪法》的全部内容，我会高兴地附和，希望不管什么时候当他们发现哪里出了问题，都会进行修正。”实际上，他不认为有什么能阻碍大多数人的修正过程。

为了强行制定权利法案，杰斐逊希望得到少于所需数目的州的批准，但是一旦批准，他就迅速改变了态度。很快，在他的笔下，《宪法》“毫无疑问是人类迄今最明智的宪法”，而《联邦党人文集》则是“迄今关于政府原理的最好的评论”。[59] 杰斐逊会转变，而且变得如此之快，而如此多的反联邦主义者可以学会与《宪法》共处，这很可能被认为是这部文件的民主特征具有强大吸引力的明证。

给予《宪法》热情支持的民主党人——第三种民主党人——是大城市的工匠。大多数的技工阶层对《宪法》的支持是压倒性的（见论文 1）。[60] 1776 年，工匠就支持了宪法的民主改革。他们是在什么基础上支持 1787 年《宪法》的呢？潘恩给了我们答案。潘恩几乎成为城市工匠的发言人和他们的英雄。毫无疑问，潘恩是个民主党；他为遭到围攻的宾夕法尼亚宪法辩护，说它“对穷人有利”。从革命开始，他还是一个国家主义者。《常识》一书号召成立一个全国选举的议会，
而一直站在战争动员中心的潘恩总是敏锐地察觉到邦联的不足。“大 206
陆束带扣得太松了。”他说。战后的经历只能加强这一认识。当英国人把商品倾销到美国，商业停滞、造船业处于低潮时，工匠强烈要求关税保护和发展商业。同时，像罗伯特·莫里斯一样的国家主义商业领导人寻求对银行执照的支持；所有的国家主义者都在为联邦政府寻求独立的资金来源。所有这些运动在潘恩那里汇聚。到 1786 年，大多数城市的工匠和商人的联合成为现实。[61]

在法国的潘恩对《宪法》的反应同杰斐逊类似。那时对国家联合

战线有一种迫切的需要。“没有桶箍的十三块木片做不成一个桶，”他后来写道，“任何把桶箍起来的方法，不管多么有缺陷，都会比没有强。”潘恩引以为豪的事是，早在1776年，《常识》就号召“召开一个特别代表会议以达成一个大陆联盟”，1782年，他在给当时的外交部长罗伯特·利文斯顿的信中又提出了同样的建议。他承认同利文斯顿、罗伯特·莫里斯和古弗尼尔·莫里斯见面讨论过这事，对此，他不感到羞愧，要知道，这几个人都认为宾夕法尼亚宪法“对富人不利”。[62]

潘恩对《宪法》的批评只有一处与杰斐逊相似：缺少一部权利法案。他反对总统制。他解释说，他“一直反对单一的行政机构”。“多党制会好得多，能更好地团结民众。除此以外，一个高尚的共和政府，必须摆脱服从某个人的低劣思想。”他还反对“参议员的长期任期”，而且他似乎对联邦政府的总体框架有着莫名的疑虑。“《宪法》不过是英国政府形式的复制品，尽管不像原本一样低劣。”

对潘恩和杰斐逊来说，《宪法》的可取之处是对它进行修正的可能性：

> 仅仅是因为要建立联邦政府对各州的某种权威的绝对必要性，一个像目前的联邦《宪法》这样前后矛盾的文书才被投票赞成。我自己也可能会投它一票，如果我在美国的话，甚至更糟糕的宪法，我也会投票，总比没有强，只要它包含通过向人民发出同样的呼吁来修正其缺陷的手段，而它正是由其建立的。让可以消除的错误自己暴露出来，总比在理论上对它们进行过多的争论
> 207 要好。[63]

就算工匠对《宪法》怀有像潘恩那样的疑虑，他们也没有留下任

何记录。他们的政治思想清楚地表现在研究政治思想的学生通常读不到的形式中——1788 年庆祝《宪法》批准的大规模游行，这是截至当时美国历史上最大的游行。[64]

显然，对所有这些游行中的工匠而言，《宪法》是 1776 年精神的成功，而不是失败。自 18 世纪 60 年代第一次抵制英国商品的运动以来，保护美国制造就是工匠运动的主调。参加政治生活——声音、认可、尊重——的权利是实现其民主理想的必要条件。《宪法》保障了革命时期取得的选举权进步。更何况《宪法》的批准过程本身——特别代表会议、提交人民、讨论、选举代表——就有某种东西非常切合潘恩在 1776 年《常识》中以及纽约商人提出的思想。他们必定在《宪法》中看到了继续表达其理想的机会。[65]

在革命时期徘徊这么久之后，我们再回到汉密尔顿在费城会议上的提议，就不难看出它为什么被拒绝。它走得太远：在压制各州上走得太远；在国王、上议院、下议院问题上走得太远。对此，精明的汉密尔顿不可能认识不到。他后来说他知道他的建议“超出了多数参会者的想法”，但是“提出它是作为讨论的对象”，“不是可企及的对象，而是作为我们应该尽可能迈向的目标”。[66]

一个月之后，汉密尔顿带着不是那么高调的第二种计划回来。最后，他在文件上签了名，但在某种程度上坚持认为离他的理想还很“遥远”。[67] 后来他同麦迪逊一起撰写《联邦党人文集》，尽可能地从共和的角度阐释《宪法》。在纽约特别代表会议上，他基于同样的理由为《宪法》的通过而辩论。“他是一个显著的共和党人，”一位反联邦主义者说道（“但他是有名的”）。[68] 在会上，他恳求在费城“会议上起主导作用的”那种“折中精神”。[69] 可以说，汉密尔顿用他自己的行动证明，他本人也是一个包容的保守派，或至少是向民主压力做

出折中让步的过程的一分子，而折中是开国之父们留给后来的保守派
208 的遗产。

注释

本文最初是美国企业研究所（American Enterprise Institute）主办的“How Democratic Is the Constitution”大会的提交论文，后来发表在 Robert A. Goldwin and William A. Schambra, eds., *How Democratic Is the Constitution?* (Washington, D.C.: American Enterprise Institute for Public Policy Research, 1980)。经研究所许可重印。

本文的简写版“The Framers of the Constitution and the Genius of the People”在伊利诺伊大学 Gilbert Osofsky Lecture（1987）和 Milan Group in Early American History（1988）上发表。后发表在 *In These Times*（September 9-15, 1987）和 *Radical History Review 42*（1988）7-47，附 Barbara Clark Smith , Linda Kerber, James Henretta, Peter Dimock, Michael Merrill 和 William Forbath 的评论。

感谢 Morton J. Frisch，已故的 Jackson T. Main、一位研究 18 世纪 80 年代政治的大师级历史学家，以及 Richard Young 对论文的早期草稿做的评论，感谢 Robert Goldwin 和 William Schambra 提供的编辑帮助。

1. “Constitutional Convention Speech on a Plan of Government,” in Harold Syrett, ed., *The Papers of Alexander Hamilton* (New York: Columbia University Press, 1962), vol. 4, pp. 178–207 (特别是 pp.192, 200); “Plan for Government,” pp. 207–211。
2. Broadus Mitchell, *Alexander Hamilton* (New York: Macmillan, 1957), vol. 1, pp. 391–392.
3. Douglass Adair, “Experience Must Be Our Only Guide: History, Democratic Theory, and the United States Constitution,” in Trevor Colbourn, ed., *Fame and the Founding Fathers: Essays by Douglass Adair* (New York: Norton, 1974), p. 117.
4. G. Morris to John Penn，May 20, 1774, in U.S. Congress, *American Archives*, Peter Force, comp., Washington, D.C., 1837–1853, vol. 1, pp. 342–343. 关于近期对大众运动的研究，见 Alfred F. Young, ed., *The American Revolution: Explorations in the History of American Radicalism* (DeKalb: Northern Illinois University Press, 1976); 关于该领域两位领先学者的反思，见 Merrill Jensen, “The American People and the American Revolution,” *Journal of American History*, vol. 57 (1970), pp. 3–35, 及 *The Revolution within America* (New York: New York University Press, 1974); 及 Richard B. Morris, “‘We the People of the United States’: The Bicentennial of a People’s Revolution,” *American Historical Review*, vol. 82 (1977),

pp. 1–19。

5. "The Respectful Address of the Mechanics in Union," *New York Gazette*, June 17, 1776; Richard Ryerson, *The Revolution Is Now Begun: The Radical Committees of Philadelphia, 1765–1776* (Philadelphia: University of Pennsylvania Press, 1978); Edward Countryman, "Consolidating Power in Revolutionary America: The Case of New York, 1775–1783," *Journal of Interdisciplinary History*, vol. 6 (1976), pp.545–678.
6. Thomas Paine, *Common Sense*, in Philip Foner, ed., *The Complete Writings of Thomas Paine* (New York: Citadel Press, 1945), vol. 1, pp. 3–46; Eric Foner, *Tom Paine and Revolutionary America* (New York: Oxford University Press, 1976), pp. 81ff., 120ff.
7. John Adams, "Thoughts on Government," in Charles F. Adams, ed., *The Works of John Adams* (Boston: Little, Brown, 1854), vol. 4, pp. 193–200.
8. Paine, *Common Sense*, pp. 5–6.
9. 同上，pp. 27–29。
10. *The Federal and State Constitutions, and Other Organic Laws*, ed. Francis N. Thorpe, 7 vols. (Washington, D.C.: U.S. Government Printing Office, 1909), vol. 7, pp. 3815–3819.
11. Pennsylvania Archives, 3rd ser., vol. 10, p. 762, 转引自 Foner, *Tom Paine*, p. 133。
12. 转引自 Alfred F. Young, *The Democratic Republicans of New York: The Origins, 1763–1797* (Chapel Hill: University of North Carolina Press, 1967), p. 18。关于各州宪法的比较，见 Jackson Turner Main, *The Sovereign States, 1775–1783* (New York: Franklin Watts, 1973); Elisha Douglass, *Rebels and Democrats: The Struggle for Equal Political Rights and Majority Rule during the American Revolution* (Chapel Hill: University of North Carolina Press, 1955); 及 Robert R. Palmer, *The Age of the Democratic Revolution*, 2 vols. (Princeton, N.J.: Princeton University Press, 1959), vol. 1, pp. 217–238。
13. David Ramsay, *The History of the American Revolution* (Philadelphia: R. Aitken & Son, 1789), vol. 1, pp. 315–316.
14. Staughton Lynd, "The Mechanics in New York Politics, 1774–1778," *Labor History*, vol. 5 (1964), pp. 215–246; Alfred F. Young, "The Mechanics and the Jeffersonians: New York, 1789–1801," 同上，pp. 247–276; 关于大致过程，见 Gordon Wood, "The Democratization of Mind in the American Revolution," in U.S. Library of Congress, *Leadership in the American Revolution*, Washington,

D.C., 1974, pp. 63–88。

15. Young, *Democratic Republicans*, p. 27.
16. Jackson Turner Main, *The Upper House in Revolutionary America, 1763–1788* (Madison: University of Wisconsin Press, 1967), 及 "Government by the People: The American Revolution and the Democratization of the Legislature," *William and Mary Quarterly*, 3rd ser., vol. 22 (1966), pp. 319–407。
17. Pauline Maier, *From Resistance to Revolution: Colonial Radicals and the Development of American Opposition to Britain, 1765–1776* (New York: Knopf, 1972), 及 "Coming to Terms with Sam Adams," *American Historical Review*, vol. 81 (1976), pp. 12–37; Elbridge Gerry, 转引自 Jensen, "The American People and the American Revolution," p. 31; Dirk Hoerder, *Crowd Action in Revolutionary Massachusetts, 1765–1780* (New York: Academic Press, 1977)。
18. Main, *Sovereign States*, chap. 8.
19. Robert R. Livingston to William Duer, June 12, 1777, R. R. Livingston Papers, New-York Historical Society; Staughton Lynd, "A Governing Class on the Defensive: The Case of New York," in Lynd, *Class Conflict, Slavery, and the United States Constitution* (Indianapolis: Bobbs-Merrill, 1967).
20. Robert Troup to John Jay, May 15, 1777, in Richard Morris, ed., *John Jay, The Making of a Revolutionary: Unpublished Papers, 1745–1780* (New York: Harper & Row, 1975), p. 403, Jay 的评论见 394；关于纽约州宪法，见 Bernard Mason, *The Road to Independence: The Revolutionary Movement in New York, 1773–1777* (Lexington: University of Kentucky Press, 1966)。
21. Young, *Democratic Republicans*, chaps. 1–3; 第 2 页引用 Schuyler，第 291 页引用 Livingston。
22. Main, *Sovereign States*, pp. 144, 185.
23. Ronald Hoffman, "The 'Disaffected' in the Revolutionary South," in Young, ed., *American Revolution*, p. 280.
24. Ronald Hoffman, "Popularizing the Revolution: Internal Con ict and Economic Sacrifice in Maryland, 1774–1780," *Maryland Historical Magazine* (1974), pp. 129–130.
25. 转引自 Hoffman, "The 'Disaffected,'" pp.306–307。
26. 同上。
27. Washington to Henry Knox, December 26, 1786, in John C. Fitzpatrick, ed., *The Writings of George Washington*, 39 vols. (Washington, D.C.: U.S. Government Printing Office, 1931–1949); Robert Becker, *Revolution, Reform and the Policies*

of American Taxation, 1763–1783 (Baton Rouge: University of Louisiana Press, 1980).

28. Madison to Jefferson, April 23, 1787, in Julian Boyd, ed., *The Jefferson Papers* (Princeton, N.J.: Princeton University Press, 1958), vol. 11, p. 307.
29. Madison, "Vices of the Political System," April 1787, in William T. Hutchinson et al., eds., *The Papers of James Madison* (Chicago: University of Chicago Press, 1962), vol. 9, pp. 345–358; 关于制宪会议版本，见 Max Farrand, ed., *The Records of the Federal Convention of 1787*, 4 vols. (New Haven: Yale University Press, 1937), vol. 1, pp. 135–336, 421–423。引文来自制宪会议版本，136。
30. Madison to Jefferson, October 24, 1787, in *Papers of Madison*, vol. 1, pp. 205–220; Gordon Wood, *The Creation of the American Republic, 1776–1787* (Chapel Hill: University of North Carolina Press, 1969), 特别是 chap. 9, part 4。
31. Hamilton, "Conjectures about the New Constitution," 日期很可能是 September 17-30, in Syrett, ed., *Papers of Hamilton*, vol. 4, pp. 275–276。
32. Madison, "Vices," in *Papers of Madison*, vol. 9, pp. 345–358, 同时载于 Marvin Meyers, ed., *The Mind of the Founder: Sources of the Political Thought of James Madison* (Indianapolis: Bobbs-Merrill, 1973), pp. 82–92。
33. 最清楚的阐释见 Madison to Jefferson，October 24, 1787, in *Papers of Madison*, vol. 10, pp. 205–220。
34. Charles A. Beard, *An Economic Interpretation of the Constitution of the United States* (New York: Macmillan, 1913), chap. 7; Jackson Turner Main, *Political Parties before the Constitution* (Chapel Hill: University of North Carolina Press, 1973); Forest McDonald, *We the People: The Economic Origins of the Constitution* (Chicago: University of Chicago Press, 1958); Robert L. Brunhouse, *The Counter-Revolution in Pennsylvania, 1776–1790* (Harrisburg: Pennsylvania Historical Commission, 1942); Young, *Democratic Republicans*, chaps. 1–5.
35. 转引自 Adair, "Experience Must Be Our Only Guide," p. 119; 同时见 Max Mintz, *Gouverneur Morris and the American Revolution* (Norman: University of Oklahoma Press, 1970), chap. 9; 关于极端保守主义的系列建议，见 Jane Butzner, comp., *Constitutional Chaff: Rejected Suggestions at the Constitutional Convention of 1787* (New York: Columbia University Press, 1941)。
36. Robert G. McCloskey, ed., *The Works of James Wilson* (Cambridge, Mass.: Harvard University Press, 1967), vol. 1, p. 5 and introduction.
37. 关于后面的引文，见 Farrand, ed., *Records*, vol. 1, pp. 47–53.
38. 同上，pp.48, 50(Gerry), p. 431 (Madison), p. 153 (Wilson), p. 101 (Mason)。另

见同上，p. 406 (Gorham)。

39. 同上，pp. 135–136。
40. 同上，p. 125。
41. Clinton Rossiter, "The Political Theory of Benjamin Franklin," *Pennsylvania Magazine of History and Biography* (July 1952), pp. 259–293.
42. 比较：George Billias, *Elbridge Gerry: Founding Father and Republican Statesman* (New York: McGraw-Hill, 1976), chaps. 11–13 和 Jensen, *The Revolution within America*, chap. 4。
43. Farrand, ed., *Records*, vol. 2, pp. 643–644.
44. 同上，vol. 2, pp. 201–206，以及 p.225（Gorham）。
45. 同上，vol. 2, pp. 202–204; Irving Brant, *James Madison: Father of the Constitution, 1787–1800* (Indianapolis: Bobbs-Merrill, 1950), pp. 118–119; Ralph Ketcham, *James Madison: A Biography* (New York: Macmillan, 1971), pp. 220–221; Madison 后来对选举权的思考，见 Hutchinson et al., eds., *Papers of Madison*, vol. 10, pp. 140–141, 及 Farrand, ed., *Records*, vol. 3, pp. 450–455。
46. Farrand, ed., *Records*, vol. 2, p. 249; 关于选举权特别代表会议的总结，见 Clinton Williamson, *American Suffrage from Property to Democracy, 1760–1860* (Princeton, N.J.: Princeton University Press, 1960), chap. 7。
47. Madison to Jefferson, October 24, 1787, in Hutchinson et al., eds., *Papers of Madison*, vol. 10, pp. 205–220; 及 Charles F. Hobson, "The Negative on State Laws: James Madison, the Constitution and the Crisis of Republican Government," *William and Mary Quarterly*, 3rd ser., vol. 36 (April 1979), pp. 215–235, 这是一篇重要文章，对认为 Madison 在 *The Federalist* 中的思想与他私下对《宪法》的反应一致的观点提出了挑战。
48. Cecilia Kenyon, ed., *The Antifederalists* (Indianapolis: Bobbs-Merrill, 1966), introduction, 及 Kenyon, "Men of Little Faith: The Anti-Federalists on the Nature of Representative Government," *William and Mary Quarterly*, 3rd ser., vol. 12 (1955), pp. 3–43; J. Allen Smith, *The Spirit of American Government* (New York, 1907; 重印于 Cambridge, Mass.: Harvard University Press, 1965, Cushing Strout, ed.)。关于反联邦主义的民主思想，见 Jackson Turner Main, *The Anti-Federalists: Critics of the Constitution, 1781–88*(Chapel Hill: University of North Carolina Press, 1961), chaps. 6–8。我在阅读已故的 Herbert Storing 的手稿时受益匪浅，这篇手稿是："What the Anti-Federalists Were For," 作为导论出现在 Storing, ed., *The Complete Anti-Federalist* 7 vols. (Chicago: University of Chicago Press, 1981) 中。

49. Young, *Democratic Republicans*, chap. 2, 引语在 22。Brunhouse, *Counter-Revolution in Pennsylvania*, chap. 7。

50. King to Madison，转引自 Samuel B. Harding, *The Contest over the Ratification of the Federal Constitution in the State of Massachusetts* (New York: Longmans, Green, 1896), pp. 78–79。

51. Jonathan Elliot, comp., *The Debates in the Several State Conventions on the Adoption of the Federal Constitution*, 2d ed. (New York: Lippincott, 1888), vol. 2, pp. 101–102; Harding, *Contest over the Ratification*, p. 77n.

52. Young, *Democratic Republicans*, pp. 48–49 and chap. 5; Robin Brooks, "Melancton Smith, New York Anti-Federalist" (博士论文 , University of Rochester, 1964), 及 Brooks, "Alexander Hamilton, Melancton Smith, and the Ratification of the Constitution in New York," *William and Mary Quarterly*, vol. 22 (1963), pp. 339–358。

53. Elliot, ed., *Debates*, vol. 2, pp. 243–251, 259–260.

54. 同上 , pp. 310–311, 407–411; 见 Theophilius Parsons Jr., "The Old Convictions and the New Realities: New York Anti-federalists and the Radical Whig Tradition" (博士论文 , Columbia University, 1974)。

55. 关于修正案，见 Elliot, ed., *Debates*, vol. 2, pp. 327–331; Abraham Yates, Rough Hewer Notebooks, March 15, 22, 1790, Yates Papers, New York Public Library, 重印于 Young, ed., *The Debate over the Constitution, 1787–1789* (Chicago: Rand McNally, 1965), pp. 44–46。

56. Leonard Levy, *Jefferson and Civil Liberties: The Darker Side* (Cambridge, Mass.: Harvard University Press, 1963); Winthrop Jordan, *White over Black: American Attitudes towards the Negro, 1550–1812* (Chapel Hill: University of North Carolina Press, 1968), chap. 12; Merrill Peterson, *Thomas Jefferson and the New Nation: A Biography* (New York: Oxford University Press, 1970).

57. Jefferson to John Adams, November 13, 1787, Jefferson to William S. Smith, November 13, 1787, Jefferson to Edward Carrington, December 21, 1787, in Boyd, ed., *Papers of Jefferson*, vol. 12, pp. 349–351, 355–357, 445–447; Lafayette 的引语出自 Louis Gottschalk, *Lafayette between the American and French Revolution, 1783–1789* (Chicago: University of Chicago Press, 1950), p. 374。

58. Jefferson to Madison, December 20, 1787, in Boyd, ed., *Papers of Jefferson*, vol. 12, pp. 439–442.

59. Jefferson to David Humphreys, March 18, 1789, 转引自 Dumas Malone, *Jefferson and the Rights of Man* (Boston: Little, Brown, 1951), p. 178 and chap. 9; Jefferson

to Madison, 1788 (关于 *The Federalist*)), 转引自 Richard Hofstadter, *The American Political Tradition and the Men Who Made It* (New York: Knopf, 1948), p. 30。

60. Staughton Lynd, “The Mechanics in New York Politics, 1774–1788,” *Labor History*, vol. 5 (1968), pp. 225–246; Charles Olton, *Artisans for Independence: Philadelphia Mechanics and the American Revolution* (Syracuse: Syracuse University Press, 1975), chap. 9.
61. E. Foner, *Tom Paine*, chap. 6; 关于费城的政治转变，见 Owen Ireland, “Partisanship and the Constitution: Pennsylvania, 1787,” *Pennsylvania History*, vol. 45 (1978), pp. 328–332, 及 George Bryan, “An Account of the Adoption of the Constitution of 1787,” George Bryan Papers, Historical Society of Pennsylvania (Steven Rosswurm 让我注意到了它)。
62. Paine, “A Letter to George Washington, July 30, 1976,” in P. Foner, ed., *Complete Writings of Paine*, vol. 2, pp. 631–693.
63. 同上 , p. 691。
64. 见本书论文 1。
65. 关于潘恩，见本书论文 6。
66. Hamilton, “To the New York Evening Post,” February 24, 1802, in Syrett, ed., *Papers of Hamilton*, vol. 26, pp. 536–539 (Morton Frisch 让我注意到了它); 同时见 Mitchell, *Hamilton*, vol. 1, pp. 394–395。
67. 同上 , p. 399, 及 “Draft of a Constitution,” in Syrett, ed., *Papers of Hamilton*, vol. 4, pp. 253–274; “Remarks on Signing,” 同上 , p. 253。
68. Young, *Democratic Republicans*, chap. 5, 引文在 113。
69. Elliot, ed., *Debates*, vol. 2, p. 237.

5 美国革命有多激进?

美国革命有多激进?在有关革命时期激进主义的研究中,尚有两个主要问题未能得到解决:激进主义的来源以及激进主义对革命结果的影响。近年来,越来越多的学者就此问题撰文发表了自己的观点。在这里,我对这两个问题进行探讨,不是想做出回答,而是希望建立一个框架,在这个框架内解决更大的问题。

长期以来,人们对激进主义持有一种涓滴效应或溢出效应的观点,认为内部变革运动是反抗英国政治革命的副产品,但在最近的研究中却出现了多种截然不同的看法。J. 富兰克林·詹姆士在 1926 年时曾说过,“革命的洪流一旦涌起,就无法被挡在狭窄的堤坝之内,而是冲向大地”。1967 年,伯纳德·贝林在革命中看到了“一场思想运动,它发展迅速、不可逆转、势不可挡”,“跨越了鲜有人跨越的边界,进入到鲜有人希望进入的区域”。随着“自由的蔓延”,从辉格党政治意识形态中迸发出来的“火花”点燃了人们反奴隶制、崇尚宗教自由和拒绝顺从的情绪。所有的历史学家都使用隐喻,而詹姆士和贝林给我们展现了令人回味无穷的物理类比,但这些类比,像通常那样忽视了人的作用。如果说詹姆士对变化的动态来源含糊其辞,那么贝林,正如戴维·布里昂·戴维斯(David B. Davis)所指出的那样,则“倾向于夸大思想的自主力量”对变化的影响。[1] 是谁摧毁了河岸?又

《康华里变成护士，他的情妇变成士兵》（*Cornwallis Turned Nurse, and His Mistress a Soldier*），改编自英美童谣集《颠倒的世界》（*The World Turned Upside Down*）中的插图。书中的童谣描绘了各种各样的“颠倒”。《颠倒的世界》同时也是一首歌的名字，据说，1781 年，康华里侯爵（Lord Cornwallis）在约克镇投降时，英国军乐队曾演奏过这首歌曲。对美国人来说，这是他们战胜 18 世纪最强大的军事力量的缩影。这幅漫画出现在美国获胜后的一本费城年鉴上。［资料来源：《1782 年大陆年鉴》（*The Continental Almanac for 1782*），国会图书馆］

是谁把火花从一棵自由树引向另一棵？

针对这些问题，我提出四个论题，这些论题可能会重建这一过程中人所发挥的作用，在认识激进主义的起源方面，让我们朝着综合的方向前进，而非朝着某个单一的范式：

第一，早在革命发生之前，激进主义的根源就已经深植于普通民众的思想、价值观、传统和习俗之中。 215

第二，曾在革命中发挥过积极作用的各个团体，逐渐意识到要争取自身的利益。他们在引用辉格党言论的同时，也开始追溯自己的传统。

第三，异常漫长的革命时代的经历，刺激了大众激进思潮的产生。从1775年之前著名的十年抵抗运动，到1775至1783年间旷日持久的战争，再到18世纪80年代中期以后，激进浪潮愈演愈烈，尤其是在18世纪90年代，法国大革命的冲击和圣多明戈*革命的成功点燃了美国激进主义的火焰。

第四，随着对抗的加剧，许多平民群体的自我意识增强，对能确保自己在美国生活中占有一席之地的切身利益也有了更加深刻的认识。

Ⅰ 激进主义的来源

我们每个人都可以坐在自己的无花果树下，享用自己的劳动果实。

---

* 即现在的海地。——译注

第一个论题，即在革命时代来临之前，激进主义的根源就已经深植于普通人的思想、价值观、传统和习俗之中，历史学家在不同的框架内已经对此进行了分析，这些框架包括道德经济、精神、阶级意识形态、政治文化，以及爱德华·汤普森所用的恰当的词语“平民习俗”（customs in common，意指 18 世纪英国“平民”所共同拥有的文化）。[2] 以自耕农为例，早期美国农民通常会想当然地认为，“额头的汗水”赋予了他们获得“自己劳动果实”的权利。在农民看来，威廉·曼宁的格言“劳动是一切财产的唯一来源”[labor is the soul（sole）parrant of all property] 是既定事实。农民犁地、播种、收获，农妇用亚麻或羊毛纺线，织布工将线织成布，农妇再用布来制衣。他们不需要政治经济学家来对自己进行劳动价值论的指导。这就是长期以来，农民尤其是新英格兰的自耕农，害怕自己成为“领主”的“附庸”的原因。理查德·布什曼（Richard Bushman）认为，这种恐惧是他们“本土文化”的一部分。源于此，对土地所有权受到的任何威胁，自耕农都会迅速地做出反应，尤其是那些可能使他们负债的税收，因为
217 负债往往会导致他们进一步失去土地。像约翰·亚当斯和塞缪尔·亚当斯这样的政治领袖之所以能获得成功，就是因为他们深谙农民的这种恐惧心理。这也正是农民对辉格党政治和宪法相关言论做出反应的社会纽带。[3]

现在，历史学家可以从一系列的农民群体反应中抓取这一不变的主题：从 17 世纪晚期持续到战前的警戒会、18 世纪 70 年代与英国的政治冲突、18 世纪 80 年代的谢司叛乱，以及 18 世纪 90 年代至 19 世纪早期的农民叛乱和土地政治。这是拥有土地或即将拥有土地的农民的激进主义，他们认为自己有权拥有土地、工具和其他生产性财产。尽管许多农民的土地所有权并不稳固，租赁关系也得不到保障，甚至有些只能在偏远地区私占土地，但这并不意味着农民都处在

边缘地位。他们变得激进也并非都源于贫困。通常情况下，他们是有家室的土地所有者，害怕生活下滑，陷入贫穷，或者是土地所有者的儿子，担心自己无法获得土地，无法复制父辈的成功。农民希望通过对土地所有权的保障来实现个人独立。在某些地区，这一目标与要求民族独立的政治愿望相融合，自耕农演变为爱国主义者，而在其他地区，大量农民在战争期间变得或保守，或中立，或“愤愤不平”。

类似的价值观也出现在工匠身上。与自耕农一样，作为财产所有者和未来的财产所有者，工匠都是或自主从事生产性贸易（“个体业主”），或作为短工为他人工作并渴望翻身成为师傅的男性（有时也有女性）。他们继承了本行业的古老传统，以及他们的先辈——那些 17、18 世纪的英国工匠长期坚持的财产权信条。[4]1773 年，费城的“一位技工”在给同行的信中宣称，“无论我们是否拥有自己的财产”，《茶税法》（Tea Act）都是一种侵犯。这是英国政府“想进入我们神圣自由堡垒”的“突破口”。“我们的财产，以及我们依靠劳动得来的宝贵果实是否能由我们自主支配”，这一点正岌岌可危。[5] 在工匠们看来，技艺是他们的一种财产。1792 年，康涅狄格州 1200 名技工共同签署了一份请愿书，宣称在革命爆发前的几年里，“劳动是公民拥有的主要财产”。[6] 与村民相比，港口城市中的工匠正生活在丧失独立的恐惧之中。短工们担心，他们可能成为永远的雇工，不能成为独立 218
的业主。学徒们失去了能够进入工匠业的信心，最终选择了逃跑。[7]

从那些生活在社会底层，拥有人身自由却没有财产的挣工资的人身上，我们期望看到什么样的价值观呢？以美国社会早期数量最庞大的挣工资群体商船海员为例，1745 年，在商船水手强烈抵制英国海军的强行征兵之后，海军上将彼得·沃伦（Peter Warren）的话证实，水手“对英国人的权利和自由的概念有着深刻的认识，他们实际上可以说是平权主义者”。水手们珍视他们的自由。杰西·莱米什（Jesse

Lemisch）断言，在抵抗时期，强制征兵是引发水手们参与暴乱的主要因素。马库斯·雷迪克尔（Marcus Rediker）对这些海上的水手进行了研究，并得出结论，“水手往往会给港口带来一种激进态度，专门针对专制而又过度的权威。他们同情别人的遭遇，开展合作以求自保，为了达成集体规定的目标而直接采取行动，在必要时甚至不惜动用暴力”。[8]

在整个殖民时代，那些被奴役的人，无论是非裔美国奴隶、来自英国的移民契约仆役，还是土生土长的学徒，都表现出了波士顿牧师科顿·马瑟在1721年所说的“对自由的热爱”。[9]50年后，还是在这座城市，出生于非洲的奴隶菲莉斯·惠特利写道：“上帝在每个人的心中都植入了一条法则，我们称之为对自由的热爱。它忍受不了压迫，渴望得到拯救；在现代‘埃及人’的允许之下*，我敢断言，同样的法则也存在于我们之中。”[10]奴隶不需要“自由之子”来激励自己追求自由。

生活在18世纪后半叶的奴隶应当被看作非裔美国人。非洲文化融入他们的意识之中。大多数奴隶出生在美国当地，是那些从非洲掳来的男男女女的子女、孙辈或曾孙辈；也有许多是最近才被迫从非洲迁移过来。在战前的几十年里，输入美国的奴隶成千上万。在1783年到1808年之间，这一数字有增无减。从他们的婚丧习俗、民间医术、房屋风格、宗教制度之中，许多学者发现了遗存下来的非洲文化的印记。此外，奴隶们还组成了家庭，将自己的文化认同代代相传下去——这是赫伯特·古特曼（Herbert Gutman）对黑人家庭史所做的开拓性研究的主题。当他们接受英美宗教的时候，往往会把福音派新
219 教与非洲的宗教实践结合起来。[11]

* 在《出埃及记》中，埃及人是压迫者。作者在这里有讽刺意味。——译注

解放后的奴隶渴望得到什么？作为劳动者，生活不断地提醒他们，他们的日常劳动果实正被窃取，就像他们或他们的祖先被人从非洲偷走一样。第一次奴隶解放出现在革命时代，从当时的证据来看，奴隶对确保个人独立的途径的追求一点不逊于盎格鲁—美国自耕农或工匠。1773 年，马萨诸塞的奴隶发起请愿，提出他们的设想："与其他人一样，自由是他们的自然权利，他们应当不受骚扰，享有通过所在行业积累起来的财产"，其后发出请求说，"他们应当得到解放，成为自由民"，最后请求获得"殖民地部分未开垦的土地，作为自己的定居地，在那里，每个人都可以安静地坐在自己的无花果树下，享用自己的劳动果实"。战争期间，逃走的奴隶成千上万。1783 年，许多奴隶被英国人运送到加拿大的新斯科舍，他们曾试图在那里寻找土地，但时运不济，又不得不返回非洲，回到英国殖民地塞拉利昂继续寻找土地。18 世纪 90 年代，罗伯特 · 卡特（Robert Carter）私自采取行动，解放了自己弗吉尼亚种植园中的 500 名奴隶。这些获得自由的奴隶，向他索要土地或做一门生意的资本，在他们看来这是自己应有的权利。[12]

无论是拥有人身自由的农民、工匠，还是没有人身自由的奴隶，他们所具有的这种信念，正如他们的话语所暗示的那样，往往植根于宗教，尤其是福音派所持的异见信仰。福音派宗教在抗议中浮出水面。彼得 · 伍德（Peter Wood）指出，战前有许多像菲利普 · 约翰（Philip John）这样的黑人牧师，他们鼓吹，"不应该再有国王派来的白人总督或大人物，黑人应过上幸福的生活，制定自己的法律"。艾伦 · 泰勒（Alan Taylor）发现，战后"在每一场农民抵抗运动或叛乱中，反独裁的福音派传教士都会向居民宣扬、阐释和灌输土地观念的神圣含义"。这些人中有浸礼会教徒、新光会众，以及试图绕过博识的神职人员，追求直接精神接触的极端福音派反律法教徒。尽管威廉·曼宁是正统的加尔文主义公理会信徒，但在他的脑海中，“多数人”对“少数人”的战争仍具有《旧约》中的战争形象。[13]

宗教觉醒在革命时代回荡。当历史学家继续探索大觉醒（1739—1745 年）和革命之间的联系时，更多的注意力放在了战争期间尤其是战争之后狂热的宗教浪潮上。[14] 现在可以清楚地看到，千禧年主义
220 的表现形式是多种多样的，例如，认为赫尔曼·赫斯本德这种往来于偏远殖民地间的叛乱者进行的激进抗议反映出他要在西方重建耶路撒冷作为自耕农乌托邦的愿景。到了 19 世纪初，福音派浸礼宗和卫理公会派逐渐成为美国最大的教派，它们不仅为内森·哈奇（Nathan Hatch）所称的“美国基督教的民主化”做出了贡献，而且还促进了美国政治生活的民主化。[15]

由劳动价值论、基督教福音派平等主义、英国人的平民权利和自由观念等所构成的信仰体系，可以被认为是普通民众在危机时刻汲取的思想资源。

II 对自由的挪用

谁能比我们这些曾为土地而战的人更有权利拥有这块土地？

如果我们承认在革命之前民众就具有激进价值观这一论题的合理性，那么第二个论题就不难论证，即随着普通民众在革命中发挥积极作用，他们的自我权益意识觉醒，开始追溯自己的传统，同时还引用那些身为律师、官员、农场主和商人的辉格党人的言论。激进思想的传统脉络与革命中形成的新潮流相融合，这一点，学者们直到现在才开始研究。

这种融合体现在语言之中。战后，新英格兰农民所进行的抗议活动很好地说明了这一点。据艾伦·泰勒描述，这些农民非法定居在缅因边境的土地上，并以武力反抗大农场主对他们的驱逐。他们持有一种基本的假定，认为享有土地的权利来自激进的基督教传统（“上帝把土地给予了他的子民”）和一种道德经济观念（“荒野应该像普通空气一样是免费的”）。而他们曾在战争中服役的经历又强化了这一观念（“谁能比我们这些曾为土地而战的人更有权利拥有这块土地”）。这些归属权有争议的土地多是从英国人手中没收而来，这更易于使人们将其视为公共财产来处置（“这些土地曾属于乔治国王，但他却在美国独立战争中失去了它们。这些丢失的土地属于那些曾经为之战斗并取得胜利的人民”）。

另一些语言则显示出对辉格党言辞的复杂挪用。那些没有人身自由而又身处爱国运动中心的人，通常会格外敏锐地利用辉格党的思想。这一点，在爱国者们将自由从传统的英国宪法权利转变为 221
自然权利的过程中体现得尤为明显。据爱德华·康特里曼（Edward Countryman）分析，这是这一关键词含义的第一次转变。在马萨诸塞，当 1773 年 1 月奴隶们第一次为自由请愿时，他们发出的是一个悲哀的基督教人道主义请求：“我们没有财产！没有妻子！没有孩子！我们没有城市！没有国家！但我们有天父。”第二次请愿发生在 7 月，他们提到“自由的自然权利”，但重点是一个人应被赋予享有自己劳动成果的权利。在 1774 年的请愿中，他们继续将辉格党的主旋律与基督教价值观相融合，称自己“生而自由，从未因任何契约或协议而丧失这种福祉”。直到 1777 年，他们在请愿书中提到自己在呈递“一份又一份请愿书”时所表现出的耐心，这时他们才提出“不可剥夺的自然的”自由权。这种挪用是如此的投机取巧，人们禁不住要争辩，辉格党人的言辞仅仅是为争取自由制造了一种时机，而并非主张自由的理由。[16]

当人们提出不切实际的想法时，他们往往会把这些想法演绎得远远超出爱国领袖的预期。多年后，一位曾经搭乘海盗船出海的波士顿学徒艾比尼泽·福克斯（Ebenezer Fox）在他的回忆录中写道，“在我应该自由的时候，却没有摆脱奴役，我想这是在对自己做极不公正的事情。现在正是时候，我要把自己从别人的奴役中解放出来，建立我自己的王国；换言之，我要做自己认为正确的事情”。他的话就像某种摆脱所有权威的个人独立宣言，可能会令亨利·梭罗（Henry Thoreau）欣赏，也可能会让约翰·亚当斯战栗。

处于不平等地位的人必须经历一次思想上的飞跃，才能把对自由的讨论转变为对平等的要求；而这种飞跃用经历比用观念中任何固有的逻辑来解释会更好。乔治·罗伯特·特维斯·休维斯是波士顿的一名鞋匠，他的两本口述自传流传了下来。休维斯曾参与过波士顿惨案、波士顿倾茶事件以及无数类似的抵制事件，这些经历使他抛掉了顺从。他生动地回忆到，当他还是一名鞋匠学徒，前去拜访波士顿最富有的商人之一约翰·汉考克时，身体所发出的颤抖。而在十年后的波士顿倾茶事件中，（记忆中）他曾与汉考克肩并肩地将茶叶扔出船外，那时他感受到了平等。汉考克不太可能冒着被捕的危险参加如此非法的活动，休维斯可能是将另一位绅士误认为汉考克。然而，在余
222 生之中，休维斯将永远记得这场革命中的平等时刻——当时，他和那些“地位比他高的人”一样出色，这些人可能是约翰·汉考克，可能是他反抗过的海关官员，抑或是他拒绝脱帽致敬的船上官员。[17]

我们对阿比盖尔·亚当斯的充分了解可以让我们深刻认识到，是什么促使一位女性做出这一飞跃，由此思考其他女性。亚当斯在1776年3月写给约翰的那封讨论“记住女性”（remember the ladies）的信中，提出丈夫应结束对妻子的暴政。这似乎还是第一次有人提出

这样的要求。十多年来，她不断地读到或听到她丈夫关于“暴政”“奴隶制”以及“领主和附庸”的言论，但无论是她自己、约翰还是马萨诸塞的其他任何人，似乎都没有公开将这些法则应用到女性地位的讨论之中。

她曾有过怎样的经历？在过去的十年里，她一直密切关注着波士顿及周边妇女在革命进程中的积极参与，并以“政治家”自诩。她很可能从1773年到1774年的黑人请愿者和一些所谓的共谋者那里得到了鼓舞，她觉得他们“和我们一样拥有自由的权利”。1776年，在她给约翰写信的前一个月中，她读到了《常识》，以及书中要使这个世界重新开始的思想。但最具决定性的因素也许是在她的丈夫间歇前往费城的两年里，她肩负起传统“女性领域”之外的新责任——管理家庭农场。她夸耀自己已成为一名“能干的农夫”，以及三个年幼孩子的“老师”。她越来越清楚地意识到自己的能力所在，以及自己的不足之处——相对这项任务而言，她受过的教育太贫乏。正是在这样的经历背景下，她提高嗓门，要求约翰“记住女性”。类似的战时经历也会推动其他女性做出这样的飞跃，并通过语言表达一种新的意识。[18]

Ⅲ 激进主义的来源：未兑现的承诺

第三个论题是，当历史学家思考革命一代的整个生活经历时，他们越来越普遍承认，在极度漫长的革命时期的经历塑造了民众的激进冲动，这个时期一直延续到18世纪80年代、90年代甚至更久。革命并没有终结于1776年、1783年、1787年或1801年。历史学家在描写诸如华盛顿、亚当斯、汉密尔顿、杰斐逊、麦迪逊等伟大领袖
时，对他们长达半个多世纪的政治生涯的处理没有任何问题。为什么 223

不能以同样的方式去思考那些与他们生活在同一时代的普通人呢？对于其中的许多人而言，他们所怀有的激进主义源于他们在整个革命时代累积起来的经验。

赫尔曼·赫斯本德曾于1793年写道："在每一次革命中，广大民众都被号召起来，为真正的自由提供援助。"然而，一旦"外国压迫者被赶走，那些有学问、精于谋算的人"就会从"劳动人民"的手中窃取权力。赫斯本德领导了边远地区"北卡罗来纳警戒会"的叛乱、反联邦主义运动和宾夕法尼亚威士忌叛乱，前两次叛乱分别于1771年和1788年失败，在他写下这句话时，威士忌叛乱正遭到镇压。[19]如果说，在大革命早期，激进主义存在于托马斯·潘恩《常识》一书中所表达的希望"世界重新开始"的诉求中，那么，在革命后期，激进主义则表现为没能兑现的承诺或过高预期的幻灭所带来的愤怒或痛苦。

这是美国历史上持续时间最长的一场战争，这期间产生了各种激进冲动。正如军事历史学家约翰·夏伊（John Shy）所呼吁的那样，倘若战争有一天被"恢复到它曾在革命一代中的核心地位"，那么，其中的一些经历或许是值得称道的。[20]当时约有20万人在军中服役，民兵和正规军各占一半。费城民兵组织"带着平等主义思想来到战场"，而后在1779年至1780年控制物价的运动中，又把平等主义思想带回到费城的大街小巷。他们中的工匠、自耕农以及劳工是推动宾夕法尼亚走向独立和制定最激进的州宪法运动的主力军。[21]其他地区的民兵，即使在其社区层面，在精英阶层的军官看来也显得过于民主。1776年之后，正规军的士兵来自"革命社会中最贫穷、最受压迫的群体"。学者们现在一致认为，他们将对美好生活的渴望寄托于分配土地的承诺之中，这一点并不会损害他们的爱国精神。士兵和军官之间的紧张关系普遍存在。冯·斯图本男爵（Baron Von Steuben）

敏锐地认识到，他必须教会美国军官适应士兵们个性化的“天赋”，并赢得他们的“爱和尊重”。在战争初期，随着“大陆军”变得更加自律、更有凝聚力，他们经常会对军中醉酒、逃跑、领取入伍津贴后开小差等方面存在的不公表示怨愤。他们发起了集体抗议，最终导致了 1781 年新泽西和宾夕法尼亚的兵变。[22]“在 8 年（战争）之中，大约 20 万群众亲眼目睹了 2 万名左右的所谓精英，或多或少都无法 224
胜任军官一职，”约翰 · 夏伊挖苦地说，“对那些地位显然高于他们的人，战后的选民已不再怀有习惯性的尊重。”[23]

在海上，对私掠的狂热为大约 6 万人（在海军中服役的士兵仅有几千人）提供了一个“建功立业，报效国家”的机会，正如招募者所诱导的那样。这也让他们尝到了合法海盗的滋味，船长就像海盗头目一样，行动前会征求船员的同意。成千上万被俘虏的水手，如果能在英国监狱的恐怖中幸存下来，就有了集体自治的经验。[24]

在乡村，对成千上万的普通美国人而言，革命带有内战特征，正如罗兰 · 霍夫曼所恰当表达的，这是“一场野蛮的战争”，尤其是在南方某些边远地区“呈现出一场社会动荡”的景象。凡是在殖民地精英和普通民众间曾发生过激烈冲突的地方，爱国精英就会遭遇强烈的反对，特别是在北卡罗来纳和南卡罗来纳。即使是在凝聚力更强的马里兰，穷困的农民和佃户等反对群体也对大种植园主怀有“不满”情绪。类似的情况也发生在纽约州，在那里，爱国地主遭到佃户的反对。即使在相对平静的弗吉尼亚，也充斥着反对的声音，只有当老派精英们与帕特里克 · 亨利建立联合时，这种反对的声音才消退了一部分。尽管南方联盟的成员通常来自社会的各个阶层，但对许多南方人来说，他们的主要经历还是对抗和打击比他们阶层更高的来自深南部的精英们。[25]

用西尔维娅 · 弗雷（Sylvia Frey）的话说，对奴隶而言“战争的动荡彻底动摇了奴隶制度”。1780 年，克林顿将军在南卡罗来纳重申了邓莫尔勋爵（John Murray Dunmore）1775 年在弗吉尼亚发布的允许黑人参战的宣言。由于担心会引起奴隶主支持者的恐慌，英国人从来没敢冒险大势声张，但事实上英国军队在南方和北方均吸引了大量奴隶。在北方，征兵配额的紧迫性迫使爱国人士取消了对奴隶的禁令。但最终，挥舞着武器为英国人而战的奴隶可能要多于攻击英国人的奴隶，更多的奴隶甚至干脆选择逃跑。用弗雷的话说，在辉格党、托利党、奴隶三方中，无论战斗发生在哪方，无论英国军队出现在哪里，奴隶们都会抓住机会。菲利普 · 摩根（Philip Morgan）指出，在深南部，“战时的无政府状态给乡村带来了权力真空，奴隶得以扩大自己的自由”，或者说体制允许内的自主权。[26]

战争造成了平民生活中的不平等现象。通货膨胀率飙升，投机者发达。因粮食引发的骚乱在北方频频发生，妇女成为其中的主力军。
225 由此引发了主张政府控制价格的道德经济学支持者和主张自由贸易的政治经济学支持者间的一较高下。[27] 如果说这场战争在很多方面激发了各种敌对思想，那它也为普通民众创造了新的愿景。正如南卡罗来纳历史的亲历者、历史学家大卫 · 拉姆塞于 1789 年写下的，战争让人们“在思考、说话和行动上遵循一种新的路线，这种路线与他们过去所习惯的那种大相径庭……战争需要人才，更创造了人才”。[28] 战争促使士兵和水手们四处流动，把他们带入新的世界。可以说，对成千上万的男男女女而言，无论他们是奴隶还是自由民，战争都扩大了他们对美国空间和新生活方式的可能性的认知。激进行动催生了希望和对其他选择的了解，而不仅仅是绝望。

对妇女来说，战争拓展了她们在“家庭领域之外”的经验。几千名妇女加入军队，通常是跟随着自己的家庭成员，充当厨师、洗衣妇或护士。当男人外出打仗时，女人被动员给他们提供衣物。除了履行这一传统职责之外，她们同时也扮演着男性的角色，管理农场，开展贸易，重复着阿比盖尔·亚当斯在1775年至1776年间的经历。尽管“代理丈夫”的角色由来已久，但从未有如此多的女性将其视为一种爱国职责。[29]

战后社会中的生存经历，催生出一种失望的激进主义。对于那些曾在军中服役的老兵来说，居住地分配的不公平，埋下了一颗长期怨恨的种子。军官有养老金，受伤的士兵得到一些补偿。但普通士兵很少能得到入伍时承诺作为奖励的土地。直到1818年，政府才为士兵制定了养老金制度，但却仅针对那些“经济拮据”的士兵。4万份申请涌向政府，犹如美国贫困现状的“末日审判书”。直到1832年，这项对经济状况的考量才被取消，一项没有限制的养老金法案最终出台，所有能够“详细描述”服役情况的人都能申请。提出申请的人数多达2万。对这些革命幸存者在申请养老金时提到的痛苦、自豪和愤慨，历史学家的研究才刚刚起步。[30]

邦联时代的艰难岁月孕育了一种绝望的激进情绪：农民因欠债而入狱，面临着土地和财产被剥夺的危险；技工们要么被英国制造的进口产品所淹没，要么被美国造船业的崩溃所摧毁；移居到边远地区的民众在要求土地的过程中受挫。请愿书如雨点般涌向州议会，人们要求“分配土地、减轻债务、修改沉重的累退税制度”。谢司主义不局 226
限在一州。戈登·伍德明确指出，有一种更大的恐惧，害怕“门外之民”的激进主义会进入“门内”，左右立法机构的决定。[31]

因此到1787年，对谢司主义合法化的恐惧鼓动了前所未有的大量商业利益集团来支持《宪法》。[32]围绕《宪法》能否通过产生的冲突，又激起了更广泛的利益对立，推动了民粹主义者反联邦主义思想的高涨，其规模直到现在才得到学者们的承认。[32]

18世纪90年代，建立在新宪法基础之上的汉密尔顿经济计划，扩充了大众对国家统治阶级的认识，即加里·科恩布里斯（Gary Kornblith）和约翰·穆林（John Murrin）提出的牺牲多数人的利益而实现的少数人统治。在这种语境下，戴维·布里昂·戴维斯所说的“美国人对法国大革命表现出惊人的热情”是可以理解的。法国大革命以外交政策的“幌子”进入美国国内政治后，例如革命的法兰西共和国与君主制英国之间的战争、潘恩派为英国革命所做的努力，以及1795年联邦党人与英国的和解以及美法准战争等，很快激发了新的平等主义和千禧年主义思想。托马斯·潘恩在《人的权利》一书中似乎提出了1776年出版的《常识》中讨论过的问题。激进主义的冲动高涨，正如戴维斯所写的那样：“有时外国革命会重新激发美国人对更美好世界的信念，扩大并重新定义平等的含义，暴露出我们对社会正义的自诩是多么空洞而自负。”[33]

Ⅳ 大众意识："阶级""平民"还是"民主"？

关于激进来源的第四个论题是，随着革命时代敌对情绪的滋长，许多大众团体的自我意识在提高，他们要求在美国生活中占有一席之地。这一观点虽然容易验证，但却难以确切地表达出来。革命时期形成了一种新的大众意识：“我们”和“他们”，对此历史学家们似乎没有异议，但在如何将其概念化的问题上出现了分歧。

这种意识很容易被看作一种阶级意识。爱德华·汤普森在《英国工人阶级的形成》（*The Making of the English Working Class*，1963年）一书的序言中对阶级做了一番概述，他的这段话很可能是被相关
227 学术文献引用最多的一段，对美国学者产生了巨大影响。汤普森写道：“当一群人因为共同的经历（不管这种经历是从前辈那里继承来

的，还是亲身体验到的），感觉到并明确表达出他们之间的共同利益，以及这种利益与其他人的不同（并且常常对立）时，阶级就产生了。”在对 18 世纪英国流行文化进行深入探索之后，汤普森对阶级的形成进行了细致入微的区分：

> 坦率地说，阶级并不是一种独立的存在，它环顾四周，找到一个敌对阶级，然后开始斗争。相反，人们发现自己生活在一种特定的结构化社会中（在生产关系中至关重要，但并非唯一因素），他们被人剥削（或需要通过剥削别人来维护自己的权力），找到对立的利益点，然后开始围绕这些问题进行斗争。在这个过程中，他们发现自己是作为一个阶级而存在的，并逐渐认识到这就是阶级意识。在真实的历史进程中，阶级和阶级意识始终是在最后阶段才形成的，而并非在开始阶段。[34]

汤普森的阶级观至今仍有争议，但没必要在这里解决。[35] 历史学家在对阶级的论述过程中往往会形成自己不同的概念，但他们与汤普森一样强调阶级的形成过程。他们研究自耕农作为一个阶级的“形成”或者边远地区自耕农“把自己改造成一个阶级”的过程，讨论统治阶级的“形成”和“瓦解”以及影响自由观念不断变化的“资产阶级的形成”。从不同角度进行研究的学者，同时也在发现革命时期“对立的利益点”，看美国人民如何围绕它们“开始斗争”并且“发现自我”。如果我对这个问题的分析是正确的，那么在革命后期，斗争点比早期更为广泛和激烈。

自我发现是否会导致阶级意识的形成还有待商榷。当汤普森回到 18 世纪英国的大众斗争研究时，他继续讨论“贵族和平民”以及“贵族”社会中的“平民文化”。其他人也使用这一词汇。迈克尔·梅里尔（Michael Merrill）和肖恩·韦伦茨将威廉·曼宁描述为“平民民主党人”，而韦伦茨则称纽约的工匠们坚持一种“平民的工匠共和主义”。戈登·伍德看到了美国社会中平民和贵族间的分裂。当我也运
228 用“平民”的时候，我思考再三，发现这个词似乎有点年代错误，因为“平民”和“贵族”二词来源于一种在1800年之前就已迅速过时的古典传统。在美国，各群体围绕政治进程中发言权的斗争花样百出，而在历史学家看来，与阶级意识相比，共和意识、民主意识以及公民意识这三个术语更有吸引力。[36]

美国学者对非精英群体特定语言的探索只是刚刚开始。[37]我的印象是，过去曾用来区分社会不同类别、等级、身份和阶层的词汇，在18世纪后期逐渐消失；尽管那些附带价值判断的表达，如“上层”“中间阶层”“下层”等确已过时，但“阶级”一词——“工人阶级”“中产阶级”——可能要到19世纪第二个二十五年才流行起来。

革命之后，非精英阶层的共同语言往往反映出社会中两大分裂势力的对立。在批准《宪法》通过的辩论中，一个几乎没有受过正规教育的马萨诸塞农民阿莫斯·辛格尔特里担心“律师、学者和有钱人”会“吞噬我们这些小人物”。在纽约，反联邦主义者的主要代表人物、白手起家的商人梅兰克顿·史密斯认为，拟议中的新政府将会落入“少数大人物”之手，连“中产阶级”也会被排挤在外。[38]在18世纪90年代的辩论中，激进派的语言表明，他们在生产性阶级和非生产性阶级中划出了分界线，“那些以劳动为生的人和那些没有付出劳动而得到劳动成果的人”，或“多数人”与“少数人”（威廉·曼宁）；“劳动人民”反对“有学问有计谋的人”或“无所事事的富人”（赫尔曼·赫斯本德）；“人民”对“贵族”（托马斯·潘恩《人的权利》）。出现在新闻报纸或小册子中的假名，也暗示着类似的身份，如“一个劳动者”（威廉·曼宁）、“一个平民”（梅兰克顿·史密斯）、“粗鄙

的煤矿工”（小亚伯拉罕·耶茨）、“一个耕地慢跑者”［杰迪亚·佩克（Jedediah Peck），此人确实为农民，曾是浸礼宗牧师］、“一个农民”、“一个技工”，诸如此类，不胜枚举。[39]

显然，一些非精英群体比其他群体更善于“发现自己”，更容易发展出某种特定的利益意识，就算不是特定的阶级意识的话。其中最明显的，当属那个时代最自觉的城市群体——技工（本书论文 1 中分析过）。毋庸置疑，技工对政治生活产生了影响；对于这一点，不管是他们自己，还是政治领导人都十分清楚。由于技工群体过于混杂，229
人们不确定是否能称其为技工阶级。也许历史学家会赞成，他们有一种“技工意识”，并在政治生活中“占据了一席之地”，然后以此为基础做进一步研究。[40]

如果这些群体在冲突中“发现自己”，并不一定意味着他们与自己的对手始终处于敌对状态。相反，由于革命也是一场争取民族解放的战争，新生阶级与其他阶级结成联盟，共御外敌。事实上，这个时代的确使联盟的构成不断变化，尤其是当外国势力成为整个时代的主要威胁时。但结成联盟并不一定会削弱人们对各自独立身份的认知。1788 年，在每一个主要城市，技工都作为一个群体加入商人和专业人士的行列，参加政治游行，庆祝新《宪法》的诞生，这是技工意识形成的一个标志。他们以技工的身份结队游行。利用行业的徽章、标志或工具组成队伍，展现出他们作为手工业者、技工或市民的自我意识。[41]

此外，新生阶级内部也在发生分化。在农村，随着市场经济扩张，艾伦·库里科夫（Allan Kulikoff）以是否以市场为导向作为标准，将商业农民和自耕农区分开来，这有助于解释农民之间的政治分歧，比如，是否赞同 1787 年制定的以商业为导向的《宪法》。在城市中，技工行业也按市场定位进行了区分。到了 18 世纪晚期，自由雇佣劳工在北方城市成为主流。输入的契约劳工正在消失，奴隶制逐渐走向衰落，学徒制则慢慢转变为一种廉价的劳动力形式。随着市场体制对工匠生产的侵蚀，师傅与学徒、师傅与短工之间的矛盾撕裂了技工这一团体结构。[42]

当城镇和乡村的“劳动阶级”毫无疑问产生了一种越来越强烈的认同感时，城市技工通常都没有对起义中的农民施以援手，无论是1766年发生在纽约的“佃农叛乱”，还是1786年的谢司叛乱。但这一情况在1794年发生了变化，城市中的民主党社团对消费税的谴责多于对威士忌叛乱的谴责。乡村和城市的劳动阶级，既有男性也有女性，但那些拥护潘恩《人的权利》（1791—1792年）的激进分子，对玛丽·沃斯通克拉夫特在《为女权辩护》（1791年）一书中表达的观点并没有表现出类似的兴趣。劳动阶级中也有黑人，他们所占的比例比美国历史上的任何时刻都要多，但无论是农民还是技工中的激进分子，都不支持加布里埃尔（Gabriel）于1800年在弗吉尼亚发动的那
230 场失败的暴动，也不欢迎北方城市中的自由黑人为建立自己的社区机构做出的努力。波士顿的自由黑人自愿去镇压谢司叛乱。可以说，革命时代不同群体所表现出的激进主义仍然是分化的。

综上所述，这四个论题所包含的观点为思考革命时代激进主义的根源提供了新的进路，它提出激进主义不是单一的，而是多种多样的，且并非源自一种包含一切的思想或意识形态。相反，它假定先前存在的激进价值观到革命时期开始发挥作用。革命本身给激进主义带来了不可估量的动力。但学者们可能不会寻求激进主义的“涓滴”理论，而会寻求一种来自社会下层的“气泡上腾”理论。在政治抵抗时期（1765—1775年）、战争期间（1775—1783年），特别是在受挫的激进主义取代希望的激进主义的战后时期（1783—1801年），激进主义都得到了蓬勃发展。革命时代，多种激进主义思想之间经常发生

矛盾。这些论题为探究革命结果中激进方案的成败提供了一个分析框架。

V 革命的结果：分析框架

如琳达·科伯所言，如果最近的学术研究成果增加了我们对革命中许多激进运动的“认可”，它也使“这些运动是否成功”成为一个未决问题。如果说那些曾被历史学家忽视的群体的发现，使这场革命显得更加激进，那也可以说，我们对革命结果的理解使这场革命显得保守得多，尤其是当我们把重点放在科伯所称的“边缘人”（我最初称之为“门外之民”）身上时。奴隶制的保留与扩大、妇女在父权社会从属地位的维持、市场经济对城市劳动阶级的破坏性侵入，更别提国家扩张对美洲印第安人的灾难性影响，这些都是革命后社会发展的核心内容。

学者们将这些结果与美国政治民主化、经济机会的开放以及平等主义的兴起做了对比——所有的结果都主要惠及自耕农、技工和女性——对比的结果是，他们往往使用诸如“矛盾”或“悖论”等词，留待进一步的解释。其他历史学家如戈登·伍德等声称，无论革命在“废除奴隶制和从根本上改变妇女地位方面”有多么失败，都“促成 231
了 19 世纪反奴隶制运动和妇女权利运动的产生，以及我们当前所有平等思想的形成”，这些历史学家是在从根本上逃避进行历史分析的责任。[43]

在《美国革命》（*The American Revolution*，1976 年）一书的后记中我提出，大众激进运动除了没有获取权力，还是可以从几个方面衡量它的成功，如它表达独特意识形态的能力、运动持续的时间，尤其是影响当权者和左右事件进程的力量。一个典型的例子是激进运动对精英阶层的影响，由此产生了一种复杂的美国保守主义，它学会了调和来自大众的压力。但我认为，同样的妥协过程并不适用于政治体系的“门外之民”——女性、黑人、印第安人。之后的学术研究使我确信，我在断言大众运动对精英阶层的影响方面还不够大胆，我错误地认为妇女和黑人对革命的影响甚微，或者革命对妇女和黑人几乎没有影响。

现在，革命的结果摆在眼前，我有以下几点思考：

首先，面对激进主义的高涨，想成为国家统治者的精英阶层，在如何应对威胁方面出现了分歧。在政治领域，他们做出了各种反应，从英国统治阶级的传统手段（武力、顺从、感化）到以和解为目的的谈判都在其范围之内。

其次，在所有谈判中，与中间阶层（自耕农和技工）的谈判最为成功，因为中间阶层已经进入政治体系，并将持续存在。精英们想要成功地治理国家，就不能忽视他们的存在。

再次，谈判遍及社会各阶层，与那些被排除在政治体系之外的群体（如女性和奴隶）达成了妥协，又没有破坏社会和经济体系所依赖的从属关系。但真正的“门外之民”——美洲印第安人——在某些地区、某些时刻仍十分强大，足以迫使这些盎格鲁—美国人妥协，延缓扩张的步伐。

最后，随着妥协的推进，政治体制变得更加民主，导致激进的大众运动在影响变革的手段上出现了分化。这些手段既包括那些传统的、由来已久的敌对形式（它们虽然有效，但却超出了法律的界限），也包括新政治制度许可范围内的各种手段。

以这种方式对结果进行分析——将其视为在一系列独立领域中发
232 生的对抗、谈判、妥协过程——为解答革命结果中所谓的矛盾性提供了可能，也为分析各种复杂方式的融合留下了空间。通过这些方式，美国完成了向资本主义社会的转变，对于激进的冲动而言，这种转变过程既是一种动力，也是一种阻碍。[44]

Ⅵ 精英阶层的分化：公共领域中的妥协

未来的统治阶层在面对革命时代的大众叛乱问题时出现了分化，一段时间以来，学者们对照各个州逐一对此进行了确认。科恩布里斯和穆林对这个时代的美国统治阶层进行了概括分析，自威廉 · A. 威廉姆斯（William A.Williams）以来，还是第一次有人敢于这么做。在殖民时代，精英们表现出的凝聚力各不相同。许多殖民地的精英家族互相残杀，在选举中往往以蛊惑人心的方式在工匠或农民中拉票，只有在维护他们对下层阶级的霸权时才会联合起来。商人阶层一般都分化，哈德逊河流域的大奴隶主和地主也是如此。但总体而言，精英阶层遏制住了来自下层的零星威胁。从 18 世纪 70 年代开始，大众民主一直存在于政治领域。对这个新问题的处理方式，可能会导致大贵族家族内部分裂（如马里兰的卡罗尔家族），或者与亲邻分道扬镳（如在纽约州），甚至会导致自信的当权士绅之间出现分裂（如在弗吉尼亚）。[45]

革命使旧精英们出现了信心危机。他们怀疑自己是否有能力尝试民主制度（对他们来说，民主人士不过是一群“乌合之众”或“暴徒”），是否能够与负责民众选区的新人物（他们眼中的“暴发户”和“煽动者”）一较高下。在整个革命时代，这种信心是精英阶层内部的一条分界线。在面对是否从英国独立出来的问题时，它将辉格党与效忠派划分开来；在面对州政府至上还是宪法至上的分歧时，它将辉格党内部区分开来；到了 18 世纪 90 年代，它又存在于民主共和党人和联邦党人之间。当 1800 年联邦党在大选中失败后，这条分界线又划分出了“老派”联邦党人和“新派”联邦党人。

精英们在谈及下层威胁时所使用的隐喻，颇具意义地表明了他们的不同观点。惊慌失措的保守派人士将这些人称为必须驱赶的野兽，或者是会咬人的爬行动物，其中一些人还引用了“九头蛇”（the many-headed Hydra）的经典形象。[46] 相比之下，纽约的地主巨头罗伯
233 特 · R. 利文斯顿，一位典型的更具冒险精神的保守主义者，在 1777 年曾以洪流类比：统治者必须“学会在不能阻遏的洪流中顺流而行”；他们“如果想引导水势，就不得不顺着洪流”。三十年后，联邦党人诺亚 · 韦伯斯特斥责那些失去权力的党内人士，因为他们“试图抵制当前的流行观点，而不是融入其中，引导它的走向”。这位著名的词典编纂者是一位温和的保守派，他在自己的畅销作品——拼字书和字典中大力倡导英语的美国化。[47]

革命促使激进主义的威胁从局部蔓延至全国，这无疑是一个新情况。无论是谢司叛乱还是威士忌叛乱都突破了某一个州的范围。[48] 国家政府的建立为冲突创造了一个全国性的角斗场。随着报纸数量和发行量的增加，舆论的传播更加迅速。技工师傅从一个城市走到另一个城市。在边远地区和东部城市中形成的民主党社团多达五十个左右。这场通讯领域的小革命使得外部事件能够对国家产生相当迅速的影响。法国大革命中接连发生的事件在全美引起了共同反响；加勒比地区黑人革命成功的消息鼓舞了从南到北的非裔美国人奋起抵抗，无论是奴隶主，还是反奴隶制的倡导者对此都十分震惊。[49]

民族激进主义的洪流要求这个国家的领航员具备非凡的才能。在以 1787 年制宪会议为高潮的战后危机中，最有能力担任国家领袖的精英领导人是像詹姆斯 · 麦迪逊这样的人，麦迪逊承认这是一场“政

治体系”危机，而“政治体系”本身就是一个颇具启发性的短语。麦迪逊能够在两条战线上进行谈判：一边是在大会上获得多数票、拥有大量财产却相互冲突的“利益集团”（既得利益者）；另一边是尽管没有出席大会，但却在大会中具有“存在”意义的激进民主运动的参与者（赤贫阶层和穷人）。制宪者们或多或少同意麦迪逊的观点，即如果想要宪法“永世长存”，它就必须听从“人民的天赋”。[50]

大胆而老练的保守派从革命中吸取教训，他们必须提前与具有民主思想的选民达成妥协。1787 年至 1788 年，联邦主义者做出了两项重大妥协，这两项妥协经常被公民学课程所忽视：第一，把对民主统治的让步纳入《宪法》；第二，在《宪法》审议过程中，承诺对《宪 234
法》进行修正，由此将想要一个不太集中、更加民主的政府的强大反对派分化开来，后来的修正案则被简化为《权利法案》，后者使《宪法》的基本框架保持不变。其结果是，一部可以让民族主义激进分子如托马斯 · 潘恩和地方主义平民民主党人如威廉 · 曼宁都接受的《宪法》诞生了，尽管他们对其仍颇有微词。曼宁写道，《宪法》“在总体上是好的，但我也毫不怀疑，制宪会议意欲通过它来摧毁我们的自由政府”。未来难以预期；他说，尽管宪法“如小提琴一般只有几根弦，但执政者可以用它演奏任何他们喜欢的曲子”。

18 世纪 90 年代，掌权时间最短的精英是以英国为榜样的汉密尔顿等联邦党人。在制宪会议上，汉密尔顿提出一个由总统、参议院、众议院组成的政府，州长由总统任命，总统对州政府具有否决权。他试图模仿英国人那套顺从、感化和强制的方式，来巩固 18 世纪 90 年代的政府。但是，顺从正在消逝，任何强加于人的企图都将面临“贵族气派”的指控。他通过融资体系和银行建立的影响力，招来了对腐败的对抗反应。而利用强制手段，无论对威士忌叛乱或弗莱斯叛乱（Fries’s Rebellion）等法外反对派进行的武力镇压，还是像通过 1798

年颁布的《谋叛法》（Sedition Law）对合法反对派进行监禁的政治压迫，都是对“人民的天赋”的错误判断，导致联邦党人被赶下台。

在麦迪逊和杰斐逊的领导下，最具生存能力的精英们团结起来，组成民主共和党。弗吉尼亚的领导人在废除圣公会权威的长达十年的战斗中与不同的教派建立联盟，从而掌控了局势。他们学会了在全国范围内进行妥协：建立一个由蓄奴的南方种植园主、自耕农、寻求独立市场以脱离英国的北方商人、工匠以及未来的制造商组成的联盟。毫无疑问，他们在北方的盟友主要是来自纽约州和宾夕法尼亚州的政治家，如罗伯特·R. 利文斯顿等人，这些人已准备好再一次紧跟形势。如此联系在一起的利益集团能够追寻一个共同的目标——扩展农产品的海外商业市场，向西部扩张，发展美国的制造业。[51]

民主共和党人又转而向左派的激进农民做出妥协。1786 年，当麦迪逊寻求联邦政府的权力来遏制谢司叛乱时，杰斐逊做好了“时不时会发生一些小叛乱”的准备，以此警告统治者。但在 1794 年，联
235 邦党人向“自发团体”发难，认为它们是威士忌叛乱的发动者，为此，麦迪逊和杰斐逊同他们进行斗争。他们更关心的是消除不满情绪，而非镇压农民起义。他们把广阔的公共领域作为一种资源，愿意满足移居者对土地的一贯需求。两人都反对严厉的《谋叛法》。他们也都认识到技工的重要性，杰斐逊把技工称为“城市中的自由民”。尽管如此，他们仍然无法接纳身为奴隶的非裔美国人和印第安人，对美国女性的新声音也表现得漠不关心。

Ⅶ 私人领域的协商：非裔美国人

以上所有这些协商都发生在公共领域。历史学家对社会历史各个

领域的研究表明，协商在私人领域中也同样存在（区别于日渐消融的公共领域）。在劳动阶级的不同阶层中，尤其是在18世纪90年代，情况似乎确实如此。师傅和学徒签署契约，明确在同一屋檐下生活和工作时彼此应尽的义务。当学徒的恭顺消失时，师傅也不得不改变自己的方式。印刷契约书的内容可能是相同的，但学徒会强烈要求重新协商，并形成一种不成文的契约。与此同时，各行各业的短工自发组织起来应对雇主，在美国历史上第一次出现了工人罢工迫使雇主停业的情况；大多数行业的行规都是在暗地里进行的集体讨价还价中逐渐形成的。[52] 当商船水手同他们的船主发生对抗时，一般会“采用多方位的协商和抵抗，来保护自己以及保卫和扩大他们所享有的特权和权利”，并且商船水手的力量很可能在大西洋世界的革命动乱中得到了加强。[53]

在乡村，移居者和大地产所有者之间的武装冲突可能以协商结束。在缅因州，只要土地所有者承认非法占有者对土地的所有权，那么，冲突就可能会降级为对土地价格的讨价还价。边境社区的领导人经常充当中间人。从州一级来看，在马萨诸塞州（当时缅因州隶属其下）和宾夕法尼亚州，民主共和党人在起草兼顾双方利益的法律条文方面证明了其熟稔性，宾夕法尼亚州通过了一项名副其实的“折中法案”。政客们出面调解社会冲突，这一创新举措，适时地在美国政治中反复上演。[54] 236

战争提高了奴隶对奴隶主的协商能力。对革命时代奴隶制研究的新成果揭示了奴隶在压迫体制下为自己赢得“空间”的过程。在1775年至1776年之间，南方的种植园主们显然没有能力来平息奴隶们争取自由的浪潮。在战争期间，他们别无他法；奴隶在制度允许的范围内，扩大了自治权，其中有些人甚至成功地逃离了奴隶制度。战后深南部地区的黑人不愿轻易放弃他们的战争成果，“许多人继续标榜他们日益增长的自治权”。在上南部，马里兰和弗吉尼亚通过法律，便于奴隶主解除与奴隶的附庸关系，使奴隶重获自由。切萨皮克（Chesapeake）因此第一次拥有了相当数量的自由黑人。在随后的几十年里，尽管奴隶制度在整个南方进一步扩展，但“关于奴隶为其主人劳动条款的重新协商一直没断”，[55]伊拉 · 伯林认为，这种协商正是制度的核心。

革命前夕，北方约有 5 万名奴隶，奴隶在各个殖民地的逐一解放，用伯林恰如其分的语言来说，是“一个缓慢而痛苦的过程”，往往要持续好几年。最近的学术研究指出，来自黑人坚持不懈追求自由的压力，与白人反奴隶制的善意一道，共同促成了第一次奴隶解放浪潮。无论是在战争期间，还是在战后，北方奴隶或通过对英国人及爱国者的反抗，或采用直接逃跑的方式，来获得自由；有些奴隶赎回自己和家人的自由。在北方奴隶人口最多的 5 个殖民地中，立法机关只允许奴隶的孩子在 20 岁以后才能逐渐获得自由。这就解释了为什么在 1810 年北方仍有 27000 名奴隶，而拥有自由身份的黑人也不过 5 万人。北方各殖民地的黑人一旦获得自由，接下来就面临着与种族主义的持续斗争，以争取入学机会、选举权和公民权。因此，可以说这是一场不彻底的解放。[56]

到 1820 年，全国获得自由的黑人总数接近 25 万，而奴隶的数量已增至 150 万。正如伯林所总结的那样，这场革命“不仅在扩大黑人自由方面迈出了一大步，（同时也）强化了种植园制度，奴隶制得到空前发展，遍及整个大陆。因此，如果说革命标志着自由的新生，那么它也掀起了奴隶制大规模扩张的浪潮”[57]。

这种局面是如何出现的？要想对革命形成正确的理解，这个问题至关重要。戴维 · 布里昂 · 戴维斯于 1975 年首次提出的论点至今仍令
237 人信服，“美国殖民者陷入奴隶制和自由之间的矛盾并非偶然”。相

反，当他们从革命中崛起时，“奴隶制对南方乃至整个国家的经济都至关重要，因而对‘美国制度’的可行性也至关重要”。此外，“自由社会与带有依附性的劳工阶级绝不是不相容的。自由社会的主要先决条件是拥有大量的自由人，不受封建、军事或政治义务的束缚。自由需要独立，而独立则依赖于自由保有的财产”。奴隶作为一种财产定义了独立，而独立正是南方农民长期珍视的目标。[58] 是什么原因使北方人默许了南方奴隶制的存在？经济利益、对国家联合的优先考虑、辉格党意识形态中对私有财产的执着，以及种族主义，它作为奴隶制在自由土地上继续存在的理由必不可少——所有这些促成了革命时代也许是最致命的一次妥协。[59]

Ⅷ“家庭领域”的妥协：女性

依附体制下的妥协模式在女性身上体现出不同的形式。“我们打算问一问，”琳达·科伯写道，“在革命的严峻考验下，两性社会关系是否以及如何进行重新协商。”女性参与了战前抵抗运动和战争，其结果是，“美国的公民权具有多大的包容性，这一点应当进行协商”。[60]

这样看来，1776 年阿比盖尔和约翰·亚当斯之间那些经常被引用的往来书信，可以被视为这场至关重要的协商的第一轮。丈夫不愿听到任何关于权利平等的问题，但他愿意接受妻子不断提出的为女性提供教育机会的要求。尽管没有书面记录，但我们可以假设，这样的交流在无数中间阶层家庭中经常上演。科伯将这种女性称为“共和国母亲”（Republican motherhood）。抚育子女，使他们成为新共和国的优秀公民，这是“共和国母亲”被赋予的爱国责任。因此，她们自身需要接受更好的教育。正如科伯最近思考的，“共和国母亲的角色，是一种保守的稳定因素，转移了革命经历所带来的激进潜力”；与此同时，它也促进了妇女教育的普及，这是自 1790 年以来的几十年中取得的主要成就。[61]

许多能够阅读美国早期小说的具有读写能力的年轻女性都是第
238 一次协商的受益者，她们又去争取第二次胜利。她们敢于蔑视权威，并阅读那些反抗权威的小说。在女性争取平等权利的长期斗争中，这看起来似乎并非是最具颠覆性的，但凯茜·戴维森（Cathy Davidson）认为，只要婚姻仍是社会给予女性的主要选择，那么，女性就“有机会在她想象的安全环境中，来估量她想从男人身上和婚姻之中得到什么”。这转而很可能促成了“婚姻共和主义”（matrimonial republicanism）的产生，这是两性协商的另一个产物。但这些变化涉及的人群有多广，在受过教育的中间阶层女性之外还波及哪些人，目前尚不明确。劳拉尔·撒切尔·乌利齐生动地重现了缅因州边境一位助产士的生活，从中可以看出，这位女性仍然“更像是殖民时期的主妇，而非共和国母亲”；而对另一些女性生活的复原则呈现出一种新模式。学者们发现，衡量法律和制度中缺失的变化要相对容易，而运用现有资源来衡量女性意识的变化，才刚刚开始。[62]

在每个男性都将个人独立视为最高目标的时代，一些女性宣称拥有同样的追求也并不令人意外。玛丽·沃斯通克拉夫特的《为女权辩护》一书，在受过良好教育的美国女性中赢得了广泛的读者。费城贵格会教徒伊丽莎白·德林克（Elizabeth Drinker）在日记中吐露：“正如我的一些朋友们所说，她道出了我的心声。但在有些方面，我和她的意见并不一致。我不赞成女性太过独立。”约翰·亚当斯认为阿比盖尔是“沃斯通克拉夫特的坚定信徒”。[63] 直到 18 世纪 90 年代，美国最直言不讳的女权理论家朱迪斯·萨金特·默里一直主张突破共和国母亲的界限以获得更大程度的独立。她写道，她的女儿们“应该能够为自己提供生活必需品；独立应掌握在她们自己的手中”，这在一定程度上是为了保护女性免遭寡居生活的打击。“‘无助寡妇’一词可能会变得不再常见，不再适用，就如‘无助鳏夫’一般。”默里还批评道，养育“女儿时……只有一个考虑便是……结婚成家……她们从小就被灌输这样一种观念，老处女至少间接地会被看成是一种可鄙的存在”。相反，她认为，“婚姻不应该被视为一种至善，或一种必然的，甚至是必须的事情；她们应该学会尊重单身生活，甚至认为那才是最应有的生活方式，除非有一种温暖审慎、互相依恋的情感在心中占据了支配地位”。但她没有进一步推动女性去突破“家庭领域”的
障碍。[64] 239

在一个大多数白人男性都有途径获得独立的时代，大多数女性却没有；正如约翰·亚当斯所说，大多数男性并不准备放弃“我们的男性制度”。为什么要放弃呢？正如奴隶所有者的独立是通过依附于他的奴隶来界定、工匠的独立通过依附于他的学徒和短工来界定一样，一个白人男性的独立，不管他的职业是什么，是通过依附于他的妻子和孩子来界定的。正如琼·甘德森（Joan Gunderson）所言，独立“是一种通过排斥、不依赖他人或不受奴役而达到的状态”。个人独立是普通美国男人的生活目标，它要求男人成为家庭的主人、财产的所有者，并拥有“一套必要的精神 / 道德和 / 或武力能力”。南希·弗雷泽（Nancy Fraser）和琳达·戈登（Linda Gordon）认为，“所有这些独立的含义，同时也界定了截然不同的依附性，这种独立排除妇女、奴隶和儿童”。[65]

在充分容纳性别的革命“新叙事”中，科伯具有先见之明地指出，革命“将会比我们一直以来所认知的更加激进，因为它的影响已经抵达人类关系中最深和最隐私之处”。但是，革命也会比我们理解的“更加保守……为了维护政治稳定，抛弃了其宣言中所内含的性别

政治，正如其为了变化的种族关系而抛弃原则一样”。[66]

IX 妥协：美洲印第安人、精英、拓荒者

革命时代是土地得到前所未有的扩张的时期。革命中崛起的新国家以惊人的速度在广阔的地理区域中扩张。扩张引发了美洲印第安人、东部民族精英和西部移居者之间的三角对抗，导致国家政策在妥协和冲突之间交替，美洲原住民社会也发生了深刻的分裂。

与印第安人的妥协受到民族中心主义的限制，在民族中心主义的影响下，哪怕是最善意的盎格鲁—美国人也无法像过去那样与印第安人和平共处。在战争期间和战后，大多数印第安人站在了他们的传统保护者英国人一边。白人的主导态度被概括在他们的口号和标语之
240 中，如“文明还是消灭所有美洲野蛮人”“文明还是毁灭”。然而，盎格鲁—美国人的领袖们忽视了印第安人要求独立的意愿和他们捍卫独立的能力。[67]

在战前和战后的几十年里，美洲土著社会经历了精神复兴运动——大卫·多德（David Dowd）称之为“大觉醒”（Great Awakenings）——加强了在政治和军事方面的抵抗。例如，18 世纪 60 年代，印第安部落联盟的世俗领袖庞蒂亚克（Pontiac）得到了特拉华的先知纽林（Neolin）的支持。独立战争“使沿阿巴拉契亚山脉地区在进行反美斗争方面几乎达成统一战线”，加强了泛印第安主义。独立战争领导人的战略，例如用焦土毁灭易洛魁人的村庄（乔治·华盛顿因此在易洛魁人中获得了“城镇毁灭者”的名声）等，使美洲土著人没有心情与获胜的美国达成和解。[68]

正如弗朗西斯·詹宁斯（Francis Jennings）所说，在和平条约中，

英国将印第安人领地“这张主权牌转交”给了这个新国家，但这其实只是“一个合法的谎言”。北方易洛魁联盟的发言人说，他们是“地球上不受任何权力支配的自由民族”，而南方部落则坚称，他们没有做过任何“丧失自己独立地位或自然权利”的事情。面对印第安人的势力，国家政治领导人迅速改变立场，承认印第安人对主权的要求，就条约进行切实的沟通，并在 1787 年的《西北法令》（Northwest Ordinance）中承诺，“永远对印第安人保持最大程度的善意；未经印第安人同意，绝不会剥夺他们的土地和财产”。[69]

这种妥协的必然结果是给美洲印第安人带来“文明的祝福”。正如詹姆斯·梅雷尔（James Merrell）所写的那样，这意味着“印第安男人将从事农耕，而女人则会离开田地回到家中，所有人都会为了基督而放弃原本异教徒的生活方式”。这一象征刻在美国总统授予合作部落首领的银质和平勋章上：一名美洲土著男子在华盛顿总统面前把一支断箭扔向地面。远景中，一名男性，也许是同一位印第安人，正在推着两头牛拉的犁进行耕种。[70]

来自西部农民的压力迫使国家决策者做出改变。从 1676 年弗吉尼亚的培根叛乱（Bacon's Rebellion），到 1764 年宾夕法尼亚的帕克斯顿之子（Paxton Boys）危机，再到 1794 年的威士忌叛乱，对印第
安人实施侵略性政策一直是最激进的边远地区运动的一贯要求。移居 241
者利用一种激进的理念来证明，相比那些具有合法所有权的缺席的土地所有者，他们对荒置土地拥有所用权是合理的。事实上，他们将这种理念用在了印第安人身上。他们的劳动赋予了土地价值，只有土地的耕种者才有权拥有土地。在农民眼中，印第安人对改善“咆哮的荒野”毫无作为。同样的阶级对立反映在偏远地区村民对那些缺席的土地所有者的态度，以及东部地区侵略政策的反对者对印第安人的态度之中。1794 年，田纳西的立法机构提醒国会，“生活在最偏远边境贫

困地区的公民，他们的生命、家庭和仅有的些许财产应当受到保护，正如那些生活在富裕的东部大城市的人一样”。18 世纪 90 年代，东部的精英们屈服于这些压力，带着他们的扩张计划，发动了对印第安人的大规模战争。[71]

激进农民中也有一些沉默的反对者。威廉·曼宁并不是唯一一个因战争成本而反对对印第安人作战的农民。从 1791 年到 1796 年，美国在西部战争上的花费高达 500 万美元，占美国总预算的 5/6。赫尔曼·赫斯本德是一位信奉《圣经》的激进的千禧年主义者，他希望与印第安人进行和平谈判，因为在他看来，印第安人是失落的以色列部落之一。缅因州边境上的移居者在与土地所有者的游击战中，有时会伪装成印第安人的样子，视自己为当地热爱自由（有时令人恐惧）的第一批居民中的一员。仅有很少的欧洲裔美国人，生活在理查德·怀特（Richard White）所说的“中间地带”（middle ground）——皮毛商人、皈依的俘虏，以及其他多民族村庄中的移民——能够与印第安人达成和解。没有哪个有效的声音对“文明还是灭绝”的抉择提出挑战，这一抉择本身实际上就是“毁灭的另一种方式”。[72]

来自盎格鲁—美国人的压力迫使印第安人转入自己的内部和解进程。尽管不同的历史学家对各个派别的称呼不同（如调和主义者与本土主义者，或进步主义者与保守主义者），但它们的模式是相似的。部落社会分为三派，一派愿意通过谈判放弃土地权利，并达成进一步的和解；一派愿意接纳白人的生活方式，包括皈依基督教，开展农耕生活等；还有一派拒绝采纳或是只愿意选择性地适应盎格鲁—美国人的生活方式。由先知和空想家领导的新一轮精神复兴浪潮，助长了印第安人的武装抵抗运动和印第安人社会的复兴。19 世纪初，肖尼族（the Shawnee）先知滕斯克瓦塔瓦（Tenskwatawa）帮助他的兄弟特库姆塞（Tecumseh）重建邦联，并对美国发动了一次强大的军事进攻，

但最终失败。在军事抵抗行不通的情况下，先知莱克（Handsome 242
Lake）在塞内卡族（the Senecas）中奠定了集体行动的基础，从而引发了道德和社会改革。在这种背景下，印第安人社会面对帝国扩张时出现的内部分化，与同一时期盎格鲁—美国人社会的内部分化有一些相似之处。[73]

民主共和党人在掌握了国家权力之后，随即恩威并施，为接下来印第安人从美国东部的撤离铺平了道路。1783 年，生活在密西西比河以东的印第安人有 15 万之多；到 1844 年，仅剩下不到 1/4。马萨诸塞州科德角的马斯皮人（the Mashpees）面临着被驱逐的命运，他们向《宪法》寻求支持："作为一个部落，我们有权自治；正如这个国家的《宪法》所言，所有人生来都是自由平等的。"这一事件代表了对革命理想的持续挪用，却缺乏革命理想的生命力。[74]

X 激进民众的分化

政治体制中的妥协进程促使激进的大众运动内部，就实现变革的最佳手段问题而出现分化。殖民时代遗留下来的传统做法，如城市的暴动或乡村的警戒会等超出了法律的界限。政治抵抗时期（1765—1775 年），群众参与政治的频率、规模，以及他们的领导权都得到了扩大，民众间的仪式也不断增多。自主领导的群众、自发组织的行动和特定阶层的群众越来越多。殖民地时期，没有哪一种单一模式，可以用来统一表达人民的群体意愿。而在革命时代，民众的多样性更是有增无减。[75]

在普通民众眼中，革命的成功使法外行为合法化，战争使暴力合法化，二者都被增加了爱国主义的光环。战后，大众运动仪式以口口相传的传统方式传递给了新的抗议者，如焚烧雕像和竖起自由杆等象征性行为；如涂柏油、粘羽毛和杜撰复仇人物等人身恐吓行为；以及用“喧闹音乐”对违背群体规范的人进行惩戒等。如果说，某一事件可以被视为整个革命的象征，可能性最大的当属波士顿倾茶事件了。[76]

政治文化的民主化、精英阶层做出的妥协，再加上通讯领域的准
243 革命，这些无疑都有助于把抗议行为引导到彼时更加开放的政治体系中来。向州议会请愿的规模很可能大大超过了殖民时期，请愿者也不再使用恳求的语气。[77] 即便如此，法外运动依然存在，似乎与合法运动并行不悖。18 世纪 90 年代，宾夕法尼亚州西部农民组成民主党社团，通过决议，向联邦政府递交请愿书。与此同时，他们对收税官涂柏油、粘羽毛，竖起自由杆，组织数千人参加穿过匹兹堡的游行，以向地方精英阶层示威。他们做好了军事抵抗的准备，但面对联邦军队的大规模出动，叛乱者讨论他们的策略之后撤退了。[78]

诉诸武力在大众运动内部引发了一场信心危机，民众开始怀疑是否还能在制度内实现其目的，也映射出精英阶层在抓住民主机会时表露出的信心危机。可以清楚地看到，一种宪政民主激进主义应运而生。反对谢司叛乱的平民民主党人威廉·曼宁会要求他倡议成立的全国劳动社团成员宣誓支持政府平乱。这个社团的目标是教育“多数人”利用他们的选举权来驱逐“少数人”。而其他自耕农，由于没有理由对立法或司法系统存有信心，则继续诉诸武力。

城市中技工阶层的行为，与传统的暴民行动模式有了更多的决裂。据说，1795 年，当约翰·杰伊与英国订立条约 * 的消息传到美国后，他可以借着民众焚烧他画像的火光从缅因州一路前往佐治亚州。

* 指《杰伊条约》(Jay's Treaty)。——译注

1807 年，巴尔的摩的鞋匠短工争论的是：给亲英的联邦党人工头涂柏油和粘羽毛是否是共和主义原则的合法延伸。[79] 然而，可敬的技工和手艺商人们却开创了正面的、非暴力的新仪式：他们在民间节日期间开展游行，参加独立日庆典，在晚宴上庆祝法国大革命的胜利。他们也参与政治，越来越多的具有投票权的人（在总人数中所占的比例很大）行使他们的权力。投票箱并不是平民公民意识的最终目的。汉密尔顿痛苦地报告说，1796 年在纽约市举行的议会选举，“在普通民众眼中是富人和穷人之间的竞争”。[80]

在后来美国激进主义的历史中，这种手段上的分歧一直存在：是使用武力，还是非暴力劝说，抑或是参与政治？如果参与政治，是参与到现有政党内部，还是组建新的政党？仅仅列出这些选择，就足以
让人们想起废奴主义内部以及后来社会主义内部存在的分歧，废奴主 244
义是美国内战前的主要激进运动，社会主义是美国工业时代的主要激进运动之一。

如果到 18 世纪末美国南方的非裔奴隶获得自由的合法途径越来越少，也许可以这么认为，那是因为他们扩大了非法途径的范围。战争和自由黑人社区的兴起使奴隶逃跑的可能性比以往任何时候都大，也更容易成功。而现在集体叛乱已成为可能。圣多明戈起义的成功、新一波福音派宗教的兴起、奴隶中工匠阶级的出现，以及第一个可行的自由黑人社区的诞生，这些因素都在不同方面激发了这种可能性。有一种说法，即 19 世纪初，会有一个新的叛乱周期。

1800 年夏天，加布里埃尔·普罗塞（Gabriel Prosser）在弗吉尼亚州里士满的谋叛以失败告终。对州长詹姆斯·门罗（James Monroe）而言，这场谋叛“无疑是我们所知的此类谋叛中最严重、最可怕的一次”，其领导人是黑人工匠。一位反奴隶制的弗吉尼亚人圣乔治·塔克（St. George Tucker），对 1775 年以来 1/4 个世纪中黑人

走了多远进行了评估。作为对邓莫尔勋爵号召的响应，奴隶们一个接一个地逃跑；1800 年，他们证明了自己有能力“协调行动”，其程度令塔克“震惊”。1775 年，他们“为自由而战，仅仅因为那是善行；现在他们声称这是他们的权利”。一名叛乱分子在受审时说：“我能告诉你们的不会比乔治 · 华盛顿能告诉你们的更多，假如他被英国人抓走并受到审判的话。我冒着生命危险，为我的同胞争取自由，我愿意为这份事业做出牺牲。”[81] 1801 年至 1802 年，叛乱的威胁笼罩着弗吉尼亚州与北卡罗来纳州的边境地区。尽管在后来南方奴隶制时期谋叛变得寻常可见，但对大多数奴隶来说，反抗意味着日常劳动中的抵制——为强制妥协而采取的最典型的协商行为——如逃跑，或在维持家庭和无形教会（the invisible church）中隐含的文化反抗。[82]

相比之下，在妇女权利的倡导者之中，很难看出她们在手段问题上产生分歧。当然在能读能写的女性之间会存在差异。读过玛丽 · 沃斯通克拉夫特或朱迪斯 · 萨金特 · 默里著作的女性，在应该追求多大程度的“独立”的问题上有不同的看法。女性对自己应该接受多少教育和接受什么样的教育也意见不一。一些女性积极支持联邦党人；另一些则是民主共和党的拥趸。在那些由女性作家专为女性读者创作的小说中，涉及“女权主义”的范围很广。然而，女性在报纸、杂志、
245 小说或私人信件、日记和谈话内容中显示出的不同，揭示了女性的活动领域。与法国大革命时期的妇女相比，美国女性才刚刚开始在公共场合集体行动。18 世纪 90 年代，妇女在教会团体和慈善组织中活跃起来。但到 1800 年时，已经不太可能谈论妇女运动了，更别提妇女权利运动了。[83]

女性依其所述观点可以分为乐观主义者和悲观主义者。查尔斯 · 布罗克登 · 布朗（Charles Brockden Brown）在其 1798 年出版的女权主义小说《阿尔克温》（*Alcuin*）中，借费城一位受过教育的寡

妇卡特夫人（Mrs. Carter）之口表达了一种幻灭情绪。在回答“你是联邦主义者吗？”这一问题时，她直率地回答：“作为一个女人，我和政治有什么关系？”法律“消灭了社会至少一半人的政治存在，（对待妇女）就像对待猪羊一样”。另一方面，同一年，默里则发现“年轻女性……正处于女性历史新纪元的开端”。她的这一观点，引起了许多学校和学院首批女毕业生的共鸣。但还要再过几十年，希望和痛苦才会共同激发出集体行动中的激进主义。[84]

XI 1776 年：二十五年后

这些出现于 1775 年至 1776 年之间，后在 18 世纪八九十年代得到蓬勃发展的各种激进主义究竟在多大程度上取得了成功？我已经提出，在漫长的革命时代，检验激进运动是否成功的最好方法之一，是看其对精英阶层的影响。1801 年，由两位更加具有折中精神的国家精英领导下的民主共和党赢得了政权。在他们的领导下，美国生活不同领域的折中进程走了多远呢？

当事人中有一些是老面孔。托马斯·杰斐逊在选举中战胜了约翰·亚当斯，他称这场胜利为“1800 年的革命”，“如 1776 年革命一样具有真正意义的一场政府原则革命正在形成”。这个国家拒绝了联邦主义者的高压统治，“恐怖统治”结束了。与 1776 年相比，亚当斯在 1800 年更难驾驭民主浪潮。同样，在 1800 年他所面对的“对当权者的敬意”比四年前要少得多。“门外之民”已经走进门内投票，在国会和州议会的选举中，他们把票投给了自己阶层的候选人。在众议院，亚当斯不得不面对出生于爱尔兰的马修·利昂等人。利昂刚到殖民地时，只是一名契约佣工，后作为一名制造商在佛蒙特边境发迹；246

他以民主共和党人的身份参加选举，第四次终于进入国会；利昂因为批判总统亚当斯，触犯《谋叛法》而被判入狱；在其选民的帮助下，又以比从前更多的绝大多数选票重新进入国会。[85]

亚当斯在1776年害怕的所有恶魔，在世纪之交时更多的是一种威胁。马萨诸塞西部那些曾于1775年迫使法庭关闭的自耕农，在1800年时很可能会对缅因州的大地主发动游击战。正如其中一人所说："我们曾经不惧刺刀的威胁，只为捍卫这片土地，如果情势所逼，我们现在也将同样团结一致，做好准备，以高昂的激情，以当年同样的方式再次捍卫它。"学徒们"不听话"的程度足以威胁到整个学徒制度。个别奴隶的"无礼"行为已升级为集体谋叛行为。1776年时阿比盖尔·亚当斯在给丈夫的一封信中私下里提出妇女权利的问题，现在默里则在报刊文章中公开劝说妇女要培养"一种崇高的独立热情"，这些文章随后集结成三卷出版（亚当斯夫妇曾经订阅过）。

执政的杰斐逊派精英只会接纳民众运动中的一部分。渴望拥有土地的未来的自耕农可能会期待修正后的联邦土地法能允许公共土地以更低的价格和更小的面积出售。在奉行扩张主义的总统购得路易斯安那的土地之后，他可以宣称已经实现了其就职演说中的期望，这片土地"将延续到千代之后"。1801年，当技工们用与1789年相同的措辞，向国会提交一份保护美国制造业的请愿书时，他们能够保持乐观。

相比之下，其他人则没有那么多乐观理由。1799年，费城一百名鞋匠短工发起了一场长期罢工，触发了接下来十年左右时间里许多城市的十几次类似罢工。这些人将因谋叛罪而受到审判和定罪。他们从当地民主共和党人那里获得的反对多于支持。1801年之后，威廉·曼宁仍然试图发表其关于建立全国劳动人民协会的提案。无论谁掌权，多数人对少数人保持警惕显然都是必要的。出于各种各样的原

因，改革派在各州和各城市中行动起来，希望扩大选举权并增加公选
职位的数量，限制普通法的权限或律师的权利，扩大公立学校的规
模。这些人中，有些是受到新福音派宗教启发的土生土长的美国人；
有些则是来自英国的“雅各宾派”逃亡者，他们急于践行托马斯·潘 247
恩在《人的权利》或《理性时代》中许下的诺言。改革者们尽管不一
定属于杰斐逊主义者，但他们实际上构成了当地民主共和党中的左翼
势力。[86]

在全国范围内，杰斐逊主义者对激进的南方奴隶解放运动采取的是一种遏制态度，而非妥协。自 18 世纪 80 年代《弗吉尼亚笔记》（*Notes on Virginia*）发表以后，杰斐逊再也没有对奴隶制进行过公开批评。他的反奴隶制感情已经在种族主义的藤蔓上枯萎，当圣多明戈起义的消息传来时，这种感情已经冻结，甚至加布里埃尔在家乡发动暴动之前就冻结了。杰斐逊与州长詹姆斯·门罗的不同之处仅在于，为了阻止未来的叛乱，弗吉尼亚可以走多远。1800 年，在二十六名谋叛者被处死后，杰斐逊告诉门罗：“绞刑已经够多了。”拿破仑在西印度群岛殖民地为推翻获胜的奴隶革命分子而大费周章时，作为总统的杰斐逊一直“强烈要求瓦解和摧毁黑人雅各宾派”。[87]

与从亚当斯那里获得的支持相比，女性可能从杰斐逊那里得到的支持更少。在报告了法国的妇女运动之后，杰斐逊欣喜地对费城的安妮·威灵·宾厄姆（Anne Willing Bingham）说：“我们的女士很聪明，不会因政治而烦恼地皱起眉头，她们满足于安抚和平息刚刚从政辩中归来的丈夫的情绪。”尽管宾厄姆不赞同杰斐逊的言论，但只有少数特立独行的共和党人，如本杰明·拉什、詹姆斯·沙利文（James Sullivan）、查尔斯·布罗克登·布朗等曾在女性问题上公开表明过立场。[88]

杰斐逊式妥协的局限性很快在美洲印第安人身上展现出来。这位

哲人兼科学家向来访的代表团表达了他的希望：“我们希望看到你们的人民习惯于耕种土地，饲养成群有用的动物，为了衣食而纺织劳作。”杰斐逊向俄亥俄州州长透露了他的基本思路：“我们的定居点将逐步接近印第安人，他们迟早要么并入我们，成为美国公民，要么迁出密西西比河流域。”杰斐逊温和的外表下是一颗钢铁之心。“我们认为，现在我们的优势和他们的弱点是如此明显，”他在 1803 年说，“他们必须看到，我们只要动动手就能将他们粉碎。”杰斐逊设想的“自由帝国”，是为白人男性农民及其家庭服务的。[89]

美国革命有多激进？或者换句话说，革命带来了多大的变革？我
248 提出的相互竞争的“各阶层”和不同个体之间的协商这一中心概念，作为分析工具或调查研究的启发式原则，具有许多优势。它不同于过去的进步和冲突论主要关注政治层面，认为一方完胜，而另一方则被彻底击败（《宪法》如同热月政变）。它也不同于以往把结果解释为冲突后果的舆论。它避免了思想或意识形态解释的弱点，那种解释提出一组单一的思想，认为所有的变化都源自这些思想。我提出的概念虽然承认塑造人们行为框架的制度或结构的作用，但优先考虑的是人们在实现变革和即使面对失败也要重新奋斗的能力。

我提出的概念使我们在分析中能够涵盖革命的更多维度：它既是一场抗击帝国统治、争取解放的殖民地斗争，其中的新生“阶级”联盟，既有合作又有对立；同时也是不同而又往往重叠的领域中的内部斗争。它使我们能够从一个前进的过程而不是终止的终点去衡量这些斗争结果，在这个进程中，协商不断地开始又结束。它更进一步让我们得以对生活中许多不同领域的结果进行评估，无论是私人领域还是公共领域。它使我们认识到，尽管革命的确具有激进性，但对于美国革命究竟有多激进这个问题，答案并非唯一。

注释

这篇文章最初作为后记，被收录在由作者主编的其他学者的论文集 *Beyond the American Revolution: Explorations in the History of American Radicalism* (DeKalb: Northern Illinois University Press, 1993) 中。作者在注释中引用了这部分论文集，现经北伊利诺伊大学出版社许可重印。本文的早期版本曾在马里兰大学和费城早期美国研究中心（Philadelphia Center for Early American Studies）举行的“早期美国历史”研讨会上宣读。

我要感谢几位曾耐心阅读过本文初稿的学者，他们是 Ira Berlin, Linda Kerber 和 Gary Nash。除此之外，我还要感谢曾阅读过早期草稿部分内容的学者，以及对我的咨询做出回应的几位学者: Edward Countryman, Emory Evans, Ronald Hoffman, Frederick Hoxie, Allan Kulikoff, Jesse Lemisch, Michael Merrill, Philip Morgan, Marcus Rediker 和 Sean Wilentz。

1. J. Franklin Jameson, *The American Revolution Considered as a Social Movement* (Princeton, N.J., 1926), 9; Bernard Bailyn, *The Ideological Origins of the American Revolution* (Cambridge, Mass., 1967), chap. 6; David Brion Davis, *The Problem of Slavery in the Age of Revolution, 1770-1823* (Ithaca, N.Y., 1975), 274n.
2. E. P. Thompson, “The Moral Economy of the English Crowd in the Eighteenth Century,” *Past and Present* 50 (1971): 76-136, 重印于 Thompson, *Customs in Common: Studies in Traditional Popular Culture* (New York, 1992), chap. 4, 附对其批评者的回复 , “The Moral Economy Reviewed,” chap. 5; James Henretta, “Families and Farms: *Mentalité* in Pre-Industrial America,” *William and Mary Quarterly,* 3rd series (以下引用时简写为 *WMQ*), 35 (1978): 3-22。
3. Richard L. Bushman, “Massachusetts Farmers and the Revolution,” in Richard M. Jellison, ed., *Society, Freedom, and Conscience* (New York, 1976), 77-124; Bushman, *King and People in Provincial Massachusetts* (Chapel Hill, N.C., 1985), chap. 5.
4. 见 John Rule, “The Property of Skill in the Period of Manufacture,” in Patrick Joyce, ed., *The Historical Meaning of Work* (New York, 1987), 99-118; Ronald Schultz, “The Small-Producer Tradition and the Moral Origins of Artisan Radicalism in Philadelphia, 1720-1810,” *Past and Present* 127 (1990): 84-116; 关于工匠传统部分，见 Peter Linebaugh, *The London Hanged: Crime and Civil Society in the Eighteenth Century* (New York, 1992)。
5. “To the Tradesmen, Mechanics &c. of Pennsylvania” (Philadelphia, 4 December 1773), 单页报。
6. James P. Walsh, “‘Mechanics and Citizens’: The Connecticut Artisan Protest of

1792," *WMQ* 42 (1985): 66-89.

7. 见本书论文1; Gary B. Nash, "Artisans and Politics in Eighteenth-Century Philadelphia," in Margaret C. Jacob and James R. Jacob, eds., *The Origins of Anglo-American Radicalism* (London, 1984), 258-78; Nash, *The Urban Crucible: Social Change, Political Consciousness, and the Origins of the American Revolution* (Cambridge, Mass., 1979)。

8. Jesse Lemisch, "Jack Tar in the Streets: Merchant Seamen in the Politics of Revolutionary America," *WMQ* 25 (1968): 371-407; Lemisch, *Jack Tar us. John Bull: The Role of New York's Seamen in Precipitating the Revolution* (New York, 1997); Admiral Warren to the Duke of Newcastle, 18 June 1745, 转引自 Marcus Rediker, "A Motley Crew of Rebels: Sailors, Slaves, and the Coming of the American Revolution," in Ronald Hoffman and Peter J. Albert, eds., *"The Transforming Hand of Revolution": Reconsidering the American Revolution as a Social Movement* (Charlottesville, Va., 1995); Rediker, *Between the Devil and the Deep Blue Sea: Merchant Seamen, Pirates, and the Anglo-American Maritime World, 1700-1750* (Cambridge, V.K., 1987); Rediker, "'Good Hands, Stout Heart and Fast Feet': The History and Culture of Working People in Early America," in Geoff Ely and William Hunt, eds., *Reviving the English Revolution: Reflection and Elaborations on the Work of Christopher Hill* (London, 1988), 221-49。

9. Lawrence W. Towner, "'A Fondness for Freedom': Servant Protest in Puritan Society," *WMQ* 19 (1962), 201-19; Bernard Bailyn, "Voyagers in Flight: A Sketch-book of Runaway Servants, 1774-1775," in Bailyn, *Voyagers to the West: A Passage in the Peopling of America on the Eve of the Revolution* (New York, 1986), 352 ff.; Jonathan Prude, "To Look upon the 'Lower Sort': Runaway Ads and the Appearance of Unfree Laborers in America, 1750-1800," *Journal of American History* 78 (1991): *124-59.*

10. Phillis Wheatley to Samson Occom, 11 February 1774, in *Massachusetts Gazette*, 21 March 1774, 重印于 Julian D. Mason Jr.ed., *The Poems of Phillis Wheatley*, 修订增补版 (Chapel Hill, N.C.,1989), 203-4。Peter H. Wood, "'Liberty Is Sweet': African-American Freedom Struggles in the Years before Independence," in Alfred Young, ed., *Beyond the American Revolution: Explorations in the History of American Radicalism* (DeKalb, Ill., 1993), 149-83。

11. Ira Berlin, "Time, Space, and the Evolution of Afro-American Society on British Mainland North America," *American Historical Review* 85 (1980): 47-78; Melville Herskovits, *The Myth of the Negro Past* (New York, 1941); Gerald W.

Mullin, *Flight and Rebellion: Slave Resistance in Eighteenth-Century Virginia* (New York, 1972); Peter H. Wood, *Black Majority: Negroes in Colonial South Carolina from 1670 through the Stono Rebellion* (New York, 1974); Herbert G. Gutman, *The Black Family in Slavery and Freedom, 1750-1825* (New York,1976); John Michael Vlach, *The Afro-American Tradition in Decorative Arts* (Cleveland, 1978); Mechal Sobel, *Trabelin' On: The Slave Journey to an Afro-Baptist Faith* (Westport,Conn.,1979); Allan Kulikoff, *Tobacco and Slaves: The Development of Southern Cultures in the Chesapeake, 1660-1800* (Chapel Hill,N.C.,1986); Mechal Sobel, *The World They Made Together: Black and White Values in Eighteenth-Century Virginia* (Princeton,N.J.,1987); William D. Piersen, *Black Yankees: The Development of an Afro-American Subculture in Eighteenth-Century New England* (Amherst, Mass.,1988); Jon Butler, *Awash in a Sea of Faith: Christianizing the American People* (Cambridge,Mass.,1990), chap. 5.

12. A Petition to His Excellency Thomas Hutchinson, Esq., *Massachusetts Spy,* 29 July 1773; Gary Nash, "Thomas Peters: Millwright and Deliverer," in Gary Nash and David Sweet, eds., *Struggle and Survival in Colonial America* (Berkeley, Calif., 1981), 69-85; James St. G. Walker, *The Black Loyalists: The Search for a Promised Land in Nova Scotia and Sierre Leone* (New York, 1976); Hannah [Harris, 一个织工] to Robert Carter, 5 April 1792, in Alfred F. Young and Terry Fife with Mary Janzen, *We the People: Voices and Images of the New Nation* (Philadelphia, 1993), chap. 6。

13. 见 Young, ed. *Beyond the American Revolution:* Peter Wood, "Liberty Is Sweet," 149-84; Alan Taylor, "Agrarian Independence: Northern Land Rioters after the Revolution," 221-45; Michael Merrill and Sean Wilentz, "'The Key of Libberty': William Manning and Plebeian Democracy," 246-82。

14. David Lovejoy, "'Desperate Enthusiasm' : Early Signs of American Radicalism," Patrica Bonomi, "'A Just Opposition' : The Great Awakening as a Radical Model," 及 Rhys Isaac, "Radicalised Religion and Changing Life Styles: Virginia in the Period of the American Revolution," 都载于 Jacob and Jacob, eds., *Origins of Radicalism,*214-55; Gregory H. Nobles, *Divisions throughout the Whole: Politics and Society in Hampshire County, Massachusetts, 1740-1775* (New York, 1983); Richard Beeman, *The Evolution of the Southern Backcounty: A Case Study of Lunenberg County, Virginia, 1746-1832* (Philadelphia, 1984); David Lovejoy, *Religious Enthusiasm in the New World: Heresy to Revolution* (Cambridge, Mass., 1985); Patricia Bonomi, *Under the Cope of Heaven: Religion,*

Society, and Politics in Colonial America (New York, 1986); Harry S. Stout, *The New England Soul: Preaching and Religious Culture in Colonial New England* (New York, 1986); Butler, *Awash in a Sea of Faith*; John Brooke, *The Heart of the Commonwealth: Society and Political Culture in Worcester County, Massachusetts, 1713-1861* (Cambridge, U.K., 1989); Ronald Hoffman and Peter Albert, eds., *Religion in a Revolutionary Age* (Charlottesville, Va., 1994)。

15. Ruth H. Bloch, *Visionary Republic: Millennial Themes in American Thought, 1765-1800* (Cambridge, V.K., 1985); Mark H. Jones, "Herman Husband: Millenarian, Carolina Regulator, and Whiskey Rebel"（博士论文, Northern Illinois University, 1982)。Stephen A. Marini, *Radical Sects of Revolutionary New England* (Cambridge, Mass., 1982); Nathan O. Hatch, *The Democratization of American Christianity* (New Haven, Conn., 1989)。

16. Edward Countryman, "'To Secure the Blessings of Liberty'：Language, the Revolution and American Capitalism," in Young, ed., *Beyond the Revolution,* 123-48. 各种请愿书重印于 Herbert Aptheker, ed., *Documentary History of the Negro People in the United States,* 2 vols. (New York, 1951), 1:5-9; 及 Robert Twombley, "Black Resistance to Slavery in Massachusetts," in William L. O' Neill, ed., *Insights and Parallels* (Minneapolis, 1973), 41-52; Thomas J. Davis, "Emancipation Rhetoric, Natural Rights and Revolutionary New England: A Note on Four Black Petitions in Massachusetts, 1773-1777," *New England Quarterly* 62 (1989): 248-63。

17. Ebenezer Fox, 转引自 W. J. Rorarbaugh, "'I Thought I Should Liberate Myself from the Thraldom of Others'：Apprentices, Masters, and the Revolution," in Young, ed., *Beyond the Revolution,* 185-220。Alfred F. Young, "George Robert Twelves Hewes (1742-1840): A Boston Shoemaker and the Memory of the American Revolution," *WMQ* 38 (1981): 561-623。

18. 见本书论文 2; 不同的阐释可见 Edith B. Gelles, "The Abigail Industry," *WMQ* 45 (1988): 656-83。

19. Herman Husband, "Manuscript Sermons," 48-49, 转引自 Mark H. Jones, "The Western 'New Jerusalem'：Herman Husband's Utopian Vision"（未出版手稿）。

20. John Shy, "The American Revolution: The Military Conflict Considered as a Revolutionary War," in Stephen G. Kurtz and James H. Hutson, eds., *Essays on the American Revolution* (Chapel Hill, N.C., and New York, 1973), 124.

21. Stephen Rosswurm, *Arms, Country, and Class: The Philadelphia Militia and the "Lower Sort" during the American Revolution* (New Brunswick, N.J., 1987),

111; Rosswurm, "The Philadelphia Militia, 1775-1783: Active Duty and Active Radicalism," in Ronald Hoffman and Peter J. Albert, eds., *Arms and Independence: The Military Character of the American Revolution* (Charlottesville, Va., 1984), 75-118.

22. Don C. Higginbotham, "The Early American Way of War: Reconaissance and Appraisal," *WMQ* 44 (1987): 230-73; James Kirby Martin, "A 'Most Undisciplined, Pro igate Crew': Protest and Defiance in the Continental Ranks" in Hoffman and Albert, eds., *Arms and Independence,* 119-40; James Kirby Martin and Mark E. Lender, *A Respectable Army: The Military Origins of the Republic, 1763-1789* (Arlington Heights, Ill., 1982); Charles Royster, *A Revolutionary People at War: The Continental Army and American Character, 1775-1783* (Chapel Hill, N.C., 1979).

23. John Shy "The Legacy of the American Revolutionary War," in Larry Gerlach, comp., *Legacies of the American Revolution* (Logan, Utah, 1978), 43-60.

24. Jesse Lemisch, "Listening to the 'Inarticulate': William Widger's Dream and the Loyalties of American Revolutionary Seamen in British Prisons," *Journal of Social History* 3 (1969): 1-29.

25. Rachel N. Klein, "Frontier Planters and the American Revolution: The South Carolina Backcountry, 1775-1782," Jeffrey J. Crow, "Liberty Men and Loyalists: Disorder and Disaffection in the North Carolina Backcountry," Emory G. Evans, "Trouble in the Backcountry: Disaffection in Southwest Virginia during the American Revolution," 及 Richard R. Beeman, "The Political Response to Social Con ict in the Southern Backcountry: A Comparative View of Virginia and the Carolinas during the Revolution," 都载于 Ronald Hoffman, Thad Tate, and Peter J. Albert, eds., *An Uncivil War: The Southern Backcountry during the American Revolution* (Charlottesville, Va., 1985), 37-69, 125-78, 179-212, 213-39; Jeffrey J. Crow and Larry E. Tise, eds., *The Southern Experience in the American Revolution* (Chapel Hill, N.C., 1978); Ronald Hoffman, A *Spirit of Dissension: Economics, Politics, and the Revolution in Maryland* (Baltimore, 1973); Richard R. Beeman, *Patrick Henry: A Biography* (New York, 1974)。

26. Sylvia R. Frey, *Water from the Rock: Black Resistance in a Revolutionary Age* (Princeton, N.J., 1991), chaps. 3-5, 引文在 326; Benjamin Quarles, *The Negro in the American Revolution* (Chapel Hill, N.C., 1961), chaps. 7-9; Philip D. Morgan, "Black Society in the Lowcountry, 1760-1810," in Ira Berlin and Ronald Hoffman, eds., *Slavery and Freedom in the Age of the American Revolution*

(Charlottesville, Va., 1983), 49-82; Graham Hodges, "Black Revolt in New York City and the Neutral Zone: 1775-1783," in Paul Gilje and William Pencak, eds., *New York City in the Age of the Constitution* (New York, 1992), 20-48。

27. Barbara Clark Smith, "Food Rioters and the American Revolution," *WMQ* 51 (1997): 3-38; Smith, *After the Revolution: The Smithsonian History of Everyday Life in the Eighteenth Century* (New York, 1985), chap. 1; Rosswurm, *Arms, Country, Class*, chap. 7.

28. David Ramsay, *The History of the American Revolution,* 2 vols. (Philadelphia, 1789), 2:315.

29. Mary Beth Norton, *Liberty's Daughters: The Revolutionary Experiences of American Women, 1750-1800* (Boston, 1980); Linda K. Kerber, "'I Have Don... Much to Carrey on the War' : Women and the Shaping of Republican Ideology after the American Revolution," in Harriet Applewhite and Darlene G. Levy, eds., *Women and Politics in the Age of the Democratic Revolution* (Ann Arbor, Mich., 1999), 227-57; 比较参看 Laurel Thatcher Ulrich, *Good Wives: Image and Reality in the Lives of Women in Northern New England, 1650-1750* (New York, 1980)。

30. John Resch, *Suffering Soldiers: Revolutionary War Veterans, Moral Sentiment, and Political Culture in the Early Republic* (Amherst, Mass., 2000); John C. Dann, ed., *The Revolution Remembered: Eyewitness Accounts of the War for Independence* (Chicago, 1990), introduction; Jesse Lemisch, "The American Revolution and the American Dream: A Life of Andrew Sherburne, A Pensioner of the Navy of the Revolution" (未出版手稿)。

31. Ruth Bogin, "Petitioning and the New Moral Economy of Post-Revolutionary America," *WMQ* 45 (1988): 391-425; Gregory H. Nobles, "Breaking into the Back-country: New Approaches to the Early American Frontier, 1750-1800," *WMQ* 46 (1989): 641-70; Gordon Wood, *The Creation of the American Republic, 1776-1787* (Chapel Hill, N.C., 1969), chaps. 7-11; Robert A. Gross, ed., *In Debt to Daniel Shays: The Bicentennial of an Agrarian Rebellion* (Charlottesville, Va., 1993).

32. James Madison, *The Federalist,* 2 vols. (New York, 1788, 多种版本可用), no. 10; 比较参看更早期的备忘录 , Madison "Vices of the Political System," April 1987, in William T. Hutchinson et al., eds., *The Papers of James Madison,* 16 vols. (Chicago, 1962), 9:345-58; Merrill Jensen, John Kaminski, Gaspare J. Saladino, and Richard Lefler, eds., *The Documentary History of the Ratification of the Constitution,* 9 vols. of 20 planned (Madison, Wis., 1976-); Herbert J. Storing, ed.,

The Complete Anti-Federalist, 7 vols. (Chicago, 1981); Saul Cornell, "Aristocracy Assailed: The Ideology of Backcountry Anti-Federalism," *Journal of American History* 76 (1990): 1148-72。

33. Gary J. Kornblith and John M. Murrin, "The Making and Unmaking of an American Ruling Class," in Young, ed., *Beyond the Revolution*, 27-79; David Brion Davis, "American Equality and Foreign Revolutions," *Journal of American History* 76 (1989): 729-52; Davis, *Revolutions: Re ections on American Equality and Foreign Liberations* (Cambridge, Mass., 1990).

34. E. P. Thompson, *The Making of the English Working Class* (London, 1963); Thompson, "Eighteenth-Century English Society: Class Struggle without Class," *Social History* 3 (1978): 133-65, 引文在 149。

35. 汤普森对阶级的讨论，见 William H. Sewell Jr., "How Classes Are Made: Critical Re ections on E. P. Thompson's Theory of Working-Class Formation," in Harvey J. Kaye and Keith McClelland, eds., *E. P. Thompson: Critical Perspectives* (Philadelphia, 1990), 50-77; Kaye, *The British Marxist Historians: An Introductory Analysis* (Cambridge, U.K., 1984); Bryan D. Palmer, *Descent into Discourse: The Reification of Language and the Writing of Social History* (Philadelphia, 1990), chap. 4; 美国历史上相关的阶级意识讨论，见 Alan Dawley, "E. P. Thompson and the Peculiarities of the Americans," *Radical History Review* 10 (1978-79): 33-59; "Interview with Herbert Gutman" in Gutman, *Power and Culture: Essays on the American Working Class,* ed. Ira Berlin (New York, 1987), 329-56; Sean Wilentz, "Against Exceptionalism: Class Consciousness and the American Labor Movement, 1790-1920," *International Labor and Working-Class History 26* (1984): 1-24。

36. E.P. Thompson, "Patrician Society, Plebeian Culture," *Journal of Social History* 7 (1974): 382-405; Thompson, *Customs in Common,* 87-96; Michael Merrill and Sean Wilentz, *The Key of Liberty: The Life and Democratic Writings of William Manning, "A Laborer" 1747-1814* (Cambridge, Mass., 1993), introduction; Sean Wilentz, *Chants Democratic: New York City and the Rise of the American Working Class, 1788-1850* (New York, 1984); Gordon Wood, *The Radicalism of the American Revolution* (New York, 1992), chap. 2.

37. 最近的分析，见 Stuart M. Blumin, *The Emergence of the Middle Class: Social Experience in the American City, 1760-1900* (Cambridge, U.K., 1989); Allan Kulikoff, "The Languages of Class in Rural America," in Kulikoff, *The Agrarian Origins of American Capitalism* (Charlottesville, Va., 1992), chap. 4; Gregory

Kaster, "'Not for a Class?' The Nineteenth-Century American Labor Jeremiad," *Mid-America: An Historical Review* 70 (1988): 125-39; 英国开拓性研究，见 Asa Briggs, "The Language of 'Class' in Early Nineteenth-Century England," in Briggs and John Saville, eds., *Essays in Labor History* (London, 1967), 43-73; 及 Gareth Stedman Jones, *Languages of Class: Studies in English Working-Class History, 1832-1982* (Cambridge, U.K., 1983)。

38. Jonathan Elliot, ed. *The Debates in the Several State Conventions, on the Adoption of the Constitution*, 5 vols. (Philadelphia, 1836), 1:100-102; (Amos Singletary); 2:245-48 (Melancton Smith).

39. 我的印象来自阅读报纸。两部主要依据报纸的著作，见 Donald H. Stewart, *The Opposition Press of the Federalist Period* (Albany, N.Y., 1969); 及 Alfred F. Young, *The Democratic Republicans of New York: The Origins, 1763-1797* (Chapel Hill, N.C., 1967)。

40. 见本书论文 1 以及 n.7 中引用的著作，关于最近的工匠研究书目，见 Sean Wilentz, "The Rise of the American Working Class, 1776-1877," in J. Carroll Moody and Alice Kessler-Harris, eds., *Perspectives on American Labor History: The Problem of Synthesis* (DeKalb, Ill., 1989), 83-90; Gary J. Kornblith, "The Artisanal Response to Capitalist Transformation," *Journal of the Early Republic* 10 (1990): 315-21。

41. 见本书论文 1; Sean Wilentz, "Artisan Republican Festivals and the Rise of Class Conflict in New York City, 1788-1837," in Michael H. Frisch and Daniel J. Walkowitz, eds., *Working-Class America* (Urbana, Ill., 1983), 37-77。

42. Allan Kulikoff, "The American Revolution, Capitalism and the Formation of the Yeoman Classes," in Young, ed., *Beyond the Revolution*, 80-119; Sharon V. Salinger, *"To Serve Well and Faithfully": Labor and Indentured Servants in Pennsylvania, 1682-1800* (Cambridge, U.K., 1987); Billy G. Smith, *The "Lower Sort": Philadelphia's Laboring People, 1750-1800* (Ithaca, N.Y., 1990).

43. G. Wood, *Radicalism of Revolution,* 7; Bernard Bailyn, "The Central Themes of the American Revolution," in Kurtz and Hutson, eds., *Essays on the Revolution,* 30-31.

44. 有关该主题的最近研究，见 Joyce Appleby, *Liberalism and Republicanism in the Historical Imagination* (Cambridge, Mass., 1992); James Henretta, *The Origins of American Capitalism: Collected Essays* (Boston, 1992); Kulikoff, *Agrarian Origins of American Capitalism*。

45. Kornblith and Murrin, "Making and Unmaking of an American Ruling Class";

William A. Williams, *The Contours of American History* (Cleveland and New York, 1961, 1988); Hoffman, *Spirit of Dissension;* Edward Countryman, *A People in Revolution: The American Revolution and Political Society in New York, 1760-1790* (Baltimore, 1981); Staughton Lynd, "A Ruling Class on the Defensive," in Lynd, *Class Conflict, Slavery, and the United States Constitution: Ten Essays* (Indianapolis, 1968); Rhys Isaac, *The Transformation of Virginia, 1740-1790* (Chapel Hill, N.C., 1982).

46. Peter Linebaugh and Marcus Rediker, "The Many-Headed Hydra: Sailors, Slaves, and the Atlantic Working Class in the Eighteenth Century," in Colin Howell and Richard J. Twomey, eds., *Jack Tar in History: Essays in the History of Maritime Life and Labour* (Fredericton, New Brunswick, 1991), 11-36.

47. Livingston, 转引自 Young, *Democratic Republicans*, 15; Webster, 转引自 Joseph J. Ellis, *After the Revolution: Profiles of Early American Culture* (New York, 1979), chap. 6, 203。

48. Barbara Karsky, "Agrarian Radicalism in the Late Revolutionary Period (1780-1795)," in Erich Angermann et al., eds., *New Wine in Old Skins: A Comparative View of Socio-Political Structures and Values Affecting the American Revolution* (Stuttgart, 1976), 87-114; David P. Szatmary, *Shays' Rebellion: The Making of an Agrarian Insurrection* (Amherst, Mass., 1980); Thomas P. Slaughter, *The Whiskey Rebellion: Frontier Epilogue to the American Revolution* (New York, 1986); Stephen R. Boyd, ed., *The Whiskey Rebellion: Past and Present Perspectives* (Westport, Conn., 1985); Jeffrey J. Crow, "The Whiskey Rebellion in North Carolina," *North Carolina Historical Review* 66 (1989): 1-28.

49. Richard D. Brown, *Knowledge Is Power: The Diffusion of Information in Early America, 1770-1865* (New York, 1989); Philip S. Foner, ed., *The Democratic-Republican Societies, 1790-1800: A Documentary Sourcebook of Constitutions, Declarations, Addresses, Resolutions, and Toasts* (Westport, Conn., 1976); Winthrop D. Jordan, *White over Black: American Attitudes toward the Negro, 1550-1812* (Chapel Hill, N.C., 1968), chap. 10.

50. 此处以及下一段的观点在本书论文 4 中有所论述，且在下述著作中做了进一步完善：Young, "The Framers of the Constitution and the 'Genius of the People,'" *Radical History Review* 42 (1988)，附 Barbara Clark Smith, Linda K. Kerber, Michael Merrill, Peter Dimock, William Forbath 和 James Henretta 的评述，7-47。

51. Williams, *Contours of American History,* 149-223; John R. Nelson Jr., *Liberty*

and Property: Political Economy and Policymaking in the New Nation, 1789-1812 (Baltimore, 1987); Joyce Appleby, *Capitalism and a New Social Order: The Republican Vision of the 1790s* (New York, 1984); Steven Watts, *The Republic Reborn: War and the Making of Liberal America, 1790-1820* (Baltimore, 1987).

52. Howard B. Rock, *Artisans of the New Republic: The Tradesmen of New York City in the Age of Jefferson* (New York, 1979); Rock, ed., *The New York City Artisan, 1789-1825: A Documentary History* (Albany, N.Y., 1989); Wilentz, *Chants Democratic,* chaps. 1, 2.

53. Rediker, *Between the Devil and the Deep Blue Sea,* 291.

54. Alan Taylor, *Liberty Men and Great Proprietors: The Revolutionary Settlement in the Maine Frontier, 1760-1820* (Chapel Hill, N.C., 1990), chaps. 8, 9.

55. Frey, *Water from the Rock,* chaps. 7-9; Phillip D. Morgan, "Black Society in the Low Country, 1760-1810," in Berlin and Hoffman, eds., *Slavery and Freedom,* 83-142; Richard Dunn, "Black Society in the Chesapeake 1776-1810," 同上, 49-82。

56. Ira Berlin, *Many Thousands Gone: The First Two Centuries of Slavery in North America* (Cambridge, Mass., 1998), part 3; Gary B. Nash, *Race and Revolution* (Madison,Wis., 1990); Nash, *Forging Freedom: The Formation of Philadelphia's Black Community, 1720-1840* (Cambridge, Mass., 1988); Nash and Jean R. Soderland, *Freedom by Degrees: Emancipation and Its Aftermath in Pennsylvania* (New York, 1990); Shane White, *Somewhat More Independent: The End of Slavery in New York City, 1770-1810* (Athens, Ga., 1991).

57. Berlin and Hoffman, eds., *Slavery and Freedom,* xv.

58. Davis, *Problem of Slavery,* chap. 6, 引文在 256，259，262; Edmund S. Morgan, *American Slavery, American Freedom: The Ordeal of Colonial Virginia* (New York, 1975)。

59. Nash, *Race and Revolution*, chap. 2; Jordan, *White over Black*, pts. 4, 5; Paul Finkelman, "Slavery and the Constitutional Convention: Making a Covenant with Death," in Richard Beeman, Stephen Botein, and Edward C. Carter II, eds., *Beyond Confederation: Origins of the Constitution and American National Identity* (Chapel Hill, N.C., 1987), 188-225; Staughton Lynd, "The Compromise of 1787," *Political Science Quarterly* 81 (1966): 225-50.

60. Linda K. Kerber, "'History Can Do It No Justice' : Women and the Reinterpretation of the American Revolution," in Ronald Hoffman and Peter J. Albert, eds., *Women in the Age of the American Revolution* (Charlottesville, Va., 1989), 3-42, 引文在 10。

61. Linda K. Kerber, "The Republican Mother: Women and the Enlightenment—An American Perspective," *American Quarterly* 28 (1976): 187-205; Kerber, "'I Have Don ... Much,'" 227-57; Jan Lewis, "The Republican Wife: Virtue and Seduction in the Early Republic," *WMQ* 44 (1987): 689-721.

62. Cathy N. Davidson, "The Novel as Subversive Activity: Women Reading, Women Writing," in Young, ed., *Beyond the Revolution*, 283-316; Davidson, *Revolution and the Word: The Rise of the Novel in America* (New York, 1986); Laurel Thatcher Ulric, *A Midwife's Tale: The Life of Martha Ballard, Based on Her Diary, 1785-1812* (New York, 1990); 强调改革局限性的研究，见 Joan Hoff Wilson, "The Illusion of Change: Women and the American Revolution," in Alfred F. Young, ed., *The American Revolution: Explorations in the History of American Radicalism* (DeKalb, Ill., 1976), 383-445; Christine Stansell, *City of Women: Sex and Class in New York, 1789-1860* (New York, 1986); Elaine F. Crane, "Dependence in the Era of Independence: The Role of Women in a Republican Society," in Jack P. Greene, ed., *The American Revolution: Its Character and Limits* (New York, 1987), 253-75; Marylynn Salmon, *Women and the Law of Property in Early America* (Chapel Hill, N.C., 1986); 记录意识变化的研究，见 Mary Beth Norton, "The Evolution of White Women's Experience in Early America," *American Historical Review* 89 (1984): 593-619; Joan Jensen, *Loosening the Bonds: Mid-Atlantic Farm Women, 1750-1850* (New Haven, Conn., 1986); Lee Chambers-Schiller, Schiller, *Liberty a Better Husband: Single Women in America, the Generations of 1740-1820* (New Haven, Conn., 1989); William J. Gilmore, *Reading Becomes a Necessity of Life: Material and Cultural Life in Rural New England, 1780-1835* (Knoxville, Tenn., 1989)。

63. Elaine F. Crane, ed., *The Diary of Elizabeth Drinker*, 3 vols. (Boston, 1991), 22 April 1796; Charles W. Akers, *Abigail Adams: An American Woman* (Boston, 1980), 116.

64. Judith Sargent Murray, *The Gleaner*, 3 vols. (Boston, 1798), 1:167, 168,193; 3:219; 对 Murray 最详尽的分析，见 Kerber, "'I Have Don…Much,'" 238-44。

65. Joan R. Gunderson, "Independence, Citizenship, and the American Revolution," *Signs* 13 (1987): 59-77; Ruth H. Bloch, "The Gendered Meanings of Virtue in Revolutionary America," 同上，37-58; Nancy Fraser and Linda Gordon, "Contract versus Charity: Participation and Provision: A Reconsideration of 'Social Citizenship'" (Newberry Library Family and Community History Center 研讨会论文，1992)。

66. Kerber, "'History Can Do It No Justice,'" 41.

67. James H. Merrell, "Declarations of Independence: Indian-White Relations in the New Nation," in Greene, ed., *American Revolution,* 197-223.

68. Gregory Evans Dowd, *A Spirited Resistance: The North American Indian Struggle for Unity, 1745-1815* (Baltimore, 1992).

69. Merrell, "Declarations of Independence," 197; Francis Jennings, "The Indians' Revolution," in Young, ed., *American Revolution,* 341.

70. Merrell, "Declarations of Independence," 204; 关于和平勋章，见 Young and Fife, *We the People,* chap. 7。

71. 转引自 Reginald Horsman, "The Image of the Indian in the Age of the American Revolution," *Newberry Library Center for the History of the American Indian Occasional Papers Series,* No.6 (1983), 5; Alan Taylor, *"Land and Liberty on* the Post-Revolutionary Frontier," in David T. Konig, ed., *Devising Liberty: Preserving and Creating Freedom in the New American Republic* (Stanford, Calif., 1995)。

72. James P. Whittenberg, "Herman Husband's Plan for Peace between the United States and the Indians, 1792," *WMQ* 34 (1977): 647-50; Taylor, *Liberty Men and Great Proprietors,* chap. 7, "White Indians" ; Richard White, *The Middle Ground: Indians, Empires, and Republicans in the Great Lakes Region, 1650-1815* (Cambridge, U.K., 1991).

73. Dowd, *Spirited Resistance*; R. David Edmunds, ed., *American Indian Leaders: Studies in Diversity* (Lincoln, Neb., 1980); Edmunds, *The Shawnee Prophet* (Lincoln, Neb., 1983); Edmunds, *Tecumseh and the Quest for Indian Leadership* (Boston, 1984); Anthony F. C. Wallace, *The Death and Rebirth of the Seneca* (New York, 1969); Joel W. Martin, *Sacred Revolt: The Muskogees Struggle for a New World* (Boston, 1991); James H. Merrell, *The Indians' New World: Catawbas and Their Neighbors from European Contact through the Era of Removal* (Chapel Hill, N.C., 1989); 学者在整合印第安人历史中的持续失败，见 Merrell, "Some Thoughts on Colonial Historians and American Indians," *WMQ* 41 (1989): 94-119。对殖民地时期做开拓性综合分析的是 Gary B. Nash, *Red, White, and Black: The Peoples of Early America* (Englewood Cliffs, N.J., 1974; 第 3 版, 1991); 最近的综合分析出自 Francis Jennings, *The Founders of America* (New York, 1992); 新的历史收录于 Frederick Hoxie, Ronald Hoffman, and Peter Albert, eds., *Native Americans and the Early Republic* (Charlottesville, Va., 1999)。

74. Bernard W. Sheehan, *Seeds of Extinction: Jeffersonian Philanthropy and the*

American Indian (Chapel Hill, N.C., 1973); 关于马斯皮人，转引自 Merrell, "Declarations of Independence," 217; Richard Drinnon, *Facing West: The Metaphysics of Indian-Hating and Empire-Building* (New York, 1980), part 2。

75. Thomas P. Slaughter, "Crowds in Eighteenth-Century America: Re ections and New Directions," *Pennsylvania Magazine of History and Biography* 115 (1991): 3-34; Paul A. Gilje, *The Road to Mobocracy: Popular Disorder in New York City, 1763-1834* (Chapel Hill, N.C., 1987).
76. Bryan D. Palmer, "Discordant Music: Charivari and Whitecapping in North America," *Labour/Le Travailleur* 1 (1978): 5-62; Susan G. Davis, *Parades and Power: Street Theater in Nineteenth-Century Philadelphia* (Berkeley, Calif., 1986); Samuel Kinser, *Carnival, American Style: Mardi Gras at New Orleans and Mobile* (Chicago, 1990).
77. Bogin, *"Petitioning"*; Edmund S. Morgan, *Inventing the People: The Rise of Popular Sovereignty in England and America* (New York, 1988), chap. 9.
78. Dorothy Fennell, "From Rebelliousness to Insurrection: A Social History of the Whiskey Rebellion, 1765-1802" (博士论文 , University of Pittsburgh, 1981)。
79. Charles G. Steffen, *The Mechanics of Baltimore: Workers and Politics in the Age of Revolution, 1763-1812* (Urbana, Ill., 1984), 217-21.
80. Simon P. Newman, *Parades and the Politics of the Street: Festive Culture in the Early American Republic* (Philadelphia, 1997); Young, *Democratic Republicans,* chap. 22.
81. Frey, *Water from the Rock,* 257, 320; Douglas R. Egerton, "Gabriel's Conspiracy and the Election of 1800," *Journal of Southern History 56* (1990): 191-214; Mullin, *Flight and Rebellion,* chap. 5, Tucker 的话在 157; Eugene Genovese, *From Rebellion to Revolution: Afro-American Slave Revolts in the Making of the Modern World* (Baton Rouge, La., 1979); Jeffrey J. Crow, "Slave Rebelliousness and Social Con ict in North Carolina, 1775-1802," *WMQ* 37 (1980): 79-102。
82. Frey, *Water from the Rock,* chaps. 7-9; Mary Beth Norton, Herbert G. Gutman, and Ira Berlin, "The Afro-American Family in the Age of Revolution," 及 Albert J. Roboteau, "The Slave Church in the Era of the American Revolution," in Berlin and Hoffman, eds., *Slavery and Freedom,* 175-213; Jacqueline Jones, "Race, Sex, and Self-Evident Truths: The Status of Slave Women during the Era of the American Revolution," in Hoffman and Albert, eds., *Women in the Age of the Revolution*, 293-337。
83. Paula Baker, "The Domestication of Politics: Women and American Political

Society, 1780-1920," *American Historical Review* 89 (1984): 620-47; Anne M. Boylan, "Women and Politics in the Era before Seneca Falls," *Journal of the Early Republic* 10 (1990): 363-82; Susan Branson. *These Fiery Frenchified Dames: Women and Political Culture in Early National Philadelphia* (Philadelphia, 2001).

84. Charles Brockden Brown, *Alcuin: A Dialogue* (New York, 1798); Murray, *The Gleaner*, 3:188-89.

85. Thomas Jefferson to Spencer Roane, 6 September 1819, 转引自 Dumas Malone, *Jefferson the President: First Term, 1801-1805* (Boston, 1970), 26; Aleine Austin, *Matthew Lyon: "New Man" of the Democratic Revolution, 1749-1822* (University Park, Pa., 1981)。

86. Richard J. Twomey, *Jacobins and Jeffersonians: Anglo-American Radicalism in the United States 1790-1820* (New York, 1989); Hatch, *Democratization of Christianity*, chap. 2; Richard E. Ellis, *The Jeffersonian Crisis: Courts and Politics in the Young Republic* (New York, 1971); Michael Durey, "Thomas Paine's Apostles: Radical Émigrés and the Triumph of Jeffersonian Republicanism," *WMQ* 44 (1987): 661-88.

87. Thomas Jefferson to James Monroe, 20 September 1800, 转引自 Egerton, "Gabriel's Conspiracy," 214; Michael Zuckerman, "The Color of Counter-Revolution: Thomas Jefferson and the Rebellion in San Domingo," in Loretta Valtz Mannucci, ed., *The Languages of Revolution* (Milan Group in Early American History *Quaderno* 2, University of Milan, 1989), 83-107; Jordan, *White over Black*, chap. 12。

88. Thomas Jefferson 的引语转引自 Norton, *Liberty's Daughters,* 190-91。比较马萨诸塞共和党人 James Sullivan 的均权主义，载于 Linda K. Kerber, "The Paradox of Women's Citizenship in the Early Republic: The Case of *Martin versus Massachusetts,* 1805," *American Historical Review* 97 (1992): 349-78。

89. Thomas Jefferson, "Address," 7 January 1802, 及 Jefferson to Gov.William Henry Harrison, 27 February 1803, 转引自 Malone, *Jefferson the President,* 273-75; Sheehan, *Seeds of Extinction,* chaps. 5-9。关于 Jefferson 的激进主义，比较 Richard Matthews, *The Radical Politics of Thomas Jefferson: A Revisionist View* (Lawrence, Kan., 1984), 以及 Leonard Levy, *Jefferson and Civil Liberties: The Darker Side* (Cambridge, Mass., 1963); Leonard Levy, *Emergence of a Free Press* (New York, 1985), 以及前面提到的 David Brion Davis, Winthrop Jordan 和 Bernard Sheehan 的著作。

第三部分 记忆：失去的和找到的

6
托马斯·潘恩的荣耀与诅咒

1809年6月10日，当托马斯·潘恩在纽约韦斯特切斯特新罗谢尔他自己的农场下葬时，只有不到十二个人参加了他的葬礼：威利特·希克斯（Willett Hicks），一个贵格会教徒，他未能成功说服贵格会接受潘恩的请求，将他安葬在他们在纽约市的墓地；托马斯·阿迪斯·艾美特（Thomas Addis Emmett），一个潘恩式的政治流亡者，曾经在爱尔兰入狱，当时是纽约一个事业处于上升期的律师；沃尔特·莫顿（Walter Morton），一个朋友；两个非裔美国人，其中一个可能是挖墓的人；玛格丽特·德·博纳维尔（Margaret de Bonneville）和她两个年幼的儿子，本杰明（Benjamin）和托马斯（Thomas），也是潘恩的教子，都是拿破仑时期法国的逃亡者，为了报答她和她的丈夫对他在法国入狱前后的支持，潘恩在美国收留了他们。所有这些人构成了从潘恩去世的地方格林威治村——当时在纽约市郊——出发的二十五英里的送葬队伍。可能有些新罗谢尔的邻居也加入了送葬队伍，潘恩自1802年从法国回来以后就断断续续地住在那里。没有政治领导人参加；似乎也没有人念悼词。多年以后，德·博纳维尔夫人回忆起这一痛心时刻：

> 这是一个让任何有感情的人都感到悲恸和伤心的葬礼。一想

1792 年，托马斯·潘恩在英国处于人生的鼎盛时期，英国画家乔治·罗姆尼（George Romney）充满同情地为其画了一幅肖像，潘恩的朋友认为画得非常像。这幅版画是 18 世纪 90 年代威廉·夏普（William Sharp）的作品，母本来自上述肖像画。潘恩穿着优雅，身体健康，目光敏锐。书桌上是他那两本广泛流传的册子手稿，即《常识》和《人的权利》，旁边是作者的羽毛笔。（图片来源：国会图书馆）

> 到他是谁，是什么样的男人，我们把他放在外面一块荒地上的无名墓地里，我就忍不住感到无比的痛心。在人们往棺材上撒泥土之前，我站在墓穴东边，对我的儿子本杰明说：“你站在另一边，为感恩的美国做证。”环顾四周小小的一群人，当泥土被推入坟墓时，我大声说道：“噢！潘恩先生！我的儿子站在这里，为美国的感激做证，而我则为法国做证！”[1]

有几个人可能为了响应前一天《公共广告人》(*Public Advertiser*)的编辑雅各布·弗兰克（Jacob Frank）在《公共广告人》上写的一段话，在城里向潘恩致以了最后的敬意，弗兰克邀请朋友们“去（潘恩 265
的）故居参加葬礼”，但即便如此，也不足以在报纸上报道。无论纽约还是其他城市都没有举办纪念会；一些悼文出现在由逃避英国迫害的雅各宾派逃亡者编辑的报纸上，他们现在成为成功的杰斐逊主义信徒。了解潘恩及其历史的纽约政治家，副总统乔治·克林顿和他的侄子、纽约市市长德威特·克林顿（Dewitt Clinton）都保持沉默，一如曾经和潘恩并肩作战的国家领导人：托马斯·杰斐逊，当潘恩从法国回来的时候，曾经在白宫款待过潘恩；詹姆斯·门罗，曾经在1794年出面把潘恩从法国监狱中救了出来；本杰明·拉什，1776年曾为《常识》一书确定书名——都保持沉默。1809年，潘恩思想的背叛者，编辑詹姆斯·奇森（James Cheetham）在纽约出版了一部恶意诽谤的潘恩传记，它成为几十年里流言的来源，没有人对此质疑。菲利普·弗雷诺，是当时美国作家中唯一一个用诗歌向潘恩致敬的人。[2]

发生了什么？托马斯·潘恩是18世纪最后25年里3本阅读最广、影响最大的英语小册子的作者：《常识》(1776年)、《人的权利》(1791—1792年)和《理性时代》(1795年)。在1776年，潘恩略带夸张地说，《常识》“唤醒了美国人发表独立宣言的意识”。[3] 书是匿名出版，所以他并没有收获作者应得的全部荣誉。但是在战争期间，托马斯·潘恩，“《常识》的作者”，撰写的《危机》（*Crisis*）系列文章开篇是，“这是考验人类灵魂的时刻”，这些文章确立了潘恩爱国者领袖的名望。华盛顿让人把这些文章读给他的军队听。所有的革命领袖都认识了潘恩。国会任命他为外交事务委员会秘书，宾夕法尼亚任命他为议会书记员，当时的国务卿罗伯特·利文斯顿和财长罗伯特·莫里斯从政府中拨款资助作为书册作者的潘恩。战后，当潘恩要求国会支付他六千美元公共服务费时，国会承认他“有权享受美国的报酬”，但是只付了一半。[4] 在弗吉尼亚的立法会议中，乔治·华盛顿大力支持的以土地形式报答潘恩的一个法案因为一票之差而未通过。但是宾夕法尼亚给他五百英镑，以奖励他“杰出的贡献”。纽约拨给他一个从效忠派手中没收来的、位于新罗谢尔的 250 英亩的大农场，以奖励他在革命中的“杰出贡献”和“突出价值”。[5]18 世纪 90 年代广泛传
267 播的《人的权利》一书再次刷新了他在大众中的名望。

怎么解释潘恩从荣耀中的跌落？最常见的理由在于大众对《理性时代》的反应。《理性时代》紧随《人的权利》出版，是他的第三本畅销书，流行于整个 90 年代。在《理性时代》中，他抨击有组织的宗教是政治压迫的爪牙，批判《圣经》神迹是迷信的思想，把自然神论从绅士的客厅推到了乡村酒馆和工匠的火炉旁，这是前无古人、后无来者的。它所激发的反应，在广泛性和强烈度上可能使《人的权利》黯然失色。[6]

他对宗教的解释很有吸引力。美国的正统教士以前所未有的愤怒攻击潘恩。联邦主义领袖利用了宗教争议。许多杰斐逊主义的政治家，即使私底下是自然神论者，也发现潘恩的非宗教思想在政治上很尴尬，尤其因为他们的许多支持者都是福音浸礼宗和卫理公会信徒。19 世纪早期的第二次大觉醒在乡村的穷苦农民和城市工匠、短工中

扎根，他们是民主共和党的自然选民。也许归根结底，是潘恩的自然神论结束了他的命运。

但是有这么简单吗？为什么对潘恩宗教观点的攻击如此有效呢？我想探讨导致托马斯·潘恩陨落的另外三个假说。[7] 第一，从潘恩在美国的生涯开始，他就因其民主政治上的激进主义而受到攻击。从 1776 年一直到 1794 年，在《理性时代》出版很久之前，潘恩就是美国保守派精英的攻击目标，而且终其一生都是。第二，潘恩没能保持他在 1776 年至 1783 年革命期间赢得的大众声望，这是美国历史上一代又一代持续出现的问题。第三，潘恩可能是“人权的牺牲品”，这是罗伯特·R. 帕尔默（Robert R. Palmer）四十年前使用的诙谐用语。[8] 1801 年杰斐逊的当选和 1805 年的连任保障了潘恩倡导的核心原则的胜利。潘恩本人因此成为其政治思想胜利的牺牲品。

要探究 19 世纪第一个十年对潘恩的排斥这一谜题，我们应该努力揭开他成功的奥秘。我首先会分析 1776 年《常识》的接受情况，然后分析《人的权利》于 18 世纪 90 年代在美国和英国的接受情况，
最后再回到潘恩的最后岁月，即从 1802 年到 1809 年在美国的时光。 268

I

要理解《人的权利》就需要先了解《常识》，因为它是潘恩后来名声的基础。在《人的权利》的题名页，潘恩署名是《常识》的作者。更重要的是，潘恩毫不犹豫地承认，《人的权利》中的思想“同《常识》中的原则相同……唯一的区别是，一个是为适应英国的当地情况而写，一个是为了美国而写”。[9] 事实上，《人的权利》第二部分的论述结构和大部分的语言都沿袭了《常识》。

《常识》在美国历史上就是为美国独立而撰写的。实际上，它传递给美国人的信息有三重：独立、共和主义和对大众的信任。潘恩告诉他的读者，放弃同母国的和解，争取独立；不仅拒绝乔治三世而且拒绝君主制，代之以建立在广泛大众参与基础上的共和政府；第三，在用最平实的语言向普通人演讲的风格中，暗示这样的信息：不要依赖有学问者的权威，而要依靠自己的理性和常识。

小册子的笔调是激烈的平等主义。“男、女是自然的区分，善、恶是上天的区分；一个种族来到这世界如何高高在上……值得我们探究。”“一个正直的人在上帝的眼中比世上所有戴着王冠的恶棍更有价值。”[10]语言不敬、粗俗。第一个国王“比一些流氓团体的头好不了多少”。他说征服者威廉：“一个法国无赖带着一群武装匪徒，不顾英国人的意愿，自封为英国国王。用一句大白话，他就是卑鄙无赖之徒的祖宗。当然没有什么神圣性。”[11]他的呼吁也充满了千禧年的理想主义：“我们有力量让世界重新来过。类似目前的情势，自诺亚以来就没有出现过。一个新世界的诞生就在眼前。”[12]

小册子的流行从任何角度来衡量都是惊人的。即使它的成功不是潘恩所宣称的，“自印刷术发明以来的最高成就”，它也极有可能是殖
269 民地大量白人男性和女性阅读和听读的材料。[13]

潘恩能够从费城（大陆会议所在地）的有利视角观察《常识》的印刷史，他称《常识》在1776年1月中旬首次印刷后的4个月内，即到1776年4月已经印刷了12万册，后来又增加到15万册，然后于1792年在《人的权利》的一个脚注中又将数量降到10万册（不一定准确）。[14]学者通常接受10万到15万册的说法（尽管没人能说清楚是怎么得出结论的）。这是在一个有300万人口的国家（其中50万人是非裔美国人，几乎都是奴隶），也就是有大约35万户盎格鲁—美国人家庭。在7年的战争中，大约20万人在自卫队或常规军队服役。

小册子很便宜，一个先令，虽然不属于畅销故事书和日历等最便宜的那类，但也远远低于大多数书籍的价格。篇幅较短，第一版 47 页，在后来的印刷中一般不超过 60 页，分为 4 章，文字简单易读。[15]

从 1776 年 1 月到 6 月间，小册子一共印刷了大约 35 次，15 次在费城，费城是首印地，从那里向南方传播，16 次在新英格兰。[16] 当时没有版权法：印刷商想印什么就印什么。潘恩说他从未赚过一分钱。尽管潘恩自负自大，但是在 1776 年 4 月他就该书的流通速度说对了一件事：“自使用文字以来，从未有一本小册子……在如此短的时间内印刷了这么多次。”[17] 小册子是革命 10 年里主要的表达载体之一；伯纳德 · 贝林分析了 1776 年潘恩之前 10 年间的大约 400 种小册子。卖得最好的可能是约翰 · 狄金森（John Dickinson）的小册子，发行了 15000 册。[18] 一部小册子一般印 2000 册。拼字课本可能卖出 2 万册，一本《圣经》诗篇 3 万册，本杰明 · 富兰克林的《穷理查年鉴》每年印刷 2 万册，一部非常流行的历书，如纳撒尼尔 · 埃姆斯（Nathanial Ames）的，可以达到 6 万册，但是这些书都拥有非常广泛的读者群，销量稳定。[19]

来自上层和下层许多有趣的证据都证明了《常识》在 1776 年前 6 个月不同寻常的流行度。一位费城人给英国的朋友寄了一本，他说：“所有人都在阅读它，因之而转变的人同阅读它的人一样多，尽管前一个小时也许还是激烈反对独立思想的人。”到 3 月，乔治 · 华盛顿写道：“我发现《常识》正在改变人们的思想。”英军的惩罚性军 270
事行动，“加上正确的学说和无法反驳的推论……正在争取人民走向脱离的道路”。[20]

它的成功在于来得恰逢其时，人民做好了接受的准备。在长达 10 年的剧烈的政治争论之后，1775 年 4 月战争在列克星敦和康科德爆发，成千上万人拿起武器参加了自卫队或者由国会授权、华盛顿任总司令的新常规军。到处都成立各种委员会，事实上是成立一个双重政府，因为英国人的政府已经倒台了。一场战争正在进行，但是美国人是为了什么而战呢？同英国的和解前景越来越渺茫，对越来越多的人来说，这已经不可取了。

在衡量一本小册子的影响时，读者的积极角色经常被低估。阅读是一种意愿行为。一个人必须购买小册子；就小册子来说，一先令很便宜，但是对一个一天挣三先令的普通木匠或者挣得更少的鞋匠来说，是昂贵的，而对一天挣 1/8 先令的普通劳工而言，是不可企及的。[21] 或者去借——主动寻找一个有小册子的人，或者在别人的哄诱之下借来阅读。在有人大声朗读的酒馆和其他公共场所，是去听一听就走还是留下来听完，人们也必须做出决定。阿尔弗雷德·欧文·阿尔德里奇（Alfred Owen Aldridge）指出，《常识》拥有“多种读者群”，传阅手抄本和摘要，报纸登载节选。一个法国观察者布里索·德·沃维尔（Brissot de Warville）认为，这本小册子“具有如此巨大的影响，只因为它被工匠、农民和各阶层人急切阅读的那些公报转载和引用了一百次”。[22]

正如一些政治领袖解读的，潘恩的小册子“转变了”人民或者“唤醒了”他们对独立的渴望。一位军官给另一位军官写信时说，《常识》“转化了许多人，我相信它将让大众睁开眼睛”。[23] 大卫·拉姆塞，这位南卡罗来纳的医生撰写了最早的革命史之一，认为它“产生了惊奇的效果。成千上万人被它说服、引导，从而赞成并渴望脱离母国”。但是其他更专注于大众反抗的人，认为潘恩表达出了他们心中已有的想法。约瑟夫·霍利（Joseph Hawley），马萨诸塞西部的一个领导人，写道：“每一种情感都落入了我早有准备的心田。”正如当时新泽西 16 岁的阿什贝尔·格林（Ashbel Green）在六十多年后回忆的，《常
271 识》“拨动了一根一触即发的弦。国家独立的时机已经成熟，只需要

某个人去告诉人民，带着决心、勇气和理由”。[24] 因此，当约翰·亚当斯在多年后宣称，即使他是在贬低潘恩，“独立的思想，即使是普通人，对其的熟悉也比有些人假装的要早得多”，以及第一次向大众提出独立思想的“不是《常识》”时，[25] 这也并非完全错误。

可以这么说，潘恩使一种萌芽中的、未表述出来的独立思想变得具体。他的特殊贡献——亚当斯不能认同——是把独立同共和主义联系起来并给予大众（显然是常用的一个词语）一种自己能够决定事件的意识。亚当斯清楚地知道，潘恩的小册子激发了一场三角辩论。首先是在独立的倡导者和反对者之间——在潘恩和一些自那之后被遗忘的效忠派小册子作者之间——的辩论。在这场辩论中，前者轻易取胜，并且在1776年7月4日《独立宣言》之后，辩论变得无关紧要。其次是发生在爱国者之间，即应该用哪种共和政体代替英国人统治的辩论，这场辩论贯穿了整个革命期间，一直到18世纪90年代。在这里，辩论一方明显是潘恩及一群激进民主共和主义者，另一方是保守共和主义爱国者，例如亚当斯和弗吉尼亚的卡特·布拉克斯顿（Carter Braxton）等极端保守主义分子。

从一开始，亚当斯对潘恩的多种评价就模棱两可。几年以后，他生动回忆了自己在1776年的心境：

> 我非常喜欢它赞成独立的论述，但是关于政府形式的部分，我认为只是源自无知以及取悦费城民主党派的简单想法……我害怕如此流行的一部小册子可能会产生什么样的影响……他的计划太民主化，没有任何制约，甚至没有任何均衡或平衡的努力。[26]

很快，亚当斯卷入了激烈的内部争论中。他传发了自己的手稿《关于政府的思考》，并且很快印刷出版，希望为新独立各州制定安全宪法的爱国领袖们提供指导。潘恩的理想造就了一部宾夕法尼亚宪法，也是最民主的一部宪法：一个每年由纳税人广泛选举产生的一院制立法机构，对任职资格不设财产方面的限制；一个弱行政机构，法
272 律只有在立法机构允许其在人民中推行后才能通过。亚当斯的理想则体现在他帮助制定的1780年的马萨诸塞宪法上：一个两院制立法机构，其选举和任职均建立在财产等级制之上；州长需位列较高财产等级；独立司法。两院相互制衡，州长拥有对两院的一票否决权。尽管亚当斯的宪法向新英格兰的全镇大会民主制做出了巨大妥协，但是其根本原则是对“执掌权力者”的尊重——是潘恩均权主义的对立面。[27]

亚当斯还害怕这种政治激进主义会给“平等精神”或者通常意义上的“冒失”带来影响。他在自己的家庭中已经有所体会。1776年3月，亚当斯的妻子阿比盖尔给他写信，让他在为美国重新打造一部法典时“记住女性”。“不要把无限的权力放在丈夫手中。记住，只要有可能，男人都会变成暴君。”亚当斯虽然以玩笑的方式制止了她，但却无法掩饰内心的震惊。每个人都在抛弃应有的顺从。

> 我们已经得知我们的斗争使各地政府的管制变得松弛。孩子们和学徒不服管教——大中小学动荡不安——印第安人看不起他们的监护者，黑奴对他们的主人变得傲慢……等着瞧吧，我们知道最好不要废除这一男性体制。

亚当斯应该知道阿比盖尔读过他在一个月前寄给她的《常识》并且“为之触动”。阿比盖尔·亚当斯虽然没有像她威胁的那样“酝酿一场女性反抗运动”，但是却一直给她的丈夫施加压力。在各个地方，精英分子都不得不同下属阶层爆发的各种反叛斗争，包括黑奴的一波叛逃运动。[28]

四十年后的1819年，当约翰·亚当斯斥责这本小册子时仍旧气得冒烟。“汤姆·潘恩的《常识》讲了多么可怜、无知、恶毒、短见的一堆废话！”[29]

II

18世纪90年代，在以1776年爆发在潘恩和亚当斯之间的那场争论为代表的两种共和主义之间的冲突发展至新一轮高潮之时，《人的权利》问世。潘恩的名字现在出现在扉页，署名是《常识》和《危机》的作者。要理解《人的权利》的荣耀和受到的诅咒，我们需要了 273
解两个背景：1776年之后十五年的历史和18世纪90年代联邦党人政策的历史，那又是“一触即发”的一根弦。不了解这些，就很难解释《人的权利》为什么在美国这么受欢迎。1787年潘恩去英国旅行，他在英国为英国读者撰写了这本小册子的第一和第二部分。1791年写的第一部分是对法国大革命的长篇散论辩护辞，以回应英国政治家埃德蒙·伯克（Edmund Burke）对它的攻击。它既没有《常识》那样的直接性，也没有它的简明风格。1792年写的第二部分（第五章除外）是对《常识》的重述，要求改革英国的政治体制，把美国作为英国的榜样。为什么这样一本书会在美国受到欢迎呢？[30]

1776—1789年的美国存在两种共和主义的争斗。在革命期间，爱国精英——后来的统治阶层——在关于如何控制漫过河堤的民主浪潮问题上产生了分歧。有些人提倡折中，有些人赞成高压政治或压制。两个纽约地主贵族使用的比喻体现出这一区别。小罗伯特·R. 利文斯顿相信“如果不能阻止则顺流而行的权宜之计”，古弗尼尔·莫里斯则用蛇来描述大众运动。

蛇必须被铲除，它很难被驯服。其他一些人把大众比作必须鞭策的一匹马。拥有从北方的自耕农和充满自信的技工到富裕的商业大鳄等选民的约翰·亚当斯，有时候倾向于折中，有时候又倾向于高压政治。1799 年，古弗尼尔·莫里斯以一种贵族的势利嘲笑托马斯·潘恩：他只是“一个从英国来的冒险家而已，没有财富，没有家族或者亲戚，甚至没有语法知识”。作为 18 世纪 90 年代美国驻法国的大使，他竟然放任潘恩在法国的监狱里烂死。而罗伯特·R. 利文斯顿却把潘恩放在了政府的工资单上。[31]

1787 年，莫里斯同其他宪法制定者一样，对亚历山大·汉密尔顿提出的总统终身制、参议院终身制、两年任期众议院和总统有权任命州长以及否决州法律的极端主义议案表现出兴趣。莫里斯是一个狂热分子，但是作为一个群体的宪法制定者，他们知道一个由国王、上议
274 院和下议院组成的政府不适合美国。他们于是采用了一个更加折中的中间路线方案，这当然让约翰·亚当斯非常高兴，却让潘恩很失望。1788 年，在巴黎的潘恩同杰斐逊和拉法耶特“在我们自己的会议上”讨论了这部新宪法。潘恩抑制了自己的反对意见，因为对他来说，任何形式的国家政府都比一个弱邦联要强，只要它能提供未来修正的可能性。1787—1788 年，在麦迪逊领导下的联邦主义者做出了第一次妥协。1789—1791 年，他们通过增加《权利法案》，对反对《宪法》的民主派做出了第二次妥协。[32]

Ⅲ

18 世纪 90 年代，《人的权利》赢得了受众，因为联邦主义者一朝执掌国家，就开始从折中走向高压政治。联邦主义者触发了《人的

权利》将要震动的新弦。首先，他们试图赋予国家政府所谓的“高调”，重新提出了已经“作古”的贵族制和君主制问题。他们在不同的头衔上玩味。副总统约翰·亚当斯问参议院，他该称华盛顿总统“最仁慈的阁下”还是“尊贵的阁下”。一些轻浮的参议员建议称亚当斯为“布伦特里公爵”（布伦特里是亚当斯的家乡）或者“圆球阁下”（His Rotundity）。但是秘密泄露了，不灰心的亚当斯很快诉诸笔端，撰写了系列文章证明头衔的合理性，为官员们制造尊严的光环，要求获得普通大众的尊敬。[33]

其次，亚历山大·汉密尔顿通过他的财政政策——资助国债、接受州债和发给美国银行特许执照——通过挥舞财政部长的权杖，制造了一个支持国家政府的金融界。汉密尔顿的计划有意识地模仿英国的体制，因而引起了美国是否在采纳曾经抛弃的腐败体制等问题。而且，要支撑这座宏大的汉密尔顿大厦的税收似乎重重地落在了农民身上。[34]

联邦主义者的外交政策触发了第三根弦的振动。在1789—1790年间，法国大革命不是一个党派问题；在美国革命时期，法国曾是美国不可缺少的盟友，官方的美法同盟关系仍旧存在。但是法国大革命向左转，建立了一个共和国，共和国实行了美国人在1776年只是象征性地实行了的弑君行为，而且法国激进的改革运动也威胁到英国革 275
命。随着法国和英国开战，两种对立的政府哲学似乎也在斗争。联邦主义者通过推行与英国经济和意识形态联盟的政策，把法国大革命和法国同盟引入了美国政治。到1791—1792年，华盛顿曾经打造的联合随着杰斐逊和麦迪逊同汉密尔顿产生分歧而在国家层面开始分裂。从1792年到1794年，大众就政府对农民的威士忌产品征收消费税的反抗如火如荼。1793年，对法国和法国革命的政策移到舞台中心，1795年，随着《杰伊条约》的签订，对英政策成为中心。到1795年，40多个民主共和党协会集会。1794年开始的国会选举战在1796年随着杰斐逊在总统选举中挑战亚当斯而全面展开。[35]

联邦党人的政策从折中向高压政治转变。在1794—1795年，他们派遣军队镇压宾夕法尼亚州西部的威士忌叛乱，在国会里企图谴责民主党协会为“自封的”协会，诅咒反对《杰伊条约》的游行群众为“猪一样的民众”。1798年，随着亚当斯当选总统，国会最终通过了《外侨和谋叛法》(Alien and Sedition Laws)，依法指控对政府的抨击为谋叛罪——杰斐逊称之为“恐怖统治”。[36]

因此《人的权利》虽然针对的是英国的政府体制，却无意中触动了《常识》曾经拨动的美国之弦。潘恩再次向君主制开炮：“如果我问农民、制造商、商人、手艺商人以及从事其他所有职业的人直到普通劳动者，君主制对他有什么用？他将无话可说。”[37] 亚当斯和汉密尔顿为适合英国的国王、上议院和下议院制度辩护，代表美国回击了潘恩的攻击。

潘恩抨击了亚当斯倡议的所谓“头衔闹剧”。“头衔就像巫师的魔杖画出来的圆圈，”潘恩说，“限制着一个人的幸福范围。他被关在语言的巴士底狱，遥望着令人羡慕的人间生活。”[38] 潘恩对世袭制的抨击是无情的，他向那些信奉通过劳动获得尊重的美国人呼吁：“世袭继承就是建立在君主制上的一出滑稽戏……要成为一个普通的技工需
276 要某种技能，而成为国王，只需要人类中的动物特征——某种能呼吸的自动装置。”[39]

潘恩对英国的财政制度进行了严厉的批评，他的美国读者可能把它解读为对汉密尔顿炮制英国制度的反对。最重要的是，潘恩一次次回到“过度征税和不平等征税”问题上来。他的目标始终是英国；他争辩说，在美国，“他们的税很少因为他们的政府是公正的。那里的穷人不受压迫，富人没有特权”。[40] 但是对于在宾夕法尼亚西部和肯塔基准备对消费税收税员涂柏油和粘羽毛的农民来说，这样的文字与

其说是安慰不如说是刺激。

潘恩把君主制和贵族制的代价同征税联系起来。对个人来说，问题是“他的劳动成果将会被自己享用，还是被政府肆意挥霍”，在提出这个问题时，他触及了美国农民的敏感神经，他们曾经为革命和革命前后的农民反抗运动都做出了贡献。也完全可能是潘恩在第二部分引人注目的第五章中面向文明国家“那些悲惨大众”的讲话（“我们看见老年人进入工厂，年轻人走上绞刑架”）在美国引起了共鸣。在美国，人们可能不会像潘恩在英国那样被“衣衫褴褛的饥饿儿童和乞讨面包的七八十岁老人”所震惊，但是在海边城市，穷人的房屋经常拥挤不堪，生活窘迫的印刷短工和鞋匠在贫困线上挣扎，他们举行了反对工匠师傅的第一次罢工。毫无疑问，正如潘恩写到的：“大量中产手艺商人在年轻的时候过着体面的生活，但当其日渐年老，开始失去生意，最后陷入困顿。”[41]1818 年，当国会最终决定为革命中的老兵发放养老金，并把对象限制为那些“贫困最低线”的人们时，三万人提出了申请。这些男人和女人很可能会对潘恩提出的老年养老金、教育和儿童补贴制度做出积极回应——这是福利政府的轮廓。[42]

在 18 世纪 90 年代，不亚于 1776 年，潘恩呼吁美国人中的千禧年思想。“那是一个可以期望任何事情的革命时代。”而且任何事情都不受政府的限制。

> 当世界上任何一个国家说：我国的穷人是幸福的；他们中既没有无知也没有苦难；我国的监狱里没有囚犯，街头没有乞丐；老人不缺衣少食，税赋不重；理性世界是我的朋友，因为我是与它的幸福为友——当这些都可以说出来的时候，那么这个国家就可以为它的宪法和政府而自豪了。[43] 277

《人的权利》因此具有打动美国广大受众的潜力。到底有多“广大”？对该册子在美国的出版历史尚没有研究，不像《常识》那样。显然它是 18 世纪 90 年代流通最广的书之一，但也很难说有多少册。这一次潘恩——在 1792 年之前一直在英国，然后在法国待到 1802 年——无法对该书在美国的销售总量做出估计，就像他在 1776 年对《常识》做出估计那样。小册子的印刷频率和地点提供了最好的线索。印刷商比 1776 年时更多，出版地也更多。具有党派立场的印刷商可能也比 1776 年更多。不过印刷商也要挣钱。无论他们的政治立场如何，他们都负担不起不畅销的作品。[44]

根据标准的目录指南，我估计，《人的权利》在 18 世纪 90 年代大约印刷了 26 次，第一部分在 7 个不同的地方印了 12 次，第二部分在 6 个城市印了 9 次，再加上第一部分和第二部分的几个合印本。[45] 即使无法获得发行数据，有几个线索也能证明它的流行程度。第一，在纽约、费城和波士顿等海边大城市出现了多种版本。在小城镇也有出版，印刷商在小城镇有连接乡村的发行网络（佛蒙特州的本宁顿、宾州的卡莱尔、纽约州的奥尔巴尼和康涅狄格州的新伦敦）。像以赛亚·托马斯、休·盖恩（Hugh Gaine）和马修·凯里（Matthew Carey）这样知识渊博、成功的印刷商都出版了《人的权利》。第二，印刷商愿意冒着风险，以两卷本甚至更多卷本的形式印刷潘恩的“著作”或“作品”合集，对许多其他革命领袖的作品，可能就不好说了。例如奥尔巴尼的印刷商代表兰辛堡、哈德逊、波基普西和纽约的哈德逊河谷印刷商联盟，出版了他的作品。第三，印刷商推出了廉价装。在波士顿，主要业务是单页民谣和畅销故事书的托马斯和约翰·弗里特（Thomas and John Fleet）打出广告，“两部分合订本廉价装，只需三先令”（考虑到 1776 年《常识》的一先令售价以来的通货膨胀，这个价格仍旧是便宜的）。美国的书商和零售商也卖从英国进口的便宜版本。把所有这些来源考虑在内，我猜想，《人的权利》的总销售量在5万到10万之间，但这也无法涵盖它的全部读者群。该书无疑被正常运行的图书馆收藏，到1800年图书馆的数量超过了250个。书中的段落经常出现在报纸上，报纸的数量从1776年的约44种增长到1790年的100种再到1800年的201种。[46] 可以这么说，在美国，有多少人阅读《常识》就有多少人阅读《人的权利》，当然也就有多少 278
人了解它。

相比之下，《理性时代》从1794年到1796年在美国的5个城市印刷了18次，其中7次是由约翰·菲洛斯（John Fellows）在纽约出版，他是一个活跃的自然神论者。以赛亚·托马斯总是知道什么书卖得好，不论是《鹅妈妈》（*Mother Goose*）还是《芬妮·希尔》（*Fanny Hill*），他在马萨诸塞州中部的伍斯特印了2次，其出版原因可能不是我们想的出于公理教和浸礼宗教派立场。在18世纪90年代，《理性时代》的发行量可能不如《人的权利》，不过，如果以反对派出版的书籍数量来衡量的话，它所激起的正反两方面的反应更为热烈。[47]

衡量《人的权利》的影响是非常困难的。当时的人口比1776年要多，1790年人口是400万，1800年是500万。与《常识》不同，《人的权利》没有聚焦一个单一的目标（如独立），而且它的流通时间更长，从1791年到18世纪90年代后期。因此，它缺乏1776年《常识》出版的直接性。由于费城对第一部分的首次印刷发生了争执，它开始成为一个热门话题。麦迪逊把他的副本寄给了杰斐逊，那是第一批从英国过来的副本之一；杰斐逊在征得同意后又寄给了费城一位印刷商塞缪尔·哈里森·史密斯（Samuel Harrison Smith），并附上了他不希望出版的说明，而史密斯却把它作为序言："我非常高兴它将在这里重印，对我们之中已经出现的政治异端学说，终于能公开出版反对意见了。我毫不怀疑我们的市民将再次围绕《常识》的标准而团结起来。”[48] 杰斐逊当然考虑到了约翰·亚当斯，而亚当斯正如杰斐逊所料，“我发自内心地讨厌那本书和它的倾向”，1791 年他在私底下写道。这位副总统没有公开回应，而是让他的儿子约翰·昆西·亚当斯（John Quincy Adams）以“人民之友”（Publicola）为笔名批评潘恩（然而每个人都认为作者是约翰·亚当斯）。[49] 共和党作家们接受了挑战，争论在 1791—1792 年间的报纸上变得白热化，似乎这一政治剧中的所有人物都在出演自己设定的角色，使潘恩讨论的话题戏剧化。1791 年，在第一部分出现后不久，国务卿杰斐逊在给潘恩的信中热情洋溢地表示，书“在这里被人们热切地阅读”，不过他的参照系是首都费城。[50] 而且，我们也不可能将这一说法同这十年中其他时期的类似零星评论相比。《人的权利》没有给读者带来顿悟，就像《常识》已经做的或者像《理性时代》将要做的那样。

不管怎样，有几种方法可以衡量它的影响力。一种是祝酒词，它
279 已经成为 7 月 4 日独立日或者法国大革命胜利的政治庆典的一个共同特征。纽约市的祝酒词非常具有代表意义。坦慕尼协会——一个带有自由主义光环，还没有蒙上政治意义的兄弟会——在 1792 年 7 月中旬的祝酒词是“为自由的号角——托马斯·潘恩”，在 12 月的祝酒词是“为世界的公民——托马斯·潘恩”。技工和手艺商人总会的祝酒词是向“技工托马斯·潘恩”致敬。1795 年 7 月 4 日，坦慕尼协会和民主党协会在联合庆典中歌唱“人的权利”，思考潘恩的主题——贵族制与税的关系：

> 穷奢极欲的贵族，带来税赋和苦难
> 我们流汗，却无法生存。

结尾是：

最后，祝愿正直的汤姆·潘恩成功
愿他能活着享受他阐述的理想。

1795 年之后，致敬潘恩的祝酒词开始消退。1797 年爱国青年协会（Patriotic Junior Association）的祝酒词是："托马斯·潘恩：愿他的《人的权利》传给我们最近的下一代，愿他的《理性时代》永远无缘见到下一代。"这说明，在共和党中出现了与自然神论撇清关系的过程。[51]

衡量《人的权利》影响的第二种方法是"人的权利"这一短语的使用。7 月 4 日的庆典很快成为民主共和党人的节日，在庆典上毫无例外地都会出现向"人的权利"致敬的祝酒词，但是我认为，它指称的与其说是潘恩的书，不如说是因潘恩的书名而流行的概念。在 18 世纪 60 年代和 70 年代，美国人守护的是他们的"自由"或者"作为英国人的权利"，而在《独立宣言》中他们守护的是他们的自然权利。"人的权利"这一短语好像直到 18 世纪 90 年代才进入美国政治语汇，这个变化一直以来被沉迷于共和主义语言的一代学者所忽略。[52]

最后，延续到 1797 年的民主共和党协会使用的词汇也是潘恩影响力的标志。最大、最有影响力的俱乐部在城市，它们的会员主要来自技工和手艺商人，也包括商人、医生和律师。乡村也有这样的俱乐部，佛蒙特州有 4 个，纽约州有几个，宾州的边境也有 2 个，肯塔基州有 3 个，南卡罗来纳州有 5 个。并不像联邦主义者指控的，它们的创立并不归因于潘恩或者法国大臣"公民"热内（Citizen Genet）*。然 280
而，当我们读它们那些难以计数的宣言和决议时，没法不觉得这些是读过潘恩的作家们的作品。在一位研究这些协会的现代历史学家眼

* 指法国大使埃德蒙-查尔斯·热内（Edmond-Charles Genet）。——译注

里，潘恩是他们的“北辰”。我们同样可以这么描述共和党主办下发表的更多的独立日演讲。[53]

把《人的权利》在美国引起的反响同在英国引起的反响做一比较，可以看出它在美国的接受局限性。它在英国人中激发的热情相当于《常识》1776 年在美国人中激发的热情。在 18 世纪 90 年代，我们看到 E.P. 汤普森的权威论断：“类似‘英国革命’的事情发生了”，潘恩的作品在其中扮演了决定性的角色。埃德蒙·伯克的《反思法国大革命》（*Re ections on the French Revolution*，1790 年）在两年内卖了大约 3 万册。《人的权利》第一部分在 1791 年卖了 5 万册，汤普森认为到 1793 年，第一部分和第二部分一共在英格兰、威尔士和苏格兰卖了 20 万册。对 1000 万的人口而言，这“真的是非同小可”。第一部分售价 3 先令，而第二部分售价 6 便士，非常便宜。做出如此论断的学者不止汤普森一个。到 1802 年潘恩自称发行了 40 到 50 万册。[54]

小册子深深打动了劳动阶层。汤普森为它在英国的影响写了一段总结，而没有人能为美国写一段类似的话：

> 在谢菲尔德，据说“每一个刀匠”人手一本。在纽卡斯尔，潘恩的书据说“人手一本”，尤其是那些短工陶匠。“这个人口稠密的地方有超过 2/3 的人已经准备反叛，尤其是低层民众。”在康沃尔郡的锡矿，在门迪普的村庄，在苏格兰高地，稍后在爱尔兰的大部分地区，都能发现潘恩的书……一位英国通讯员写道，这本书“在这个国家现已成为像《鲁滨逊漂流记》和《天路历程》那样的标准读本”。

因此，一个感到恐慌的政府以谋叛罪控告潘恩并且在潘恩逃到法国后对他进行缺席审判、判其有罪，就不足为奇了。虽然激进改革的时机被镇压，但是在19世纪这本书成为，用汤普森的话，“英国工人阶级运动的奠基之作”。[55]

相比之下，可以说《人的权利》在美国的影响既不如在英国那样广泛也不如其强烈。就我们所知，它也没有在美国的劳动阶级中扎
下根。相反，它在几年的时间里主要是通过中间阶层的民主运动而 281
缓慢传播，逐渐定下基调。它也在妇女中赢得了读者，她们发现玛丽·沃斯通克拉夫特的《为女权辩护》“说出了我的心声”，就像伊丽莎白·德林克在日记中承认的。在18世纪90年代，潘恩在美国不像在英国那样或者曾经在革命时期的美国那样是个英雄人物。更何况，在英国他是恶意攻击的对象——带有诽谤性质的传记、反驳性小册子（历史学家统计出400到500种）和讽刺漫画——这些攻击进入美国，被像威廉·科贝特（William Cobbett）这样恶意中伤的记者添油加醋，科贝特当时在费城的托利党风头正劲。事实上，潘恩正成为一个反英雄角色。从18世纪90年代中期开始，他的敌人运用法国大革命的流毒抹黑他，即便他作为法国国民公会的一员，曾经反对处死国王并因此在恐怖统治时期入狱将近一年。1796年，他犯了一个政治大错，写了一本小册子为自己的入狱指责英雄人物华盛顿（实际上应当指责的是当时美国驻法大使古弗尼尔·莫里斯）。于是一连串反对《理性时代》的册子把他称为“无神论者”和“不信教者”。所有这些都解释了为什么他在《人的权利》成功之后，没能巩固之前所获的荣誉。[56]

Ⅳ

现在让我回到之前提出的解释潘恩于1802年到1809年间在美国

陨落的假说。

首先是潘恩的自然神论问题。当 65 岁的潘恩 15 年之后于 1802 年回到美国时，迎接他的是谩骂，主要是宗教问题夹杂着对他个人道德品格的攻击。仅仅从最温和的联邦主义报纸上摘一些他的绰号就可见一斑："谎话连篇的酒鬼、野蛮的不信教者"；他是"不信神的""不虔诚的""渎神者"。[57]

对潘恩的这类攻击很快在普通民众中流传开来。在华盛顿特区，客栈主人拒绝潘恩入住，最后他只得用假名进入一家旅馆。在托伦
282 顿，一位驿站马车夫拒绝载他前往纽约："如果他坐我的马车，我就会遭到诅咒。"另一位马车夫则拒绝他说："我的车和马曾经被雷电击中过，我不想它们再被击中。"一位在纽约拜访过潘恩的牧师被他的教会所惩戒。在新罗谢尔，母亲会警告她们的孩子远离潘恩——他是个坏人。总之，潘恩被妖魔化了。在纽约城，他先是在一次小型纪念筵席上受到致敬，而且共和党的报纸刊登他的文章，但是在之后的几年里，他的崇拜者越来越少，只局限于自然神论者、来自英伦三岛的"老杰克"（雅各宾派）和技工。[58]

考虑到长期以来对潘恩的政治拒斥，《理性时代》对他的敌人来说，用一句潘恩不喜欢的话，无疑是上帝的礼物。共和党人说，对潘恩的攻击是政治性的，这一断言非常在理。潘恩在 1803 年给塞缪尔 · 亚当斯的信中指出了要点："神职人员的所有叫嚣都有隐藏的目的。宗教不是理由而是借口。他们抬出宗教是为了掩饰背后的自己。"[59] 正如《费城曙光报》（*Philadelphia Aurora*）编辑、潘恩的信徒威廉 · 杜安（William Duane）说的："不是因为托马斯 · 潘恩缺乏宗教信仰，而是因为他缺乏对国王和教士的信仰，使他成为托利党仇恨的目标。"（1801 年）"他的宗教情感受到抨击是出于政治目的，而非其他原因。"（1803 年）"他的政治作品，"约翰 · 亚当斯也给出了间

在这幅充满敌意的漫画《疯狂的汤姆》中，托马斯·潘恩正在努力摧毁乔治·华盛顿和约翰·亚当斯总统建立起来的联邦政府。老鹰朝他尖叫，而恶魔在“全力支持他”。潘恩发誓，“再喝一点白兰地我就能把它拽倒”，他的脚边是一瓶标有“白兰地”的酒。这幅漫画大约出现于1800年，当时由保守联邦党人塑造的酒鬼和破坏者的潘恩形象很是流行。（资料来源：美国哲学学会）

接证明，他在 1810 年写道，“比他的反宗教作品带来的危害更大。他既不懂政治也不懂宗教，我是唯一相信这点的人。”[60]

即使正统宗教对自然神论的敌视广泛而强烈，我们也不能夸大其词。在美国革命的形成时期，关键时刻都出现过福音派和自然神论者的联盟。费城的激进民主党人来自这两个团体。甚至在波士顿，清教徒政治家塞缪尔·亚当斯保护了他的自然神论副手托马斯·扬医生，使其没有被教会司铎们的愤怒所伤害。托马斯·扬早先在纽约曾被判处渎神罪；他与伊森·艾伦合作的《理性是人类唯一的神谕》(*Reason the Only Oracle of Man*) 将在 1784 年署名艾伦出版。艾伦是佛蒙特公理会和浸礼宗民众运动，即格林山兄弟会的领袖，他们对纽约的大地产贵族抱着共同的仇恨。[61] 在弗吉尼亚州，杰斐逊，一位自然神论绅士，和麦迪逊同该州持有异见的新教各派在政教分离的共同事业中组成了联盟，这一联盟在 1786 催生了弗吉尼亚州著名的《宗教自由法令》(Statute for Religious Liberty)。别处的浸礼宗信徒为杰斐逊投票
284 的时候记住了这点。1801 年之后，马萨诸塞州切希尔县的浸礼宗农民给白宫的杰斐逊送去了一块 400 磅重的巨大奶酪，以此向他致敬。[62]

潘恩意识到了自然神论者和福音派教徒在宗教自由上的共同利害关系。1804 年秋季杰斐逊的大选运动中，在康涅狄格州斯托宁顿一个静谧的渔村，潘恩接待了包括三位牧师在内的一群浸礼宗访客。他向杰斐逊报告他们的谈话时，其中一个人说：

> 他们大声嚷嚷着反对杰斐逊，因为他是一个自然神论者。一个自然神论者可以是一个好人，而且如果他自己认为正确那就是正确的。对我来说，(那个人说) 我宁愿投票给一个自然神论者也不愿投票给一个苛刻的长老会教徒 (指康涅狄格州禁止清教徒星期日饮酒、营业、娱乐的严格法律)。[63]

> 你说的对，（我说）因为一个不属于任何教派的人才能做到公允；如果把权力放入任一教派的偏执狂手中，他会用来镇压其他教派，就像康涅狄格州的清教徒一样。

同样重要的是，有一类不被学者赏识的福音派教徒，他们把《圣经》同潘恩的作品混同起来。汤普森呼吁大家注意这些人：例如，在威尔士有“巡回的卫理公会牧师讲述《人的权利》，攻击王权政府”。内森·哈奇发现在美国有很多这样的活动。根据哈奇的研究，卫理公会巡回牧师洛伦佐·陶（Lorenzo Dow）“讲道时的信徒人数、走过的道路、吸引参加野营集合的听众比同时期的任何牧师都要多……能够引用潘恩的话来开始布道”。洛伦佐·陶撰写了一本小册子《人权论语》（*Analects upon the Rights of Man*），流露出潘恩的均权主义思想。两人都“对传统的思想充满了深深的反感”。[64]

尽管在正统宗教世界出现了这些松动，宗教问题还是让杰斐逊主义者对潘恩保持了沉默。他们中的真信徒如塞缪尔·亚当斯对潘恩抱有敌意。功利主义者如约瑟夫·普利斯特里（Joseph Priestly），希望他们的宗教自由主义同激进的自然神论脱离关系。其他人有的不愿意公布自己的自然神论立场，有的不愿意坚持宗教是私人信仰的原则。害怕失去自己选区的杰斐逊式政治家在这一问题上却步了。[65]

第二个假设是历史记忆丧失所扮演的角色。潘恩在革命中的成就在大众心目中逐渐被淡忘，这使得孤立他的攻击能够得逞。它反映出一个更大的问题，即一代人的历史经验传给下一代人时出现的困难， 285
这一问题给 19 世纪早期的革命元老带来的震撼不亚于给后来几代人的。新罗谢尔的选举督察员认为，潘恩曾经在法国立法机构任职，所以不是美国公民，因而否认潘恩的投票权。在经历这番羞辱后，潘恩于1806年明确指出了历史记忆问题。潘恩在纽约市给副总统乔治·克林顿写信，请求得到他的支持：

> 因为他们是在《独立宣言》之后成长起来的新一代，他们不知道《常识》这本小册子出现时这个国家的政治状态；而且，在这个城市我认识的老革命没剩几个了。[66]

当时研究美国革命的历史学家很少，其著作的阅读面也不大。就连共和党人默西·奥蒂斯·沃伦在其1806年出版的三卷本美国革命史著作中，也没有潘恩的位置（也没有记录阿比盖尔·亚当斯或其他女性的努力）。1784年，国会曾将“美国革命历史编纂学家”的工作摆在潘恩面前，以代替满足他的要求，当潘恩拒绝之后，它也没有试图另找他人来做这份工作。传承官方遗产的机构，如历史学会和博物馆，都在草创，正在成立的机构也处在保守派士绅的保护之下。庆祝革命胜利的7月4日演讲家们传递的只是历史的抽象物。[67] 成千上万的战争老兵主要通过口头形式传承他们的个人军事经历。[68]

问题并不局限于激进的民主党人。1809年，潘恩去世那年，如约翰·亚当斯这样的保守派共和党人悲痛地抱怨，“国人对自己国家的历史异乎寻常的漫不经心，不负责任到了极点”。殖民地时期“锐意进取的历史学家”受到“极大的忽视”，像塞缪尔·亚当斯和约翰·汉考克等爱国者“几乎被人遗忘”，报纸上充斥着“虚假的报道”。[69] 当然，亚当斯尤其在乎他在历史上的地位，因为他总是被华盛顿和富兰克林等伟人的光芒所掩盖，在舆论上又输给杰斐逊和潘恩等人。总体上，大多数在1776年之前的革命中博得大名的人——塞缪尔·亚当斯、帕特里克·亨利，甚至约翰·亚当斯（对杰斐逊来说，他是“美国独立巨人”）——都让位给了乔治·华盛顿，美国之父，因为他填补了民族主义象征的空缺。帕森·威姆斯（Parson Weems）

的华盛顿传记充满了类似樱桃树等各种杜撰的故事，它将成为 19 世 286
纪最畅销的历史著作。[70]

最后，可以这么说，正如罗伯特 · R. 帕尔默和其他人论述的，潘恩是其政治理想取得胜利的牺牲品。在美国，君主制从来没有真正的土壤。正如潘恩指出的："如果我问一个美国人是否需要国王，他会反驳我，问我是不是把他当成了傻瓜。"[71] 世袭贵族制思想从来没有在这里扎根；看看辛辛那提协会（Society of Cincinnati）的命运就能知道。1799 年，佛蒙特州的共和党议员马修 · 利昂因为攻击约翰 · 亚当斯"对可笑的浮华无限渴望"而被判谋叛罪，但是当亚当斯退休后，利昂所在选区的选民重新选举他进入国会。[72]1801 年，美国保守主义中的高压派被击败，折中派杰斐逊和麦迪逊取得领导权。失去权力的汉密尔顿不无悔恨地对古弗尼尔 · 莫里斯说："这样的美国不是为我打造的。"莫里斯可能也说了同样的话。他们既没有学会顺流而行，也没能驾驭民主舆论之蛇。[73]

这不是说《人的权利》中的思想无关紧要。从英国迫害中逃离的雅各宾派在美国各城市成为信仰杰斐逊思想的报纸编辑和政治家，他们在从事各种事业：扩大选举权、争取更多的公职选举、民主化各州宪法、改革司法体制、取消英国的普通法和扩大教育。虽然在最后的几年潘恩对这些问题多有涉猎，但都没有持久。[74] 即使是他刚到美国时发现的触目惊心的奴隶制问题，他也没有给予持久的关注。虽然他写文章反对路易斯安那州的蓄奴制，希望杰斐逊放弃拒绝接纳来自圣多明戈逃奴的可怕政策，但是他对南部的奴隶制保持沉默。他也没有回归其在美国第一年即 1775 年所呼吁的"女性权利"问题。他的核心思想难道没有取得胜利吗？[75]

在美国，无论潘恩还是 18 世纪的中间阶层激进主义分子，都没有准备把《人的权利》第二部分的第五章或者《土地的正义》（1797

年）中的原则推广到与贫穷的战争中。对潘恩来说，贫困的原因在于腐败的政府通过不公正的税赋对“劳动成果”进行再分配。在 19 世纪前十年，当一个又一个城市的短工鞋匠们为反对工匠师傅造成的贫困而走上街头时，不论潘恩还是杰斐逊主义者都不愿意开展这一事业，更不愿意处理城市血汗工厂的女工或者新英格兰第一批纺织工厂
287 的女工和童工问题。在潘恩日渐衰老的心中有一丝乌托邦的乐观主义，使他对美国生活中最残酷的现实视而不见。很快，其他人会“拾起”这些事业，其中许多人都受到潘恩共和主义的鼓舞。[76]

尽管潘恩在最后几年，逐渐淡出公众视线，但约翰 · 亚当斯对其长期影响所做的评论仍有恳切之处。作为潘恩的终生对手，乍一看亚当斯似乎不可能为托马斯 · 潘恩做证。潘恩在 1776 年、1791 年和 1801 年都是亚当斯的克星，他的思想导致了亚当斯在大选时输给杰斐逊。亚当斯的判断并不总是可靠的；他经常夸大其词，而且可能会充满恶意；尽管如此，几十年来，他已经校准了潘恩的影响，就像地震仪追踪地震一样。

1805 年，一位朋友给亚当斯的信中，用了“理性时代”这一短语来指称美国和法国的革命时期。亚当斯几乎发狂：“称它愚人时代、罪恶时代、疯狂时代、愤怒时代、残酷时代……或者来自无底洞的燃情时代……任何时代，但绝不是理性时代。”然后，他话锋一转：

> 在过去的三十年（1776—1805 年），我不知道世界上还有谁比托马斯 · 潘恩对其居民或者事件产生的影响力更大。没有比他更严厉的时代讽刺者。这样一个猪狗杂交、野猪和母狼生出来的杂种，历史上第一次，人类沉迷于一个胆小鬼一生的欺骗中。那就叫“潘恩时代”吧。[77]

注释

本文被收录在纪念波士顿大学物理学和哲学教授 Robert S. Cohen 的纪念文集中，由 Kostas Gavroglu, John Stachel 和 Marx W. Wartofsky 编辑 , *Science, Mind, and Art*, 2 vols. (Dordrecht, the Netherlands: Kluwer Academic Publishers, 1995)。经克鲁维尔学术出版社允许重印。

更早期的版本被提交给 1991 年在纽约新罗谢尔由托马斯 · 潘恩国家历史协会 (Thomas Paine National Historical Association) 主办的《人的权利》出版二百周年大会。感谢 Marcus Daniel, Simon Newman, Richard Twomey 和 David Wilson 提供的宝贵批评。感谢图书馆员 John Aubrey 和 James Green 以及 David Henly, Elizabeth Reilly 和 Sean Wilentz 提出的建议。

1. 转引自 Alfred Owen Aldridge, *Man of Reason: The Life of Thomas Paine* (Philadelphia,1959), 316。
2. 关于葬礼和对潘恩之死的反应，见 Moncure Daniel Conway, *The Life of Thomas Paine*, 2 vols. (New York, 1892; 1 vol. ed, New York, 1969), 322–324; David Freeman Hawke, *Paine* (New York, 1974), 399–401。
3. "The Will of Thomas Paine," in Philip S. Foner (ed.), *The Complete Writings of Thomas Paine*, 2 vols. (New York, 1945), 1498, 连续编码。
4. 关于潘恩对自己贡献的叙述，见 "Petition to a Committee of the Continental Congress [October,1783]," in Foner (ed.), *Complete Writings,* 1226-1242, 及 Paine to Robert Morris, May 19，1783, in Elizabeth Nuxoll and Mary Gallagher (eds.), *The Papers of Robert Morris*, 9 vols. (Pittsburgh, 1973–99), 8:95-102。
5. 相关总结：John Bach McMaster, *A History of the People of the United States* (New York, 1896), 1:75, 153–154; Hawke, *Paine*, 138–140, 142–148; Conway, *Life of Paine*, 80–86; Aldridge, *Man of Reason*, 97–98, 101–104; 关于时人对潘恩在革命中贡献的认可，见 Eric Foner, "The Preeminent Historical and Lasting Significance of Thomas Paine to the Nation" (Washington, D.C., April 11, 1994, 在国家议会纪念委员会的证词手稿，我为其提供了研究); 关于后来的认可，见 Joseph N. Moreau (comp.), *Testimonials to the Merit of Thomas Paine* (Boston, 1874)。
6. 对潘恩的攻击，见第四部分；关于自然神论，见 G. Adolf Koch, *Republican Religion: The American Revolution and the Cult of Reason* (New York, 1933); Herbert M. Morais, *Deism in Eighteenth-Century America* (New York, 1934)。
7. 对潘恩名誉问题的各种解释，见 Dixon Wecter, "Hero in Reverse," *Virginia Quarterly Review* 28 (1942), 234–259; Aldridge, *Man of Reason*, 317–322; Conway, *Life of Paine*, 279–317; Eric Foner, *Tom Paine and Revolutionary American* (New York, 1976), 261–270; Gregory Claeys, *Thomas Paine: Social and*

Political Thought (Boston, 1989), 209–217。

8. Robert R. Palmer, "Tom Paine, Victim of the Rights of Man," *Pennsylvania Magazine of History and Biography* 66 (1942), 161–175.
9. "To the Citizens of the United States," Letter 1, November 15, 1802, in P. Foner (ed.), *Complete Writings*, 910.
10. Paine, *Common Sense*, in P. Foner (ed.), *Complete Writings*, 16.
11. 同上 , 14。
12. 同上 , 45; 对《常识》修辞的分析，见 E. Foner, *Tom Paine*, 74–87; Harry Hayden Clark (ed.), *Thomas Paine: Representative Writings* (New York,1961, 修订版), introduction, part 6; David A. Wilson, *Paine and Cobbett: The Transatlantic Connection* (Kingston, Can., 1988), 48–56。
13. Paine to Henry Laurens, January14, 1779, in P. Foner (ed.), *Complete Writings*, 1160–1165, 记录了《常识》的印刷历史和潘恩的声明，"不少于 15 万"。关于女性读者，见 n.28。
14. 他在 1792 年声称"不少于 10 万本"，见 P. Foner (ed.), *Complete Writings*, 406, n. 29。潘恩在费城监督两家印刷厂印了 6000 份，他在估算总印量时，可能把他听到的其他城市的印刷数量进行了加倍。
15. 关于小册子流通情况的最近讨论，见 Alfred Owen Aldridge, *Thomas Paine's American Ideology* (Newark, N.J., 1984), 45; 关于小册子的长度和成本的比较数据，见 Elizabeth Reilly, "Common and Learned Readers: Shared and Separate Spheres in Mid-Eighteenth-Century New England" (博士论文 , Boston University, 1994), ch.4。
16. Richard Gimbel, *A Bibliographic Checklist of Common Sense* (New Haven, 1956); Thomas R. Adams, *American Independence, the Growth of an Idea: A Bibliographical Study of the American Political Pamphlets between 1764 and 1776 Dealing with the Dispute between Great Britain and Her Colonies* (Providence, 1965), 附增补 , *Papers of the American Bibliographical Society of America* 69 (1975), 398–402。亚当斯列出了 25 个《常识》"版本"，我更愿意用"印次"。潘恩在原本上有所增添，使我们可以说有 3 个版本，但是每次印刷不是一个新的"版本"。
17. Paine, "The Forester's Letters," in P. Foner (ed.), *Complete Writings*, 67.
18. Bernard Bailyn, *Ideological Origins of the American Revolution* (Cambridge, Mass., 1964). Bailyn 认为《常识》是"一本具有高度修辞技巧和颠覆性的小册子"，引用 Harold Laski 的话说，潘恩"是除马克思之外'所有时代最具影响力的小册子作者'"。Bailyn 后来的解释，见 Bailyn, "Common Sense,"

American Heritage 25 (1973), 重印于 Bailyn, *Faces of Revolution: Personalities and Themes in the Struggle for American Independence* (New York, 1990)。

19. 关于印刷商的背景，见 G. Thomas Tanselle, "Some Statistics on American Printing, 1764–1783," in Bernard Bailyn and John B. Hench (eds.), *The Press and the American Revolution* (Boston, 1981), 315–372; 关于殖民地时期的图书发行和阅读量，见 Reilly, "Common and Learned Readers," ch. 4。
20. Letter from Philadelphia, April 4, 1776, in Margaret W.Willard (ed.), *Letters on the American Revolution, 1774–1776* (Boston, 1925), 390–391; 华盛顿的观点转引自 Hawke, *Paine*, 47; 其他时人的观点，见 Merrill Jensen, *The Founding of a Nation: A History of the American Revolution, 1763–1776* (New York, 1968), 669。对时人观点最完整的摘录，见 Arnold King, "Thomas Paine in America, 1774–1787" (博士论文 , University of Chicago, 1951), 72–86。
21. Reilly, "Common and Learned Readers," ch. 4; Jackson Turner Main, *The Social Structure of Revolutionary America* (Princeton, N.J., 1965), ch. 8; Billy Smith, *"The Lower Sort": Philadelphia's Laboring People, 1750–1880* (Ithaca, N.Y.,1990).
22. Aldridge, *Paine's American Ideology*, 45, 转引自 Brissot de Warville, *Memoires* (Paris, 1830–1832) 3: 65。
23. James Cogswell to Joseph Ward, March 5, 1776, Ward Papers, Chicago Historical Society, 重印于 Alfred Young, Terry Fife, and Mary Janzen, *We the People: Voices and Images of the New Nation* (Philadelphia, 1993), 51; 军官的信件来自 1776 年 4 月 12 日的纽约，内容出自 Willard, (ed.), *Letters on the American Revolution*, 306; 把潘恩看作"宣传家"和"舆论支配者"这样过时的解读，见 Philip Davidson, *Propaganda and the American Revolution, 1763–1783* (Chapel Hill, N.C., 1941), 13–14, 349。
24. David Ramsay, *History of the American Revolution*, 2 vols. (Philadelphia, 1789), 1:338–339; 约瑟夫 · 霍利的话引自 E. Foner, *Tom Paine*, 86; *The Life of Ashbel Green* (New York, 1849), 46。19 世纪 40 年代，作为长老会牧师的格林对潘恩的作品并不友好，他写道："我觉得这本小册子比我们国家任何一本书的印量都大得多。"他记得该书卖 18 便士。
25. John Adams to Benjamin Rush, May 21, 1807, in John Schutz and Douglass Adair (eds.), *The Spur of Fame: Dialogues of John Adams and Benjamin Rush, 1805–1813* (San Marino, Calif., 1966), 88; Page Smith, *John Adams*, 2 vols. (Garden City, N.Y., 1962), 1:239–240.
26. L. H. Butterfield (ed.), *Diary and Autobiography of John Adams*, 4 vols.

(Cambridge, Mass., 1961), 3:330–341.

27. Smith, *John Adams* 1:243–249; Elisha Douglass, *Rebels and Democrats: The Struggle for Equal Political Rights and Majority Rule during the American Revolution* (Chapel Hill, N.C., 1955), chs. 9–11（马萨诸塞）and chs. 12–14（宾夕法尼亚）; Merrill Jensen, *The American Revolution within America* (New York, 1947), ch. 2。

28. Abigail Adams to John Adams, March 31, 1776; John Adams to Abigail Adams, April 17, 1776; Abigail Adams to Mercy Otis Warren, April 27, 1776, all in L. H. Butterfield (ed.), *Adams Family Correspondence* (Cambridge, Mass., 1963), 369–371, 381–383, 396–398; Peter Wood, "'Liberty Is Sweet': African-American Freedom Struggles in the Years before White Independence," in Alfred Young (ed.), *Beyond the American Revolution: Explorations in the History of American Radicalism* (DeKalb, Ill., 1994), 149–184; W. J. Rorabaugh, "'I Thought I Should Liberate Myself from the Thraldom of Others': Apprentices, Masters and the Revolution," 同上，185–217。

29. John Adams to Thomas Jefferson, June 22, 1819, in Lester J. Cappon (ed.), *The Adams-Jefferson Letters*, 2 vols. (Chapel Hill, N.C., 1959), 2:542.

30. Paine, *Rights of Man* and *Rights of Man, Part Second*, in P. Foner (ed.), *Complete Writings*, 243–344, 345–462; 可获得的现代重印本，见 Michael Foot and Isaac Kramnick (eds.), *Thomas Paine Reader* (New York, 1987), 及 Eric Foner (ed.), *Thomas Paine: Collected Writings* (New York, 1995), 藏于美国图书馆。

31. Robert R. Livingston to William Duer, June 12, 1777, 及 Governeur Morris to John Penn，May 20, 1774, 都转引自 Alfred F. Young, *The Democratic Republicans of New York, 1763–1797* (Chapel Hill, N.C., 1967), 12, 15; 古弗尼尔·莫里斯的话转引自 P. Foner (ed.), introduction to *Complete Writings*, xviii。

32. 我在本书论文 4 和下面的文章中已经详细分析了这一阐释："The Framers of the Constitution and the 'Genius of the People,'" *Radical History Review* 42 (1988), 附他人的评论，7–47。

33. Smith, *John Adams* 2:749–760; Kenneth R. Bowling and Helen Veit (eds.), *The Diary of William Maclay* (Baltimore, 1988).

34. John R. Nelson, *Liberty and Property: Political Economy and Policymaking in the New Nation, 1789–1812* (Baltimore, 1987), chs. 2–4; Michael Merrill and Sean Wilentz (eds.), *The Key of Liberty: The Life and Democratic Writings of William Manning, "A Laborer"* (Cambridge, Mass., 1993).

35. Young, *Democratic Republicans*, chs.16–20; Eugene Perry Link, *Democratic-Re-*

publican Societies, 1790–1800 (New York, 1942); Joyce Appleby, *Capitalism and a New Social Order: The Republican Vision of the 1790s* (New York, 1984).

36. Thomas Slaughter, *The Whiskey Rebellion: Frontier Epilogue to the American Revolution* (New York, 1986); James Morton Smith, *Freedom's Fetters: The Alien and Sedition Laws and American Civil Liberties* (Ithaca, N.Y., 1966); Leonard W. Levy, *The Emergence of a Free Press* (New York, 1985).
37. Paine, *Rights of Man*, in P. Foner, (ed.), *Complete Writings*, 1:326–327.
38. 同上 , 287。
39. 同上 , 366。
40. 同上 , 360。
41. 同上 , Part II, ch. 5, 引文在 404, 405 ；同时见 431。
42. 关于美国人的贫困，见 Lee Soltow, *The Distribution of Wealth and Income in the United States in 1798* (Pittsburgh, 1989); John Resch, *Suffering Soldiers: Revolutionary War Veterans, Moral Sentiment, and Political Culture in the Early Republic* (Amherst, Mass., 1999)。
43. Paine, *Rights of Man*, in P. Foner (ed.), *Complete Writings*, 344, 446.
44. Stephen Botein, "'Meer Mechanics' and an Open Press: The Business and Political Strategies of Colonial American Printers," *Perspectives in American History* 9 (1975), 127–225; Isaiah Thomas, *The History of Printing in America* (Albany, N.Y., 1874, 第 2 版 ; 重印，New York, 1970)。
45. Charles Evans (comp.), *American Bibliography: A Chronological Dictionary of All Books, Pamphlets, and Periodical Publications Printed in the United States of America... 1630... to... 1820*, 重印版 , 12 vols. (New York, 1941–42); vol. 13 by Clifford Shipton; vol. 14, *Index*, by Roger P. Bristol (Worcester, Mass., 1959); Clifford K. Shipton and James E. Mooney, *National Index of Early American Imprints through 1800: The Short-Title Evans*, 2 vols. (Worcester, Mass., 1969). 在纽波利图书馆参考馆员 John Aubrey 的帮助下，我在近期投入使用的几个电子目录中对《人的权利》做了一个调研，把这些条目同标准印刷指南进行比较。调研结果并没有发现另外的重要印刷数量能改变我描绘的模式。
46. 关于建国后印刷材料的流通，见 Cathy Davidson, *Revolution and the Word: The Rise of the Novel in America* (New York, 1986), ch. 2; William J. Gilmore, *Reading Becomes a Necessity of Life: Material and Cultural Life in Rural New England, 1780–1835* (Knoxville, Tenn., 1989), chs. 5, 6; 关于报刊，见 Donald H. Stewart, *The Opposition Press of the Federalist Period* (Albany, N.Y., 1969), 及 Michael Durey, "Thomas Paine's Apostles: Radical Émigrés and the Triumph

of Jeffersonian Republicanism," *William and Mary Quarterly*, 3d ser., 44 (1987), 661–688。费城图书馆公司的馆长 James Green 估计《人的权利》在美国的每次印刷有一千份，合本有两千份，英国书商在 1793 年后带着英伦三岛的禁书"涌入"美国市场 (致作者的信 , March 6, 11, 1992)。

47. 我使用了 n.45 中列举的检索工具；关于《理性时代》，见 P. Foner (ed.), *Complete Writings*, 463–604, 有许多现代版本；Conway, *Life of Paine*, ch. 35; Claeys, *Thomas Paine*, ch. 7。

48. Thomas Jefferson to George Washington, May 8, 1791; Jefferson to James Madison, May 4, 1791; Jefferson to James Monroe, July 10, 1791, 911 in Paul L. Ford (ed.), *The Works of Thomas Jefferson* (New York, 1904), 6:254–256, 257–258, 280–281; Jefferson, preface to *Rights of Man*, 同上 , 283。

49. Smith, *John Adams* 2:815–825.

50. Dumas Malone, *Jefferson and the Rights of Man* (Boston, 1951), ch. 21.

51. Young, *Democratic Republicans*, part 4, 各处 ; Simon Newman 提供了其他城市的另外一些祝酒词，到目前为止，这些祝酒词支持我提出的模式。

52. Edward Countryman, "'To Secure the Blessings of Liberty' : Language, the Revolution and American Capitalism," in Young (ed.), *Beyond the American Revolution*, 123–148; Gordon Wood, *The Creation of the Republic*, 1776–1787 (Chapel Hill, N.C., 1969).

53. Philip S. Foner (ed.), *The Democratic Republican Societies, 1790–1800: A Documentary Sourcebook of Constitutions, Declarations, Addresses, Resolutions and Toasts* (Westport, Conn., 1976), 各处 ; Link, *Democratic-Republican Societies*, 104, 109。

54. E. P. Thompson, *The Making of the English Working Class* (London, 1963; New York, 1966), 107–108. 根据汤普森的研究，潘恩在 1802 年宣称在英国包括爱尔兰在内，印刷了 40 到 50 万册，在 1809 年"有人宣称"150 万册 (不清楚是谁)。R. R. Palmer, *Age of the Democratic Revolution*, 2 vols. (New York, 1959–1964) 2:476, 接受 20 万的数字，认为 150 万是"不可置信的"。关于影响，尤其可见 Albert Goodwin, *The Friends of Liberty: The English Democratic Movement in the Age of the French Revolution* (London, 1979), 208–258; 及 Claeys, *Thomas Paine*, ch. 5。

55. Thompson, *Making*,108, 90 (基础文本)。

56. 伊丽莎白 · 德林克的话转引自 Linda Kerber, *Women of the Republic: Intellect and Ideology in Revolutionary America* (Chapel Hill, N.C., 1980), 223–224; 德林克读了潘恩的书但不喜欢他。关于 18 世纪 90 年代反对潘恩的运动，见

Hawke, *Paine*, chs. 18–23; Aldrige, *Man of Reason*, chs. 14–22; Wilson, *Paine and Cobbett*, 129–135; Claeys, *Thomas Paine*, ch. 6。

57. 关于侮辱性绰号，见 Jerry W. Knudson, “The Rage around Tom Paine: Newspaper Reaction of His Homecoming in 1802,” *New-York Historical Society Quarterly* 53 (1969), 34–63, 及 Hawke, *Paine*, ch. 25; 关于潘恩一生的个人生活，见 Hawke, *Paine* 一书后面众多的索引条目，在 “Paine, personal life” 的条目下，有面貌、饮酒、健康和生活习惯 ; Conway, *Life of Paine*, ch. 43, “Personal Traits.” 潘恩在社交场合饮酒 ; 写作的时候喝酒让自己振奋；疾病疼痛的时候喝酒，如在法国入狱期间；当他被孤立、拒绝和孤独的时候，喝酒很凶，如在纽约的最后几年。但他不能算一个酒鬼。在 18 世纪 90 年代遭遇政治攻击之前，他喝酒不是公众讨论的问题。

58. 转引自 Hawke, *Paine*, 366; Mark Lause, “The ‘Unwashed Infideltiy’ : Thomas Paine and Early New York City Labor History,” *Labor History* 27 (1986), 385–409。

59. Paine to Samuel Adams, January 1, 1803, in P. Foner (ed.), *Complete Writings*, 1436.

60. *Philadelphia Aurora*, August 3, 1801, January 11, 1803, 转引自 Aldridge, *Man of Reason*, 277; John Adams to Benjamin Rush, January 21, 1810, in Schutz and Adair (eds.), *Spur of Fame*, 160。

61. 关于扬，见 Pauline Maier, *The Old Revolutionaries: Political Lives in the Age of Samuel Adams* (New York, 1980), ch. 3; Michael Bellesiles, *Revolutionary Outlaws: Ethan Allen and the Struggle for Independence on the Early American Frontier* (Charlottesville, Va., 1993)。

62. Dumas Malone, *Jefferson the President: First Term,1801–1805* (Boston, 1970), 106–108.

63. Paine to Jefferson, January 25, 1805, in P. Foner (ed.), *Complete Writings*, 1459–1460.

64. Thompson, *Making,* 108; Nathan Hatch, *The Democratization of American Christianity* (New Haven, Conn., 1989), 36–37.

65. 对英国的争议的分析，见 Marcus Daniel, “Reason and Revelation: Morality, Politics and Reform in the Debate on Thomas Paine’s *Age of Reason*” (未出版手稿 , Princeton, 1990); Claeys, *Thomas Paine*, ch. 7。

66. Paine to Vice President George Clinton, May 4, 1807, in P. Foner (ed.), *Complete Writings,* 2:1487–1488; 同时见 Paine to Madison, May 3, 1807, 及 Paine to Joel Barlow, May 4, 1807, 同上 , 1486–1487, 1488–1489。

67. Mercy Warren, *History of the Rise, Progress and Termination of the American Revolution*, 2 vols. (Boston, 1805); 大众对革命的认知变化，尤其见 Michael Kammen, *A Season of Youth: The American Revolution and the Historical Imagination* (New York, 1978); Kammen, *Mystic Chords of Memory: The Transformation of Tradition in American Culture* (New York, 1991), part 1。

68. Alfred F. Young, "George Robert Twelves Hewes (1742–1840): A Boston Shoemaker and the Memory of the American Revolution," *William and Mary Quarterly*, 3d ser., 38 (1981), 561–623; John C. Dann (ed.), *The Revolution Remembered: Eyewitness Accounts of the War for Independence* (Chicago, 1980).

69. John Adams to Joseph Ward, June 6, 1809, Ward Papers，芝加哥历史学会，重印于 Young, Fife, and Janzen, *We the People*, 191。

70. Garry Wills, *Cincinattus: George Washington and the Enlightenment* (Garden City, N.Y., 1984).

71. Paine, *Rights of Man*, in P. Foner (ed.), *Complete Writings*, 1:326–327.

72. Aleine Austin, *Matthew Lyon: "New Man" of the Democratic Revolution, 1749–1822* (University Park, Pa., 1981), chs. 8–10.

73. Hamilton to Gouverneur Morris, February 29, 1802, in Harold C. Syrett et al. (eds.), *The Papers of Alexander Hamilton*, 27 vols. (New York, 1961–1987), 25:544–545.

74. Richard Twomey, *Jacobins and Jeffersonians: Anglo-American Radicalism in the United States, 1790–1820* (Westport, Conn., 1990); Durey, "Thomas Paine's Apostles."

75. 潘恩就这些主题撰写的早期作品，见 P. Foner (ed.), *Complete Writings*, "African Slavery in America," "A Serious Thought" 及 "Emancipation of Slaves," 15–22, "An Occasional Letter on the Female Sex," 134–138。

76. 潘恩在劳工运动中的复活，见 Sean Wilentz, *Chants Democratic: New York City and the Rise of the American Working Class, 1788–1850* (New York, 1984), 各处；关于潘恩自由主义的界限，见 E. Foner, *Tom Paine*, chs. 5, 6; Isaac Kramnick, *Republicanism and Bourgeois Radicalism: Political Ideology in Late Eighteenth-Century England and America* (Ithaca, N.Y., 1990), ch. 5; Harvey Kaye, *Thomas Paine and the Promise of American Life* (New York, 2005), 这本书对潘恩后来的声誉做了最详尽的研究。

77. John Adams to Benjamin Waterhouse, October 29, 1805, in Adrienne Koch and William Peden (eds.), *The Selected Writings of John and John Quincy Adams* (New York,1946), 147–148; 其他关于潘恩的通信，见 Adams to Benjamin Rush, April 12, 1809, 及 January 21, 1810, 同上 , 153–157。

7

自由之路

在波士顿巡礼美国革命

鉴于一代学者对美国革命的重新阐释，早该对 20 世纪 50 年代形成的波士顿令人尊敬的自由之路上公开展示的历史进行重新评估了。事实上在 1995 年，由波士顿国家历史公园（Boston National Historical Park）任命的外部咨询专家小组在回顾了自由之路运作的方方面面之后，得出结论："自由之路作为一个实体，未能跟上许多遗址揭示的更加丰富、更加全面的故事的步伐。"专家小组警告，自由之路需要"讲述更复杂的（革命）故事，否则有可能失去意义"。1995 年的报告，连同 1996 年把"重新恢复自由之路的活力"和"重新焕发其生命力"作为工作目标的系列特别小组发布的后续报告，都被搁置起来。2000 年，国家公园管理局主办纪念革命 225 周年的大会，与美国革命新历史研究相关的各路历史学家和波士顿的众多历史守护者参加了大会，然而没有一个人提到该报告。[1]

必须一开始就说明，自由之路不是像"殖民地时期的威廉斯堡"或者"老史德桥村"这样的单一实体。它其实就是一个名称，1951 年被采纳，现在它有 2.5 英里长，上面有 16 个景点（在街头和人行道上，用红色标记），从波士顿市中心的商业区，穿过北区，跨越查尔斯河到查尔斯顿美国海军造船厂、"宪法号"护卫舰和邦克山战役纪念碑（见下页图）。每个遗址或者由一个私人协会或者由政府机构管理，主要是 1974 年成立的波士顿国家历史公园，它是国家公园管理局下属的一个单位。约有一半的遗址提供解说，国家公园管理局经营着两个小的游客中心，并为少数选择导游的游客提供公园管理员作
296 为导游。各遗址之间存在着，用 1995 年报告中的外交语言来说，就是“最少的协调”：当时存在的遗址委员会（Council of Sites）消失了；自由之路委员会（Freedom Trail Commission）是一个城市机构，实际负责小路的交通及接纳新的遗址；而自由之路基金会（Freedom Trail Foundation）则主要作为市场机构发挥作用。[2]

这并不是说对自由之路无所作为——正好相反。从 1992 年到 1997 年，完成了小路上三个大型公共建筑的修缮：法尼尔大厅、旧州议会大厦和最近修缮的老南聚会所——全都归功于大型联邦资助。在老地方出现了新的展览：“老南部抗议之声”（Voices of Protest in Old South，有一片展区包括倾茶事件）和修复后的艾比尔·史密斯（Abiel Smith）学校的非裔美国社团展［在黑人传统之路（Black Heritage Trail）上］。波士顿人协会（The Bostonian Society）勇敢推出了“波士顿惨案”临时展览。其他展览的修改工作也在进行中：“宪法号”护卫舰博物馆展示的海上生活；邦克山战役纪念碑的展览；波士顿倾茶事件博物馆（最近遭遇火灾）的展览。有人建议开发自由树遗址，最后也没有了下文。[3] 国家公园管理局出版的新的小路导游册中有一篇文章，简明扼要地介绍了历史学家芭芭拉·克拉克·史密斯（Barbara Clark Smith）的波士顿革命史研究以及苏珊·威尔逊（Susan Wilson）撰写的遗址指南。国家公园管理局的举措既产生了对邦克山战役中有色人种和列克星敦—康科德战役之路的富有启发性的研究计划，也促成了与当代艺术学院（Institute of Contemporary Art）合作自由之路“艺术家驻场计划”。[4] 同时，积极筹划各种项目的民

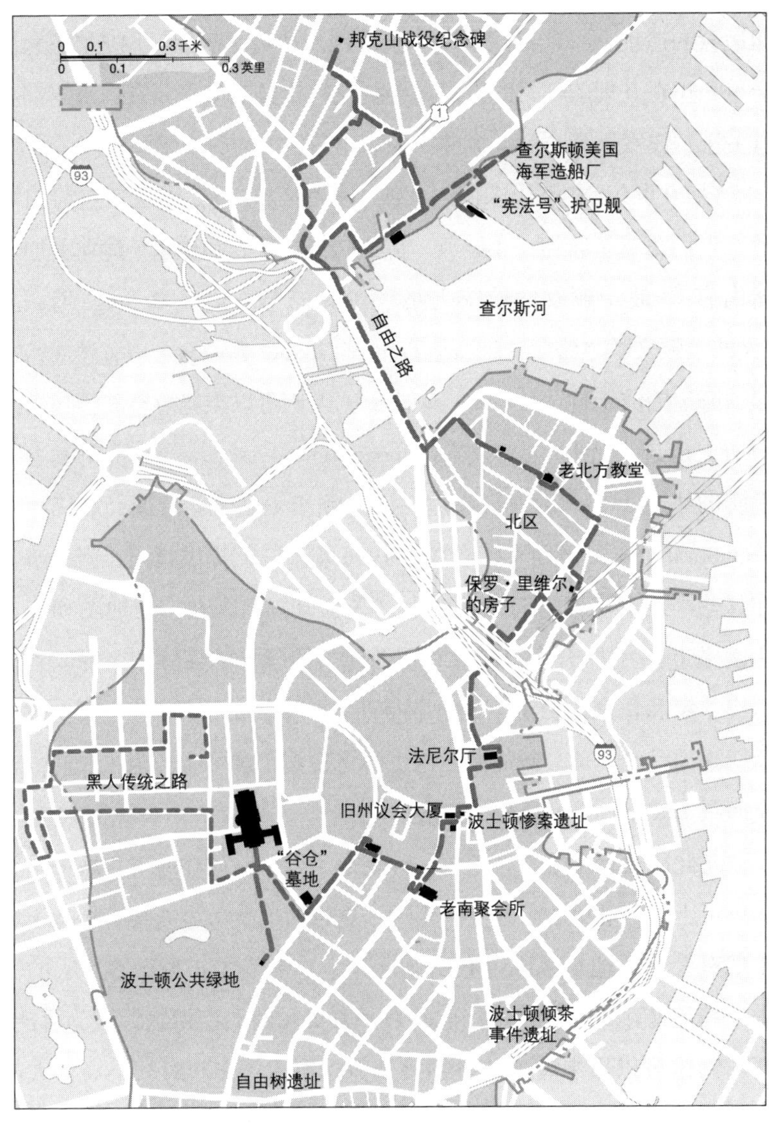

地图上绘出了从波士顿公共绿地（左下），经过波士顿市中心，进入北区，穿过查尔斯河，直到查尔斯顿美国海军造船厂（右上）的自由之路。地图由国家公园管理局的一位制图员绘制，在作者要求下，他在地图上标识了自由树和波士顿倾茶事件的遗址，以往的官方地图都没有标注它们。经加州大学出版社许可，根据《公众历史学家》(*The Public Historian*) 第 25 卷第 2 期重印，版权属于加州大学理事会，2003 年。

间运营的遗址——老南聚会所、波士顿人协会、保罗·里维尔纪念协会——正在开展的项目既针对一般观众，也针对学校儿童。每年都会有关于“惨案”和“倾茶事件”的演出节目。[5]

自 20 世纪 90 年代末期起，波士顿的公共历史出现了空前的发酵。人们布置了新的“小路”。“黑人传统之路”（1968 年建立）加入新内容：“波士顿女性传统之路”（Boston Women’s Heritage Trail），“大波士顿文学之路”（Literary Trail of Greater Boston），“海洋之路”，即“海边的波士顿”（Boston by Sea），人们可以乘船游览波士顿海港的历史遗迹，“创新奥德赛”（Innovation Odyssey，一条表现波士顿发明的小道）——后三条小道在波士顿历史联合会（Boston History Collaborative）的赞助下，成立于 1996 年。它们提供指南，帮助游客在这些小道上定位方向，事实上这些小道只出现在一张地图和一本
298 指南书上。[6]“联合会”在具有创新能力的领导的带领下，得以利用历史学家和作家的力量，同时取得商人和市民的支持。[7] 一家少数族裔博物馆已经开放，新的博物馆也即将建立。这可能表明，人们很难全面跟上波士顿公共历史的发展。

与此同时，由于“大挖掘”计划把主要公路放在地下，城市重新获得了土地，历史的公共空间出现了更好的前景。可能会有相当于城市现有公用场地 50% 大小的开放土地，这激发了扩展游客中心的需求，并且使建立大约 15 万到 20 万平方英尺的大型博物馆成为可能，新博物馆可以用来展示波士顿整个 300 年的历史。对一个局外人而言，波士顿这种叙述多种历史的热潮表明，在面对自由之路的老问题时，存在着一种创造性的可能性。[8]

我最近才发现，波士顿并没有一直致力于保存和呈现它的历史。若干年前，当我在芝加哥历史学会的阁楼和档案室为“美国革命展”梳理文物时，我不期然发现约翰·亚当斯 1809 年写的未出版的信件，

感慨“国人对自己国家的历史异乎寻常的漫不经心，不负责任到了极点”。革命后25年，这位前总统深信“我们自己的原创历史学家被严重忽视”，说塞缪尔·亚当斯和约翰·汉考克“几乎被人遗忘”。他有先见之明。塞缪尔·亚当斯的木屋在19世纪20年代消失，直到1873年波士顿才为他树立了一座纪念雕像。1863年，波士顿任由约翰·汉考克在灯塔街的宏伟的石头豪宅被推倒。尽管朗费罗的诗歌曾经给保罗·里维尔带来了巨大荣誉，但里维尔在北区的房子直到1906年才被整修。

这种淡漠也殃及波士顿的主要公共建筑。1876年，老南聚会所被拍卖，差点就要被卖为废品了，因为最后的努力挽救才作罢。波士顿对旧州议会大厦如此漠视，以至于准备推倒它，以改善交通——芝加哥甚至提出把它迁到那里。这些都是革命真正的领袖和发生地啊！1888年，在几十年的运动之后，终于建立了一座纪念碑，纪念“波士顿惨案”中像克里斯普斯·阿塔克斯和其他牺牲者一样的普通人。纪念碑受到马萨诸塞历史学会领导人的反对，他们咒骂那些人是“骚乱的暴民”“侵犯者”和“流氓”。[9] 299

存在一个非常古老的对波士顿的革命历史进行选择性记忆和故意遗忘的过程，上述内容是这一过程的一部分。在过去的两百年里，人们一直争夺对美国革命的公共记忆。我们经常认为今天的标志性事件历来如此，却忘记了历史学家艾瑞克·霍布斯鲍姆发人深省的概念“传统的发明”。例如，1773年倾茶事件在革命后六十年几乎被人遗忘，因为确立了其文化统治地位的精英们有意消除革命中的激进或者“大众”因素：“暴民”行动、农民叛乱、对平等的追求。当该事件在19世纪30年代恢复其面貌时，被改名为“波士顿倾茶事件”，把一种市民反抗行为消减为一个滑稽、轻佻、没有生命危险的事件。现在，历史的守卫者对这一事实越有认识，即波士顿人在其整个历史过程中自己选择了什么该记住、什么该消除，他们就越批判性地看待这种选择。[10]

我对自由之路历史状况的反思，是从一个参与了革命新历史出现的人的角度出发的，在过去的三十年里，我一直进进出出波士顿，对波士顿进行研究，近年来，我有幸同自由之路的几个机构合作。事实上，我是一个留心的局外人，偶尔间却成了局内人。我依旧记得 20 世纪 60 年代第一次去看一个标识混乱的自由之路时迷路的情景：一位戴着圆顶高帽的绅士发现了我的困窘，带我去了北区的里维尔屋。我的反思表现在以下论题中，“论题”这个词即表明我的思考是假设性的，可以商榷。[11]

论题一。美国革命史的新分析框架使双线冲突进入研究中心：从英国争取自由的斗争和美国国内争取自由的多方斗争。

在旧历史框架中，爱国殖民者只面临一种冲突：与英国及其在美国的保皇联盟的斗争。在新的历史叙述中，美国人更常面对的是双重冲突：既对抗英国，彼此之间也互相对抗。这一新历史叙述从三个重要方面为整个国家廓清了革命的性质。它扩大了左右著名事件的人物表，为 1765 年到 1775 年的十年抵制运动撰写了一个更复杂的版本。
300 由于它关注的是那些经常与家境更好的人龃龉的普通人，关注“门外之民”（与站在“门内”手握权力的人相对），新历史也“恢复了叛乱在革命史中的位置”，正如历史学家琳达·科伯指出的。其结果是，虽然这一更具包容性的革命在许多方面更加民主、更加激进，但也更加黑暗。新的历史帮助我们在革命取得的成就和未能完成的理想之间建立一种平衡。革命符合美国人不断扩大和重新定义自由的长期愿景，是一个持续的过程。[12]

建立在这种学术观点之上的是这样一个革命图景，它的时间跨度比 1765—1775 年要长（自由之路的大多数景点都与这段时间有关）

或者与 1775—1783 年的战争有关，其结束时间直到 19 世纪早期新的民族国家成立。在这样的革命中，《独立宣言》中“人人生而平等”的承诺对大多数白人男性（工匠和自耕农）来说已经实现，对女性却没有实现，而且对非裔美国人或者美洲土著的承诺也从未兑现。虽然新的历史向我们呈现出一个多方面的、不完整的革命景象，但是在某些方面，它更容易理解，也与我们对后来历史的理解更加一致。

当自由之路“刚建立时”，正如 1995 年报告所说的，“从二战中起来的这个国家在 1950 年时寻求共识，通过其英雄和伟大的事件来看待美国革命”。自由之路各个遗址的管理者只是看着盛行的传统学术谨慎行事而已。虽然 1974 年波士顿国家历史公园的创立和两百周年庆典引发了一些思考，然而直到主要建筑的大型修缮工程启动，人们才开始严肃思考一种更加全面的阐释。[13]

新的历史叙事再也不能在传统框架下展开，如旧州议会大厦举办的名为“从殖民地到合众国”（From Colony to Commonwealth）的展览所努力做的，这个展览仍旧是波士顿人对革命整体叙事的唯一尝试。它以波士顿人协会提供的丰富展品为基础，围绕约翰·汉考克、詹姆斯·奥蒂斯、约翰·亚当斯和塞缪尔·亚当斯等五位“领袖人物”展开，他们是最为人知的爱国领袖，与象征英国王室权威的托马斯·哈钦森对抗。国家公园管理局和波士顿人协会在 20 世纪 80 年代后期合作举办该展览时，已经过时了，因为它没有关注新的历史，即 301
使悬挂在自由树上的灯笼和旗子可能使“大众”的声音显得戏剧化。

今天，如果要选出五位能概括如今对革命的双重看法的人物，谁能入选？出于论述的目的，我提名五位马萨诸塞人，他们既对抗爱国者这一边的“领袖人物”，也对抗英国人。在曾经是政府决策中心的大楼里为他们建一个博物馆是最合适不过的。

阿比盖尔·亚当斯对抗其参加大陆会议的丈夫约翰，要求他在自己草拟的“新法典”中“记住女性”。“不要把无限的权力放在丈夫手中”，她写道，约翰的压制构成了他们的部分通信内容，“对于你那杰出的法典，我只能笑笑”。[14]

艾比尼泽·麦金托什是个鞋匠，为了反抗《印花税法案》，波士顿每年会举办教皇节活动，麦金托什领导南区和北区的联合队伍，他还押送被指定为《印花税法案》专员的安德鲁·奥利弗——托马斯·哈钦森的副手——到自由树下，并强迫他辞职。麦金托什以“自由树总队长”闻名，就连约翰·亚当斯也惧怕他，说他是“马萨涅诺”，欧洲无产者叛乱的象征；塞缪尔·亚当斯视他为暴民运动领袖，因此将他推到一边。[15]

普林斯·霍尔是波士顿的一位非裔皮革匠，他为爱国者军队制作鼓面，组织了第一个“非洲人共济会团体”。作为一个被工匠师傅释放的自由人，他在旧州议会大厦，举着愤怒的标语，反对马萨诸塞的立法会议：战争之前，要求解放奴隶；战争之后，要求结束奴隶贸易，允许黑人儿童进入城镇公立学校，支持愿意回到非洲的自由黑人。[16]

新英格兰浸礼宗最重要的领导人老艾萨克·巴克斯从他的家乡米德尔斯堡行走到费城的大陆会议，面对约翰和塞缪尔·亚当斯，他要求马萨诸塞公理会教会赋予其宗教自由，这让二人倍感尴尬。他倡导不交教会税，主张为获得“灵魂自由”的非暴力反抗。[17]

丹尼尔·谢司，马萨诸塞西部的农民领袖，在大陆军中从一个二等兵升为上尉，参加了邦克山、萨拉托加和斯托尼角战役。1774—1775 年，农民关闭了马萨诸塞西部的法院。战后，谢司加入了那些
302 债务缠身的农民兄弟，再次关闭法院，阻止它们取消农场赎回权和关押债务人。谢司与塞缪尔·亚当斯对峙，后者在反抗英国的同时否定人们反抗共和国的权利。[18]

新历史并不意味着要把“领袖人物”同“普通人”调换角色，而是让我们从多角度去看待领袖人物。例如，当我们转向最后才功成名就的约翰·亚当斯的时候，我们认识到这个革命的保守派为遏制革命中的极端主义投入多少精力。亚当斯一直持两种态度：作为“波士顿惨案”审判时英国士兵的辩护律师，他把“由一帮淘气男孩、黑奴和混血、爱尔兰人和古怪水手组成的乌合之众”作为事件的罪魁祸首；在回答妻子“要记住女性”的回信中，他感慨道，“我们已经得知我们的斗争使各地政府的管制变得松弛。孩子们和学徒不服管教——大中小学动荡不安——印第安人看不起他们的监护者，黑奴对他们的主人变得傲慢”；针对托马斯·潘恩充满不敬和民主化的《常识》一书，亚当斯撰写了一本小册子，建议宪法制定者学会如何“保持对当权者的敬意”；后来，作为总统的他，实施了《外侨和谋叛法》，在这一法律下，他的反对者，那些杰斐逊的信徒因为批评总统而入狱。换句话说，从下往上看，顶层的历史会截然不同。[19]

论题二。建筑“不会说出自己的想法”，建筑里发生的事件也不会。存在这样一个问题，自由之路是否对革命中的“大众”做到了公正？

当其他户外博物馆的早期修缮工作让人们重新发现日常生活的社会史时，波士顿同费城一样，对革命时期的主要公众事件遗址未做改变。旧州议会大厦是殖民政府所在地，殖民政府由王室任命的总督和委员会、殖民地最高法庭，以及全镇大会选举产生的大法庭组成，从1775年到1798年，它是独立后的州政府所在地。法尼尔厅是全镇大会所在地，在那里小产权所有者投票人表达他们的民主意志。老南聚会所，波士顿最大的教堂，是“全镇人民”举行重大抗议示威活动的地方，在这里财产分界线被取消，人人都来投票。当立法者在州议会大厦与英国王室对抗的时候，市民在“惨案”发生的广场上与英国士兵对抗。“茶党”（The Tea Party）产生于老南聚会所的一次大型会议
303 上，《独立宣言》是在州议会大厦的阳台上宣读的。

革命内部发生的事件不是“不言自明的”。当然，如今在一个18世纪遗址被钢筋玻璃建筑遮挡住的喧闹的城市中心，呈现一种革命叙事有其内在困难。游客可以沿着一条条的红线参观（顺应某种潮流），但是缺乏符合小道逻辑的叙事；这些遗址无法按照革命事件的时间顺序排列。事实上，“门外之民”的一些重大事件遗址甚至不在小道上。游客们要把遗址同事件联系起来，需要更多的帮助。虽然每年约有25万人坐“电车”或者乘坐非常流行的“水鸭车”游览“简装历史”，但是只有大约25000人参加由国家公园管理局巡林员每年举办的千次游行。[20]

负责管理这些建筑的机构不懈地向游客们解释发生在里面的事件。在某些方面，忠实的修复工作所带来的意外结果与历史南辕北辙（“里维尔屋”在20世纪初期被修复成17世纪的样子，却被现代人成功理解为是保罗·里维尔在革命时期居住的屋子）。从内部装饰上，你看不出旧州议会大厦曾经设有立法两院。而老南聚会所，修缮后的美丽大厅让人不由生起只属于圣地的敬畏和肃静之情。法尼尔厅被修复成建筑家查尔斯·布尔芬奇（Charles Bulfinch）后来扩建的模样，前面挂着的那幅著名的“韦伯斯特—海恩大辩论”油画，巨大而又不协调，把我们拉向了19世纪废奴运动史。因此，国家公园管理局肩负着把游客拉回革命时期的使命。没有哪个建筑能说出自己的历史，没有人（公园巡林员除外）自觉承担起把在一栋楼里发生的故事同另一栋楼的故事联系起来的使命。

在他们的策划中，小道上的主要机构承担起一直延伸到革命之后的叙事使命：老南聚会所是波士顿言论自由传统的里程碑；波士顿人

协会是涵盖城市历史的博物馆。虽然波士顿人协会每年举办一次“惨案”演剧活动，但每天的过路人只看见外面的一块铜匾，这对一件难以解释的历史事件是多么不公（人们知道保罗·里维尔在版画中对此事件的描述有不对头的地方，但是不知道到底是什么）。每年的12月，老南聚会所都会举行关于茶叶税的模仿辩论，爱国者会从那里集合去茶船。然而，每天为游客再现这样的时刻也的确令人挠头。[21] 304

同时，波士顿集中体现“门外”革命的两个遗址却无人管理：“自由树”和“波士顿倾茶事件”。“倾茶事件”（1773年）遗址不在自由之路上，其原因可能在于它归一个营利性实体管理，游客参观仿制的“海狸”号茶船上重演的倾茶行动，并向海里扔一筐茶叶，需要付费（官方地图仅仅标注出地点）。自由树遗址是自由之子反对《印花税法案》活动的中心，却在多数地图上没有标注。在距离市中心遗址五个街区的地方，在后来称为“自由树建筑”的地方有一个牌匾，街对面的人行道上另有一个。也许它没有出现在小道上是因为它位于长期以来为人所熟知的“作战区”附近，游客都会止步于此。直到最近，遗址旁边的一家色情商店才用自由树浅浮雕庆祝言论自由。[22]

如果波士顿要开发这一遗址，那么它将如何解说这个地方呢？可憎的英国军官蜡像曾经被悬挂在这里，鞋匠麦金托什在这里成为“自由树总队长”。有位巡林员告诉我，一想到悬挂蜡像他就感到退缩，因为那可能被解读为赞成暴力。事实上，历史学家做出了大量努力来正确看待“暴民”：其实革命时期波士顿的群众都非常克制，他们针对的是财产和权威的象征，而不是人身。这些都是自由之路尚未解决的挑战。

论题三。问题不再是是否应该把普通人纳入历史的公共展示中，而是如何纳入。我们已经过了我们只想说“他们曾经出现在那里”的时候。

多卷本《美国国家传记》(*American National Biography*, 1999 年)收录了 17450 个词条，包括从未被《美国传记词典》(*Dictionary of American Biography*, 1928—1936 年)收录的不为人知、不为人歌颂的人物，反映出专业历史研究对普通人的态度发生了翻天覆地的变化。[23] 这一变化也体现在大中学校的教材、传记、博物馆展览、电视纪录片和历史学科国家标准上。[24]

或许我太多地依赖自己的研究经验，但是对于革命来说，波士顿的历史守护者对我关于乔治·罗伯特·特维斯·休维斯的研究的反响就是一个很好的例子。[25] 休维斯是个鞋匠，一个从事波士顿“低下”
305 行业的穷人，一个无名之人，却在某一时刻成为革命的重要人物。休维斯于 1742 年出生于制革匠家庭，他积极参加了推动革命发展的著名事件，包括“波士顿惨案”和“倾茶事件”。生意失败后，他于战争期间离开了波士顿，在马萨诸塞的伦瑟姆组建了一个大家庭，1812 年战争结束后往西走，同他的几个孩子一起待在纽约州中部。1834 年，90 多岁的他被“发现”，被认为是“倾茶事件”最后的幸存者之一，并成为“口述”回忆录的主人公。1835 年，当他回到波士顿时，成为 7 月 4 日的“今日英雄”、一幅肖像画和第二本回忆录的主人公。他于 1840 年去世。

我们知道他，是因为他活得很长，有很好的记忆力，而且在 19 世纪 30 年代“倾茶事件”被重新发掘的当口他正好出现。我对休维斯的研究结果与传统的暴民研究观点不符。他不属于任何组织，也没有受某一特别的“宣传册”影响(他其实不怎么阅读)。他不是哈钦森或约翰·亚当斯笔下有暴力倾向的乌合之众(例如，他反对自己无意中引发的涂柏油、粘羽毛行为)。他的回忆告诉我们革命对他意味着什么。

1981年，当我关于休维斯的研究文章发表在《威廉和玛丽季刊》（*William and Mary Quarterly*）上时，“美国社会史项目”（American Social History Project）把它制成幻灯片放映，后又制成课堂用视频。尽管如此，没有人在自由之路上立刻为他找到一席之地。[26] 20世纪90年代后期，《季刊》投票推举我的文章为后半世纪该刊物发表的十大最具影响力的文章之一以后，事情才有所改观。波士顿享誉盛名的培根出版社邀请我将相关休维斯的文章，以及他的私人回忆录出版成书，并附上一篇关于革命的公共记忆的杂文；波士顿人协会修复了他的肖像画，恢复了其在旧州议会大厦的醒目位置；美国有线电视新闻网播放了休维斯后人在场的肖像揭幕式；布莱恩·兰姆（Bryan Lamb）在《读书笔记》（*Book Notes*）节目上对我进行了访谈；公园管理局在其革命手册中增添了休维斯的简介和照片；老南聚会所（休维斯在这里受洗）在新展览中的“倾茶事件”展区专门定做了一尊休维斯真人模型雕像；波士顿历史联合会做了个浮雕像，放在其“海港历史游”中。对波士顿的历史守护者来说，休维斯正好满足了对一个普通人的需求，他们得以把他们认识到的长久以来被忽略的故事的一面贴在这个人身上。 306

问题就变成了如何描述休维斯。从我涉足公共记忆领域的经验来看，当休维斯第一次出现在历史舞台上时，革命已经成为一个政治辩论的主题。19世纪30年代，当休维斯重新出现时，正是波士顿极度动荡的时期，激进分子正在求助于革命传统。一个短工工会在街上游行，劳工领袖赛斯·路德在热情演讲，声称“波士顿的技工”把茶叶倒进了波士顿海港。威廉·劳埃德·加里森（William Lloyd Garrison）在主张不妥协的奴隶解放运动的一开始，引用了《独立宣言》，为此一名白领暴民差点对他处以私刑。同时，随着安德鲁·杰克森（Andrew Jackson）连任总统，部分是靠工人的选票，波士顿的商人和磨坊主组成了辉格党，其名称就是为了适应革命的爱国传统。辉格党人正在学习如何作为普通人的政党进行游行。1834 年，波士顿的辉格党国会议员阿伯特 · 劳伦斯（Abbott Lawrence）在洛威尔自己的纺织厂鞍前马后地招待辉格党边疆先锋大卫 · 克洛科特（Davey Crockett）。在 1840 年的总统选举中，辉格党将祭出“小木屋和烈性苹果酒”大选的旗帜。[27]

1835 年，休维斯就是被这些保守派人士而不是劳工运动所利用。在 7 月 4 日的独立日，他不是因为自己在革命中的所作所为受到颂扬，而是作为“几乎永恒”的倾茶事件最后的幸存者受到颂扬。名为《世纪人物》（*The Centenarian*）的肖像画没有把他描绘成鞋匠或者曾经的穷人，而是穿着礼拜服、拄着手杖。他的肖像画挂在波士顿图书馆的时尚画廊里，再次向士绅们证明：他是一个年近百岁、慈眉善目的老顽童。在第二本传记中，身为辉格党成员的传记作者把休维斯这个挑衅性暴民描写成“谦卑阶层中的一员”，一个淘气的男孩和一个乐呵呵的老人。总而言之，在传记作者和赞助者的努力下，休维斯成为一个乖顺的人，他以及他参加的大胆妄为的群众运动都是无害的。

20 世纪 90 年代末，在波士顿对休维斯的第二次发现中，如何描述他，这个问题以一种非常直白的方式出现了。在老南聚会所的新展览中，应该怎样塑他的像呢？在肖像画中，他是 90 多岁。在很多细节上必须做出决定：雕塑成多大年龄？在做什么？是在凳子上干活的鞋匠吗？不行，我们认为应该把他塑造成一个 30 多岁、积极投身革命的市民。如果要表现运动，是哪次运动呢？他参加了那么多次运动：是“波士顿惨案”吗？有个人被士兵枪击后倒在了他的怀里；还
307 是在茶船上，他坚持同约翰 · 汉考克并肩作战，砸开茶叶箱把茶叶扔进海里？我们决定抓取他在街上的画面，好像要参加某个不知名的事件。穿什么衣服呢？显然不是礼拜服，而应该是工作服，就像刚从店

里出来一样。但是在做什么？他是个易怒的人，容易生气，却没有暴力倾向。他应该是什么样子？我们能把肖像画中的他变身到 60 年前吗？他身高大概 5.2 英尺——人们一般觉得英雄都高大威猛。

就这样，他出现在了教堂后部的展览中，30 多岁、个子矮小、腰间系着皮革围裙（太普遍，已经成为技工的象征，所以技工通常被称为“皮革围裙”）、腰带上别着一把锤子（由真实原件模制而成）。他的姿态好像要去参加什么行动，面容坚毅。我们是否如实描绘了一个“街头运动者”？或许吧。我们是否理解革命对他意味着什么？我想没有，而且我也不知道什么样的展览才能做得到。

论题四。我们必须防止演义历史的危险。如果我们添加了让历史看上去更完整的代表人物，那么我们必须问一问，他们的存在改变历史叙事了吗？

看一看中小学关于革命的历史教材，其中一些教材满眼可见菲莉斯·惠特利、阿比盖尔·亚当斯和保罗·里维尔，然而他们不过是传统故事的象征性佐料而已。这样的历史让人感觉不错，能够满足民主情感对完整性的需求，但是这样的历史能增进我们对那个时代的理解吗？[28]

休维斯重要吗？他改变了革命进程吗？作为个人，他没有；但正是他和像他一样的其他人的共同行动，造就了历史。如果说波士顿的街头运动和聚会地点是重要的，那么休维斯也是重要的。事实上，他就是塞缪尔·亚当斯和约翰·亚当斯等领袖为了缔造一个长久的政治制度而不得不学会与之和解的“门外之民”中的一员。

就革命对他的意义而言，他也同样重要。在他保留了半个多世纪的回忆里，休维斯坚持说约翰·汉考克和他一起在茶船上并肩作战，虽然他的回忆在别的地方也很特别，但是汉考克不太可能出现在那里。（领袖们当时显然待在老南聚会所。）然而，他的回忆反映了革命对他的意义。休维斯记得塞缪尔·亚当斯和约翰·汉考克是他的“同事”。在财富和地位上，他根本不能与波士顿最有钱的商人汉考克比肩，但在记忆中，他把汉考克拽到了与他平等的地位。他不是一个社会平等主义者，但是他认为自己作为公民与汉考克平等。他记住的是
308 平等时刻。

波士顿的其他人展现出另一种技工意识。保罗·里维尔是波士顿最负盛名的中产工匠，朗费罗的诗歌《午夜策马报信》传奇般淡化了他与其阶级同伴的共性。随着革命在波士顿逐渐展开，里维尔向技工身份靠拢。作为一个银匠，他对革命事业做出的第一次贡献是作为“自由之子”大众形象的版画师为其创作版画，《国王街的流血惨案》（*The Bloody Massacre perpetrated on King Street*）只是其中最著名的一幅。他同时也是爱国公共展出的管理者和受到其北区同胞信任的领导人。他让约翰·辛格尔顿·科普利把他画成在工作台干活的手艺人，手里拿着做好的银具，台上放着工具，表达出独特的工匠自豪感。18世纪90年代，在记述自己那次著名的策马报信时，他写道，“我是波士顿负责警戒英军的约三十人中的一个”。他停顿了一下，然后在“约三十人”后面加入括号，插入“主要是技工”。1795年，他被选为马萨诸塞技工协会第一任主席。他后来成为拥有一家黄铜铸造厂和轧钢厂的成功业主。但是当他于1818年去世时，人们说他是“一位事业兴旺的北区技工；天生的大众领袖；他的影响无处不在，尤其在波士顿的技工和工人中，他极受欢迎”。正如大卫·哈克特·费舍尔（David Hackett Fischer）指出的：“在他自己的心里，他既是一个工匠，也是一个生意人和绅士。”然而作为一个手艺商人，他从来没有被波士顿灯塔街的新兴士绅们真正接纳过。[29]

在根据现存证据建立一套公众历史词汇时，我们必须学会让一个

人为许多人发言的方式，这要求我们考虑这个人既作为个人也作为一个群体代表所取得的成就。

论题五。从 18 世纪私人生活的物质世界中传递出波士顿普通人在一个充满不公的社会中追求平等的主题是非常困难的。

当你参观殖民地时期的威廉斯堡及其周边时，你必然会发现自己处在一个分层社会，有钱的种植园主位居顶端，奴隶在底端，中间是拥有店铺的手工艺男女。当你参观老史德桥村时，你会发现自己身处一个包括男人和女人、自耕农和工匠的中产社会，那里的建筑都是由新英格兰乡村的建筑组合而成。可是，对现在的参观者来说，革命时期的波士顿是什么样子的呢？

不管是底层的乔治·休维斯还是顶端的约翰·汉考克，他们的私
人住地几乎没有任何东西保留至今，只有保罗·里维尔的房子保留了 309
下来，成为某种中产象征，在这种情况下，如何描绘当时的不平等呢？[30] 在现在的波士顿，我们几乎感觉不到殖民地时期无处不在的平民存在。当时的北区海上贸易繁荣：造船厂、工坊、酒馆，还有男人和女人一起工作的房子，商人杂乱地混迹其中。只有两个工匠的房子保留了下来：里维尔和他的亲戚、邻居纳撒尼尔·希奇伯恩（Nathaniel Hitchborn），一个造船匠。虽然保罗·里维尔协会（Paul Revere Association）的教育人士成功地传达了一种手艺、家庭和邻里关系的感觉，但是这两栋房子不足以代表老北区的多样性。[31]

尽管看起来让人诧异，但是早期波士顿的贵族风格没怎么保留下来。在别的地方，殖民地精英的房子依然挺立、牢固，被后代保护得很好，但看起来好像是革命中不可缺少的波士顿商人（少数是效忠派，多数是辉格党爱国者）已经消失了。哈里森·格雷·奥蒂斯（Harrison Gray Otis）的房子以及灯塔山上的房子是战后修建的，那

是建筑家查尔斯·布尔芬奇为那些不愿意与北区民众住在一起的新贵们翻建的社区。托马斯·哈钦森在北区的房子在被反对《印花税法案》的反叛者推倒后重建，一直保留到他流亡英国，之后被推倒。现在要参观的话，需要公园巡林员的帮助才能找到遗址上的牌匾。[32]

19 世纪的波士顿贵族对其先人的激进传统感到不安。据说当时由精英组成的马萨诸塞历史学会的一位主席，在路过约翰·汉考克位于灯塔山的古雅宅邸时说了一串不敬的话。富人同一个发誓把财产捐给革命事业并追逐政治势力的人在一起会感到不舒服。因此，毫不奇怪，19 世纪 60 年代，当汉考克的继承人无法让州政府或市政府接管房子的时候，没有人愿去挽救它。如果我们保留了汉考克和哈钦森的房子，现在在那里看革命的场景，该有多么方便。[33] 我们现在也看不到任何表示商人财富来源的标记，如船只、码头、仓库，或者账房。作为新的海港巡游历史课，“海边的波士顿”非常受欢迎，因为它总是清楚地提醒我们，这个城市是第一个也是最重要的海港。

现在，为了寻找那个时期波士顿的女性和男性，我们必须走进芬
310 威的波士顿美术博物馆（Boston Museum of Fine Arts），在那里你可以注视科普利笔下散发出贵族光彩的人们。科普利给所有的著名人物画肖像，都按照肖像人物希望的样子进行描绘，用丝绸和天鹅绒来展现他们的财富。然而，他笔下的汉考克坐在账房里，穿着暗色天鹅绒衣服，手里翻着账本——一个有着共和党品德的商人模样（他把塞缪尔·亚当斯描绘成人民权利的保护者，在全镇大会上穿着黄褐色羊毛衫，指着殖民地的《宪章》和“教导”）。移步到博物馆的殖民地时期装饰艺术展厅，你会看见里维尔制作的银器，装点着肖像画中富人的餐桌和橱柜。但是参观者有多少人能够发现它们，即使发现，又有多少人能把它们与市中心大楼里的历史人物联系起来？[34]

在自由之路上，如果你具备这些知识，你就可以想象一下这些位

高权重的精英：作为旧州议会大厦里州政府的要员；作为老南聚会所、老北方教堂或国王礼拜堂的礼拜者，他们买下了教堂里最显要的长椅。公园管理局的展览设计人员非常喜欢用模型来展示革命时期波士顿的建筑缩影（他们为旧州议会大厦的博物馆制作了一个，为老南聚会所也翻新了一个）。街边整齐排列的玩具屋、教堂和装卸码头有种能够吸引我们所有人童心的东西，当我们按下按钮，点亮这些地方的时候，尤其如此。但是这些空间关系无法衡量阶级之间的社会距离，也不能揭示是什么把像汉考克、里维尔和休维斯这类不在一个社会阶层的人聚集在同一个政治事业上。

历史的守护者如何才能弥补波士顿社会风景中的此类欠缺？旧州议会大厦一隅的一个小展览令人痛苦地想到被推倒的汉考克宅邸。查尔斯顿美国海军造船厂无人问津的建筑让我们依稀看到海上贸易的繁盛：造船、生产船上的设备，并且让我们闻到绳索和柏油的味道（一个 19 世纪建立的深长缆绳厂关闭了）。我们不是在重新创造前工业时代手艺商人的世界吗？孵化革命事件的酒馆哪里去了？[35]

如果我们思考一下保留下来的东西的局限性，也许就可以找到方法弥补失去的东西。让波士顿开始理解阶级难道会比让殖民地时期的威廉斯堡面对种族问题更加艰难吗？

论题六。在处理种族和性别问题时，波士顿面临将革命历史碎片化的危险，在某种意义上面临重新分割历史的危险。

除了自由之路，波士顿现在还有黑人传统之路、女性传统之路、 311
爱尔兰人传统之路（Irish Heritage Trail）和少数族裔博物馆。它们都属于此类；只有当你走过长长的遗址时，才能理解每一个的主题。然而，自由之路是否存在意想不到的后果呢？

例如，我们把菲莉斯·惠特利放在哪条小道？她是革命中的非裔美国人、女性、诗人和爱国者。令人振奋的是：她出现在了所有小道上：黑人传统之路、女性传统之路和文学之路，而且自 2000 年以来，她还出现在自由之路上，在老南聚会所（她加入过）举办的新展上有她的塑像，离休维斯像几码远。但正是她的无处不在产生了另一个问题。在 1770 年，波士顿的约 15000 人口中有约 700 名黑人，在马萨诸塞有约 5000 名黑人，大部分是奴隶。惠特利应该无法代表非裔美国人的多重角色。革命结束几十年之后，黑人传统之路和坐落在灯塔山后部的博物馆在波士顿第一个自由黑人社区所在地“拾起”了黑人的历史。然而，在革命时期，有散居城市各处却集体为自己的自由而请愿的黑人；有后来在邦克山战斗的黑人；也有黑人效忠派，还有一些黑人逃离美国移居加拿大新斯科舍。革命后，波士顿的黑人不得不为他们最基本的民权而战斗。[36]

菲莉斯·惠特利无法囊括这些多重性，克里斯普斯·阿塔克斯也不能（在“波士顿惨案”中被英军杀害的水手，被杀于旧州议会大厦外面的广场，其后被埋葬在“旧谷仓”墓地，在纪念“惨案”中牺牲的普通大众的雕像底座的黄铜牌匾上有描述）。如果波士顿表彰的黑人仅有两个是爱国英雄的话，那么，我们就进入了一个陷阱。难道黑人传统之路的建立是为了让自由之路上的遗址和指南不再讲述革命时期多种多样的黑人故事吗？

阿比盖尔·亚当斯应该在哪条小道上？还有默茜·奥蒂斯——诗人、爱国者、历史学家？还有朱迪斯·萨金特·默里？该如何对待这三位女性呢？她们为争取女性的“同等价值”发出了那个时代最清晰的美国之音。多谢女性传统之路指南，我们能够找到亚当斯夫人位于波士顿曾经名为布拉托广场（Brattle Square）的房子以及默里夫人位于富兰克林广场（Franklin Place）的房子。阿比盖尔·亚当斯的雕像
312 位于昆西郊区亚当斯国家历史公园（Adams National Historical Park）

的家族宅邸，其公共项目恰当地展示了革命时代的女性。我们如何把这些女性纳入自由之路的叙事中？[37]

这些女性是“淑女”。我们又如何定位活跃于革命发展过程中的普通女性：赛德尔夫人，她 11 岁的儿子克里斯托弗在抵制游行中被杀害；安娜·格林·温斯洛，一个 12 岁的女孩，在日记里写道：“作为自由之女，我选择尽可能穿戴我们自己制造的产品。”或者那些为纪念在“惨案”中被杀害的年轻人，而参加老南聚会所每年一次的聚会的妇女？女性史同样面临沦为精英历史的危险。[38]

考虑到将社会历史按群体分割开来的学术细分，公共历史学家面临的挑战是把这些不同的历史融入更大的历史叙事——要不然只能展示这些不同的历史按照各自的时间表在其轨道运行。

论题七。如果我们避开讲述革命的黑暗面，那么我们就面临滑入一种绝对的歌颂式历史。

当历史的守护者竖起一座雕像、神化某个人的宅邸或者引导参观者游览遗址的时候，他们通常都是在歌颂历史。但我们都知道这不是表达历史记忆的唯一方式。1995 年，波士顿专门建立了新英格兰大屠杀纪念碑（New England Holocaust Memorial），1998 年建立了爱尔兰饥荒纪念碑（Irish Famine Memorial），地址都邻近自由之路。旧州议会大厦草坪上的两座雕像昭示了 17 世纪马萨诸塞清教徒的宗教偏见，雕像人物是宗教偏见的牺牲品：被波士顿驱逐的持异见者安妮·哈钦森（Anne Hutchinson）和被绞死的贵格会教徒玛丽·迪尔（Mary Dyer）。我们这么做是为了提醒自己：纪念、记住。为了记住革命的黑暗面，波士顿做了什么？[39]

以奴隶制为例。虽然 18 世纪的马萨诸塞不像弗吉尼亚那样是建立在奴隶劳动基础上的奴隶社会，但它仍旧有奴隶。[40] 波士顿没有纪念奴隶主的雕像（乔治·华盛顿除外），它们在别的地方是令人感到尴尬的。但是，向波士顿著名废奴主义者威廉·劳埃德·加里森与温德尔·菲利普斯致敬的雕像和向罗伯特·肖（Robert Shaw）上校与在内战中为第五十四马萨诸塞军团而战的黑人士兵致敬的雕像，在某种意义上把奴隶制问题转嫁到了南方，阻碍了波士顿承认自己的奴隶制历史。[41]

马萨诸塞在革命期间消除了奴隶制，不是因为其宪法或者条文，
313 而主要是通过奴隶自身的努力，他们或者逃跑或者加入军队战斗［在斯托克布里奇，“孟贝”（Mumbet）根据 1780 年《马萨诸塞权利宣言》（Massachusetts Declaration of Rights）提起诉讼，赢得自由，改名为伊丽莎白·弗里曼（Elizabeth Freeman）］。19 世纪早期，随着新英格兰成为“拥护奴隶制度派”和南部奴隶制的正义凛然的反对者，它抹除了自己作为一个曾经蓄奴并将自由黑人视为二等公民的社会的历史记忆。[42]

新英格兰对印第安人也做了同样的事情，它埋葬了曾经是新英格兰居民的印第安人的记忆，颠倒了他们在独立战争中的作用。到殖民地时期末期，新英格兰的印第安人尽管因为战争、疾病和同化而大批消亡，但是部落实体仍然存在。历史学家吉尔·莱波（Jill Lepore）写道，在战争中，“来自科德角的马斯皮人、缅因深南部的皮纳布斯高族印第安人（Penobscots）和帕萨姆库迪人（Passamquoddies）以及来自康涅狄格的佩科特人（Pequots）和莫西干人（Mohegans）都站在殖民者一方作战”，而且“他们都损失巨大”。但因为更多的美洲印第安人包括强大的易洛魁人联盟站在了英国人一方，新英格兰想当然地以为所有的印第安人都支持英国人，这一认识坚定了他们对印第安人土地的剥夺。1788 年，马萨诸塞废除了 1763 年制定的一项法律，根据该法律，马斯皮人已经合并成为一个自治区。因此，对于新英格

兰的印第安人，如莱波所写：“美国革命不是象征着自由的获得，而是象征着自由的剥夺。”[43] 现在的波士顿，仅存的印第安人符号仍然表达了一个种族和睦与合作的神话：马萨诸塞州印章、州旗和州议会大厅的壁画。殖民地时期的工匠闪·卓恩（Shem Drowne）制作的镀金青铜风向标，曾经立在一栋时髦的大楼上，它可能是一个更合适的标志。它描绘了一个手持弓箭的印第安战士，似乎在战斗。

马萨诸塞州会找到一种方式呈现它已经抹除的这段历史吗？在菲利普国王战争[*]的余绪中，殖民者在波士顿海港的鹿岛监禁了约 900 名瓦帕浓人（Wampanoag Indians），其中一半死亡，这是美国真正意义上的第一个拘禁营。为了开发该遗址，国家公园管理局最近发布了一个莱波描写的关于该事件的学术报告。这是强有力的第一步，但是一个一水之隔的海港小岛遗址就能给印第安人带来公正吗？[44]

要沿着这条道路走下去，总会出现路障。美国人对诺曼·洛克威尔（Norman Rockwell）式的美国历史总是存在一种强烈的感情，即只希望看到“美国生活中的微笑面”，正如 19 世纪波士顿写实主义作家威廉·迪恩·豪威尔斯（William Dean Howells）总结的。现在，很多去参观波士顿标志性景观的人有着更加复杂的期待。回想一下“殖民地时期的威廉斯堡”，它在几年前大胆迈出了第一步，以戏剧化的形式呈现长久以来被忽视的非裔美国人的历史。“殖民地时期的威廉 314
斯堡”是由洛克菲勒慈善基金会在种族隔离时期修复的。你可能很难想象，在殖民地时期，威廉斯堡是一个黑人人口占一半的城镇，它的社会建立在奴隶劳动的基础上。当威廉斯堡的教育部门正视这一问题并且在街头重演一系列公共事件时——奴隶拍卖和归还逃奴——它面

---

* King Philip's War，也称为梅塔卡姆战争（Metacom's War），1675 年至 1676 年发生于美洲原住民与新英格兰英国移民之间。——译注

临怀疑者的嘘声，包括非裔美国人，因为他们更满足于一种强调成就而不是受害者形象的历史。但是没有报道显示因为这个缘故去参观“殖民地时期的威廉斯堡”的人数在减少。正如美国全国有色人种协进会（NAACP）的当地负责人所说的，“通过让演员表现奴隶制”，“殖民地时期的威廉斯堡”使游客的经历更加有趣。有良知的博物馆正在全世界迅速发展。[45]

波士顿的历史守护者可能需要正视美国历史中的黑暗角落。“宪法号”护卫舰博物馆馆长写道：“我们希望让参观者看到、感受到、闻到和听到登上船的样子，就像一个普通船员一样。”他们准备向参观者展示激发剑桥的理查德·亨利·达纳（Richard Henry Dana）撰写其经典之作《航海两年》(*Two Years before the Mast*，1840 年）的恐怖鞭刑吗？波士顿音乐学院（The Boston Academy of Music）在波士顿海军造船厂表演了吉尔伯特（Gilbert）和沙利文（Sullivan）的歌剧《皮纳福号军舰》(*HMS Pinafore*)。他们准备好表演本杰明·布里顿（Benjamin Britten）改编自《比利·巴德》(*Billy Budd*）的歌剧了吗？《比利·巴德》是赫尔曼·梅尔维尔（Herman Melville）的一部关于海上痛苦生活的小说。[46]

改造位于查尔斯顿的邦克山纪念碑遗址的展览，是某种具有挑战性的事情。国家公园管理局无疑会想方设法吸收其发起的学术研究的新成果，向世人展示非裔士兵参加战斗的人数比任何人想象的都要多。但是面对现在查尔斯顿爱尔兰工人阶级的诉求，他们也能正确应对吗？长久以来，这些爱尔兰人把邦克山日（Bunker Hill Day）作为自己的节日而庆祝。对那些来不及庆祝战斗的胜利就牺牲在战场上的英雄主义，就像约翰·特朗布尔在画中描绘的那样，我们又如何赋予其意义？[47]

论题八。自由之路的未来需要对整个路线的责任进行更多的协调，而解释各遗址的责任仍由各机构承担。

1995—1996 年咨询报告恳求“讲述一个能够把遗址和小道有机融合的更加丰富、更加富有情感的（革命）故事”。它提出了很多具 315
有创意的建议，从大家普遍要求的增加盥洗设施、扩大游客中心、提高营销技能到关于场景再现、公众艺术、自助音频游和更多现场解说的富有想象力的建议。谁来负责改变呢？报告中说，“现在仅有的协调系统无法正常运作”，指出需要进一步的“协同事业”和“更新的组织结构”。[48]

也许只有局外人才能这么说，坦率地说，即使各大机构的领导明确指出“缺乏统一使命感”和“缺乏长期的合作年度计划”是他们面临的主要挑战，但要把报告中的建议付诸实践，还是缺乏一个整体框架。在和我的谈话中，一个在旅游业取得巨大成功的波士顿商人，在描述为小道所做的决策时，使用了“拜占庭”这个词。自由之路基金会是某种意义上的联盟组织，从结构上似乎不能应对长期问题。直到 1995 年还在运作的遗址委员会到底发生了什么事情？目前有四个遗址和波士顿国家历史公园被纳入了基金会，但是在一个局外人眼里，它们需要设立自己的组织处理其共同的问题，并且应在整体决策中给予它们应有的发言权。遗址的工作人员要具有历史专业知识、同观众互动的经验和一种制度记忆。他们需要一个“邦联宪法式”政府，根据他们的迫切要求处理他们的共同需求，同时又保持各自的独立性。[49]

波士顿国家历史公园在自身遗址方面扮演不可或缺的角色，在特定项目上又是其他机构的正式合伙人。好的地方它做得是真好：接受新的历史研究，随时响应创新。波士顿三个公共建筑的修复归功于它，而且它自己具有融资渠道、开展重大研究项目的能力和一大批学有专长的工作人员，包括管理游客中心和引导游览的巡林员。但是，尽管它发起了各种创新活动，却未能善始善终，咨询报告就是一个例子。波士顿国家历史公园是国家机构国家公园管理局的下属机构，在层层的官僚文化重压下常常摇摇欲坠，害怕承担风险。（一直以来，波士顿国家历史公园的展览标牌因为其模棱两可和回避被动语态的解说而遭人诟病。）从全国来讲，国家公园管理局要求历史学家对它更加尊重；从地方上来看，人们对波士顿国家历史公园的期待仍然很高，这标志着国家公园管理局取得的成就。[50]

316 没有什么可以解救自由之路。鉴于小道整体传达的历史缺乏连贯性，早就应该建立一个帮助游客挖掘城市丰富遗产的现代化游客中心。它能够在遗址之间和小道之间建立联系。历史守护者获得的可能比希望得到的更多。我的担心是，通常，游客中心为吸引游客的短暂注意力而播放的快放影片最后呈现的还是那套刻板的历史。一个纵览三百年波士顿历史的博物馆有能力讲述被遗漏的多重历史，同时它也可能把革命塞进一个只有单一视野的艺术走廊。[51]

鉴于标志性遗址拥有无可比拟的遗产，从历史学家的视角来看，任何改革的目标都应该是让参观者进入遗址，并帮助提供一个理解那里所发生的和没有发生的事情的框架。这必然导致增加现场解说；这一双重任务需要博物馆馆长、导游、历史学家和教育家贡献所有的想象力。去中心化能提供无穷的力量，它也是小道整体上存在的不足。

在过去几十年，每次当我回到波士顿时，我的好奇心都会被激起。几年前，我写道："随着这座城市一个又一个重建项目的蓬勃发展，自由之路仍然保持着它的历史完整性，一直在抵制旅游业对历史进行审查的压力。它不是迪士尼乐园。"[52] 是因为我这么希望，所以才这么想吗？ 1995 年的报告也认为"迪士尼模式不可取"而加以拒绝。如果说，民族危难时，对一部能令人欣慰、令人愉悦的美国史的要求会增强，那么，美国人想了解自己传统的兴趣也会增强。有没有可能另一个成功的解决方法就存在于一代历史学家已经挖掘出的一个更加多面、更加激动人心的美国革命史中呢？

注释

本文曾以“Revolution in Boston? Eight Propositions for Public History on the Freedom Trial”为名，发表于 *The Public Historian* 25 (spring 2003), 该期为波士顿公共历史专刊。文章获得加州大学出版社许可重印。更早的版本作为会议论文提交于“Changing Meanings of Freedom: The 225th Anniversary of the American Revolution”大会 (Boston，2000)，国家公园管理局和其他组织主办。

感谢波士顿的历史守护者，他们为本文提供了信息，感谢 *The Public Historian* 的编辑和特刊编辑 Martin H. Blatt，感谢 Michael Zuckerman 和两位匿名评论者。

1. David Dixon/Goody Clancy Planning and Urban Design, a Division of Goody, Clancy and Associates, “The Freedom Trail: Foundations for a Renewed Vision” (Boston, September 1995) 及“The Freedom Trail: A Framework for the Future” (Boston, May 1996), 为波士顿国家历史公园服务的一家咨询公司准备的报告，引文来自 1996 年报告的第 6 页。提出的建议在下文论题八中进行了讨论。
2. 机构对小道历史的调查研究，见 Matt Greif, “Freedom Trail Commission Report for the National Historical Park” (未出版手稿 , Boston, 1995)。将波士顿置于美国革命的背景下，“小道”值得进行全面研究。
3. “Voices of Protest Opens at Old South Meeting House,” *Broadside* (Boston National Historical Park) 1 (2000); “USS Constitution Museum Phase III Renovation Under Way,” *Broadside* 1 & 2 (1999); 对于自由树遗址提出的各种建议，总结于 Alfred Young, *The Shoemaker and the Tea Party: Memory and the American Revolution* (Boston: Beacon Press, 1999), 247。
4. Barbara Clark Smith, *Boston and the American Revolution* (Washington, D.C., National Park Service Handbook No. 146, 1998); George Quintal, *Patriots of Color, “A Peculiar Beauty and Merit”: African Americans and Native Americans at Battle Road & Bunker Hill* (Boston: National Park Service, 2002); Chris Frost and Sheila Gallagher, “Artists in Residence” (2000), 及 Laura Baring-Gould and Michael Dowling, “Conspire” (2001), 波士顿当代艺术学院 (Boston Institute of Contemporary Art) 制作的小册子。
5. 见 Nina Zannieri, “Not the Same Old Freedom Trail: A View from the Paul Revere House,” *Public Historian* 25, no. 2 (spring 2003): 43-53。没有关于自由之路的

时事通讯。关于遗址上的活动，见以下通讯：*Bostonian Society News*; *Dial* (Old South Meeting House); *Revere House Gazette*; *Broadside* (Boston National Historical Park)。

6. Polly Welts Kaufman, Bonnie Hurd Smith, Mary Howland Smoyer, and Susan Wilson, *Boston Women's Heritage Trail: Four Centuries of Boston Women* (Gloucester, Mass.: Curious Traveller Press, 1999); Susan Wilson, *Literary Trail of Greater Boston* (Boston: Houghton Mifflin, 2000); Susan Wilson, *Boston Sites and Insights: A Multicultural Guide to Historic Landmarks in and around Boston* (Boston: Beacon Press, 2003). 其他的指南，见 Byron Rushing and staff of the Museum of Afro-American History, *Black Heritage Trail* (NPS, Boston African American National Historic Site); Charles Chauncey Wells, *Boston's Copp's Hill Burying Ground Guide* (Oak Park, Ill.: Chauncey Park Press, 1998)。
7. Robert M. Krim and David Hackett Fischer, "The Boston History Collaborative" (1999 年 4 月马萨诸塞历史学会研讨会论文)。每条小道和多数遗址都可以在各自网站上浏览；同时可见 www.bostonhistorycollaborative.org。关于艺术家，见 Sarah J. Purcell, "Commemoration, Public Art, and the Changing Meaning of the Bunker Hill Monument," *Public Historian* 25, no. 2 (spring 2003): 55-71。
8. Robert J. Allison, "Exciting Time for History in the Hub," *Boston Globe*, 1 January 2001; Anne Emerson, "Building Boston's History: Creating a Boston History Museum," 及 David Hackett Fischer, "Chance of a Lifetime" in *Bostonian Society News* (spring 2001): 2-3 and 1,7。爱默生是波士顿人协会的前主席，"波士顿博物馆项目"现执行主任。同时见 *Boston Globe*: Anne Emerson, Nancy Moses, and Barbara Franco, "City Museums Tell Us Much," 10 January 2000; Steve Bailey, "Telling Our Story," 17 December 1999; David Warsh, "Old Puzzle, New Pieces," 19 January 2001。
9. John Adams to Joseph Ward，6 June 1809, Chicago Historical Society，重印于 Alfred Young, Terry Fife, and Mary Janzen, *We the People: Voices and Images of the New Nation* (Philadelphia: Temple University Press, 1993), 190-91; *Massachusetts Historical Society Proceedings*, 2nd ser., 3 (1886-87): 313-18。
10. Michael Kammen, *Season of Youth: The American Revolution in the Historical Imagination* (New York: Knopf, 1978), 仍然是最好的全面指南；Young, *Shoemaker and the Tea Party*, part 2; Michael Holleran, *Boston's "Changeful Times" Origins of Preservation and Planning in America* (Baltimore: Johns Hopkins University Press, 1998)，讨论了波士顿的历史保护问题；Eric Hobsbawm and Terrence Ranger (eds.), *The Invention of Tradition* (New York: Cambridge University Press,

1983)。

11. 全部细节：我曾经为国家公园管理局担任 *Boston and the American Revolution*（手册，第 146 期）的顾问和老南聚会所休维斯展 Voices of Protest 的顾问；为波士顿人协会担任波士顿惨案展的顾问；同波士顿历史联盟合作策划“海边的波士顿”休维斯展的部分；在国家公园管理局的“人民与地方”（People and Places）学院为小学教师做了几个夏天的项目，在老南聚会所和波士顿人协会举办讲座。
12. 关于这一主题的综合分析，见 Eric Foner, *The Story of American Freedom* (New York: Norton, 1998); 关于革命研究的最近调查，见 Linda Kerber, *The Revolutionary Generation: Ideology, Politics, and Culture in the Early Republic* (Washington, D.C.: American Historical Association Pamphlet, 1997); 关于最近的目录综合文献，见 Edward Countryman, *The American Revolution* (New York: Hill and Wang, 1985; 修订版 , 2003), 及 Gordon Wood, *The American Revolution* (New York: Random House, 2002)。我在“American Historians Confront the Transforming Hand of Revolution,” in Ronald Hoffman and Peter Albert (eds.), *The Transforming Hand of Revolution: Reconsidering the American Revolution as a Social Movement* (Charlottesville: University of Virginia Press, 1996) 中讨论了 21 世纪的革命史学。
13. Dixon/Clancy, “Freedom Trail,” 6.
14. 阿比盖尔和约翰 · 亚当斯在 1776 年 3 月至 5 月的通信载于 L.H. Butterfield (ed.), *Adams Family Correspondence* (Cambridge, Mass.: Harvard University Press, 1963), 1:369-71, 381-83, 396-98, 401-3, 及 L. H. Butterfield et al. (eds.), *The Book of Abigail and John: Selected Letters of the Adams Family 1762-1784* (Cambridge, Mass.: Harvard University Press, 1975), 12off。
15. George P. Anderson, “Ebenezer Mackintosh: Stamp Act Rioter and Patriot,” *Colonial Society of Massachusetts Transactions* 26 (1927): 15-64, 及“A Note on Ebenezer Mackintosh,” 同上 , 346-61。麦金托什还是一个消防员；见 Benjamin L. Carp, “Fire of Liberty: Firefighters, Urban Voluntary Culture, and the Revolutionary Movement,” *William and Mary Quarterly*, 3rd ser., 58 (2001): 782-818。
16. Sidney Kaplan and Emma Nogrady Kaplan, *The Black Presence in the American Revolution* (Washington, D.C.: Smithsonian Institution Press, 1975; 修订版 , Amherst: University of Massachusetts Press, 1989), 202-14; Charles Wesley, *Prince Hall: Life and Legacy* (Washington, D.C.: United Supreme Jurisdiction Masonic Order, 1977); Thaddeus Russell, “Prince Hall,” *American National*

Biography 9 (1999): 867-68.

17. William G. McLoughlin, *Isaac Backus and the American Pietistic Tradition* (Boston: Little, Brown, 1967).
18. David Szatmary, *Shays' Rebellion: The Making of an Agrarian Insurrection* (Amherst: University of Massachusetts Press, 1981); Robert A. Gross (ed.), *In Debt to Daniel Shays: The Bicentennial of an Agrarian Rebellion* (Charlottesville: University of Virginia Press, 1993); Peter Onuf, "Daniel Shays," *American National Biography* 19 (1999): 760-61; Ronald Formisano, "Teaching Shays/The Regulation: Historiographical Problems as Tools for Learning," *Uncommon Sense* (Newsletter of the Omohundro Institute of Early American History) 106 (1998): 24-35, 文章令人信服地指出，"谢司叛乱这个表达不仅扭曲了一场复杂的大众运动，而且模糊了其中心意义"。
19. David McCulloch, *John Adams* (New York: Simon & Schuster, 2001); Joseph Ellis, *Passionate Sage: The Character and Legacy of John Adams* (New York: Norton, 1994); 关于亚当斯的保守主义，见 Alfred F. Young (ed.), *Beyond the American Revolution: Explorations in the History of American Radicalism* (DeKalb: Northern Illinois University Press, 1993), intro., 3-24, 及 "Afterword: How Radical was the American Revolution?" 318-64。
20. 关于波士顿遗址的访问统计数字，见 Sean Hennessey, NPS Information Officer (Sean_Hennessey@nps.gov)。在 1996 年至 1999 年的三个财务年里，国家公园管理局每年组织了约 1000 场旅游，参加人数从 24000 到 27000 不等；在 2000—2001 年，自 9 月 11 日之后旅游人数锐减，组织了 676 场 15260 名游客的旅游。
21. 阅读 Hiller Zobel, *The Boston Massacre* (New York: Norton, 1970) 一书中的记述必须结合 Dirk Hoerder, *Crowd Action in Revolutionary Massachusetts, 1765-1780* (New York: Academic Press, 1977); Jesse Lemisch, "Radical Plot in Boston (1770): A Study in the Use of Evidence," *Harvard Law Review* 84 (1970): 485-504; 及 Pauline Maier, "Revolutionary Violence and the Relevance of History," *Journal of Interdisciplinary History* 2 (1971): 119-35。
22. 1996 年和 1997 年的 8 月 14 日（自由树日），历史学家大卫·哈克特·费舍尔在马萨诸塞州环境管理部门下属再循环处主办的波士顿公共绿地纪念大会上做了发言，见 Young, *Shoemaker and the Tea Party*, 247。
23. 关于人们对变化广度的认可，见 Edmund S. Morgan and Marie Morgan, "Who's Really Who," *New York Review of Books* 47 (March 9, 2001): 38-43。关于新的微观历史感，见 Jill Lepore, "Historians Who Love Too Much: Reflections on

Microhistory and Biography," *Journal of American History* 88 (2001): 129-44。

24. 关于一个围绕七人的调查，见 Countryman, *American Revolution*; 关于一个围绕四人组织的博物馆展，见 Barbara Clark Smith, *After the Revolution: The Smithsonian History of Everyday Life in the Eighteenth Century* (New York: Pantheon, 1985); 关于包括塞缪尔·亚当斯和托马斯·扬医生在内的六位领导人的思想，见 Pauline Maier, *The Old Revolutionaries: Political Lives in the Age of Samuel Adams* (New York: Knopf, 1980); 每章以一个有代表性的美国人开篇的教科书，见 Gary Nash et al., *The American People: Creating a Nation and a Society*, 第 3 版 (New York: Harper and Row, 1994); "National Standards for History," 修订版 (National Center for History in the Schools, 1996), 及 "Causes of the American Revolution: Focus on Boston" [同美国历史学家组织 (Organization of American Historians) 共同出版]，均可从网上获得：www.sscnet.ucla.edu/nchs。

25. "George Robert Twelves Hewes (1742-1840): A Boston Shoemaker and the Memory of the American Revolution," *William and Mary Quarterly*, 3rd ser., 38 (October 1981): 561-623, 重印于 Young, *Shoemaker and the Tea Party*, part 1。

26. American Social History Project, "Tea Party Etiquette," 视频 (New York: American Social History Project/Center for Media and Learning, 1984); 我的文章重印于 *In Search of Early America: The William and Mary Quarterly, 1943-1993* (Williamsburg, Va.: Institute of Early American History, 1993) 和其他论文集。

27. 关于前面的段落，见 Young, *Shoemaker and the Tea Party*, chaps. 6-8; 关于辉格党精英，尤其见 Harlow Sheidley, *Sectional Nationalism: Massachusetts Conservative Leaders and the Transformation of America, 1815-1836* (Boston: Northeastern University Press, 1998)。

28. 关于历史教科书的现状，见 Frances Fitzgerald, *America Revised: History Schoolbooks in the Twentieth Century* (New York: Random House, 1979), 该书现在仍然有效; James W. Loewen, *Lies My Teacher Told Me: Everything Your American History Textbook Got Wrong* (New York: New Press, 1995); 关于介绍新历史的国家标准的争论，见 Gary B. Nash, Charlotte Crabtree, and Ross E. Dunn, *History on Trial: Culture Wars and the Teaching of the Past* (New York: Knopf, 1998)。

29. 里维尔 1792 年的信件载于 Edmund S. Morgan (ed.), *Paul Revere's Three Accounts of His Famous Ride* (Boston: Massachusetts Historical Society, 1968); 评论被引用于 Patrick Leehey, "Reconstructing Paul Revere: An Overview of His Ancestry, Life and Work," in *Paul Revere—Artisan, Businessman, and Patriot* (Boston:

Paul Revere Memorial Association, 1989), 33; David Hackett Fischer, *Paul Rever's Ride* (New York: Oxford University Press, 1994), chap. 1, 引文在 19。关于我对里维尔的解释，见我对里维尔协会展览的评论，发表于: *Journal of American History* 76 (1989): 852-57。Jayne Triber, *A True Republican: The Life of Paul Revere* (Amherst: University of Massachusetts Press, 1998), 涵盖了里维尔的一生。

30. 有关此一时期波士顿不平等的开拓性文章，见 James Henretta, "Economic Development and Social Structure in Colonial Boston," *William and Mary Quarterly*, 3rd ser., 22 (1965): 75-92, 及 Allan Kulikoff, "The Progress of Inequality in Revolutionary Boston," *William and Mary Quarterly*, 3rd ser., 28 (1971): 375-412。关于综合分析，见 Gary Nash, *The Urban Crucible: Social Change, Political Consciousness, and the Origins of the American Revolution* (Cambridge, Mass.: Harvard University Press, 1979)。

31. Walter Whitehill, *Boston: A Topographical History* (Cambridge, Mass.: Harvard University Press, 1959), chap. 2, 对其进行了经典的描述; Esther Forbes, *Paul Revere and the World He Lived In* (Boston: Houghton Mif in, 1942), 对其进行了生动的描述。

32. Harold Kirker and James Kirker, *Bulfinch's Boston, 1787-1817* (New York: Oxford University Press, 1964); Whitehill, *Boston*, chap. 3; 关于商人分会的分析，见 John W. Tyler, *Smugglers and Patriots: Boston Merchants and the Advent of the American Revolution* (Boston: Northeastern University Press, 1986)。

33. William M. Fowler, *The Baron of Beacon Hill: A Biography of John Hancock* (Boston: Houghton Mifflin, 1980); Louis Leonard Tucker, *The Massachusetts Historical Society: A Bicentennial History, 1791-1991* (Boston: Massachusetts Historical Society, 1996), 55-56 (诅咒汉考克); Bernard Bailyn, *The Ordeal of Thomas Hutchinson* (Cambridge, Mass.: Harvard University Press, 1974)。

34. Paul Staiti, "Accounting for Copley" and "Character and Class," 这是一篇有关社会史的具有启发性的文章，载于 Carrie Rebora et al. (eds.), *John Singleton Copley in America* (New York: Metropolitan Museum of Art, 1995), 25-52, 53-78; Department of American Decorative Arts and Sculpture, Museum of Fine Arts, Boston, *Paul Revere's Boston, 1735-1818* (Boston: New York Graphic Society, 1975)。

35. 见 David Conroy, *In Public Houses: Drink and the Revolution of Authority in Colonial Massachusetts* (Chapel Hill: University of North Carolina Press, 1995)。

36. 关于对惠特利的认可，见 *Phillis Wheatley and the Origins of African American*

Literature (Boston: Old South Meeting House, 1999); 关于黑人爱国者和效忠派，见 Kaplan and Kaplan, Black Presence, chap. 3; 关于黑人的请愿，见 Herbert Aptheker (ed.), *Documentary History of the Negro People in the United States* (New York: Citadel Press, 1951),vol. 1; 黑人文化的多样性，见 William D. Piersen, *Black Yankees: The Development of an African American Subculture in Eighteenth-Century New England* (Amherst: University of Massachusetts Press, 1988)。

37. 关于这段历史的教授，见 Sheila Cooke-Kayser, "Boston Women: The Struggle for Freedom, 1760-1850: People and Places Summer Teacher Workshop, 2002," *Broadside* (BNHP) 2 (2002): 5; 关于围绕 5~8 年级的主要文件而组织的课程计划，见 "Women of the American Revolution," 还可以从网上获得：http://www.sscnet.ucla.edu/nchs; 关于背景，见 Mary Beth Norton, *Liberty's Daughters: The Revolutionary Experience of American Women, 1750-1800* (Boston: Little, Brown, 1980; Ithaca, N.Y.: Cornell University Press, 1996); Rosemarie Zagarri, *A Woman's Dilemma: Mercy Otis Warren and the American Revolution* (Wheeling, Ill.: Harlan Davidson, 1995); Sheila Skemp, *Judith Sargent Murray: A Brief Biography with Documents* (Boston: Bedford Books, 1998)。
38. 见本书论文 2。
39. Marty Carlock, *A Guide to Public Art in Greater Boston* (Boston: Harvard Common Press, 1993), 讨论了雕像; James W. Loewen, *Lies across America: What Our Historic Sites Get Wrong* (New York: New Press, 1999)。
40. 分析见 Ira Berlin, *Many Thousands Gone: The First Two Centuries of Slavery in North America* (Cambridge, Mass.: Harvard University Press, 1998), chaps. 2, 7, 9。
41. 关于波士顿对"肖纪念雕像"的重新访问，见 Martin H. Blatt, Thomas J. Brown, and Daniel Yacovone (eds.), *Hope and Glory: Essays on the Legacy of the 54th Massachusetts Regiment* (Amherst: University of Massachusetts Press, 2001), 第二部分的论文。
42. 关于伊丽莎白 · 弗里曼，见 Kaplan and Kaplan, *Black Presence,* 244-48; Susan Sedgwick, *Elizabeth Freeman*, 象牙小像（1811 年），收录于马萨诸塞历史学会的藏品中；关于记忆抹除，见 Joanne Pope Melish, *Disowning Slavery: Gradual Emancipation and "Race" in New England, 1780-1860* (Ithaca, N.Y.: Cornell University Press, 1999)。
43. Jill Lepore, *The Name of War: King Philip's War and the Origins of American Identity* (New York: Knopf, 1998), 188-89; Lepore, "Revenge of the Wampanoags,"

New York Times, 25 November 1998, 及 “The Year Thanksgiving Was Canceled,” *Los Angeles Times*, 27 November 1997（都是专栏文章）。

44. Jill Lepore, “No Safety for Us: The Internment of Native Americans on the Boston Harbor Islands during King Philip’s War, 1675-1676”（报告终稿，国家公园管理局，1999); Lepore, “When Deer Island Was Turned into Devil’s Island: A Historian’s Account,” *Bostonia* (Boston University) (summer 1998): 14-19。

45. 关于旧“殖民地时期的威廉斯堡”，见 Mike Wallace, *Mickey Mouse History and Other Essays on American Memory* (Philadelphia: Temple University Press, 1996); 关于最近的变化，见 Richard Handler and Eric Gamble, *The New History in an Old Museum: Creating the Past at Colonial Williamsburg* (Durham, N.C.: Duke University Press,1997); “Historic Sites of Conscience,” *Museum* (American Association of Museums) (January-February 2001): 1。

46. Anne Grimes Rand, “宪法号”护卫舰博物馆馆长的话，转引自“USS Constitution Museum Phase III Renovation Underway,” *Broadside* (BNHP) 1 & 2 (1999): 4。

47. 关于黑人士兵，见 Quintal, *Patriots of Color*; 关于爱尔兰人，见 Michael Musuraca, “The ‘Celebration Begins at Midnight’: Irish Immigrants and the Celebration of Bunker Hill Day,” *Labor’s Heritage* (July 1990): 48-61; 关于艺术，见 Sarah J. Purcell, “Commemoration, Public Art, and the Changing Meaning of the Bunker Hill Monument,” *Public Historian* 25 (2003): 55-71, 及 Purcell, *Sealed with Blood: War, Sacrifice, and Memory in Revolutionary America* (Philadelphia: University of Pennsylvania Press, 2002)。

48. Dixon/Clancy, “Freedom Trail,” 33.

49. “Partners Meeting,” Boston National Historical Park, 30 May 2001 的会议记录（打印稿）, 报道了对公园高级员工和主要合作方领导的民意测验；关于基金会，见“The Freedom Trail Foundation: A Thousand Days of Progress, January 1998 through August 2000,” 基金会收集的活页剪报集。

50. 波士顿国家历史公园会如何处理“An Action Agenda for the National Park Service: 225th Anniversary of the American Revolution Commemoration Initiative” (Boston: National Park Service, 2002)，有待观察。

51. 见 James Green 的警告：“A City of Multiple Memories,” *Boston Globe*, 9 December 1999; James Green 是马萨诸塞州研究波士顿劳工史的历史学家，著有：*Taking History to Heart: The Power of the Past in Building Social Movements* (Amherst: University of Massachusetts Press, 2000)。

52. Young, *Shoemaker and the Tea Party*, 202.

8
自由树
建于美国，失于美国

自由树最初在波士顿被称作“大榆树”或“大树”。1765 年至 1775 年间，自从它化身为反抗英国的爱国场所后，“自由树”的名字便广为流传。为了让名字听起来更加响亮、尊贵，有些人还把它叫作“自由之树”。这种差别有点像称呼波士顿的爱国领袖为山姆·亚当斯或塞缪尔·亚当斯。“自由树”听起来更让人感到亲近。不管冠以何种名称，在美国宣告独立之前自由树在整个殖民地种植，自由杆也广为竖立。该树成为美国革命的主要象征。[1]

这篇文章要探讨的主题是作为抵制的场所、象征和隐喻的自由树和自由杆——自由杆就是自由树脱去“衣服”的“兄弟”，通常是用树杆做成的桅杆或旗杆。还探讨了戴在自由之杖上的自由帽，前者就像自由树和自由杆的“堂表亲”。我的探讨首先集中在波士顿，一个以自由树为中心的城市。之后，我会转向其他殖民地，探索自由树和自由杆扮演的角色模式，探究的重点是各个地方发生的事件。在尝试追溯自由树在 1775 年至 1783 年及之后的美国革命中的象征意义后，我要转到起源问题：美国独立战争期间出现的风俗、仪式和象征符号

保罗·里维尔在1765年后期描绘的波士顿自由树，画面出自事件目击者所画的两张图画之一。画中吊在树上的蜡像人是约翰·胡斯克（John Huske），一个支持《印花税法案》的英国议会中的美国成员，时在1765年11月1日。画中的妖龙代表《印花税法案》，攥着作为“英国人权利”象征的《大宪章》。里维尔的版画（在这里只出现一部分）改编自一个英国印刷品，他在其中加入了自由树。《1765年的一景》（*A View of the Year 1765*）。（资料来源：美国古文物学会）

如何从“旧世界”[*]转入“新世界”[†]？自由树和自由杆在独立战争期间的大众政治运动中扮演了何种角色并发挥了怎样的作用？之后，我的探讨要进入 18 世纪 90 年代，当时，自由树和自由帽成为法国大革命的主要象征，自由杆和自由帽在美国复苏，成为反对执政的联邦党背叛革命的政治抗议活动的象征。最后，本文以公众对这些象征物的回忆收尾：为什么这些象征会在 19 世纪逐渐消失，并在 20 世纪的美国几乎无影无踪？ 325

还原这段历史的过程因损失而变得复杂。很少有自由树能够活到 20 世纪，自由杆腐烂了，许多自由树和自由杆的遗址一般都没有留下任何标记，或者被人遗忘。波士顿的旧州议会大厦博物馆还保存着自由树上挂过的数百盏灯笼之中的一盏，以及树上悬挂过的多面旗帜。但是，作为一个主题，包括我在内的历史学家们都遗忘了自由树。20 世纪下半叶，学者们开始再度关注美国革命这一主题，其中一位学者在一篇文章中将自由树看作辉格党宣传运动的一部分，这一阐释并未引发进一步的探讨。20 世纪 50 年代，冷战的不良影响为美国的历史学家限定了“参数”，美国革命的激进一面因而成了明日黄花。历史学家对象征很不重视，他们正在尽力将思想史建立为一门独立的学科，把小册子、讲演和报纸中关于革命的观点当作意识形态，对他们来说，政治宣传是一个令人反感的观念。许多热衷于将“群众”从带有贬义的标签“暴徒”之中剥离出来的研究英国史、法国史和美国史的历史学家，虽然十分留意群众的构成和行动，却在起初并不关注群众的风俗、仪式和象征符号，其结果就是对于自由树这样激进的象征符号的研究陷入停滞状态。[2]

---

* 指英国。——译注

† 指美国。——译注

我对自由树和自由杆有如下几点假说。第一，它们很重要，在部分地区开展的活动中起着关键作用，这一过程揭示了大革命的双重特征：底层大众抵抗的风起云涌以及自封的“自由之子”领袖平息“门外”民众的努力。第二，自由树和自由杆从本质上是“美国制造”；它们是美国人的发明。第三，自由树作为时代的重要象征之后逐渐从革命的主流记忆中消失，其重要代价是失去了对它所包涵的双重主题的理解。

I 波士顿：自由树与“自由厅”

波士顿第一个也是最有影响的自由树场所出现于反《印花税法案》的政治抗议中。一个月之后，这棵树便有了自己的名字。这棵
327 榆树位于城南端埃塞克斯街和纽波利街（现在的埃塞克斯街和华盛顿街）交叉处的“艾略特司铎家”（Deacon Elliot’s house）的院子里，自本世纪初，该地成为广为人知的“艾略特司铎家的角落”（Deacon Elliot’s corner）。波士顿在一个半岛上，而这棵树就立在通往城区的唯一一条公路上，距离城区半英里。这条公路通过大陆延伸出的狭长地峡通往波士顿的中心。自由树距离波士顿公共绿地有几个街区之远，那里有一片大榆树林；距离殖民地的政治中心有五六个街区远，坐落在那里的市政府（现在的旧州议会大厦）曾经是马萨诸塞的政府所在地。市政府包括英国王室任命的总督和总督任命的委员会、殖民地最高法庭以及从各个城镇中选举的代表组成的大法庭。[3]

一直以来，《印花税法案》是美洲殖民者最为厌恶的。英国议会通过该税收法案的时候，美洲殖民者没有代表参加。该税收法案涉及范围极为广泛。根据法案规定，特定额度的印花必须被贴在法律文

书、土地交易文件、律师执业证、船舶出入港证、任命书、售酒许可证、学徒合约、报纸及印刷品（包括日历在内）、大学毕业证，甚至是纸牌和骰子上面。法案通过时恰逢海港城市现金短缺的艰难时期。1765 年夏天，印花正在从公海驶入每个殖民地的路上，同时还有给《印花税法案》的美国发布人的委任书。

1765 年 8 月 14 日破晓时分，人们发现两个蜡像悬挂在一棵树上，其中一个填充着稻草，其上的标签“A.O.”代表安德鲁 · 奥利弗。安德鲁 · 奥利弗是马萨诸塞大臣，被委任为《印花税法案》文书的波士顿发布人。另一个蜡像则是一只巨大的靴子，里面有一只恶魔举着《印花税法案》探出头，暗指布特伯爵（Earl of Bute）。人们通常将他视为乔治三世背后的权势人物。安德鲁 · 奥利弗是马萨诸塞殖民地最高法庭法官、后来的首席法官彼得 · 奥利弗的兄弟。奥利弗兄弟同副总督托马斯 · 哈钦森是亲家。“靴子”（boot）同“布特”（Bute）是谐音双关。涂成绿色的靴底，也是通过谐音双关暗指乔治 · 格伦维尔（George Grenville）首相，他是《法案》的始作俑者。由于这个谐音双关实在是太绕了，没有解释的话，路人很难理解其中的含义。根据新英格兰的传说，靴子和鞋子可用来阻止或者捕获企图闯入民居的恶魔。[4]

这是充满了嘲讽的一天的开始，起初颇为滑稽，之后变得严峻起来。农民们驾着马车将农产品送进城镇。爱国的组织者们拦下每一辆马车，并在农产品上装模作样地贴上“印花”，这是一场值得马克思兄弟（Marx brothers）参加的街头表演。消息总是传播得飞快。一天 328
的时间里，“大量的观众”或者说“成千上万”的观众出现在树下，其中有女人、学徒、两三百个举着旗子游行的在学男孩，还有非裔美国人，无论是奴隶还是自由人。一万五千人口的城镇，大多数人都出来了，这并不意味着这些蜡像对波士顿来说是个什么新鲜事物。因为在过去的数十年，每年的 11 月 5 日——在英国叫盖伊·福克斯日，在新英格兰叫教皇节——北区和南区组织的“队伍”都手举恶魔、教皇和斯图亚特家族的王位觊觎者的蜡像，推着马车在全城游行，夜幕降临后，再上演一场大混战，胜利者会在高山上焚烧失败一方手里的蜡像。嘲弄活着的政治人物——有一位就在他们中间——是不常见的。总督下令拿走这些蜡像，但是治安官不敢冒险对抗。悬挂蜡像就是在模拟处决。[5]

下午五点的时候，一场戏拟葬礼开始了。按照波士顿的习惯，装有死者的棺材会被抬着穿过街道，前往墓地。蜡像在被砍倒后，放在由六个男人抬着的停尸架上，几千人的送葬队伍跟在后面，庄严地进入城镇中心。队伍路过州议会大厦，高喊着“自由，财产，拒绝印花”的口号，对总督和他的议会发出三次嘘声。在对路线进行少许争议后，他们行进到位于奥利弗码头的安德鲁·奥利弗办公室，办公室原本是为储藏印花而修建的。游行队伍用锤子在半个小时之内便推倒了那间办公室。将违背民众意愿的人的房子拆毁，是波士顿另一个历史悠久的群众习俗。[6]

一小队人前往附近的奥利弗宅邸，要求他公开辞去职务，但他早已经离开了。街头表演现在达到高潮。游行群众砍下奥利弗蜡像的头颅，将之丢到在附近的堡垒山（公众点燃篝火的传统地点）点燃的大型篝火中。他们推倒奥利弗房子的栅栏和通往马车房的门，在每片木板上隆重地贴上印花，然后把它们丢进火里。与此同时，部分人进入宅邸，毁掉象征奥利弗家财富的物体，比如那些巨大的镜子、玻璃窗和精美的家具，享用他家的美酒。副总督哈钦森和治安官前往现场，却只能在见状后匆忙溜走。第二天早上，奥利弗通过朋友传话：他会辞职。

这些闹剧仪式像历史学者汤普森口中的英国的“喧闹音乐”，“如

同一个键盘般，既可以轻轻地、讽刺地弹，也可以猛烈地敲击”。8 329
月 26 日，也就是事发十二天后，另外一小拨暴徒粗暴地袭击了哈钦森的宅邸，摧毁了它，之后我们还会继续讨论这个主题。[7]

两周之后，也就是 1765 年 9 月 11 日，传来消息说被人憎恶的格伦维尔可能让位于威廉·皮特（William Pitt），威廉·皮特被认为是美国的朋友，这棵树在这之后便有了专门的用途。根据报纸上的报道，树干上用“大方钉”钉上了一个铜牌匾，上面题有“自由树以金字印在此处”，一面英国旗子在树上高高地升起，上面写着一句话“皮特，自由的拥护者，暴君的克星”。这棵树上的题词和 8 月 14 日的活动都是由“九人团”策划的，关于“九人团”，后面会谈到更多。[8]

此后十年的绝大多数时间中，这棵树都是波士顿“站在门外”的人开展抗议活动的主要场所，直到 1775 年 8 月被英国军队砍倒。它是悬挂蜡像、张贴政治活动警告以及号召群众的地方，在那里，人们在一根旗杆上挂起旗帜，称之为自由杆，作为集会的标记（总督发现，“自由杆穿过树身，比树高出很多”）。这面旗子很大：保留下来的部分有 12 英尺长，7 英尺宽，白色的底上绘有竖直的红色条纹。自由树是街头表演、讨论和庆祝的场所。1766 年 3 月，当《印花税法案》被取消的（假）消息传来时，自由树上装饰了很多“灯笼”，非常壮观。正午时分，音乐声响起，之后是唱诗班唱的《自由之歌》（*Song of Liberty*）。1766 年 5 月，在《印花税法案》真正取消的消息传来后，当天晚上，人们就挂起了 45 个灯笼（纪念约翰·威尔克斯）。第二个晚上，挂上了 108 个灯笼（纪念议会中“光荣的大多数”）。树上挂的灯笼如此之多，以至于“枝干都快撑不住了”。保罗·里维尔设计的“方尖碑”* 竖立在公共绿地上，突出了作为成功抵抗的中心象

---

* 方尖碑外面是油纸，易燃。——译注

征符号的自由树。然而很遗憾，在挪到自由树下之前，火箭式的烟火和蛇状烟花冲入天空，方尖碑顿时火光冲天。[9]

自由树同时也是缅怀革命烈士的地方。1770 年，年仅 11 岁的小男孩克里斯托弗 · 赛德尔在一次由男孩进行的对一个商人的群众警戒行动中被杀，这名商人拒绝配合抵制从英国进口货物的爱国活动。装有克里斯托弗 · 赛德尔尸体的棺材被放置在树下，棺材上贴着摘自《圣经》的对凶手的警告之语。数千人的送葬队伍从树下出发。一个月后，波士顿惨案中最早牺牲的四名受害者的大规模送葬队伍从市区
330 出发，缓缓经过这棵树，然后走回市中心的墓地。

自由树首先是实现公众正义仪式的场所。奥利弗法官在流亡中撰写的关于“最近可怕的叛乱”的历史著作中，用苦涩的笔调写道：“树矗立在城中，被奉为偶像供暴徒敬仰；恰当地说，它是树刑，那些被暴徒视为犯人的人，或者被带到树下审判，或者借此考验他们的政治正统。”1765 年 12 月，他的弟弟安德鲁 · 奥利弗“出现在自由树下”，公开辞去职务。1766 年 2 月，在树下搭建的舞台上，在 2000 名群众围观下，对一个被缚的《印花税法案》进行了模拟审判，陪审团判处犯人“违反《大宪章》”并且“企图颠覆英国宪法”。1768 年，数名海关官员被叫到树下辞职。1773 年，负责销售东印度公司茶叶的代理商也被叫到树下辞职。不过，这些人都拒绝到场。[10]

树下及其周围成为人所熟知的“自由厅”（Liberty Hall），这是一个可以让波士顿白人男性，不论财产多少，都可以参与政治活动的公共空间。树下的集会暂时取代了波士顿最民主的机构，即正式的全镇大会。全镇大会的投票权对财产有要求，因而剥夺了大部分劳动阶级的投票权。树下的集会甚至夺取了司法机构的功能，以前，一小群人组成陪审团——这是英国人的特权——而人民只是被要求集体出席，通过法庭做出的决议而已。

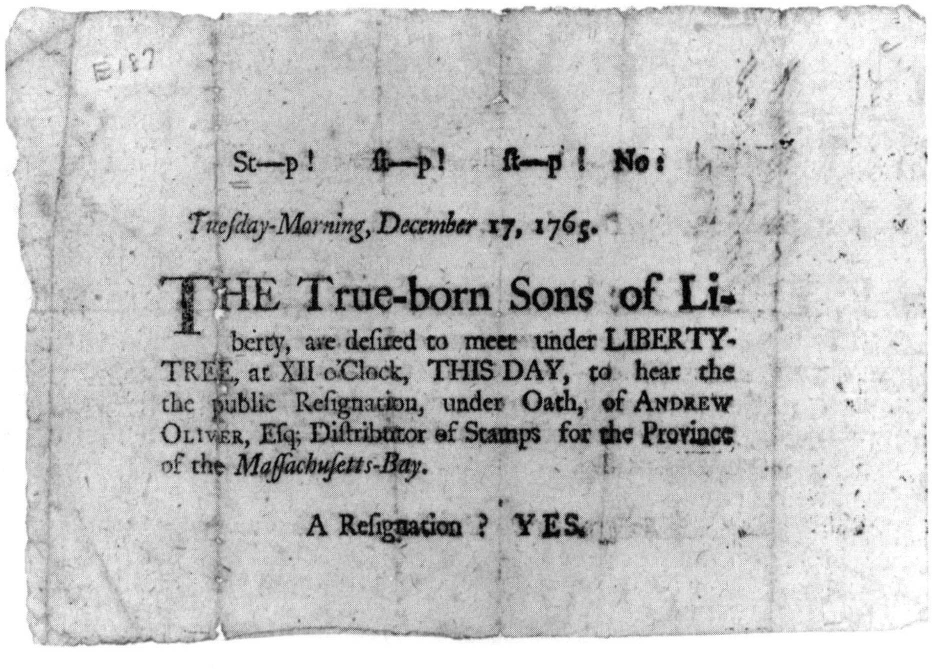

St—p! ſt—p! ſt—p! No:

Tueſday-Morning, December 17, 1765.

THE True-born Sons of Liberty, are deſired to meet under LIBERTY-TREE, at XII o'Clock, THIS DAY, to hear the the public Reſignation, under Oath, of ANDREW OLIVER, Eſq; Diſtributor of Stamps for the Province of the *Maſſachuſetts-Bay.*

A Reſignation? YES.

1765 年 12 月，爱国组织“九人团”在波士顿四处张贴这张单页报，号召“真正的自由之子”到“自由树下集合”，以见证发布《印花税法案》的委员辞职。艾比尼泽·麦金托什和他的一群手下将安德鲁·奥利弗押送到树下，后者在两千名波士顿人面前宣布辞职。单页报。（资料来源：马萨诸塞历史学会）

1765 年到 1766 年间，树下发生的事件、活动将之后十年反抗英国的运动中彼此抗衡的各个社会阶级带上历史舞台：“上层派”（大约有 150 到 200 名处在波士顿经济和社会顶端的进出口商人）；“中等阶层派”（工匠、店主和其他专业人士）；“底层派”（从事底层行业的工匠、短工、学徒、零工、水手，有时是黑人）。组织最初活动的“九人团”是“中等阶层派”的一个小社会团体，其中的绝大多数人都是较高端行业的富有的工匠，包括一名珠宝商、一名画家、两名黄铜工匠、两名酿酒商、一名印刷商和一位船长。有几个成员同其他组织有关系。本杰明·埃德斯（Benjamin Edes）是爱国报纸《波士顿公报》的合作印刷商。大商人之子小约翰·艾弗里（John Avery Jr.）是九人中唯一的哈佛毕业生（被一名托利党污蔑为“暴徒秘书”）。

“九人团”同艾比尼泽·麦金托什一起策划了 8 月 14 日的活动。
331 艾比尼泽·麦金托什是教皇节游行队伍南区的负责人，他自己就有经验和关系网动员“底层派”，能够同由船匠亨利·斯威夫特（Henry Swift）领导的北区队伍协商“联合”活动。双方在其中一位成员位于自由树附近的酿酒厂办公室里碰面，在那里可以跟踪树下发生的活动。当他们把那棵榆树命名为“自由树”的时候，他们也开始称自己为“自由之子”。艾萨克·巴雷（Isaac Barre）在英国议会发表演说的时候就使用“自由之子”指代殖民者们。不久之后，波士顿的爱国领袖们就把它作为自己的通用名称，尽管如此，它却没有像在其他城市那样成为一个专门组织的名称。[11]

当副总督托马斯·哈钦森向他身在伦敦的上司们解释波士顿新的“政府模式”的时候，他非常清楚爱国者中的阶层划分。它有三个“分支”（这是不是同树有关的文字游戏？）：“最下面的分支”由“以艾比尼泽·麦金托什为首的乌合之众”构成，他们往往在“悬挂或焚毁蜡像，或者是破坏房屋”的场合采取行动。他们“或多或少地（哈钦森强调）受到工匠和木匠等师傅的控制”，也就是受中间阶层的控制。但是像“贸易事务”这样“任何更加重要的事情”需要被决定的时候，之前提到的这两个分支“都要听从商人委员会的安排”，也就是“上层分支”的命令。“一般性”的事务则交由城镇会议处理。托马斯·哈钦森的分析大体上是对的：近期商人已经组建了他们自己的商会；北区或多或少地操纵着城镇会议以及城里绝大多数官员；工匠师傅虽然没有一个整体组织，但他们通常按行业采取行动或者以社会团体参加聚会。教皇节活动的各队伍是“底层分支”中唯一的临时组织，多年来他们通过这一天的各种仪式团结在一起，并在当天接管了城镇。[12]

从一开始，商人和工匠师傅就控制了“乌合之众”。8 月 14 日走在反《印花税法案》游行队伍前列的是“四五十个衣着得体的手艺商人”（哈钦森的用辞），总督伯纳德认为这些人都是“乔装成手艺商人的绅士”。当天早些时候，当奥利弗蜡像上的标签被吹落时，一位绅士目击者声称，爬上梯子更换标签的男人（“脸上挂着一块汗巾”）在马裤（绅士的打扮）外面穿着工装裤（工匠常穿的服装）。但是，当他的一条腿向上爬动的时候，可以很清楚地看见里面穿的是“丝袜和马裤”，这位目击者挖苦说，“完全不是最底层阶级”的着装。这个爬梯子的男人很可能就是“九人团”中的一员。8 月 26 日的行动结束后的第二天，重要领导人（行动中的“第三分支”）要求将艾比尼泽·麦金托什释放出狱，他们成功了。[13] 333

1765 年 10 月，上层人士收敛起他们的阶层优越感，并在一场晚宴上巩固了这一跨阶层的联盟关系。在一场大约有 200 人出席的庆祝活动中，约翰·汉考克和其他几位“优雅的绅士”以好酒好菜款待南北两区教皇节队伍的官员和众多成员。汉考克在前一年继承了新英格兰最大的一笔财富，还赞助了不久后教皇节活动领导穿的精美制服。

在 11 月 1 日的游行中，马萨诸塞殖民地民兵自卫队指挥官威廉·布拉特尔（William Brattle）上校（也是总督议会的成员）与新贵麦金托什“携手”行进，将他视为政府官员中的一员。总而言之，商人们和“九人团”的中间阶层竭尽全力地迎合、操控和控制麦金托什和他的同伴们，他们由此享受到前所未有的尊敬。7 年来（从 1765 年到 1773 年），一年一度的教皇节活动变成一个盛大的和平事件，其目标是当时受到各阶层爱国者憎恶的敌人。但在 1766 年之后，“自由之子”的领导人将麦金托什撇到一边，取而代之的是自己内部的一员，这样，无论什么时候他们想“召集暴徒”，都能控制他们。

历史学家发现，很难记录波士顿几个爱国者圈子的内部运作情况，仅在最近几年，他们才摆脱了塞缪尔·亚当斯作为操纵者，在波士顿幕后操纵一切的刻板印象。领导力来自需要进行协调的各个核心，某个人或某个群体的绝对领导是不大可能的。亨利·巴斯（Henry Bass），“九人团”中的一员，于 12 月 17 日奥利弗被迫辞职后不久，在 1765 年至 1766 年间唯一的一封泄密信中说，“整个抗议事件”是“九人团策划的”。他详细讲述了他们的行动：“写信（要求奥利弗辞职），印刷广告宣传（呼吁人们参与事件的单页报）”，并且“张贴数量达百份的告示”，这样的琐事在前一天晚上九点到第二天凌晨三点就完成了。它成为“自由之子”发起活动的通常做法：筹划、正式印刷的号召在指定地点集合的告示、预先制定行动。巴斯要求和他通信的人“保守这个深远的秘密……我们竭尽所能，保守这件事和第一件事的秘密；听到麦金托什把整个事件归功于己，我们丝毫不感到高兴”。“我们”就是“九人团”，“第一件事”便是 8 月 14 日的事件。[14]

334 “第一件事”绝对不是指 8 月 26 日推倒哈钦森的宅邸这件事，因为全镇大会和塞缪尔·亚当斯正式否认了它，认为它是“一群身份不详的非法暴民”的行动结果，这件事至今仍是个谜。哈钦森将其房屋被毁归因于少数商人的“私人怨恨”，这些商人想破坏他保存的政府公共记录，最有可能是关于走私，也可能是关于土地索赔的记录。总督伯纳德认为，这源于大众对过去二十年哈钦森的公共政策的“怨恨”。两种怨恨都是可能的。例如，哈钦森努力想要废除全镇大会这一政体形式是如此被鄙视，以至几年前，当他的房子着火时，聚集的人群大喊：“让它烧起来吧。”哈钦森也是财富的缩影，他在北区的三层新帕拉第奥式豪宅与工匠们的简朴住宅或穷人的小屋形成鲜明对比。哈钦森的宅邸被推倒这一事件使他的房子只剩下空壳，精美的家具和贵重手稿遭到破坏。破坏房屋是一种古老的表现阶级冲突的传统，是为了发泄被压抑的阶级对立情绪。哈钦森房子被毁的第二天，总督伯纳德气喘吁吁地报告说，又有十五所房屋成为摧毁目标，“现在这一场行动正变成一场掠夺战争，是大清除以及消除贫富差距的战争”。[15]

虽然这样的“大清除”从未实现——波士顿群众的主要目标仍然是上层王室官员和与托利党同流合污者的住所——但底层的阶级怨恨也常常出现。1765 年，哈钦森房屋被毁两个星期后，伯纳德向伦敦报告说，除非“富人”团结起来，否则“现实情况会很快迫使穷人反抗富人，也就是那些想要获得生活必需品的人反抗那些拥有生活必需品的人”。从 18 世纪中叶开始，波士顿人遭受了近乎《圣经》中祸患的一系列灾难，加剧了这一时期的艰难。[16]

从 1765 年夏季事件发生的时间来看——包括 8 月 14 日或多或少受到控制的暴力事件、8 月 26 日针对哈钦森房屋的破坏性“暴民”活动——9 月 12 日的自由树的献礼表明，“自由之子”的领导者打算用这棵树来确立自己的权威，并与 8 月 26 日的事件撇清关系。十年中，他们一直遵循 1765 年的行为模式：否定 8 月 26 日的事件，庆祝

8月14日的事件。在南区圣化这棵树，并在之后每年将8月14日作为这棵树的生日来庆祝就成为其策略的一部分。“不要暴力，否则你会破坏自由事业”和“不要暴民——不要混乱——不要骚乱”都成为他们的座右铭。一场不被“自由之子”领导者所支持的群众行动会被谴责为“不是真正的自由之子，因为没有得到自由之子的许可”，或
335 者被视为由男孩、黑人、外地人和水手组成的群众行动——这些人在全镇大会这一正式的政治组织之外。约翰·亚当斯在波士顿惨案的审判中就运用了这一传统，当时作为英国士兵的辩护人，他将骚扰英军的群众描述为“由一帮淘气男孩、黑奴和混血、爱尔兰人和古怪水手组成的乌合之众”。这一说法半真半假。[17]

由于“未经许可的人”利用自由树为其发起的行动寻求合法性，而未经自封为该树管理者的人的同意，自由树便成了一块必争之地。这在1767—1768年海关专员到达波士顿执行议会通过的新的《汤森税法》(The Townsend Duties)时引发的抗议升级中非常明显。当海关专员在1767年11月5日登陆时，他们受到教皇节和平游行者的“欢迎”，后者手拿专员的蜡像，蜡像上写着“自由、财产和无海关专员”。两周后，当自由树上和其他地方张贴了要求对专员采取直接行动的告示时，全镇大会立即谴责了该提议。1768年3月，两名海关专员受到由“小伙子”和“精力充沛的家伙们”组成的游行队伍的骚扰，他们“吹着号角，敲锣打鼓，发出巨大的噪声”。在1768年3月18日废除《印花税法案》的周年纪念日，三名“九人团”成员立即将挂在树上的两尊蜡像撤下。随后，被报道成是“一大群年轻人和黑人”的持异见者，通过游行向自由树表示了敬意。[18]

对自由树的激烈拉锯战于1768年6月在“自由号”商船暴动中达到顶峰，这场暴动混合了殖民地群众对海关法规和英国征兵的强烈反对。5月，皇家海军罗姆尼号(Romney)军舰带着双重目的来

到波士顿港：打击违反税法的商人，并强征群众入伍海军。海军军官陪同海关专员扣押了约翰·汉考克的“自由号”商船。正如当时的历史学家、尊敬的威廉·戈登（William Gordon）牧师所观察到的那样，扣押船只发生“在下层阶级从一天的劳作中回来时的六点到七点之间（晚上）”。一到两千名群众很快聚集起来。“军舰上校曾因强征一些属于该镇的水手而激怒过他们”，戈登写道（“只有十八名水手被强征”，迟钝的罗姆尼号军舰上校宣称）。被激怒的人群（被塞缪尔·亚当斯和哈钦森蔑称为“勇而无谋的男孩和黑人”）向海军船员投掷东西，殴打岸上两个较易接近的海关专员。然后，正如海关专员约瑟夫·哈里森（Joseph Harrison）说的那样，人们将他的精美游船 336
从水里拖了出来，“穿过街道，拖到自由树下（人们都这么叫），在这里，人们对这艘船进行强烈谴责（审判），然后从自由树下再拖到公共绿地上，在那里游船被烧成灰烬”。人们随后正式投票表决结束活动，四散开来。英国皇家当局认为这是波士顿截至当时规模最大的群众集会。

这一群众集会发生在周六深夜。周一，辉格党领袖便张贴了传单，要求第二天在自由厅开会，以“促进城镇的和平、良好秩序和安全”。在一个雨天的周二，“成千上万的下层阶级市民”（戈登的话）聚集在树下，然后转移会址到法尼尔厅，会议通过一项提议，正式要求当天晚些时候在老南聚会所举行合法的全镇大会。在那里，通过了谴责强制征兵和扣押船舶的决议，并派遣了一个由二十一人组成的令人尊敬的委员会，将决议交付给总督。“自由之子”的领袖安全度过了“下层阶级”引发的风暴，在这场风暴中，双方都在寻求自由树的认可。

采取自发、冲动行动的其他群体也在寻求这棵树的正义象征。那些涂柏油、粘羽毛的群众尤其如此，这一行动在波士顿主要由劳动阶级发起和利用。1774 年初，给海关告密者约翰·马尔科姆穿上“新英格兰的外衣”* 的群众，“（在他用手杖殴打了爱国制鞋匠乔治·罗伯特·特维斯·休维斯之后）把他绑到自由树上”，就像报纸上所说的那样，好像这已成为一种自然之事。“绅士们”同群众争论说要按照法律处理马尔科姆，但他们的话对那些对官方司法制度失去信心的人无济于事。“自由之子”的领导人似乎兴奋过度，无法控制整个事件：他们断然宣布成立一个虚构的由“小乔伊斯”领导的涂柏油、粘羽毛委员会，小乔伊斯是俘获国王查理一世的克伦威尔军中的士兵。这个委员会自己就能够批准这种惩罚行动。当英国士兵将从一名士兵手中购买枪支的托马斯·迪特森（Thomas Ditson）涂上柏油、粘满羽毛后，他们押着他游行经过自由树，这一闹剧更加证实了自由树作为大众公正象征的地位。[19]

“自由之子”的领导人似乎不断意识到有必要阻止可能发生在自由树下的潜在的危险活动。通常在每年庆祝自由树生日的 8 月 14 日的晚宴上，自由之子们聚集在树下，然后乘坐马车前往波士顿郊区（1769 年有 350 人乘坐 137 辆马车），在波士顿郊外的自由树酒馆享用节日大餐，而这场晚宴是没有普通民众参加的（他们谁也负担不起
337 晚宴的账单费用）。参加晚宴的人都能够在税单上找到，大多是上层和中间阶层。总的来说，随着民众抗议活动的升级，领导人将会议场所转移到室内，在这里，正式的议会程序和演说可能会抑制观众的精力。1770 年，波士顿惨案过后，民众的愤怒达到极点，他们在老南聚会所召开了“全体人民”会议，并且在接下来的五年中，波士顿都会在这座拥挤的教堂庆祝周年纪念活动，就驻扎常规军的危险发表演讲。一家报纸公然希望这一纪念活动可以取代教皇节活动。

---

* 指涂柏油、粘羽毛。——译注

1773 年 11 月，在对茶税的公开回应中，写有“O.C.”字样（指奥利弗·克伦威尔）的爱国者宣传单，召集市民到自由树下见证茶叶承销商（实际并未出现）的辞职，但在 12 月中旬，“自由之子”的领导人呼吁在老南聚会所开会。12 月 16 日晚上，准备登上茶船的群众聚集在不同的地方（其中包括自由树），但随后前往室内场所，男人们抹黑自己的脸或装扮成印第安人，尽可能不让人认出。然后，在 1774 年，当“自由之子”就该镇如何应对英国惩罚波士顿的法案而不得不赢得商人们的支持时，他们在法尼尔厅举行的只有合法选民参加的正式大会上进行了商谈。[20]

总之，自由树虽然起到了取消英国的合法地位和动员平民的作用，但是为了维护自己的权威，“自由之子”的领导人不得不将“门外”的民众带入门内。作为爱国抵抗运动的场所，自由树周围的公共空间“自由厅”因此与著名的法尼尔厅和老南聚会所一样，在公众对发生在波士顿的美国独立战争的记忆中享有盛誉。[21]

II 艾比尼泽·麦金托什：自由树总队长

显然，自由树为处于政治体制之外或仅处于政治体制边缘的人们赋予了权力。许多普通人觉得他们“拥有”这棵树。修剪树木的木匠拒绝为他们的服务收费。固定在树上的铜制铭牌以及树枝上悬挂的许多灯笼是由金属工人制作的。悬挂在自由杆上方的巨型旗帜是由妇女纺制的羊毛制成的，由织工（可能是男人也可能是女人）编织，再由裁缝缝制。很有可能是来自造船业的强壮工匠帮助立起了自由杆。这棵树成了普通人认为他们必须捍卫的物事。1770 年 3 月，波士顿惨
案发生的夜晚，有谣传说愤怒的英军士兵想要砍掉自由树，这使得 338

150 名群众聚集到树下，然后游行到市中心，加入了与士兵发生流血冲突的人群。在冲突中遇难的人包括一名索道工人、一个水手、一个船上的二副、一个皮革马裤制造商的学徒和一个象牙加工匠的学徒。[22]

10 年来，不同地点的投票人数表明了动员“下层民众”的某种意义。在 1775 年之前的 10 年中，具有财产资格限制的正式全镇大会能吸引 500 到 700 名选民，有争议的选举可能会吸引多达 1000 名选民。全镇大会所在地法尼尔厅（当时比现在的会议厅小得多）可以容纳大约 1200 名选民，也是行政委员会印出的票数。参加自由厅室外活动的人数从几百到几千不等。没有财产资格限制的“全体人民”大会，则在老南聚会所举行，这是全城最大的教堂。参加 1770 年惨案抗议活动的人数激增至数千，而在 1773 年 12 月进行的关于茶税的重要审议中，有 5000 至 7000 人拥挤至教堂，一部分人甚至被挤到大街上。

在抵制运动的第一年，有一个平民在 1765—1775 年从工匠阶层中脱颖而出，成为大众领导人，自由树成为他的代名词。鞋匠艾比尼泽·麦金托什被称为“队长”或“自由树第一任总队长”，这一头衔也是对皇家总督正式头衔的模仿嘲弄。事实上，麦金托什的抵制以绞刑架和对一年一次教皇节的领导为基础，对那些学徒、底层工匠、各阶层的跑腿，有时甚至是非裔美国人而言，教皇节是个“节日”。麦金托什凭波士顿南区游行队伍的队长一职成名。1765 年，他 27 岁，是一个单身男子，在 1758—1759 年曾在法国和印第安人的战争中效
339 力于在新英格兰招募的英军。回国后，他成为一家志愿消防队的成员，并于 1764 年成为波士顿南区游行队伍的队长，其中的领导人如同民兵自卫队一样，由选举产生。志愿消防队和南区游行队伍合在一起可能有 150 人；1765 年 11 月，麦金托什领导 2000 多波士顿人参加了游行。[23]

1765—1766 年间，在反对《印花税法案》的 5 次主要群众运动中，麦金托什都是一个重要人物，其中 4 次运动都与自由树有关。在 8 月 14 日针对安德鲁·奥利弗的行动中，总督伯纳德认为麦金托什是“暴民的主要领导人”。在与自由树没有任何关系的 8 月 26 日行动中，哈钦森认为麦金托什在破坏他的宅邸中“最活跃”，并在第二天早上逮捕了麦金托什和其他人，但在市民名流的坚持下，治安官释放了他们。在 11 月 1 日《印花税法案》生效当天，麦金托什领导了 2000 多人的大规模游行，游行队伍从树上取下蜡像，并将其运往波士顿的绞刑架进行象征性处决。在 11 月 5 日的教皇节，他是两支队伍组成的盛大“联合会”的重要领导人，两支队伍在“自由树的树荫下”稍事休息，然后共同焚烧恶魔、教皇和“印花男子”的蜡像。12 月 17 日中午，在寒冷的雨中，麦金托什押送安德鲁·奥利弗穿过街道，后者站在自由树对面一所房子的窗口正式宣布辞职。总而言之，在抵制《印花税法案》的前半年，麦金托什和他的拥护者是动员群众运动不可或缺的力量，群众运动开创了另一种权力来源，自由树成为其合法性的象征。麦金托什在 11 月 1 日和 5 日领导的两次大规模和平示威，对波士顿商人采取不带印花进行贸易的激进策略具有决定性作用，它们实际上取消了该税法的效力。[24]

如果说，对于英国王室任命的马萨诸塞主要官员来说——都是拥有财富和受过教育的绅士们——自由树和麦金托什有关的事件让他们想起具有数百年历史的英国和欧洲的平民叛乱的恐怖画面，对此我们会感到惊讶吗？出生于英国、受过牛津教育的总督伯纳德说，这使他“想起了杰克·凯德（Jack Cade）的橡树改革（oak of reformation）”，他将 1450 年席卷伦敦的起义领袖与另一场由罗伯特·凯特（Robert Kett）1549 年在诺福克领导的起义混为一谈。是凯特在诺维奇附近的毛斯霍德山的一棵橡树下执行了大众审判。这些事件也让人想起了英格兰农民瓦特·泰勒（Wat Tyler）领导的1381年的叛乱。1765年，一家报纸重印了与泰勒有关的对句：“当初亚当耕田夏娃织布，那时谁是绅士？”

但最重要的是，麦金托什让那些官员们想起了马萨涅诺这一名字，它是渔夫托马斯·安涅诺的缩写，后者于1649年在那不勒斯领导了一场流血的无产阶级起义。对于彼得·奥利弗来说，这是叛乱的领导人“雇佣了一个以马萨涅诺为原型的鞋匠”；对于哈钦森而言，麦金托什“很有可能是你能想象到的马萨涅诺”。麦金托什之所以如此令人恐惧，是因为他领导的那些反抗与已载入史册、为波士顿精英们所熟知的马萨涅诺起义之间具有令人震惊的相似性。在那不勒斯，起义的目标也是反抗帝国统治（西班牙的统治）；激发起义的事
340 件也是征税（对水果征税）；这名渔夫曾是那不勒斯举行的庆祝战胜土耳其人仪式的领导者，在这场仪式中，人们进行了模拟战斗；马萨涅诺当选为那不勒斯的总队长。让上层人士感到恐惧的是，根据流传下来的故事，在马萨涅诺统治的9天中，（在他本人被暗杀之前）处决了大约250名敌人。对于英国统治阶级和殖民地精英来说，马萨涅诺与泰勒、凯德和凯特一样，是民众叛乱的象征，而且他们只能将其视为无政府主义的、具有破坏性和摧毁性的叛乱。[25] 难怪在1775年，当占领波士顿的英军砍下自由树时，保守派报纸刊登了一段“独白”（好像树的旁白），将波士顿的抵抗等同于所有经典的叛乱形象：

> 将叛乱践踏在脚下，
> 碾碎这些恶棍，连根带枝丫；
> 镇压这些泰勒、凯德和马萨涅诺们，
> 因为他们不懈吹响叛逆的号角。
> 我走了，再也不给暴民提供树荫，

他们未来的树荫埋在了地下。[26]

爱国精英们对这位民众领导人鞋匠同样感到恐惧。约翰·亚当斯被问及麦金托什是否会“崛起”以及他是否是“有才能的人”。毕竟对辉格党而言，他的权威不亚于约翰·洛克（John Locke），而他曾警告过马萨涅诺式的危险人物。托马斯·潘恩对其读者的政治想象了然于胸，他在1776年的《常识》中警告说，除非殖民者宣布独立并建立自己的政府，否则“一些马萨涅诺”可能会“将绝望和不满的人聚集在一起”，“像洪水一样冲刷掉这片大陆的自由”，他难道不是已经假设这样的人物是家喻户晓的吗？[27]

但如果麦金托什吓坏了那些和他同时代的上流社会的人，那些只将他视为雇佣工具的人，我们是否应该认同他们的阶级偏见呢？我们可以很容易地提出充分的理由来证明辉格党爱国者领导人试图用粗暴的方式控制麦金托什，软硬兼施。1765年2月，当麦金托什和其他人因为去年11月的教皇节混战中一名儿童意外死亡被大陪审团起诉时，“九人团”为这几名被起诉的人做担保，后来大陪审团撤销了指控。1765年3月，波士顿的“核心会议小组”（Caucus Club）对麦金托什的任命进行了投票，全镇大会任命麦金托什为“皮革检验员”，这是一个小职位。麦金托什拖欠税款，1765年8月12日（第一次针 341
对《印花税法案》示威游行的前两天），该镇的四个收税员之一塞缪尔·亚当斯要求治安官为他提供欠缴税款的凭单，但该凭单未执行就被退还。1766年，麦金托什结婚，他和妻子不久就生了两个孩子。一直到1768年，波士顿每年都要续聘麦金托什，其工作酬金可能帮他和他的家人摆脱了极度贫困。

无论麦金托什是如何发迹的，他作为傀儡的形象与随后发生的剧烈事件并不相符，没有考虑他的权威或者思想来源。彼得·奥利弗写道，1765 年 11 月，他“以两路纵队带领两千人在城里游行”，“如果他听到追随者中有人低语，只要他举起手指，就会让他们很快安静下来”。而教皇节的队伍甚至还不到这些游行者的百分之五。游行展示了民兵的纪律；实际上，波士顿的大多数民兵可能都参加了游行，并以这名鞋匠马首是瞻。[28]

一位非常敏感的历史学家称麦金托什是“极其令人憎恶、粗暴、自夸的恶霸”，然而麦金托什并不是这样的人。实际上，奥利弗法官尽管有上层阶级的偏见，却称麦金托什“明智而有男子气概……他穿得很绅士”。粗暴吗？晚年时，人们描述他“体弱，肤色沙黄，性情紧张”。令人憎恶吗？麦金托什因背诵诗歌而享有盛名，他喜欢爱德华·扬（Edward Young）浪漫、忧郁的史诗《关于生、死、永生的夜思》（*Night Thoughts on Life, Death, and Immortality*，1742—1745 年）。他给自己的儿子取名为帕斯卡尔·保利·麦金托什（Paschal Paoli Mackintosh），因为帕斯卡尔·保利受到美国的爱国者的敬仰，是“科西嘉自由之子”的领导人，使该岛摆脱了热那亚人的统治（并不是马萨涅诺）。难道他不会同那些上等人一样对自由充满热爱吗？毫无疑问他是“自夸”的，但有充分的理由。当他出现在 1765 年 11 月游行队伍的前面时，伯纳德总督形容他穿着“红蓝相间的衣服，戴着金色花边的帽子，胸前是镀金的饰领，手腕上挂着藤杖，手里拿着一个喇叭发号施令”。难道不是那些上等人给他的敬意和那些普通波士顿民众给予他的自愿支持让他感受到了自己无限的能力吗？[29]

波士顿平民领袖的命运如何呢？正如奥利弗后来在英格兰写下这个故事时说的，“（麦金托什）忽略了他的事业，被迫扔下他仅有的全部财产，开始酗酒，被判入狱，死在狱中”。故事的第一部分可能是
342 正确的；1770 年，他被投入债务人监狱（另一位贫穷的鞋匠乔治·罗伯特·特维斯·休维斯也是如此），但死在监狱里却与我们所知道的大

相径庭。一位汇报“自由之子”情况的海关告密者在1769年声称，麦金托什“参加了他们的夜晚集会”（暗示“合作”），因为麦金托什知道的太多，以至于他“已受到死亡威胁，以防他告密”（这并不是最可靠的消息来源）。如果他说的是真的，那么麦金托什应该会保持沉默，因为他相信自由事业，不会出卖自己的同伴：在革命时期的美国，告密者并不是什么英雄；在波士顿他们会受到全身涂满柏油，粘满羽毛的严厉惩罚。他也可能还有追随者。1773年11月5日，在《茶税法案》紧张局势加剧的情况下，南北两区游行队伍早于1765年谈判达成的停战协议破裂，新仇加旧恨，南北游行队伍之间的战争爆发——我们并不知道其中是否有麦金托什的授意。五周后，在倾茶事件之夜，不知道麦金托什是不是登船队伍中的一员，不过，据说后来的几年里他自吹：“是我的手下参加了这次活动。”他这么宣称很合理。

这名鞋匠的激进主义威胁挥之不去。1774年，波士顿的一名记者认为他是“一名领导者”，一家爱国报纸报道了一则谣言，在占领波士顿的途中，英军将会抓捕四名波士顿人，给他们带上镣铐，遣返回英国，四人是：塞缪尔·亚当斯、约翰·汉考克、约翰·罗威（另一位著名商人）和艾比尼泽·麦金托什，并且该报纸解释说，“麦金托什在下层民众中非常活跃，而其他（三）人在上层民众中非常活跃”，考虑到1766年以来“自由之子”在街头活动中已经取代了鞋匠，这样的声明尤其具有重要意义。麦金托什很重视这一威胁。在英国军队于1774年将波士顿变成了一个驻扎重镇时，他逃走了，据说他带着两个孩子帕斯卡尔和伊丽莎白一路走到新罕布什尔的黑弗里尔。在战争中，他曾当过两次兵，然后在北黑弗里尔度过一生，当一名鞋匠，有时担任村庄的皮革检验员。据我们所知，他一文不名，没有土地，早期的事迹不为人知。后人甚至连他的名字都不甚了解。[30]

1765年12月，属于麦金托什和自由树的那个月，约翰·亚当斯在他的日记中吐露，“1765年是我人生中最非凡的一年”，这是波士顿许多人都会做出的评论。亚当斯观察到，“人民，即使是最底层的人，都变得更加关注他们的自由”。这位年轻的律师是附近布伦特里
343 的居民，他来往于布伦特里与波士顿之间，写过关于美国自由的古老起源的册子，这使他收获了博学的爱国者这一政治声誉。对于已经是波士顿全镇大会领导人的塞缪尔·亚当斯来说，这一年标志着他开始成为全殖民地的领导人，成为出席大法庭的波士顿代表。对于年轻的新富约翰·汉考克来说，他对麦金托什等人的慷慨资助，标志着他开始了一生的政治生涯，他要以公共舞台和寻求舆论为志业。在随后的十年中，这三个人分别代表着《印花税法案》事件爆发引发的对大众民主政治新世界的不同回应：塞缪尔·亚当斯是受人民拥护的领导人；约翰·汉考克是有着贵族家长制作风的领导人；约翰·亚当斯时而激进，时而保守，成为旨在平衡民主与贵族关系的《宪法》设计师。艾比尼泽·麦金托什的迅速崛起和流星似的陨落都源于自由树。“自由之子”领导人的成功更多的要归功于麦金托什及其领导的民众运动，而不是将承认这一点作为一种政治策略。1765年末，“九人团”挂在树上的蜡像上的两个口号体现了自由树的双重主题：“人民的声音就是上帝的声音”和“保持良好秩序、保持稳定”。这一年成为随后十年的序曲。[31]

Ⅲ “自由精神在意想不到的地方传播”

在随后的十年中，“自由精神在意想不到的地方传播”，这是托马斯·哈钦森对1767年波士顿河对岸哈佛学院的学生骚乱做出的评论，

也可能是对一系列骚乱做出的评论。他写道，这些学生“在大树（位于剑桥）下及其周围集体碰面，并给大树起名‘自由树’”！多年后，哈钦森在流亡中写下的历史书中的感叹号，说明他对他们的行动仍感到惊讶。导师们制止了学院允许学生不参加必要的“祈祷和学习”的宽松政策。学生们宣布学院的行动“*违宪*”，哈钦森认为这个词是如此大胆，以至于得用斜体表示，好像是在说：这是在英国宪法和《大宪章》下讨论权利话题的结果——接下来会怎样呢？学生打破了导师住所的窗户；三四个“暴徒被发现并被驱逐”；大一、大二和大三学生退学；哈佛的监管者批准对这些学生除名，而学生们也屈服了。哈
钦森对事件的描述是对的，只是漏掉了一点，即整件事是由学生对食 344
堂供应腐烂黄油的抗议引发的，之所以这样，也许是因为他不想把他认为是非常严重的事情变成一件琐事。[32]

波士顿的这棵树本身在多大程度上激发了其他对自由的挪用，要探讨这一点很难绕开这十年中许多鼓舞人心的事件。这棵树显然认可了妇女进入政治化的空间：无论站在树边充当观众还是从“邻近房屋的窗户”向外眺望，她们都受到欢迎，这标志着整个社区都认可了抗议活动。在对《印花税法案》的模拟审判中，该法案被判为“对孤儿寡妇的压迫”，这是向波士顿众多贫困寡妇做出的公开呼吁。在1770年为男孩赛德尔和波士顿惨案的受害者举行的两次大型葬礼游行中，大量妇女加入到了送葬行列。单页报上的版画作品描绘了这两次活动中的妇女形象。“自由之子”称她们是“自由之女”，努力给妇女指派他们曾经扮演过的新角色。[33]

毫无疑问，自由树也使男孩政治化。1765年，波士顿一半以上的白人男性人口不到16岁，这意味着约有1800名男性处于读书年龄，其中只有900人进入公立学校。用来贬低群众的“男孩”一词可以指男学生，但也可能指通常从14岁甚至更早开始直到21岁期满的

学徒。一个身材魁梧的 18 岁学徒可能仍被称为“男孩”。他们可能就是对 1768 年群众运动的轻蔑描述中的那些“健壮”男孩。如果教皇节——不恭敬、喧闹的壮观场面——属于各个年龄段和各个等级的男孩们（以及作为观众和参加白天活动的女孩们），那么，那棵树周围挑衅而激烈的活动自然也吸引着他们。而且“自由之子”这个称呼可能对男孩们具有特殊意义，他们的首要身份仍然是儿子，其中许多人并没有父亲。[34]

我们是不是可以认为政治意识在这些年轻人中不断扩展呢？那些在 1765 年 8 月与老师们一起去看树上挂着的蜡像的男孩们可能参加了 1770 年的抵制纠察游行，克里斯托弗 · 赛德尔就是在那次被杀害的，还可能参加了从自由树出发的葬礼游行。学徒们在波士顿惨案（其中两名受害者 17 岁）发生的夜晚现身，参加了 1773 年 12 月抗议茶税的会议，并且登上了茶船。艾比尼泽 · 福克斯早先是一个农民的契约工，后来成为波士顿的一个理发师和假发制造商的学徒，几年后，他在写作时心里想到的正是这种政治化，他写道：“我和其他与
345 我情况相似的男孩……将我们每天听到的关于祖国被压迫的思想应用到我们自己的处境中。”福克斯在回忆录中说，他感到“是时候让自己从他人的束缚中摆脱出来，成为自己的主人了”。[35]

这棵树在多大程度上激发了非裔美国人的政治觉醒还不能确定。1765 年，他们有 700 人，约占人口的 1/10，其中大多数人是奴隶。人们只要读一读那些否认群众中有“黑人和男孩”或者把黑人排除在游行队伍之外的爱国声明，就能发现他们的在场。然而，多年的束缚和压迫已经产生了异化效果。白人领袖对 1768 年到达的英军提出的指控之一便是，他们激励波士顿的黑人说：“现在士兵来了，黑人将获得自由，‘自由男孩’们将成为奴隶。”事实上在 1774 年，当英国军队占领波士顿时，阿比盖尔 · 亚当斯报道了一场黑人为换取自由而

加入英国军队的“阴谋”，对此我们不必惊讶。这些行动与切萨皮克地区的奴隶对英军的反应是一致的。波士顿的苦难黑人在1773年和1774年向立法机构提交了要求解放的第一批请愿书，这些请愿书并不表明他们受到了自由思想的鼓舞，相反，他们可能对爱国主义言论的虚伪更加敏感。他们的改变是后来之事。[36]

波士顿的自由树可能在黑人中唤起了与树有关的非洲传统的共鸣。在西非，人们在亲人的坟墓上种棵树，以此象征永生。悬挂在自由树上的灯笼可能唤起了他们关于非洲“瓶树”的记忆，这些“用瓶子、器皿和其他物品装饰的树，通过召唤死者，来保护家人”。经过这棵树的爱国葬礼可能对波士顿黑人来说具有特殊意义，黑人们在街上举行的丧葬活动是如此激动人心，以至于该市对此进行了管制。我们现在仍在梳理这些文化传统是如何在革命时代对自由展开多方面追求的。[37]

Ⅳ 自由杆：“现在在自由杆下集会很普遍”

在其他殖民地，受到其他自由树或者自由杆的激发，“自由精神
在意想不到的地方传播”吗？其他地方也有艾比尼泽·麦金托什式的 346
人物吗？其他地方的自由树或自由杆也是爱国者相互竞争的焦点吗？

在整个殖民地，到底圣化了多少棵树，竖起了多少杆，仍需要一个完整的计数。半个世纪前，老亚瑟·施莱辛格（Arthur Schlesinger Sr.）主要依托报纸，发现从1765年到1776年，殖民地有8棵自由树和22根自由杆。一位叫J.L.贝尔（J. L. Bell）的现代研究员，运用殖民地中心费城出版的《宾夕法尼亚公报》（*Pennsylvania Gazette*）的数字化版本，以及弗吉尼亚州首府威廉斯堡出版的《弗吉尼亚公

报》（*Virginia Gazette*）的计算机化的索引，找到了其他的自由树和自由杆。大卫·哈克特·费舍尔使用谷歌搜索（各历史学会和爱国组织经常在互联网上报道历史事件），发现了很多有关自由树和自由杆的信息。新近数字化的《美国档案》（*American Archives*）也提供了其他信息。再加上编入《哈特福德新闻报》（*Hartford Courant*）的索引或在当地各种资料来源中的遗址信息，我们可以宣布（鼓声咚咚、横笛齐鸣），总共有 13 棵自由树和 55 根自由杆，即树的数量增加了一半多，杆的数量是原先的 2.5 倍。[38]

大多数自由树出现在新英格兰，它们很可能受到了波士顿的自由树——“母亲树”的启发。它们存在于马萨诸塞（波士顿、剑桥、多切斯特、迪尔菲尔德、大巴灵顿、普利茅斯、罗克斯伯里）；康涅狄格（布卢姆菲尔德、诺威奇）；罗得岛（纽波特、普罗维登斯）。我们在中部殖民地没有发现一棵，在南部只有两棵，即在马里兰的安纳波利斯和南卡罗来纳的查尔斯顿。第一根也是最著名的自由杆是在纽约市立起来的，其他自由杆（在新英格兰东南部、哈德逊山谷、长岛和东泽西岛）似乎都来源于此，而在新英格兰西部和东北部的自由杆可能模仿了东部的自由杆。宾夕法尼亚和马里兰似乎各只有一根自由杆，特拉华则没有，而弗吉尼亚只有两根。在四个最大的沿海城市中，只有费城既没有自由树也没有自由杆——看起来大抵如此。南部的五个殖民地加起来只有两棵自由树和五根自由杆，至少这是主要通过报纸资源获得的情况。我猜所有的自由树都进入了历史记录，但对自由杆的报告却不足。地方报纸——传播政治新闻的主要载体——可能会揭示更多信息，就像爱国者通信网中人们的私人信件一样。然后就是，并非当时所有的“自由之子”组织和所有的其他群众运动都诉
347 诸于自由杆——这是一个有趣的话题，我们将在本节末尾讨论。[39]

想要获得一部关于自由树和自由杆的完整历史，我们需要对每个

地方的抵抗运动历史逐个重新审视，尤其要关注领导者与普通民众之间、温和派与激进派之间的相互作用。在城市中，这意味着关注商人与中层工匠和下层阶级之间的相互作用，在农村，意味着关注士绅与自耕农之间的相互影响。我们还需要关注政治体系之外的群体——包括妇女、男孩、水手和非裔美国人。[40]

例如，如果我们转向查尔斯顿，有着一棵自由树（和自由杆）的南部大城市，1775 年的人口为 1.2 万，其中一半是非裔奴隶，那么我们会立刻感受到一个海港城市和一个正在闯入政治领域的奴隶社会的紧张局势。查尔斯顿的爱国者们在没有自由树的情况下度过了 1765—1766 年《印花税法案》危机引发的动乱（他们立起绞刑架，"绞死"了一个收税官的蜡像）。亨利 · 劳伦斯（Henry Laurens），一名富商和奴隶主，因为人们怀疑他被任命为《印花税法案》的专员，60 到 80 名脸全都抹成黑色的水手到他的宅邸游行。"他们对我很粗暴"，劳伦斯写道，高呼"自由、自由和印花文件"。几天后，一大群人举着一面写有"自由"字样的英国国旗，游行庆祝印花税官员的辞职。1765 年 12 月，由于海关官员拒绝未贴印花文件的船只卸货，大量水手失业。"水手们组成暴众在街上向大家敛钱，"总督写道，"但这些'自由之子'立即镇压了他们并将领头人送进了监狱。"1766 年 1 月，随着各个阶层都呼吁"自由"，"一些黑人……"当他们在街上游行时，"模仿上层人士大声呼喊自由"，劳伦斯写道。"一个多星期了，镇上到处都是武装士兵。"此后，副总督松了一口气，因为"事实证明，担心黑人起义……是不必要的"。[41]

为纪念废除《印花税法案》，白人工匠于 1766 年春树立了第一棵自由树，其中一人记录了 26 名出席活动的手艺商人中 23 人的名字。技工们早就以联谊会的形式组织起来，现在又组建了约翰 · 威尔克斯俱乐部。但是直到 1768 年，在执行非进口协定中这棵树才似乎投入使用。一家报纸报道，“主要的工匠们”在临近码头的“马扎克先生”家草坪上“最尊贵的橡树”下发起集会。“自由之子”的商人领袖克
348 里斯托弗·加兹登通常在此主持集会。一个由 39 人组成的委员会被选出去实施抵制行动，该委员会反映了这座南部城市的政治平衡情况：工匠、商人和种植园主（在城市有宅邸，在农村有种植园）各有 13 个职位。

查尔斯顿的树成了审议、恐吓和庆祝的场所，揭示出爱国者之间紧张的阶级关系。到 1775 年，皇家总督报告说，随着工匠们展示出他们的持久力量，“富人们终于开始看到人民的领导权……人民已经发现了自己的力量和重要性，不会轻易被他们以前的领导者控制”。到 1778 年，失去工匠支持的加兹登说出了心中的疑惑：“我们中间有太多人想要再次掌控自由树…… 这想法是一种病。”战时占领殖民地的英军砍倒了树，烧掉了树根。[42]

总的来说，自由杆似乎比自由树更像是表达民意的工具。自由杆的数目更多，更多的时候是辉格党爱国者和效忠派之间，以及爱国者和士兵之间（纽约）的争论场所。立起自由杆是非常随意之举。大家不必达成社区共识，但必须由一群人共同努力立起它。 在东部沿海，自由杆通常是巨大的桅杆，就像报纸上报道的，有 45、75、85 和 100 多英尺高。在内陆地区，它们可能是农民能够提供的较小的、光秃秃的树木。虽然有些人将自由杆看作自由树的替代品，但它们通常被称为旗杆或桅杆，其功能与自由树也有所不同。4 个有自由树的城市也有自由杆（波士顿、纽波特、普利茅斯、查尔斯顿）。如果你希望人们聚集在一起，即使有自由树，也需要自由杆将旗升得足够高以将消息传出去。在第一波群众运动浪潮（1766 年及随后的几年）中，自由杆被用来庆祝废除《印花税法案》和表示对英国的忠诚，并飘扬着英国国旗。在第二次群众运动大浪潮（1774—1776 年）中，当自

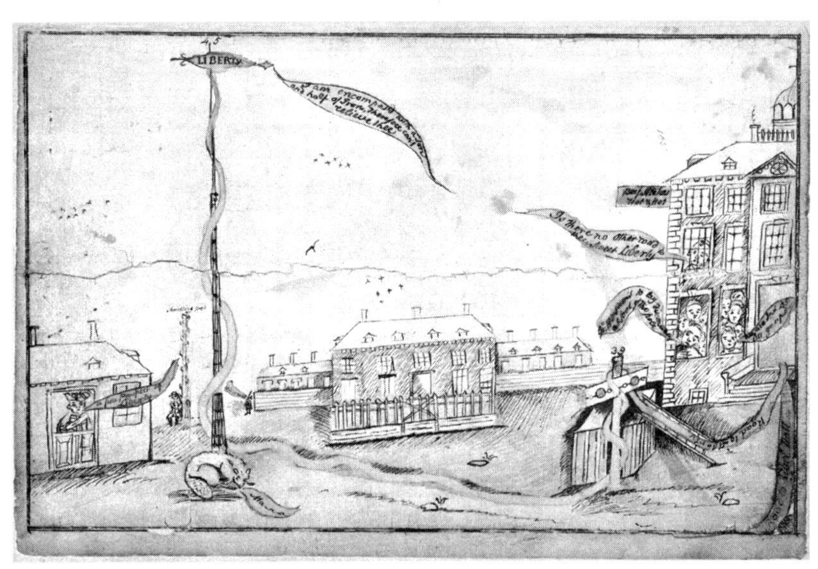

在唯一一幅已知的当时人的绘画作品中，纽约市的自由杆上缠绕着铁箍，以防止英国士兵的摧毁，就像背景中他们摧毁的短杆一样。被监禁的人（左）是亚历山大·麦克杜格尔，他被殖民地议会判了刑。杆子顶部的数字“45”将他与被监禁的英国改革家约翰·威尔克斯联系起来。“自由之子”领袖的女性崇拜者从窗口（右）凝视。P. E. 杜西米蒂尔（P. E. DuSimitiere），《在纽约竖起自由杆》（*Raising the Liberty Pole in New York City*），约 1770 年。（资料来源：费城图书馆公司）

由杆在小城镇变得很普遍时，它们就是种抵抗行为，常伴随着对抗英国和托利党恐吓的武装准备。[43]

纽约市的经验表明自由杆本身在多大程度上成为事件的引雷针。这座城市作为英军在北美的总部，在1767年之前拥有两个军团，根据《驻营法案》(The Quartering Act)，这两个军团必须由纽约议会支付费用，这是刺激殖民地人民的另一个因素，他们不接受无代表权的征税。在所有大城市中，纽约拥有最多的效忠派，他们由殖民地一小
349 撮大地主和商人贵族领导。

为庆祝废除《印花税法案》，1766年春，一根自由杆（实际上是两根）拔地而起，上面悬挂着英国国旗和乔治国王与皮特的画像。自由杆位于纽约公共绿地上，靠近士兵的营房和练兵场，这是一种挑衅。士兵们4次砍倒了自由杆，平民则将其恢复了不少于5次。士兵们锯断自由杆，埋下地雷并将其炸毁。自由杆是一根船桅，高约68英尺，顶部有22英尺的一根小杆，这意味着它是由桅杆制造者手工制作，由货车驾驶员拖运，由造船厂工人和水手们抬起，并由铁匠为其制作防护铁箍。显然，劳动阶级全身心地投入到了自由杆的竖立活动中。[44]

没有哪个城市的水手比纽约水手在街头政治中发挥了更大的作用。根据盖奇将军的说法，1765年的《印花税法案》"起义"，"由以私掠船船长为首的大量水手发动"。根据约翰·蒙特雷斯(John Montressor)上校的说法，在1766年的骚乱中，两名"军官是托尼和戴尔，两名造船匠，他们看上去似乎可以立即召集或压制暴民"。有着持久力量的领导人是一小群出身卑微的中间激进派，自称"自由之子"，有时也被称为"海神之子"(Sons of Neptune)。他们为水手和劳动者的经济窘境而战，因为那些休班的士兵以一半于他们的工钱打工受雇，致使他们遭受失业和贫困。

画作描绘的是纽约自由杆下发生的众多冲突中的一场。艺术家显然认为，同英国士兵对抗的是皮革匠，英国士兵正用带刺刀的火枪与工匠火拼。这样的武装冲突导致了1770年2月纽约“金山之战”的爆发。此画作于19世纪中叶，是插画家费利克斯·达利（Felix Darley）的作品。（资料来源：美国国会图书馆）

自由杆是事件的中心。1769—1770 年，激进领袖亚历山大 · 麦克杜格尔被议会判入监狱时，“自由之子”在杆上装上数字“45”作为标记，将他们的英雄与被英国议会投入监狱的约翰 · 威尔克斯联系起来。1770 年竖立了第五根自由杆后，盖奇将军报告说，“现在，一有公众关注的问题，就在自由杆下和咖啡屋集会，这已经司空见惯了，就像古罗马人成群地前往广场集会一样。演说者会对所有人发表长篇大论”。1770 年，水手和工人与英军进行了为期两天的肉搏战，战斗始于防御自由杆的“金山之战”（Battle of Golden Hill）。1774 年，在少数纽约人销毁了一艘茶船货物后的第二天，几千人聚集在自由杆下公开证实这一行动。1775 年，激进的领导人“几乎每天都将人们召集到自由杆下”。1766 年为庆祝活动而竖起的自由杆，最后成为军事抵抗的集结场所。在最后的危机中（1774—1776 年），当工匠们组建自己的委员会与商人争夺革命委员会的席位时，他们在自己的建筑物中聚会，并将其命名为“技工厅”。直到 1776 年英军占领该城时，才
351 将自由杆拆除。[45]

自由树和自由杆显然很重要，并且可能像在波士顿和纽约那样处于中心地位，但它们在一个又一个地方的相对缺席也使我感到震惊。对它们在历史上的缺席做出解释，虽然并不怎么可靠，但却可以揭示一些内容。以费城、弗吉尼亚和马萨诸塞西部为例，历史学家探索了这三个地区来自下层人民的运动风暴，它们决定了对英帝国问题的反应。费城既没有自由树也没有自由杆，上文已经提及：该城市是工匠们精心策划的激进运动的中心，该运动在 1774 年至 1776 年战胜了在对英国的态度上选择退让中立的统治阶级。就弗吉尼亚而言，我只发现了两根自由杆，一项关于该殖民地象征性行为的经典研究的作者既没有发现自由树，也没有发现自由杆；最近的一项关于贫困农民、奴隶、印第安人与大种植园主和商人之间复杂关系的综合研究，同样没

有提及那里有任何自由树和自由杆的踪迹。在当时那个奴隶社会，奴隶在某些地区可能占人口的40%~50%，大种植园主和自耕农有理由害怕刺激他们。当英军出现在切萨皮克湾时，奴隶成群结队地逃离种植园。在马萨诸塞西部，那里只有极少数的自由杆和一棵自由树，这可能是因为多数自耕农认为不需要它们：他们可以召集数千名群众关闭镇上的法庭，并威吓法官和治安官。确实，对于这样的激进分子来说，东部地区的自由树和自由杆策略似乎过于温和。[46]

在一些地区，绝望的农民对乡绅们心怀不满，英帝国问题被弱化，自由树或自由杆似乎也没有被人采用。对于北卡罗来纳偏远地区的“警戒队”来说，情况确实如此，他们在1770年与皇家总督召集的部队进行了激烈的战斗，结果败北；对新泽西大土地所有者的敌人也是如此；对哈德逊河谷的佃农也是如此，他们为从贵族地主（一些是辉格党一些是效忠派）那里争取到安全可靠的租约而战斗。纽约的佃农在革命前十年开始和结束时都在进行反对庄园领主的起义。这些为保留或争取土地所有权而斗争的农民可能根本没有想过要设立一个标志，同他们的阶级敌人划清界限。

城市激进分子并没有与农村激进分子携手合作。纽约市的“自由之子”是那些由佃农们发起的“暴动的最大反对者”。蒙特雷斯上校报告说：“他们认为除了他们自己，没有人有权发起暴动。”在北卡罗 353
来纳，偏远地区的警戒队负责人赫尔曼·赫斯本德警告说，“虽然代表真正自由的‘自由之子’经受住了上议院议员的压力，但也不允许他们的官员在我们这里实行不公正的压迫”。农村激进分子与“自由之子”之间的这种相互警惕，有助于我们确定自由树和自由杆所起的作用。它们在爱国运动内部存在冲突的社区大量出现：既表达了来自下层人民的抵制，也表达了“自由之子”领导人和“上层阶级”试图控制下层激进冲动所做的努力。[47]

Ⅴ 象征物："自由之树必须经常用爱国者和专制者的鲜血浇灌"

在革命时代，自由树成为一种象征，即使在它实际不存在的地方亦是如此，其速度之快，表明它因应了对美国独立事业进行象征表达的深刻需求。在波士顿，爱国者版画家保罗·里维尔在他的漫画和他著名的银碗上描绘了自由树（或自由帽）。约翰·狄金森颇受欢迎的《自由之歌》（*Liberty Song*，1768 年）对自由树进行了赞美，歌手们高唱，“他们用双手栽种自由树”。托马斯·潘恩的诗作《自由树》（*The Liberty Tree*，1775 年）也对其进行了赞美，并被谱成曲子。到 1774—1775 年，伦敦的政治讽刺漫画家总是以自由树为背景描绘每次新的波士顿事件。[48]

战争期间，自由树的象征形象成为武装抵抗的视觉语言的一部分。 不止一名新英格兰士兵在其火药筒上刻上该树的略图。詹姆斯·派克在画面中央放置了一棵标有“自由树”的松树，树的一侧是六名士兵，标有“英国正规军侵略者，1775 年 4 月 19 日”，另一侧则是一排标有“防御的地方部队”的殖民地居民。这一画面不仅再现了爱国者对列克星敦战役的描述，而且体现了对整个战争的描述。人们把树画在鼓上。军队军旗中央的标志就是一棵树，通常是一棵松树，有时是一棵榆树；在邦克山战役中就有这样的军旗。通常，旗帜上写有口号“向天呼吁”（Appeal to Heaven），约翰·洛克认为，任一民族在用尽一切其他手段申诉冤屈未果后，有正当权利进行反抗，这一口号即是这一正当性的简写。有一面旗帜的中央是一棵榆树，上面绘有“自由树”，下面是“向上帝呼吁”（Appeal to God）的口号。另一面旗帜上是一棵榆树，树下是极为普通的盘绕的响尾蛇和口号“别
354 践踏我”（Don’t Tread on Me）。[49]

士兵们将绿色树枝别到帽子上，长期以来在英国反叛者中，这

种树枝代表着“自由绿林所在地”。战争初期，华盛顿下令让他着装不一、衣衫褴褛的士兵“用绿树枝装饰他们的帽子”，作为游行中的统一标志。1783 年，战争的最后阶段，在宾夕法尼亚战线的哗变中，要求支付欠薪的士兵沿着费城市场街游行，他们“上好刺刀，敲锣打鼓，头戴绿色树枝”。1786 年，在马萨诸塞西部，丹尼尔·谢司队长率领的农民叛军也是如此；观察者将帽子上的绿色树枝理解为“叛逆的徽章”。在佛蒙特，只要戴上冷杉树枝，男人就可以宣布自己是伊森·艾伦反叛的“格林山兄弟会”的成员。[50]

自由树还作为一种比喻进入了美国的政治词汇。埃里克·斯劳特（Eric Slauter）在最新的埃文斯《早期美国印刷品》（*Early American Imprints*）数字化版本中进行了关键词搜索，结果表明“自由树”这一词汇很快流行起来。[51] 仅看一下费城（一个既没有自由树也没有自由杆的城市）的出版印刷物。在 1766 年费城学院（College of Philadelphia）的毕业典礼中，一位即将毕业的演讲者呼吁“学习的河流”应当用来“浇灌美丽的自由树”。到 1774 年，费城的爱国主义讽刺作家约翰·莱考克（John Leacock）经常取笑新英格兰人对《圣经》的亦步亦趋，他嘲笑一名波士顿领导人，将他比作“先知的儿子耶利米”，“抬高自己，爬上自由树的顶端”，在那里对着众人讲话。菲利普·弗雷诺在 1775 年还写了一首诗，悼念被砍伐的作为“公平自由圣地”的波士顿自由树。在作曲家约瑟夫·霍普金森（Joseph Hopkinson）写的沉思录中，殖民者用“另一棵年轻而充满活力的树”取代国王种植的一棵老树；“我们会浇灌它，它会成长”。自由杆便没有享有这么多的赞辞。保守派作家将其描绘为革命无政府状态的象征。在康涅狄格人约翰·特朗布尔的喜剧长诗《麦克芬格尔》中，一位托利党乡绅称自由杆是“煽动性的五月柱”，他最终被爱国者强行带走，身上涂满柏油，粘满羽毛，并被挂在了自由杆上，悬在半空中。[52]

战后，新英格兰的牧师们和演说者们援引自由树，用其比喻已获的自由："自由树的公平果实"（康涅狄格，哈特福德）；"自由树的最后一颗种子"（马萨诸塞，纽波利波特）；科学"在自由树的树荫下蓬勃发展"（新罕布什尔）。约翰 · 沃伦（John Warren）医生的兄弟，著名的约瑟夫（Joseph）在邦克山殉难，在1783年波士顿的美国独立纪念日庆祝活动中，他请听众记住，"庄严的'自由树'之根……
355 是用你们的鲜血浇灌的"。[53]

因此，在1787年，当托马斯 · 杰斐逊写下了那句著名的话时，即"自由之树必须经常用爱国者和专制者的鲜血浇灌。这是它的自然肥料"，这个比喻便开始传开。杰斐逊很可能是从博林布鲁克子爵（Viscount Bolingbroke，1678—1751）那里借用了这句话，他在自己学生时代的笔记本中誊抄了博林布鲁克的很多格言警句。受过古典教育的人可能都知道这句话。1793年，在法国国民公会关于判处路易十六死刑的辩论中，贝特朗 · 巴雷尔（Bertrand Barere）议员援引了这句话，并向他的同僚托马斯 · 潘恩表示，这句话源于一位"古典作家"。[54]

但是，当时杰斐逊的评论既未公开也不著名。1787年下半年，在巴黎担任美国驻法国使节的他，在致一位政界朋友的信中批评新起草的联邦《宪法》时，做出了这一评论。他认为《宪法》制定者赋予政府过多的权力，对谢司叛乱应激过度。他说，自独立以来的十一年中，十三个州发生了一次起义，"相当于每个州在一个半世纪内发生一次叛乱"，他问道："什么样的国家一个半世纪内没有发生过一次起义？ 如果不时不时地警告统治者，人民拥有反抗精神，那么什么样的国家能够保有自由？" 杰斐逊不是在号召反抗，而是在警告镇压反抗的后果。 当他给詹姆斯 · 麦迪逊写信时，表达了同样的情感："我坚信，时不时的一点反抗是一件好事，政治世界的反抗，就像物质世界的风暴一样，是必要的。”[55]

在美利坚创始人中，有多少人赞成杰斐逊“自由树”名言背后的思想，这很难说，我认为不是很多。美利坚的未来领导者在 1787 年产生分歧，就像自 1765 年以来那样。这一言论使杰斐逊成为愿意和渴望容纳民主运动的领导人之一。而更多的领导人倾向于限制或镇压它们。分歧是在制宪会议上出现的，它将在 18 世纪 90 年代重新出现，导致新一轮自由杆浪潮的形成，以及领导人试图对它的镇压。

Ⅵ 源头：皇家橡树、乡村五月柱和自由帽

为了探究自由树在美国土壤中的根基有多深，我们已经抢先一步了。自由树从何而来？ 它的“兄弟”自由杆呢？手杖上的自由帽
也许是自由杆的“祖先”？如我们所见，在美国，自由树和自由杆 356
在 1765 年到 1776 年蓬勃发展，并且在战争期间（从 1775 年到 1783 年），关于自由树的象征和比喻到处都是。在 1793 年到 1801 年间，自由杆而不是自由树重现。在革命时期，手杖上的自由帽形象无处不在，在 18 世纪 90 年代，自由帽形象独立出现。

我们必须扩大我们的探究范围。我们的探索在大西洋两岸来回穿梭，让我们气喘吁吁：从近代英国到北美殖民地；从革命时期的美国到 18 世纪 90 年代革命时期的法国和接近革命时期的英国；然后再回到美国。根据目前我们所了解的情况，可以厘清以下问题：

1. 英国几个关于树的一般传统可能影响了美国的自由树。

确实，树木可能是某些民众起义传说的一部分。传说中的不法分子和反叛分子将森林作为据点（例如舍伍德森林中的罗宾汉）。关于

凯特起义的混乱记忆中就有“改革之橡树”（Oak of Reformation）。但是，在英国日历上的节日中，唯一一个纪念一棵树的日子却不大可能激发美国人的灵感：5 月 29 日，皇家橡树节（Royal Oak Day），因为这是庆祝 1660 年查理二世成功回到伦敦的日子，据传，查理二世躲在一个中空的橡树中逃过了克伦威尔军队的追捕。在英国，这一天“长期以来是非常受欢迎的一个节日”。[56]

在新英格兰，斯图亚特君主是清教徒祖先的敌人，所以皇家橡树节并不被庆祝。但是波士顿却有方法盗用英国传统并将其彻底改变。盖伊 · 福克斯日，即 11 月 5 日，在英国标志着斯图亚特国王被从天主教徒的阴谋中解救出来*，而在新英格兰，这一天成为教皇节，庆祝汉诺威王朝继立，这将盎格鲁—美国从据称与教皇勾结的斯图亚特家族的王位觊觎者手中拯救出来。刺激斯图亚特觊觎者的恶魔和教皇的蜡像通常是教皇节的重心。在马萨诸塞，牧师和治安法官批准这一天为教皇节，只禁止过分行事，因为它能使清教徒对斯图亚特王朝和罗马天主教的世仇得以延续。

同样的盗用和转换过程也适用于 1 月 30 日，即英国当局设立的悼念被处决的查理一世的日子。然而，一个世纪以前，新英格兰就为处决查理一世的高夫和惠利两人提供了避难所，人们对于他俩记忆犹新。皇家总督们尽职尽责地纪念这一天，但是只在少数几个英国国教教堂举行礼拜仪式，公理会教友们则以相反的方式庆祝。1750 年，尊敬的乔纳森 · 梅休牧师借此时机宣讲了《关于向权柄无限制服
357 从和不抵抗的论述》（*Discourse Concerning Unlimited Submission and Non-Resistance to Higher Powers*），在宣讲中他阐明了处决查理一世

* 1605 年 11 月 5 日，几个狂热的天主教徒企图在议会大厦炸死詹姆斯一世及其大臣。一桶火药事先秘密放在了上议院藏煤的地下室，盖伊 · 福克斯被指定为点火人。火药阴谋因有人告发而败露，福克斯及其同伙被绞死。——译注

的正当性——这是“革命前美国最著名的布道”。因此，波士顿采用榆树作为自由的象征而不是皇家橡树，这其中的反转也并非牵强附会。[57]

在英国，榆树虽然广为人知，但并非人们尊崇之物。殖民者可能借鉴了英国将橡树作为国家象征这一更普遍的传统。西蒙·沙玛（Simon Schama）告诉我们：“在18世纪难以数计的单页报、小册子、民谣、客栈标志和寓言般的版画中，橡树之心成为自由的堡垒，所有这一切都横亘于自由的英国人与天主教奴隶制和偶像崇拜之间。”橡树之心是“树的核心……是最坚硬不屈的部分”。因此，橡树虽然是皇家的，但也是民族的；狄金森的《自由之歌》不仅采用了英国饮酒歌曲《橡树之心》（*Hearts of Oak*）的曲调，而且还改编了其歌词，这并不矛盾。在圣化树木作为自由的象征（无论是榆树、橡树还是杨树）之时，美国人可能是在回应英国人对橡树的圣化。或许他们还有嘲弄的意思，这可能也解释了英军疯狂砍伐自由树和自由杆的行为。[58]

2. 在美国的十三个殖民地中，传统趋于高度本地化，只在一些特定的圣树上还能发现些模糊踪迹。

康涅狄格“宪章橡树”（charter oak）的传说——1687年，哈特福德居民将其殖民地的宪章藏在空心橡树中，以防被皇家官员破坏——直到美国革命后才出现。在宾夕法尼亚，贵格会教徒威廉·佩恩（William Penn）在“条约榆树”（treaty elm）下与伦尼莱纳佩印第安人*签署人道条约的传说，是18世纪70年代佩恩一家出于政治目的而渲染成的。在马里兰，宣称成为安纳波利斯自由树的古杨树是签

* Lenni Lenape Indians，又名特拉华印第安人（Delaware Indians）。——译注

署印第安条约所在地的说法也被认为不可信。换句话说，这些当地的传说似乎是革命后出现的，在自由树开始出现时并不为人知。[59]

尽管不存在某种与政治相关的特殊树木，但总体而言，树木受到殖民者的尊敬。毕竟，他们初来乍到时这里是一片绿树成荫的绿色大陆，树木是他们住房、取暖和生计的主要来源。大概有一半的工匠是木匠。直到 19 世纪初期，新英格兰的城镇才掀起了在房舍街道种上一排排榆树的狂热，但是在殖民时代，农村家庭经常在自己的土地上种植榆树："宅基地"榆树、"门庭"榆树、"婚礼"榆树都成为家族
358 历史的地标。马萨诸塞显然对松树情有独钟，殖民政府把松树的形象添加到"松树先令"、纸币和军旗中。这也许可以解释为什么詹姆斯·派克火药筒上的自由树是棵松树（除了松树比枝叶茂密的榆树更容易在牛角上雕刻以外）。[60]

3. 耐人寻味的五月柱是怎么回事？

在英国和欧洲大陆一样，"五月柱"是五朔节（即 5 月 1 日）的焦点。

正如一名通讯员在 1825 年告诉威廉·洪恩（William Hone）的那样，"五朔节是我们父辈庆祝的一个大型乡村节日"。威廉·洪恩是一名孜孜不倦的英国民间传说汇编者。这个习俗已有数百年历史，曾在克伦威尔统治下被清教徒废止，后来随着斯图亚特王朝的复辟而再度兴起，并在 18 世纪发展成为"年轻人春季主要的节日之一"。五月柱要么是一棵小树，要么是被剪去树枝的一根柱子。在五朔节，年轻男女进入森林"欢好"，带回一棵鲜活的树或收集绿色的树枝和花朵来装饰现有的五月柱；这是一个唱歌、跳舞和饮酒的日子，尤其是与古时春季生育仪式相关的性许可，是年轻人渴望之日。历史学家克里斯托弗·希尔观察到，"生殖崇拜的五月柱"是"农村下层阶级的节日，

几乎是他们独立于上层阶级的象征”。在17世纪，清教徒将五月柱作为改革对象之后，它成为效忠派的象征。在18世纪，虽然五月柱通常没有用于政治用途，但如果一些具有改良精神的治安法官干预了五月柱的庆祝活动，他可能会引发骚乱或面临自己的财产受到损害的危险。[61]

殖民地的五月柱发生了什么，这是一个小谜团，等待着一批历史侦探家去探索。它在17世纪初进入新英格兰，但在严苛的清教徒道德环境下未能保存下来，这就是我们所知道的。1627年，殖民地当局禁止托马斯·莫顿（Thomas Morton）在他位于麦里山（Merry Mount，现在波士顿附近的昆西）的贸易站建一根80英尺高的五月柱。普利茅斯殖民地总督威廉·布拉德福德（William Bradford）怒不可遏地说，他的罪行不仅是“邀请印第安妇女作为他们的伴侣，像许多仙女或复仇神一样一起跳舞嬉戏”，而且，就像一直紧抓阶级意识的托马斯·哈钦森所说，莫顿最严重的罪行就是“让所有的仆人自由”，让他们和主人一起参加狂欢。然而，这件事似乎已经消失在新英格兰人的公众记忆中，直到哈钦森在他发表于1764年的殖民地历史中旧事重提。虽然在18世纪中叶的马萨诸塞，一系列传统的英国习俗开始复兴，包括喧闹音乐、盖伊·福克斯日、圣诞节假面哑剧，
但围绕五月柱的欢闹并不在其中。[62] 359

那其他殖民地呢？在纽约市，5月1日是传统的搬家日，仅此而已，与其说有节日气氛，不如说混乱。另一方面，在宾夕法尼亚，5月1日的庆祝活动很普遍，可能它是18世纪由来自德国、威尔士、苏格兰和爱尔兰的移民确立的传统，他们仍然对乡村风情充满热情。在18世纪中叶，一位德国旅行者报道了宾夕法尼亚东部5月1日至2日“嬉笑玩乐”的习俗，尤其是在“未婚”年轻男女之间。他们参加“游戏、跳舞、射击等活动”——但是他没有提及五月柱。民俗学

家罗杰·A·亚伯拉罕（Roger A. Abraham）告诉我们，到18世纪中叶，费城斯库尔基尔钓鱼俱乐部（Schuylkill Fishing Club）在5月1日隆重开始它的活动，到18世纪六七十年代，后来成为“圣坦慕尼之子”（Sons of St. Tammany）的兄弟会将5月1日作为纪念神话中印第安酋长坦慕尼的节日。但是在宾夕法尼亚的城市或乡村，民俗学家和文物史学家都没有发现五月柱。在其他地方，据我所知，唯一有关五月柱的报道大概出现在1771年的安纳波利斯，是坦慕尼日节日活动的一部分。[63]

但是，我们也许更接近1778年5月1日。这天，在宾夕法尼亚东部的福吉谷，华盛顿军中的士兵举行了令人吃惊而又鲜为人知的庆祝活动，活动中，杆子比比皆是。幸运的是，我们手上有一名士兵对该活动的描述。“我被三声纪念坦慕尼王的欢呼吵醒”，新泽西的下士乔治·尤因（George Ewing）在他的日记中写道。整整一天都在“欢闹”中度过［有充分的理由，因为最近传来了美国和法国之间达成承诺已久的《美法同盟条约》（Treaty of Alliance Between the United States and France）的消息］。前一天晚上，每个团都立起了自己的五月柱。然后在5月1日，一名身着坦慕尼王装束的中士由13名中士护送，每名中士均持弓箭，其后是13名鼓手和横笛手，并有13排列兵走在最后。士兵们戴着“用白花装饰的帽子”在营地游行，“在经过每一根柱子时都高呼‘万岁’”。后来，军官们分发了威士忌酒。除了没有妇女和性活动（据我们所知）外，这的确是一个“五朔节”。庆祝仪式融合了“扮演印第安人”和扮演爱国者的活动。[64]

当我们知道位于福吉谷的军队中有大约1.3万名男性（和大约几百名女人）大多抽调自全国各地的“下层”人时，我们可以推测士兵举行这一壮观庆祝活动的方式取决于他们的习俗：那些熟悉5月1日
360 活动的费城人可能以为是在庆祝“坦慕尼日”；新来的移民可能会认

为是在庆祝英国的传统五朔节，并将杆子理解为五月柱；但是对于军中众多的新英格兰人和纽约人来说，这一天可能就是模仿自由杆或自由树下的集会。

我们可以排除五月柱作为自由杆来源的可能性，除非民俗学研究者对我们予以纠正并在正确的地方挖掘出更多的五月柱。情况也可能是相反的：自由杆先出现，五月柱后出现——如果真有的话。自由杆在新英格兰盛行，那里没有五朔节或五月柱传统，而在我们所知的将这一天作为“坦慕尼日”庆祝的少数地方（一个已知的例外是安纳波利斯），没有出现自由杆或自由树。与五月柱相比，旗杆更可能是自由杆的来源。

4. 手杖顶上的自由帽又是怎么回事？

几个世纪以来，最常见的传说是弗里吉亚人的自由帽，一种柔软、蓬松的圆锥形帽，也被称为无檐帽，起源于古罗马，作为奴隶成为自由人的仪式的一部分：有人拿一根权杖碰一下奴隶，给他戴上帽子。目前还不清楚该传说在地理或社会上的传播程度如何。[65]

随着学者追踪自由帽的传播踪迹，我们发现手杖（有时被艺术家描绘为标枪或长矛，但更常见的是一人高的短棍）上的帽子在荷兰成为自由的象征，在 1688 年的“光荣革命”中传到英国，因为荷兰的威廉成为英国的立宪君主。在 18 世纪，艺术家们将英国拟人化为“不列颠尼亚”，一个穿着古典服装的女性，手持一根顶有自由帽的手杖，而将美洲大陆描绘成几近裸露的印第安公主，通常手持一根戴帽的矛。到 18 世纪 60 年代，高呼“威尔克斯和自由”的伦敦群众把戴帽子的杆子举过头顶游行，一位讽刺漫画家把约翰·威尔克斯画成戴着类似马桶盖帽子的形象，这显然是抗议的视觉语言的一部分。[66]

在《印花税法案》危机中，手杖上的帽子形象在美国流传开来。

它出现在奖章上和保罗·里维尔为“自由之子”制作和雕刻的纪念银碗上；1770 年，里维尔将帽子的图片放在波士顿两家主要爱国者报纸的报头上。同时，游行使用的杆也出现了。在新罕布什尔的抗议活动中，一群人抬着一个高高挂在杆上的印花税专员的蜡像。在 1766 年初的印花抵制运动中，至少在新英格兰的六个城镇，爱国者们在愤
361 怒的游行中抬着杆子穿过街道。爱国者将他们发现的任何印花文书，像船舱货单一样，钉在一根杆子上，抬着它穿过城镇，并在绞刑架前或码头焚烧。这些游行使用的杆子上都没有帽子。在新英格兰还有其他“杆子”的传统。在 17 世纪，波士顿的工匠们试图将一个闯入者挂在一根杆子上抬到城外，这是英国历史悠久的一种喧闹形式。1770 年，在波士顿抵制商人违反不进口协定的运动中，在 T. 利利家商店前执行纠察任务的男孩们，举着一个脑袋钉在杆子上的图像，令人不寒而栗地想起当局斩首叛徒后将其首级挂在杆上的习俗。

第一根自由杆于 1766 年春天在纽约立起，它可能有以下几个来源：波士顿自由树的启发；来自荷兰的纽约人熟悉的手杖自由帽的荷兰传统；最近游行用的杆子，可能还有旗杆。但必须指出，巨大桅杆给人的感觉与短杆或游行所用细长的便于携带的杆子完全不同。此外，纽约人似乎从来没有用自由帽来装饰过他们那五个连续立起来的杆子，尽管另有两个杆子（一个在新泽西，一个在康涅狄格）似乎用自由帽装饰过。

自由帽本身或手杖上的自由帽形象无处不在。英国漫画家嘲弄衣衫褴褛，唱着《扬基歌》的士兵，他们戴着标有“死亡或自由”的弗里吉亚帽，并举着画有自由树的旗帜。帽子和手杖的标志被多个军队使用，被大陆会议用于其刊物的标题页，并且被《宾夕法尼亚杂志》（*Pennsylvania Magazine*）采用。逐渐地，它被用在一些州的印章上。如此这般，到 1790 年，当本杰明·富兰克林将他饰有自由帽形状的

金头的手杖留给乔治·华盛顿时，它已成为美国的象征。[67]

在马不停蹄地追溯影响之后，我们仍面临着一个巨大的空白，难以解释自由树和自由杆在美国土壤上的起源。就自由树而言，殖民地的人民没有去追溯其母国或殖民地与自由相关的某种树的传统，因为那样的传统很少。对于作为英国国家象征的通俗的橡树传统，他们很可能挖掘过。就自由杆而言，殖民地人民并没有利用五月柱传统，因为在出现自由杆的地方，不流行五月柱传统，而且还是在 5 月 1 日这天（如宾夕法尼亚），直到 1778 年 5 月 1 日，在福吉谷的军队中出现十三根杆子，才有了（可见的）自由杆。就自由杆而言，美国人可能从杆子的其他用途中获得了启发。 362

有人可能会争辩说，因为自由树和自由杆在这么多地方如雨后春笋般出现，所以一些团体可能从相关五朔节的一些记忆深处获取资源。可能会有这样的情况，但肯定不是在催生自由树和自由杆的新英格兰。这个例子可能表明，一种新的政治需要促使殖民者去追溯母国的历史。这几乎是一种冰封在早期美国的记忆中然后融化了的习俗。相反，在报纸广泛报道了波士顿的第一棵自由树和纽约市的第一根自由杆之后，自由树和自由杆随之传播开来。此外，自由树极有可能启发了自由杆的出现。我曾提出，自由树是在美国产生的——一种发明的传统——自由杆也是如此。

Ⅶ 用途："一些近便的树将为他们提供一个州议会的议场"

考虑到传统的相对缺乏，要说明自由树的流行，我们必须回到树本身的属性及其执行的功能，对自由杆也是如此。由于我们拥有波士顿榆树的最完整记录，因此让我们将它作为自由树的原型。

波士顿的榆树与其说是一种传统，不如说拥有创造传统的特质。正如历史学家埃里克·方纳（Eric Foner）所言，以及对此问题感到困惑的每个人指出的那样，18 世纪的美国，自由是个“无处不在且多变”的概念。这个词既指所有人都认同的某些方面，其含义又因人而异。自由树很容易激发人们的献身精神。《波士顿公报》在指称一片大榆树时写道，这是“许多人崇敬的树木”。首先，这种树非常高大伟岸。1825 年，人们对公共绿地附近的“大榆树”进行了测量，其高度为 65 英尺，周长为 22 英尺，树盖为 86 英尺。我们不知道作为自由树的榆树的大小，但时人称其为“庄严的榆树……其高大的树枝近乎触及天空”或“这荣耀之树，又高又大”。第二，这种树很古老。据说是在 1646 年种下的（这一时间可能让克伦威尔的清教徒后裔想起查理一世在 1647 年被抓和 1649 年被处决）。对于在这样一个年轻国家的美国人来说，这种树是古老而有其深厚根基的，就像“英国人的权利”、《大宪章》以及殖民地宪章赋予的自治权一样。第三，树是大自然的礼物。作为一种每年春天变绿的落叶树，它象征着自然的交替和永恒的生命，很容易让人与自身的自然权利联系在一起。第四，它很容易使一个熟悉《圣经》的民族想到这本圣书中的智慧树和生命树，以及《圣经》中许多描绘树的寓言。《圣经》是新英格兰虔诚的信徒从头到尾反复阅读的书。对于公理会教徒来说，这种树可能代表他们的祖先来到新世界想卫护的宗教自由（在他们眼中，这一自由面临再次兴起的圣公会和天主教的威胁）。对于像浸信宗这样对公理会
363 持不同意见的信徒，它可能代表“灵魂自由”。对于那些认为自己被剥夺了自由的“不平等者”，自由树对他们的意义，我前面已有论述。即使在 1765 年至 1775 年的十年间，自由树所代表的“自由”的含义在旁观者眼中也可能随着时间的流逝而改变。[68]

在波士顿，大榆树完成了许多明确的政治职能。它枝干的高度正

好用来悬挂蜡像，提醒人们距离不到半英里就有官方的绞刑架，在那里通常有成千上万的人观看处决罪犯的仪式（1765 年，在纽波特和查尔斯顿，在使用榆树来悬挂蜡像之前，人们必须竖立绞刑架来悬挂蜡像）。当然，在英国，绞刑架被称为“绞刑树”。波士顿的这棵榆树位于十字路口，是一棵非常庞大的树，其树枝为人们聚会提供了一顶华盖，从而形成了一个自然分界的公共空间，称为“自由厅”。[69]

这棵树的政治方位很好。它矗立在“艾略特司铎家的角落”，在波士顿人不是通过街道编号而是通过与知名地点的远近关系来定位房屋和商店的年代，这棵树成为人们熟悉的地标。波士顿的一切事物彼此之间都在步行距离之内，但是较老的北区布满了海上经济时代建造的房屋、工场和造船厂；南区是“相对开阔的田野、牧场、花园和制绳厂”，是城里较新也是较繁荣的区域。北区没有留下这种高大树木的可能性，除此之外，树址位于城里最需要政治培育的地方。北区的工匠、学徒、水手和男孩（街头行动的主要力量）会响应来自较远地方的号令，但南区的人可能不怎么回应北区集会的召集号令。更重要的是，这棵树所在的道路是乡下人在集市日进入城镇的必经之路。[70] 364

其他地方的自由杆完成了部分与自由树相同的职责：它们为庆祝、审议和对抗提供了场所。由于是故意竖立起来的，它们似乎更像是一种“咄咄逼人”的挑衅。即使托利党人称它们为“煽动性的五月柱”，它们与五月柱也几乎没有相似之处。在英国和欧洲大陆，五月柱是季节性的，庆祝春天的来临；而美国的自由杆拔地而起，一年四季都有活动。五月柱通常是一人高的小树；巨大的自由杆则令人敬畏，就像高高的桅杆一样：在海上，桅杆象征着船上官员的威严，而在岸上，自由杆象征着“自由之子”的未来权威。据我们所知，美国的自由杆上没有鲜花环绕，也没有舞蹈相伴。它们是处理严峻政治事务的场所，而不是“嬉戏”之所。福吉谷的欢庆仪式可能是个例外。

也许证明“自由树是一项美国发明”这一假说的证据是反面的：尽管爱国者发表了自由源自英国的所有言论，但似乎没有人声称自由树也来自英国传统。虽然托马斯·哈钦森十分了解他在波士顿目睹的众多政治仪式的英国先例，但也没有为自由树建立这样的联系。在唯一幸存的献礼自由树的演说中，纽波特的一位“自由之子”领导人仅仅宣称，在树下进行的审议将捍卫“我们的父辈在美国树下和旷野中寻求和发现的自由”。[71]

托马斯·潘恩在他的诗歌《自由树》中也没有主张它有英国血统。1774 年，37 岁的潘恩从英国来到费城的时候，非常熟悉英国的政治传统，并且迅速吸收了美国的政治文化。他的诗出现在 1775 年 7 月，也即他开始撰写《常识》的前几个月。《常识》这本小册子极大地迎合了广大读者的情感，于 1776 年 1 月面世。[72]

在《自由树》中（请注意，他使用了一个让人感到亲近的名称，而不是像杰斐逊称呼高贵的“自由之树”），潘恩赞美的与其说是树，不如说是树之品德在美国的具化。他根本没有表达树是从英国传入美国的意思。相反，由“万名仙人”引路的“自由女神”带来了“一根来自天上花园，尚未萌芽的树枝”，把它种在美国，并将其命名为
365 “自由树”。它在这里茁壮成长，而且

它的果实引得周围各族
都来找寻这一和平国度。
他们不在乎彼此不同的种族，
因为自由之人如兄弟一般和睦；
本着同一种精神，他们寻求同一种兄弟手足，
他们的殿堂就是自由树。

可以假定在这个问题上，潘恩可能不是最好的见证人：毕竟，在《常识》中，他试图使美国人摆脱对英国“母国”的感情。然而，潘恩的缄默不容忽视；如果自由树具有英国的传统，难道他不会在诗歌中引用它吗？[73]

甚至可能，美国的自由树是潘恩《常识》的创作灵感之一。在开始几段中，潘恩将一棵树设定为一个场所，人们在这里行使其自然权利，组成政府。“少数人定居在地球上某个隐蔽之所”，他们感到“有必要建立某种形式的政府”，潘恩认为“一些近便的树将为他们提供一个州议会的议场，在其枝下整个殖民地可能聚集在一起讨论公共事务”。这是自由树作为行使直接民主场所的理想形象。这段文字旨在帮助美国人设想自己处于自然状态，将其现有的殖民政府转变为受新宪法管辖的国家——如果他们想要脱离英国，这是必不可少的一步。而这恰恰是使保守派惊慌之处：回归自然状态。似乎是对潘恩的回应，1776 年纽黑文市一首单页诗篇刻上了粗糙的木版画，颂扬“我们的祖先在西方世界栽种宗教和公民自由时所遭受的困难”，画面描绘了男女聚集在一棵像榆树一样的树下，组成他们的政府或他们的教会。[74]

Ⅷ 横渡大西洋：“自由之树”和“红色无檐帽”

我们一直在困惑，18 世纪的最后 25 年，这一组自由的标志——树、杆和帽——到底发生了什么？在美国沿海城市被占领的任何地方，英国军队都会砍伐自由树和自由杆。但是，让我们面对现实：战争结束后，不仅仅是以前的效忠派，就连保守的爱国者领导人都可能 366
会说，“终于摆脱”自由树、自由杆、悬挂蜡像、拆除房屋、涂柏油和粘羽毛，以及印第安人装扮——这一整套群众革命仪式了。让保守派大为震惊的是，18 世纪 90 年代，这些标志在法国大革命以及随后的美国再次出现，这一时期，美国、法国和英国交织在一起的政治历史表明以下方面对这些标志产生了影响：

1. 在美国，“官方”或者主流的大众记忆被抹去。

当精英们试图将激进主义魔仆放回瓶中时，他们要么从公共记忆中抹去自由树和自由杆，要么将自由树从杰斐逊公然反抗不公正当权者的象征转变成庆祝已经赢得的自由的无害比喻。

这个抹除记忆的过程在波士顿尤其明显，因为这个城市有更多的激进主义需要清除。例如，日历中节日的变化清楚地表明，革命中所有群众事件的纪念日都被取消了。1765 年 8 月 14 日“好”暴民的纪念日消失了，之前，“自由之子”将这一天作为自由树的生日，以抹去对 8 月 26 日“坏”暴民的记忆。每年人们会纪念 1770 年 3 月 5 日的波士顿惨案，以警告英国驻军的危险，以及 1773 年 12 月 16 日的倾茶事件，然而这些节日同样消失了。11 月 5 日的教皇节先是在 1774 年被波士顿领导人禁止，然后在 1775 年华盛顿将军禁止他的士兵庆祝这个节日。所有这些节日最后都合并为一个节日，即 7 月 4 日，在安全、正式的室内庆祝美国的独立，而不是美国革命。

1790 年，在波士顿新建的时尚西区的灯塔山山顶树立了一座石碑，这座碑就是记忆抹除的缩影。它 57 英尺的高度隐隐呼应自由杆，但牌匾上用被动语态描述事件，消除了所有人的能动性。上面写着：“1765 年《印花税法案》被通过 / 1766 年《印花税法案》被废除 /1773 年《茶税法案》被通过 /12 月 16 日，茶叶在波士顿被倾毁”。这座城市新的上层精英不希望庆祝群众活动，不管是有组织的还是自发的，非暴力的还是暴力的。[75]

2. 在 18 世纪 90 年代的法国，自由树和自由帽成为法国大革命的主要标志。

在法国，一种更古老的流行文化开始发挥作用，导致象征符号引发的争执比美国更多。用五月柱庆祝 5 月 1 日的传统深深植根于法国乡村文化中，以至于 1790 年当农民发现上缴地主的佃租并不像传闻中那样会被革命废除进而发动暴乱时，他们种植了野生的五月柱。革 367
命当局试图遏制这些五月柱的出现，失败之后又盗用它们。1792 年，国民公会颁布法令，将种植自由树定为正式公民节日的主要特色，到 1792 年 5 月，据说在市中心已种了 6 万棵自由树。在美国，自由树和自由杆代表了对政府的蔑视与反抗，革命领导人试图控制它们，而在法国，革命政府对群众抵抗运动的标志进行调节和驯化。市民种植的树木都是树苗，几个人就可以栽种，但伴有正式的游行和官方的隆重仪式。艺术家有时描绘男女在树下欢快地跳舞，唱着“卡马尼奥拉”（La Carmagnole）——这是五月柱庆祝仪式的遗绪，为大革命所吸纳。[76]

下面让我们开始探讨“红色无檐帽”，一种顶部可以翻转的软布帽。法国艺术家经常把杆上的自由帽与美国革命联系起来。1792 年，革命政府采用了这一形象作为革命的官方“印章”：一个穿着典雅、头发飘飘的妇女手持一根手杖，杖上有顶帽子。不过在那之前，自由帽已经象征性地跳下了手杖而戴在了法国的自由树或自由杆上。人们也戴它，就像工人的绒线帽一样，巴黎那些激进的无套裤汉*和女人都戴着它。巴黎妇女在凡尔赛宫与路易十六对峙时，强迫他戴上一顶红帽子。“玛丽安娜”（Marianne），一位头戴红帽的法国妇女成为革

* 18 世纪末法国大革命时期对广大革命群众流行的称呼，主要为城市劳动者。——译注

命的视觉标志。所有这些象征主义新闻都通过生动的报纸报道传给了美国广大读者。“红色无檐帽”成为法国民众革命的缩影。[77]

3. 在英国，自由树和自由帽与法国大革命的关联如此紧密，以至于它们成为谋叛和弑君的象征。

18 世纪 90 年代初期，托马斯 · 潘恩的小册子《人的权利》在成千上万人中流传开来后（潘恩于 18 世纪 80 年代后期返回英国），一场倡导共和改革的新兴运动在全国蓬勃展开，它扎根于受人尊敬的伦敦工匠团体。英国共和主义者拥护法国大革命，但是当历史学家 E.P. 汤普森称它是一个“栽种自由树”的时代时，用的是比喻。正如历史学家詹姆斯 · 爱泼斯坦（James Epstein）所写的，改革者“面临不断的骚扰和被指控的威胁”，“经常被剥夺使用正式和非正式公共场所的
368 权利”。1792 年，谢菲尔德的共和主义者在 5000 人的游行中举着的横幅正是这种压迫的一个象征：“自由杆折断在地，上面写着‘真相就是中伤’。”（潘恩现在逃到法国以躲避指控。）共和主义者之间可能流行托马斯 · 斯彭斯（Thomas Spence）的代币，在硬币上，英国人围着顶有自由帽的自由杆跳舞，共和主义者烈士可能会带着一棵小自由树走向他的审判，但是正如伦敦通讯协会（London Corresponding Society）所说，政府官员“已砍倒自由之树，只留下树桩，但并没有将它砍死”。这棵树在苏格兰和爱尔兰的共和主义者中间更加公开地成长起来。[78]

4. 这些标志在 18 世纪 90 年代反对占统治地位的联邦制政权的民众运动中得到复兴。

它首先出现在 1793 年庆祝法国大革命的活动中，后来出现在 1794 年宾夕法尼亚一次农民叛乱中，然后在 1798—1800 年全国范围

内抗议压迫性的《外侨和谋叛法》运动中出现。

对于民主共和党人来说——当时作为执政的联邦党的对立党而出现——法国大革命实现了他们认为被联邦党人背叛的美国革命的理想。例如，在纽约的奥尔巴尼，法国革命者被誉为“法国的自由男孩”；在波基普西市，一座插着法国和美国国旗的凉亭上写着“纪念法国的自由树”。自由树的遗迹无论在哪里保有它鲜活的记忆，共和党人都会向它致敬，例如，1793 年波士顿庞大的庆祝游行队伍在它的树桩旁驻足；费城接待“公民”热内的晚宴上，法国新任大使将一棵小自由树放在头上，然后将之沿着桌子传送。[79]

不过，在庆祝法国大革命时，象征标志尤其体现在服饰上。让我们看看在美国作为实物的自由帽。人们应该记得，在美国独立战争之前和战争期间，手杖上的帽子在印刷文化中是非常普遍的。现在，帽子本身已经脱离手杖单独存在于公共场合。它似乎带有嘲弄意味被放在某个公共场所，例如商人的咖啡馆，或者可能被雕刻在木头上，或者放在自由杆上。人们也戴它，但是有多普遍，我们不清楚。在费城，有些女人戴着帽子或法国头巾。更为普遍的是，法国大革命的支持者戴着三色帽徽——红、白、蓝三色缎带制成的玫瑰形饰物——男人把它别在帽子上，女人则别在衣服上，这促使他们的反对派联邦党人戴起黑色的帽徽。帽子现在与一个象征性的女人形象产生关联，变 369
得无处不在。新的美国女性形象代替了印第安女子，那是一位衣着典雅的女性，通常被称为“自由”“自由女士”“自由女神”或“哥伦比亚”，通常情况下，她的背景中都有一根顶着自由帽的手杖。美国造币厂发行的以“自由”为格言的硬币，印有一个女人的头像，飘扬的头发上戴着帽子，或者印有一个自由杆上的帽子。水手们在自己的身上文有“自由”女像、自由帽或自由树。[80]

如果说自由帽出现在庆祝氛围中，那么自由杆则以挑衅姿态回归。宾夕法尼亚西部的农民在被误称的威士忌叛乱中抗议征收消费税，在抗议中，他们恢复了美国独立战争时期的全部仪式：抹黑自己的脸，给收税官涂上柏油、粘上羽毛，并竖起自由杆。一名小酒馆老板在一次对反叛者的审判中做证说："所有人都说上次战争中人们立起了自由杆，现在也应该立起来。"正如一位现代历史学家描述的那样，在诺森伯兰县的迪尔斯镇，200 到 300 名居民聚集在一起，"投票表决是否立起一根自由杆，悬挂在杆子上的旗帜应采用什么口号（他们同意'自由、权利平等、更换部门、没有消费税'），谁应该进入林地砍伐树木"，以及"谁将挨家挨户让人们签署请愿书"。在富兰克林县，500 名民兵驾着装满木材的马车穿过该县去架设自由杆。虽然这一民主起义被美军镇压，但是它的象征意义却永存：1801 年在起义被镇压的中心城市匹兹堡，一家报纸取名为《自由之树》（*The Tree of Liberty*）。[81]

宾夕法尼亚的起义发生在政治体系之外。在 1798 年至 1800 年，民主共和党，政治体系内的第一个反对党，为了抵抗压制他们的《外侨和谋叛法》而立起了自由杆。在新英格兰、纽约、宾夕法尼亚和新泽西，以及在南部和边疆地带，自由杆到处都是，比 18 世纪 70 年代多得多。它们再次成为斗争的焦点：联邦党人将其砍伐或烧毁。自由杆公然具有了党派性质。在马萨诸塞戴德姆市，即革命战争时期的自由杆之乡，一个叫大卫·布朗的巡回煽动者帮助城镇居民搭建起一根自由杆，上面题有充满激情的词语："无《印花税法案》/ 无《谋叛法》/ 无《外侨法》/ 无土地税 / 美国专制者覆灭 / 总统（亚当斯）和平退休 / 副总统（杰斐逊）万岁。"为此，联邦党人指控布朗犯有煽动
370 叛乱罪（指控之一是煽动人们搭建自由杆），罚款 480 美元，并入狱 18 个月。在纽约市，针对主要共和党报纸发行人安·格林利夫（Ann Greenleaf）的一项指控是，他倡导搭建自由杆。

随着1800年大选临近，共和党人将自由杆用于选举。例如，在长岛的布里奇汉普顿，他们立起了一根76英尺高的自由杆，唱着“著名的自由树之歌”，并向“自由之树”和副总统托马斯·杰斐逊致敬。杰斐逊在1801年选举获胜后，他在费城的共和党支持者们扛着自由杆，戴着自由帽游行；他们还种下自由树。共和党人从查尔斯顿向杰斐逊总统送去了一根用英军砍下的自由树的根部雕刻而成的手杖头。[82]

十年中，自由杆复兴的结果是恢复了它们在美国革命中的本来意义——象征着对不公正法律的蔑视。但是对于联邦党人以及各地的精英来说，法国大革命取代了马萨涅诺、凯特和凯德的地方叛乱，成为大众革命恐惧的象征。从长远来看，美国象征物与法国大革命之间的联系可能是造成它们被错置的原因。

Ⅸ 创造的历史：消失的生殖器

如果自由树是在美国革命中发明的，如果自由树和自由帽成为法国第二次革命的标志，那么，我们是否应该对它们的起源有多个彼此竞争的发明的历史感到惊讶？在美国，对于联邦党人来说，民主共和党人采用这些标志就证明他们是“法国化的”和“雅各宾派的”政党。对联邦党人来说，自由树、自由杆和自由帽是法国的。1798年，当联邦党人的鹰派分子大肆鼓吹并不存在的法国入侵美国的威胁时，他们将这些自由杆称为“谋叛杆”或“谋叛五月柱”。相比之下，知道一些历史的“老式共和党人”则辩解道，“竖立自由杆是有益的做法”，杆子上有“古典悠久的象征自由的自由帽”。[83]

在不列颠诸岛，共和党人意识到自由正在从新世界传递到旧世界：托马斯·潘恩就是一个活生生的例子，共和制在美国的成功就是他的书《人的权利》的主题。英国的保守派虽然非常清楚自由的“蔓
371 延”来自美国，但他们选择用更容易被妖魔化的法国大革命来抹黑潘恩的追随者。他们把这三个标志——树、杆和帽——称为法国人的发明。另一方面，在爱尔兰，激进的爱尔兰人联合会是公开的亲法者，有一部教义问答总结了一个跨大西洋的不同版本：

> 你手里拿的是什么？
> 一根绿色的树枝。
> 它最初长在哪里？
> 在美国。
> 它在哪里萌芽？
> 在法国。
> 你要把它种在哪里？
> 种在大不列颠的王冠上。[84]

在法国，政府将自由树从农民叛乱的象征转变成向革命宣誓效忠仪式的中心标志。作为国民公会代表的亨利·格雷戈尔（Henri Grégoire）也据此修改了他的正史。他淡化了自由树源自乡村五月柱的说法。按照他的观点，当法国的五月柱“从英国传入特拉华的海岸，在那里重新发现其最初的尊严”，并且“在每个社区再次成为市民聚集的标志”之时，它获得了新生——换句话说，格雷戈尔认为美国的自由树才是法国官方公民节日的始源。[85]

乔尔·巴洛，一名康涅狄格的新英格兰人，因其慷慨激昂的反对君主制的小册子和诗歌而被法国誉为“公民巴洛”。在他看来，自由树并非源自法国，而是源自生殖器。巴洛是两次革命的见证者，也

是18世纪90年代杰斐逊、格雷戈尔和潘恩在法国的朋友，他在古代神话中发现了这棵树的起源。[86] 在担任美国驻阿尔及尔领事时，巴洛发现了埃及神话，后者成为他的简短手稿《自由树宗谱》（Genealogy of the Liberty Tree）的基础。他将自由树的起源追溯到埃及的奥西里斯（Osiris）寓言，即太阳神，太阳神被黑暗的力量堤丰（Typhon）砍死，其生殖器被抛入尼罗河，成为河谷的肥沃之源。为了庆祝河谷的肥沃，人们"制定一个隆重的节日，在节日里，人们举着坚挺的生殖器游行"。后来在罗马，这个神成为"'自由'（Liber），如此一来，生殖器成为'自由'的象征"（人们在春分的一个节日中庆祝，该节日最终成为五朔节）。[87] 372

巴洛写道，很久以来，"人们都忘记了庆祝习俗的最初之物，生殖器没有了睾丸，多个世纪以来只剩下一根简单的杆子"。在英国，五月的嬉戏活动"已获得了'五月柱'或'自由杆'的名称"。当"自由杆传到美国时，它变得更为庄严神圣；它成为巨大的桅杆，无论哪一天，人们都可以在地上立起一根，作为政治自由的坚实象征"。然后，巴洛写道，它"重新越过大西洋"，以自由树的形式在法国种植。巴洛在后记中指出，在罗马用来承认奴隶获释的自由帽，与自由树具有相同的起源：它是"阳物的头，自由的象征"。

巴洛的"生殖器激进主义"是严肃的研究，还是色情笑话？历史学家西蒙·沙玛问道。据我们所知，巴洛从未公开发表过他的生殖器理论（也没有将其运用到其美国史诗中）。如果将其发表，他可能会在启蒙知识分子自由不羁的高级文化和粗俗的平民文化中都获得共鸣。正如我们已经指出的，克里斯托弗·希尔称英国乡村的五月柱为"生殖崇拜五月柱"，把五朔节看作性自由的日子。如果要追溯其谱系，那么最令人震惊的是导致法国王室倒台的政治色情，或者1787年美国政治辩论中广泛流传的讽刺——他们把拟议通过的《宪法》比作一条紧绷的新马裤，这条马裤“阴谋限制我大腿、膝盖和腰部的自由”。埃里克·斯劳特认为巴洛的“谱系”“从学术上证明了自由与生殖器之间的常见关联”。沙玛写道，巴洛在回答自己的问题时，“希望在自然崇拜中寻找美国和法国革命中最重要的自由象征之根源”，这将使“人们对自由的渴望不仅是一种现代思想，而且是古老的不可抗拒的本能，一种真正的自然权利”。[88]

X 失于美国：“世界永远不会忘记”

历史学家迈克尔·卡门（Michael Kammen）在追溯两个世纪以来
美国人记忆的变化轨迹时，提出了两种公众记忆：“主流记忆（或者
主流集体意识）”和“其他记忆（通常是次级的记忆）”。第一种记忆
373 对应的是“官方”记忆，第二种对应的是“大众”记忆，尽管通常情
况下二者之间没有“明显的分别”。官方记忆中，在19世纪，作为
美国象征的“自由树枯萎了”，正如文化历史学家约翰·海姆（John
Higham）所说的。虽然自由树无法同代表国家象征的“更加有力”
的鹰竞争，但是在大众记忆中，自由树、自由杆和自由帽等象征依然
保持生机。[89]

关于原来的自由树，似乎只有安纳波利斯的校园中的那棵活到了20世纪并且享有盛名。19世纪遍布新英格兰和中西部的高大的榆树并没有唤起人们对它们的波士顿著名“祖先”的公众记忆。随着越来越多的自由杆腐朽损坏，一些被取而代之，一些在其遗址上做了标记。从佛蒙特“自由杆”城移民过来的新英格兰人，把他们在威斯康辛的新城称为“自由杆”。地图上还有其他以“自由”为名的地名。政治党派在选举活动中会利用自由杆，马克·吐温这样描写《哈

克贝利·费恩历险记》中的人物，“他挺直身板，就像自由杆一样”。自由帽也是如此：在早期漫画中，作为国家新象征的“山姆大叔”戴着一顶自由帽。不过，将会在革命时代带上神话色彩的唯一一棵树是，儿童时代的乔治·华盛顿在帕森·威姆斯的虚构传记中砍倒的樱桃树。[90]

作为一种比喻，自由树主要在那些被剥夺了自由的人中获得了新生。当 18 世纪 90 年代圣多明戈奴隶起义的领导人杜桑·卢维杜尔（Toussaint L’Ouverture）被法国人投入监狱时，他在 1802 年的告别语是：“当你推倒我时，你只是砍倒了圣多明戈自由树的树干。它还会再次生长，因为它们的根又多又深。”这句话在美国自由黑人社会中成为常用语：在社交活动的祝酒词中、在诗歌中、在非裔美国人报纸的通讯和文章中，包括在弗雷德里克·道格拉斯（Frederick Douglass）的报纸上。

自由帽也作为奴隶解放的象征重新出现，这正是它最初的经典含义。在费城图书馆公司挂着一幅巨大的油画，《美国的天赋》（*The Genius of America*），画上一个穿着典雅的妇人拿着一根顶端挂着白色自由帽的手杖，欢迎背景中的一群被解放的奴隶，他们正绕着一根自由杆跳舞。[91] 查尔斯顿要求奴隶佩戴一个写有“仆从”的金属徽章，但用在手杖上挂着的一顶自由帽作为自由黑人的徽章，上面写着“自由”。蓄奴者毫不怀疑，自由帽在奴隶中引起了共鸣。1855 年，当美 374
国政府委派雕塑家托马斯·克劳福德（Thomas Crawford）在新的国会大厦圆顶上竖立一个女性“自由雕像”时，战争部长杰斐逊·戴维斯（Jefferson Davis，后来的美利坚邦联首脑）介入，阻止了他在女神雕像上戴上自由帽（她戴的是一顶有印第安头巾的头盔）。内战期间，自由帽与统一大业联系在一起。女性主义领袖夏洛特·珀金斯·吉尔曼（Charlotte Perkins Gilman）回忆，1868 年，当她还是一个孩子的时候，在去观看退伍士兵为支持尤利西斯·格兰特（Ulysses S. Grant）而举行的一场火炬选举游行时，她穿得就像“自由女神——才八岁！白色裙子、自由帽、自由杆”。[92]

在19世纪的前50年，波士顿继续向自由树遗址致敬。在1824年的美国之行中，“两次革命的英雄”拉法耶特侯爵在遗址处驻足，在欢呼的锣鼓声中，向树木发表了令人动容的敬辞：“世界永远不会忘记自由树曾经伫立的地方，它在你们的历史中如此著名。”然而，波士顿人却忘记了。遗址上后来的建筑相继采用了这个名字，直到现在，它的正门上装饰的还是由19世纪50年代两个船舶雕刻师制作的榆树的木头浅浮雕。但是在一个上层精英有意忘记革命激进一面的城市，这些不足以令记忆长存。新英格兰历史上的文学家也没有给予这棵树应有的公正。纳撒尼尔·霍桑在为儿童写的“祖父故事”中，把他的叙述者从“树下年轻热烈的人民”中脱离出来。在他令人沉思的故事中，他追溯了麦里山五月柱的历史，讽刺了具有偏见的清教徒祖先。但是在他的著名短篇小说《我的堂叔，莫利纳上校》（*My Kinsman, Major Molineux*）中，霍桑描述了波士顿一次涂柏油、粘羽毛的活动，就像噩梦一样，他没有提到自由树，而自由树通常是此类事件中的必经之地。诗人朗费罗只敬重“开满鲜花的栗树”，“铁匠站在树下”。[93]

波士顿的艺术家做得也不怎么样：在关于城市的历史书中，插图画家们不是把大榆树画成只有几个路人路过的小树，就是把树放在空无一人的景观中——彻底擦除了革命中的“暴徒”。纽约的艺术家正好相反，他们恢复了他们城市中的自由杆：有人画了一个强壮的技工举着一根巨大的桅杆，旁边的贵族小姐和绅士惊恐地看着他；另一个人则捕捉了发生在自由杆下的士兵和穿“皮革围裙”的人之间的对抗。[94]

在 19 世纪晚期的阶级对抗中，与法国大革命相关的象征没有保留下来。对保守派而言，欧根 · 德拉克洛瓦（Eugene Delacroix）《自由引导人民》画中的玛丽安娜，站在 1830 年起义的巴黎街垒中，袒露胸膛，头戴自由帽，成为令人恐惧的革命象征。因此，到 19 世纪 375
70 年代，当弗雷德里克 · 巴托尔迪（Frederic Bartholdi）在巴黎雕塑自由女神像，作为法国送给美国的礼物时，他知趣地没有把“红色自由帽”戴在女神头上（取而代之的是一顶典雅的王冠）。作为历史学家的西奥多 · 罗斯福（Theodore Roosevelt）总统憎恶法国大革命，因此否决了把自由帽作为美国硬币图案的提议，认为“不能戴，世界上也从来没有任何自由人戴过”自由帽，这只暴露出他的无知。就这件事而言，美国的劳工运动在 19 世纪 80 年代选择 5 月 1 日作为“劳动节”，似乎没有意识到那一天的历史传统。[95]

到 20 世纪，在“主流”或者“官方”的公众记忆中，对自由树和自由杆的视觉呈现是很少的，对自由帽更是没有。例如，托马斯 · 哈特 · 本顿（Thomas Hart Benton）在他的壁画中融入了如此之多的大众历史场景，却没有画过任何自由树。直到 1933 年，著名的墨西哥壁画家和共产主义者迪亚哥 · 里维拉（Diego Rivera）才把自由树下的《印花税法案》抵制运动放入了一组美国历史壁画中，同时还在壁画中放入了涂柏油、粘羽毛、托马斯 · 潘恩、谢司叛乱和杰斐逊 1787 年信件 *，壁画被装进了可移动框架中，后来当里维拉的另一幅藏于洛克菲勒中心的更加有名的壁画——列宁像被洛克菲勒家族下令撕毁的时候，这幅壁画也丢失了。[96]

20 世纪 70 年代中期，在庆祝美国革命两百年的喧闹声中，一位

---

* 指杰斐逊 1787 年 11 月 13 日致威廉 · 史蒂芬森 · 史密斯（William Stephens Smith）的书信，信中有其名言“自由之树必须经常用爱国者和专制者的鲜血浇灌”。——译注

著名历史学家提出的“是时候重拾我们的高贵之树”的请求没有激起多少波澜。约翰·海姆认为，作为“自然与社会潜在和谐的象征物”，自由树“代表了一种对生态负责的爱国主义”，“树枝与树干之间的关系意味着统一与多样的融合，这就是美国的天赋”。政府在 13 美分的印花上刻印了自由树（最近又在 25 美分硬币上印了它）。但是在 600 页的遗址简编中，只列出了一处自由杆（在新泽西）和一处自由树（在安纳波利斯）。正如内战前一样，这一象征再次主要以“次级”记忆复活。一个“新左”学生团体支持马萨诸塞一家工厂的罢工，他们画了一幅自由树的海报，标题是“反抗中的老根和新根”（Old Roots, New Roots in Rebellion）。1976 年 7 月 4 日，在佛蒙特的格拉夫顿，国际知名的“面包和木偶马戏团”（Bread and Puppet Circus）创立了一个巨人木偶节，木偶戴着自由帽，绕着自由杆跳舞（第二年，马戏团上演了马萨涅诺的故事）。20 世纪 80 年代，当一种抗病榆树的种
376 植取得进展以后，环保主义者发起了种植几十万棵美国自由榆树的活动。[97]

在波士顿，开篇提到的自由树遗址不只是不在其 50 年代兴建的著名的自由之路上，就连小道地图上也没有标注它的位置。路边的一个青铜牌匾注明了它曾经矗立的地方，如果你仔细看看街对面政府大楼第二层，会发现自由树浅浮雕还在那里。20 世纪 70 年代，波士顿对该地区进行了重新分区，允许色情商店和脱衣舞俱乐部营业，因此实际上注定了该遗址无法成为旅游胜地。具有讽刺意味的是，“自由树二级成人娱乐中心”（Liberty Tree II Adult Entertainment Complex，现在没了）在它的大门上方立起了一个自由树复制品（是不是可以说，它不知不觉中回应了乔尔·巴洛对自由树始于生殖器崇拜的说法）。最近几年，一个小乐队试图唤起人们对自由树的记忆。波士顿承诺在一小块地上建一个迷你公园，种一棵榆树，立一块保罗·里维

尔在 1766 年设计的方尖碑复制品。我曾看见过建筑师的公园设计图，希望我的孙辈有一天能在其中散步。[98]

如果在怀有历史意识的波士顿，历史的守护者都没有保护自由树，还能责备其他地方吗？如果你在谷歌上搜索“自由树”或“自由之树”，你会发现上万条结果，但你也会一边浏览一边感到奇怪，这就是两次革命的象征吗？你还可以购买以它为名的商品。在迪士尼乐园的魔法王国，你能参观“自由树酒馆”外面一棵饰有 13 只闪亮灯笼的树，在那里，一边享受着新英格兰菜式的午餐，一边观看米妮、高飞或布鲁托*。你还可以访问数不清的右翼网站和书店，如果你乐意，还能从其中一家购买印有杰斐逊话的 T 恤，“自由之树必须经常用爱国者和专制者的鲜血浇灌”——也就是说，如果你不介意穿一件蒂莫西·麦克维（Timothy McVeigh）在炸毁俄克拉荷马城联邦大楼那天穿的 T 恤的话。[99] 对美国革命的商业化、庸俗化以及被恐怖主义行为用作挡箭牌的误读——这个国家为其未能认识自由树付出了多大的代价，而自由树又激发了美国革命的众多不同行动者和影响者：艾比尼泽·麦金托什、九人团、“自由之子”、塞缪尔·亚当斯、约翰·亚当斯、约翰·汉考克、托马斯·潘恩、托马斯·杰斐逊、拉法耶特——在我们需要你们的时候，你们在哪里？ 377

注释

1. 本文一开始是提交给 2003 年 9 月纽波利图书馆“Early American History and Culture”研讨会的论文，后来在 2004 年 10 月作为匹兹堡大学“E.P. 汤普森讲座”和 2005 年 3 月哈佛大学查尔斯·沃伦中心（Charles Warren Center）研讨会的论文。感谢会议参加者对本文的评论。如果没有 J.L. Bell 和 Eric Slauter 对现代数字化资源的研究，我将无法扩展波士顿内外的自由树和自由杆的知识，非常感谢他们两人。我在完成 2004 年的文稿之后，又得益于

---

* 都是迪士尼世界中的卡通人物。——译注

David Hackett Fischer 的著作 *Liberty and Freedom: A Visual History of America's Founding Ideals* (New York, 2005)，他在书中收集了美国历史上的大量无主珍宝。书的前两章讨论了革命时期的自由树和自由杆。David Hackett Fischer 慷慨地分享了他的文献，并且与我对话，讨论我们两人不同的理解。

对于本文几次修改稿的批评，我要感谢 J. L. Bell, Samuel Kinser, Greg Nobles, Eric Slauter, David Waldstreicher 和 Walter H. Wallace。对那些分享他们的知识或者回答我的问题的专家，我非常感激，他们是：Roger D. Abrahams, John K. Alexander, Michael Bellesiles, Ira Berlin, Marty Blatt, Terry Bouton, Douglas Bradburn, Bruno Cartosio, David Corrigan, Seth Cotlar, Edward Countryman, S. Max Edelson, James A. Epstein, Matthew Greif, Tobie Higbie, 已故的 John Higham, Wythe W. Holt Jr., Woody Holton, Thomas Humphrey, Benjamin Irvin, Rhys Isaac, Mark Jones, Mitch Kachun, Harvey Kaye, Kevin Kelly, Eric Kimball, Bruce Laurie, Staughton Lynd, Brendan McConville, Mikal Muharrar, Carla Mulford, Bruce Nelson, Simon P. Newman, George Quintal, Ray Raphael, Marcus Rediker, Rainey Tisdale, Richard Twomey, Susan Wilson, Andy Wood, Elizabeth Young 和 Michael Zuckerman。

2. Arthur M. Schlesinger Sr., "Liberty Tree: A Genealogy," *New England Quarterly* 25 (1952): 435-58; Schlesinger, *The Colonial Merchants and the American Revolution* (New York, 1918), 及 *New Viewpoints in American History* (New York, 1926), chap. 7; 比较阅读 Schlesinger, *Prelude to Independence: The Newspaper War on Britain, 1764-1776* (New York, 1957)。有关历史编纂学的分析，见 Alfred F. Young, "American Historians Confront 'The Transforming Hand of Revolution,'" in Ronald Hoffman and Peter J. Albert, eds., *The Transforming Hand of Revolution: Reconsidering the American Revolution as a Social Movement* (Charlottesville, Va., 1995), 346-492。
3. "Boston c. 1775," in Lester J. Cappon, ed., *Atlas of Early American History: The Revolutionary Era, 1760-1790* (Princeton, N.J., 1976), 9. John Rowe, *Letters and Diary of John Rowe, Boston Merchant, 1759-1762, 1764-1779*, ed. Anne Rowe Cunningham (Boston, 1903), 88. 有关该地区及详细地图，见 Anne H. Thwing, *The Crooked and Narrow Streets of the Town of Boston, 1630-1822* (Boston, 1929), sec. 3; Walter Whitehill, *Boston: A Topographical History* (Cambridge, Mass., 1959), 22。
4. Edmund S. Morgan and Helen Morgan, *The Stamp Act Crisis: Prelude to Revolution* (New York, 1963), chap. 5. 本文前三部分，我利用了以下学术成果：Young, *The Shoemaker and the Tea Party: Memory and the American Revolution* (Boston,

1999), 以及本书的论文 2 和论文 3。有关波士顿街头政治最权威的记录，见 Dirk Hoerder, *Crowd Action in Revolutionary Massachusetts, 1765-1780* (New York, 1977), 及其论文："Boston Leaders and Boston Crowds, 1765-1776," in Young, ed., *The American Revolution: Explorations in the History of American Radicalism* (DeKalb, Ill., 1976), 233-71。更多的背景资料，我尤其借鉴了 Gary Nash, *The Urban Crucible: Social Change, Political Consciousness, and the Origins of the American Revolution* (Cambridge, Mass., 1979)。Robert Blair St. George, *Conversing by Signs: Poetics of Implication in Colonial New England Culture* (Chapel Hill, N.C., 1998), 192 (靴子)。

5. 关于教皇节，我参考了自己的文章，"Pope's Day, Tar and Feathers and Cornet George Joyce, Jr.: From Ritual to Rebellion in Boston" (给 Anglo-American Labor Historians Conference 提交的论文，Rutgers University, 1973); 同时参考 Peter Benes, "Night Processions: Celebrating the Gunpowder Plot in England and New England," in Peter Benes and Jane M. Benes, eds., *New England Celebrates: Spectacle, Commemoration, and Festivity* (The Dublin Seminar for New England Folklife Annual Proceedings，2000), 9-28; Francis D. Cogliano, *No King, No Popery: Anti-Catholicism in Revolutionary New England* (Westport, Conn., 1996); Brendan McConville, "Pope's Day Revisited, Popular Culture Reconsidered," *Explorations in Early American History* 3 (2000): 258-80; Wojciech Dadk, "Pope's Day in New England," *Revere House Gazette* 73 (2003): 1-3。学者至今尚未使用过的当时一位艺术家的描写，见 J. L. Bell, "Du Simitiere's Sketches of Pope Day in Boston, 1767," in Peter Benes, ed., *The Worlds of Children* (The Dublin Seminar，2004), 207-15。
6. 有关 1765 年 8 月 14 日的事件，见 Francis Bernard to Earl of Halifax, August 15,16,1765, Sparks Mss. IV, Letterbooks 137-41,141-43, Houghton Library, Harvard University; Malcolm Freiberg, ed., "An Unknown Stamp Act Letter," August 15, 1765, *Proceedings of the Massachusetts Historical Society* 78 (1967): 138-42; Cyrus Baldwin to his brother, August 15, August 19, 1765, Misc. Bound Mss., Massachusetts Historical Society; Peter Oliver, *Peter Oliver's Origin & Progress of the American Revolution: A Tory View* ed. Douglass Adair and John A. Schutz (Stanford, Calif., 1961), 50-55。标准的记录，见 Morgan and Morgan, *The Stamp Act Crisis*, chap. 8, 及 Merrill Jensen, *The Founding of a Nation: A History of the American Revolution* (New York, 1968), part 1; Hoerder, *Crowd Action*, chap. 3。
7. Edward P. Thompson, "Rough Music," in Thompson, *Customs in Common* (London,

1991), 514-15; 同时见 William Pencak, "Play as Prelude to Revolution: Boston, 1765-1776," in William Pencak, Matthew Dennis, and Simon P. Newman, eds., *Riot and Revelry in Early America* (University Park, Pa., 2003),125-55, 一篇内容丰富的文章。有关美国节日活动的视角，见 David Waldstreicher, *In the Midst of Perpetual Fetes: The Making of American Nationalism, 1776-1820* (Chapel Hill, N.C., 1997), chap. 1。

8. *Boston Gazette*, September 26, 1765.

9. 有关这些事件，见 Hoerder, *Crowd Action*, chaps. 2, 3; *Boston Gazette*, May 25, 1766 (庆祝), March 5, 1770 (赛德尔的葬礼)。关于旗帜，见波士顿人协会收藏品经理 Rainey Tisdale 举办的展览: "Everything We Know about the Liberty Tree Flag"。还要感谢 Tisdale 为我提供有关树上悬挂的灯笼的文档信息。同时见: Richard H. Gideon, "The Flags of the Sons of Liberty," http://www.americanvexillum.com/flags (January 2003)。

10. Oliver, *Origin & Progress*, 54; Hoerder, *Crowd Action*, 130 (审判); 有关"自由厅", 见 Rowe, *Letters and Diary*, 172, 及 Thomas Hutchinson, *History of the Colony and Province of Massachusetts-Bay*, ed. Lawrence Mayo, 3 vols. (Cambridge, Mass., 1938), 3:138。

11. 有关"自由之子"领导人的社会组成，见 Pauline Maier, *From Resistance to Rebellion: Colonial Radicals and the Development of American Opposition to Britain, 1765-1776* (New York, 1972), 297-312; 及 William Pencak, *War, Politics, & Revolution in Provincial Massachusetts* (Boston, 1981), chaps. 8, 9。有关被低估的商人的角色，见 John W. Tyler, *Smugglers and Patriots: Boston Merchants and the Advent of the American Revolution* (Boston, 1986); Charles W. Akers, *The Divine Politician: Samuel Cooper and the American Revolution in Boston* (Boston, 1982), 该书研究的是波士顿最富有教会的牧师。

12. Thomas Hutchinson to Thomas Pownall, March 8, 1766, Hutchinson Mss. Massachusetts Archives, vol. 26, 我在马萨诸塞历史学会读到了它的几份打印稿。关于哈钦森的论文，见 Bernard Bailyn, *The Ordeal of Thomas Hutchinson* (Cambridge, Mass., 1974), 409-12。

13. 有关本段及下面一段中 8 月 14 日和 8 月 26 日的事件，见 n.6 和 n.15 中的文献。Freiberg, ed., "An Unknown Stamp Act Letter," 重印了一篇关于修复树上蜡像的不知名文献; 有关麦金托什的酒宴，尤其见总督弗朗西斯·伯纳德的信件，在 n.15 和 n.16 中被引用。

14. Henry Bass to Samuel P. Savage, December 19, 1765, *Proceedings of the Massachusetts Historical Society* 14 (1910-11): 688-89; 有关塞缪尔·亚当斯，见

Pauline Maier, *The Old Revolutionaries: Political Lives in the Age of Samuel Adams* (New York,1980), chap. 1, 及 John K. Alexander, *Samuel Adams: America's Revolutionary Politician* (Lanham, Md., 2002)。有关波士顿的爱国组织，见 Richard D. Brown, *Revolutionary Politics in Massachusetts: The Boston Committee of Correspondence and the Towns, 1772-1774* (New York, 1970)。

15. 关于 8 月 26 日的事件，见 Thomas Hutchinson to Richard Jackson，August 30, 1765, Massachusetts Archives, vol. 26:146-47, 重印于 Edmund S. Morgan, ed., *Prologue to Revolution: Sources and Documents of the Stamp Act Crisis, 1764-1766* (Chapel Hill, N.C., 1959), 108-09; Hutchinson, *History of Massachusetts-Bay*, 3:89-93; Hutchinson to Henry Seymour，October 1,1765, Conway Ms., Massachusetts Historical Society; Governor Francis Bernard to the Earl of Halifax, August 31, 1765 (British Public Record Office, C.O. 5/755), 重印于 Merrill Jensen, ed., *English Historical Documents: American Colonial Documents to 1776* (New York, 1955); Bailyn, *Ordeal of Thomas Hutchinson*, chap. 2; St. George, *Conversing by Signs*, chap. 3, "Attacking Houses"; Tyler, *Smugglers & Patriots*, 60-63。

16. Francis Bernard to Earl of Halifax, September 7,1765, Bernard Papers, IV, 158ff., 转引自 Bailyn, *Ordeal of Thomas Hutchinson*, 37n。有关社会背景，见 Nash, *Urban Crucible*, chaps. 7, 9,12; James Henretta, "Economic Development and Social Structure in Colonial Boston," *William and Mary Quarterly*, 3rd ser., 22 (1965): 75-92; 及 Alan Kulikoff, "The Progress of Inequality in Revolutionary Boston," *William and Mary Quarterly*, 3rd ser., 28 (1971): 375-412。关于水手，见 Jesse Lemisch, "Jack Tar in the Streets: Merchant Seamen in the Politics of Revolutionary America," *William and Mary Quarterly*, 3rd ser., 25 (1968): 371-407; 及 Marcus Rediker and Peter Linebaugh, *The Many-Headed Hydra: Sailors, Slaves, Commoners, and the Hidden History of the Revolutionary Atlantic* (Boston, 2000), chap. 7。

17. 关于激进的辉格党策略和标语，见 Maier, *From Resistance to Rebellion*, 123-24 及其他各处 ; John Adams "Case No. 64 Rex v. Weems," December 4, 1770, in L. H. Butterfield, ed., *The Legal Papers of John Adams*, 3 vols. (Cambridge, Mass., 1965), 3:266。"Teague" 是对爱尔兰人的贬称。

18. 关于本段以及下面两段，见 William Gordon, *The History of the Rise, Progress, and Independence of the United States*, 4 vols. (London, 1788), 1: 230-35; Hoerder, *Crowd Action*, 158-59,164-70,170-76; D. H. Watson, ed., "Joseph Harrison and the Liberty Incident," *William and Mary Quarterly*, 3rd ser., 20

(1963): 589-94; George G. Wolkins, "The Seizure of John Hancock's Ship 'Liberty,'" *Proceedings of the Massachusetts Historical Society* 55 (1921-22): 239ff。

19. 见论文 1 和 Young, *Shoemaker and the Tea Party*, 42-51。
20. 关于 1769 年名单上的 345 位赴宴者，见 Hoerder, *Crowd Actions,* 138-40。他称"自由之子"为"1768 年后中间阶级餐饮俱乐部"。关于倾茶行动，见 Young, *Shoemaker and the Tea Party*, 40-45, 99-107; Benjamin W. Labaree, *The Boston Tea Party* (New York, 1964), chap. 7。
21. Young, *Shoemaker and the Tea Party*, 92-98.
22. 关于工匠和自由树，见 Young, *Shoemaker and the Tea Party*, 54; 关于惨案之夜的行动，见 Edward Payne, "Affidavit No. 56," in *A Short Narrative of the Horrid Massacre* ... (Boston, 1770); 关于牺牲者，见 Hiller B. Zobel, *The Boston Massacre* (New York, 1970), 191-92; 关于旗帜和灯笼，见波士顿人协会的研究档案。灯笼是由 Shubael Hewes 的后人捐赠给协会的，他是鞋匠休维斯的兄弟，一个屠夫。
23. 我的研究利用了我的论文，"The Rapid Rise and Decline of Ebenezer McIntosh in the Stamp Act Resistance" (Shelby Cullum Davis Center, Princeton University, 1976)。关于麦金托什在新罕布什尔的生活资料，我要感谢 Walter F. Wallace，以及他对麦金托什和马萨涅诺做出的比较分析。关于这个问题的基本权威著作仍然是：George P. Anderson, "Ebenezer Mackintosh: Stamp Act Rioter and Patriot," *Publications of the Colonial Society of Massachusetts* 26 (1927): 15-64, 及 Anderson, "A Note on Ebenezer Mackintosh," 同上, 348-61。关于总结，见 William Pencak, "Ebenezer Mackintosh," *American National Biography* (New York, 1999), 14:261-62。关于消防队的重要性，见 Benjamin L. Carp, "Fire of Liberty: Firefighters, Urban Voluntary Culture, and the Revolutionary Movement," *William and Mary Quarterly*, 3rd ser., 58 (2001): 781-818。我使用了"Mackintosh"这一普通拼写，因为他在 1774 年到 1816 年住在北黑弗里尔期间一直使用这一拼写。
24. 关于 1765 年 11 月 1 日和 5 日的行动，见 Francis Bernard to John Pownall, November 1, 5, 25, 1765, Sparks Mss. Harvard, Letterbook 5:16-23, 43-46; Oliver, *Origin & Progress*, 54; Thomas Hutchinson, *The Diary and Letters of Thomas Hutchinson*, ed. Peter Orlando Hutchinson, 2 vols. (Boston, 1884-86), 2:71。
25. 关于马萨涅诺的政治形象，见 Walter Wallace, "'A Lion with Nails and Fangs': Masaniello of Naples and the Folklore of Political Violence" (Milan Group in Early United States History 研讨会，1990 年), 一篇非常好的文章，发表时题

名 为："Masaniello e il folklore della violenza politica," *Communita: Rivista di Informazione Culturale Fondata Da Adriano Olivetti* 193-194 (1992): 191-218; Oliver, *Origin & Progress*, 54; Francis Bernard to John Pownall, November 1, 5, 26, 1765, Sparks Mss. Harvard, Letterbook 5: 18-23, 43-45。关于 17 世纪后期美国人的使用，见 David Lovejoy, *The Glorious Revolution in America* (New York, 1972), chap. 16。关于英国，见 Andy Wood, *The 1549 Rebellions and the Making of Early Modern England* (Cambridge, U.K., 即将出版), chap. 8, 一部卓越的记录。

26. "Soliloquy of the Boston Liberty Tree...," *(Boston) Massachusetts Gazette*, February 22, 1776; " Masanello from the Shades Below...," *Boston Evening Post*, June 23, 1766; *(Boston) Massachusetts Gazette*, February 22,1776; "A New York Freeholder," 同上 , October 27, 1774 (瓦特 · 泰勒对句)。
27. Thomas Paine, *Common Sense*, in Philip Foner, ed., *The Complete Writings of Thomas Paine*, 2 vols. (New York, 1945), 1:29-30; John Adams, *Diary and Autobiography*, ed. L. H. Butterfield, 4 vols. (Cambridge, Mass., 1961), 1:300 (January 20, 1766).
28. 有关麦金托什的个人生活，见 George P. Anderson, n.23 所引论文。
29. 负面的评价是由以下人做出的：Esther Forbes, *Paul Revere and the World He Lived In* (Boston, 1942), 96, 还把他错写成"Andrew or Alexander"; Oliver, *Origin & Progress*, 54-55。奥利弗只在街头行动中的麦金托什及其不良行为的记录方面是可靠的。关于 11 月的事件，见 Francis Bernard to John Pownall, n.25 的引用。
30. 关于 1769 年的告密者，见 Bailyn, *Ordeal of Thomas Hutchinson*, 127-28; 关于麦金托什对茶党的评论，Anderson, "Ebenezer Mackintosh" 认为源自黑弗里尔的一个 10 岁男孩，他曾听年老的麦金托什说起过。麦金托什是否参加了茶叶行动是一个疑问，他没有吹嘘过这件事。第一个确定的参加者名单出现在 Benjamin Bussey Thatcher, *Traits of the Tea Party* ...(New York, 1835) 一书的附录中，里面列出了一个人名"——McIntosh" (没有名)，这个人名没有得到进一步证实。George Quintal 在对大约两百名确定参加行动的人做了细致研究之后，没有发现艾比尼泽 · 麦金托什参加行动的确凿证据。有关审判的威胁，见 *Massachusetts Spy*, April 7, 1774; 关于 1774 年有人声称麦金托什"在《印花税法案》行动之后一直作为一个领导人"，见 "Extract of a Letter from Boston, November 24, 1774," in Margaret Willard, ed., *Letters on the American Revolution, 1774-1776* (Boston, 1925), 31。
31. John Adams, *Diary of John Adams*, 1:263; Alexander, *Samuel Adams*, chap. 2; 关

于汉考克，见 William Fowler, *The Baron of Beacon Hill: A Biography of John Hancock* (Boston, 1979), 及 Akers, *Divine Politician*, chaps. 5, 6; Gregory Nobles, "'Yet the Old Republicans Still Persevere'：Samuel Adams, John Hancock, and the Crisis of Popular Leadership in Revolutionary Massachusetts, 1775-1790," in Hoffman and Albert, eds., *Transforming Hand of Revolution*, 258-85。

32. Hutchinson, *History of Massachusetts-Bay*, 3:135-36; William C Lane, ed., "The Rebellion of 1766 in Harvard College," *Publications of the Colonial Society of Massachusetts* 10 (1907): 33-59, 这是一部资料集。这棵树可能是剑桥公共绿地上的"华盛顿榆树"，根据传说，乔治·华盛顿在那里获得了 1775 年对军队的指挥权。见 Thomas J. Campanella, *Republic of Shade: New England and the American Elm* (New Haven, Conn., 2003), 60-68。
33. 见本书论文 3。
34. 关于学校男生的政治，见 J. L. Bell, "'Latin School Gentlemen' in Revolutionary Times: The Culture of Boston's South Latin School under the Lovells"（未出版手稿，2003)。关于对男孩扮演的角色的阐释，见 Pencak, "Play as Prelude to Revolution," 125-55; 及 Peter Shaw, *American Patriots and the Rituals of Revolution* (Cambridge, Mass., 1981), chap. 8。
35. Ebenezer Fox, *The Adventures of Ebenezer Fox* (Boston, 1847), 47. 关于叛乱的学徒，见 W. J. Rorabaugh, *The Craft Apprentice from Franklin to the Machine Age in America* (New York, 1986), chaps. 1, 2。
36. Oliver Dickerson, ed., *Boston under Military Rule, 1768-1769, as Revealed in a Journal of the Times* (Boston, 1936), 16, 18; Thomas J. Davis, "Emancipation Rhetoric, Natural Rights and Revolutionary New England: A Note on Four Black Petitions in Massachusetts, 1773-1777," *New England Quarterly* 62 (1989): 248-63.
37. Robert Farris Thompson, *Flash of the Spirit: African and Afro-American Art and Philosophy* (New York, 1983), 139-45（葬礼树和瓶树）; William D. Piersen, *Black Yankees: The Development of an Afro-American Subculture in Eighteenth-Century New England* (Amherst, Mass., 1988), chap. 7, at 77-78（葬礼队伍）。
38. Schlesinger, "Liberty Tree." J. L. Bell 搜索了《宾夕法尼亚公报》网上档案 (accessible.com) 和《弗吉尼亚公报》网上档案 (pastportal.com), 以及他个人的关于马萨诸塞的文献收藏。康涅狄格州历史博物馆的 David Corrigan 搜索了《哈特福德新闻报》索引。一些新近找到的自由杆可能过了施莱辛格的 1776 年截止期。Fischer, *Liberty and Freedom,* chap. 1（自由树）, chap. 2（自由杆）。
39. 以下是从 1765 年到 1776 年有证据显示自由杆存在的城镇：马萨诸塞：巴恩

斯特布尔、波士顿、布伦特里、布里奇沃特、康科德、戴德姆、迪尔菲尔德、格兰维尔、哈德利、汉诺威、马奇亚斯、米德尔伯勒、米尔顿、楠塔基特、彼得舍姆、普利茅斯、桑威奇、舒茨伯里、汤顿、温亚德港、威廉斯堡市、伍斯特；康涅狄格：东哈特福德、法明代尔、纽黑文、诺斯福德、诺维奇；罗得岛：纽波特、普罗维登斯、南金斯顿；新罕布什尔：格林兰、金斯顿、朴次茅斯、威斯特摩兰；佛蒙特：本宁顿、斯普林菲尔德、惠洛克；纽约：布鲁克林、东汉普顿、日耳曼弗拉茨、汉普顿、亨普斯特德、亨廷顿、纽约城、波基普西、沙旺昆、塔潘齐；新泽西：伊丽莎白市；宾夕法尼亚：卡莱尔；马里兰：黑格斯敦；南卡罗来纳：查尔斯顿；佐治亚：萨凡纳；弗吉尼亚：阿科马克县、威廉斯堡市。

我的清单包括 David Fischer, *Liberty and Freedom*, 47, 753 n. 8o, 2001 年 12 月以谷歌搜索为据确认的自由杆。《哈特福德新闻报》索引显示出《宾夕法尼亚公报》没有报道过的新英格兰的六根自由杆，这一事实表明，搜索其他地方报纸可能会发现别的自由杆。搜索佛蒙特州的文献——Esther Swift, *Vermont Place Names: Footprints in History* (Brattleboro, Vt., 1977) 和 Abie Hemenway, *The Vermont Historical Gazetteer*, 3 vols. (Burlington, Vt., 1867)——发现了另外三根自由杆，这一事实表明地方志的重要性。不幸的是，互联网上发现的一些地方团体的声明没有注明具体时间，可能指 18 世纪 90 年代后期众多的自由杆。感谢殖民地时期威廉斯堡古迹公司的 Kevin Kelly，他指出 Charles Steuart to James Parker, November 17, 1774, Charles Steuart Papers, National Library of Scotland, 是弗吉尼亚州威廉斯堡罗利酒馆（Raleigh Tavern）外一根自由杆的出处。关于 Peter Force 编辑的《美国档案》的数字版，见 http://dig.lib.niu.edu。

40. 关于这个主题的研究，见本书论文 5。关于大众运动的最近研究指南，见 Edward Countryman, *The American Revolution*, 2nd ed. (New York, 2003), 附录；及 Alan Kulikoff, *The Agrarian Origins of American Capitalism* (Charlottesville, Va., 1992), 参考书目 , 275-329。
41. In Philip M. Hamer et al., eds., *The Papers of Henry Laurens*, 16 vols. (Columbia, S.C., 1968-2003): Laurens to John Lewis Gervais, January 29, 1766 (5:53); *Charlestown Gazette*, October 3, 1768 (6:123); fn. May 14,1770 (7:226); “Meeting under the Liberty Tree,” August 22, 1770 (7:322-23); note December 13, 1770 (7:411). 关于这些文献，感谢 S. Max Edelson. George Flagg, “A List of Those Persons Who First Met at Liberty Tree, in Charleston in the Fall of the Year 1766 ...,” Christopher Gadsden Mss, South Carolina Historical Society, www.SC History-org website。

42. Richard Walsh, *Charleston's Sons of Liberty: A Study of the Artisans* (Columbia, S.C., 1959), 87 (1778 年加兹登说的话); Pauline Maier, "The Charleston Mob and the Evolution of Popular Politics in Revolutionary South Carolina, 1765-1784," *Perspectives in American History* 4 (1970): 173-96; Peter H. Wood, "'Liberty Is Sweet'：African-American Freedom Struggles in the Years before White Independence," in Alfred F. Young, ed., *Beyond the American Revolution: Explorations in the History of American Radicalism* (DeKalb, Ill., 1993), 156-59 (副总督布尔的话在 159)。

43. 我对自由杆功能的分析得益于 J. L. Bell，他核查了《宾夕法尼亚公报》数字版上每年发生的事件。

44. 关于本段和下面一段，见 Jesse Lemisch, *Jack Tar versus John Bull: The Role of Merchant Seamen in Precipitating the Revolution* (New York, 1997); Paul Gilje, *The Road to Mobocracy: Popular Disorder in New York City, 1763-1834* (Chapel Hill, N.C., 1987), chap. 2; Edward Countryman, *A People in Revolution: The American Revolution and Political Society in New York, 1760-1790* (Baltimore, 1981), chap. 2; Lee R. Boyer, "Lobster Backs, Liberty Boys, and Laborers in the Streets: New York's Gold Hill and Nassau Street Riots," *New-York Historical Society Quarterly Bulletin* 57 (1973): 280-308。

45. Countryman, *People in Revolution*, chaps. 2, 4, p. 64 (约翰 · 蒙特雷斯上校); Maier, *Old Revolutionaries*, 68ff.; Roger J. Champagne, *Alexander McDougall and the American Revolution in New York* (Schenectady, N.Y., 1975), chap. 1; General Thomas Gage to Lt. Col. William Dalrymple，January 8, 1770, Gage Mss., American Series, 89, Mikal Muharrar 让我注意到了它。

46. Steven Rosswurm, *Arms, Country, and Class: The Philadelphia Militia and the "Lower Sort" during the American Revolution* (New Brunswick, N.J., 1988). 关于弗吉尼亚，见 Rhys Isaac, *The Transformation of Virginia, 1740-1790* (Chapel Hill, N.C., 1982); 及 Woody Holton, *Forced Founders: Indians, Debtors, Slaves, and the Making of the American Revolution in Virginia* (Chapel Hill, N.C., 1999)。关于马萨诸塞西部，见 Ray Raphael, *The First American Revolution: Before Lexing ton and Concord* (New York, 2002); 及 Gregory Nobles, *Divisions throughout the Whole: Politics and Society in Hampshire County, Massachusetts, 1740-1775* (Cambridge, U.K., 1983)。Raphael 在哈德利和伍斯特发现了自由杆。Nobles 只在威廉斯堡和迪尔菲尔德发现了自由杆。

47. Marjoline Kars, *Breaking Loose Together: The Regulator Rebellion in Pre-Revolutionary North Carolina* (Chapel Hill, N.C., 2002); Brendan McConville, *Those*

Daring Disturbers of the Public Peace: The Struggle for Property and Power in Early New Jersey (Ithaca, N.Y., 1999); Staughton Lynd, *Class Conflict: Slavery and the United States Constitution* (Indianapolis, 1967), essays 2, 3; Thomas Humphrey, *Land and Liberty: Hudson Valley Rioting in the Age of Revolution* (DeKalb, Ill., 2004), 引用约翰 · 蒙特雷斯上校的话 , chap. 2; 赫尔曼 · 赫斯本德的引语出自 Mark Jones, "The Western 'New Jerusalem' : Herman Husband's Utopian Vision" (未出版手稿)。

48. Clarence S. Brigham, *Paul Reveres Engravings* (New York, 1969), plates 5, 6; Gillian Anderson, comp., *Freedom's Voice in Poetry and Song* (Wilmington, Del., 1977), no. 475, "Liberty-Tree" (1775), 及报纸重印内容的索引 ; Kenneth Silverman, *A Cultural History of the American Revolution* (New York, 1976), 110-18; Lester C. Olson, *Emblems of American Community in the Revolutionary Era* (Washington, D.C., 1991), 书中追溯了自由树和自由杆。Donald H. Cresswell, comp., *The American Revolution in Drawings and Prints: A Checklist of 1765-1790 Graphics in the Library of Congress* (Washington, D.C., 1975) (漫画)。

49. Alfred F. Young and Terry J. Fife, with Mary E. Janzen, *We the People: Voices and Images of the New Nation* (Philadelphia, 1993), 64-65 (詹姆斯 · 派克的火药筒) 及 62-63 (Nathan Plummer 的火药筒)。关于旗帜，见 Fischer, *Liberty and Freedom*, 32-36, 77,152-65; 及 William Furlong and Byron Candles, *So Proudly We Hail: The History of the United States Flag* (Washington, D.C., 1981) chaps. 2-6。关于标有"向上帝呼吁"和"向天呼吁"的自由树旗帜，见 http://www.history.villanova.edu/centennial/js1g.htm。关于呈给波士顿黑人的标有松树的"美国雄鹿"旗，见 Sidney Kaplan, *The Black Presence in the Era of the American Revolution, 1770-1800* (Washington, D.C., 1973), 57-58。

50. 华盛顿的言行，转引自 Charles Royster, *A Revolutionary People at War: The Continental Army and American Character, 1775-1783* (Chapel Hill, N.C., 1979), 236; 关于兵变，见 *(Philadelphia) Freeman's Journal,* July 2, 1783; 关于谢司，见 William Pencak, "'The Fine Theoretic Government of Massachusetts Is Prostrated to the Earth': The Response to Shays's Rebellion Reconsidered," 128, 及 Gregory Nobles, "Shays's Neighbors: The Context for Rebellion in Pelham, Massachusetts," 201, 都载于 Robert Gross, ed., *In Debt to Daniel Shays: The Bicentennial of an Agrarian Rebellion* (Charlottesville, Va., 1993); 关于佛蒙特，见 Michael Bellesiles, *Revolutionary Outlaws: Ethan Allen and the Struggle for Independence on the Early American Frontier* (Charlottesville, Va., 1993), 83。

51. Eric Slauter 以"Liberty NEAR3tree"为关键词搜索了 Evans, *Early American*

Imprints 数字版的“页面文字”，他认为，搜索结果“应该包含关键词‘自由’和‘树’以任意顺序出现在 3 个单词中的文献”。他的搜索找到了 63 个文献，包括不符合搜索要求的文献。在搜索的时候 (2003 年 5 月)，数字版才更新到 1785 年，只有原始的 Evans 条目 (大约 1.9 万条)。考虑到局限性，搜索的结果应该暗示了更多的材料。即便如此，这一搜索结果仍然是突出的。

52. *Four Dissertations ...at the Public Commencement in the College of Philadelphia, May 20th, 1766* (Philadelphia, 1766); John Leacock, *The First Book of the American Chronicles of the Times (Philadelphia, 1774);* Philip Freneau, *A Voyage to Boston: A Poem* (New York, 1775); Francis Hopkinson, *The Miscellaneous Essays and Occasional Writings of Francis Hopkinson, Esq.*, 3 vols. (Philadelphia, 1792), 1:92-97, 转引自 Winthrop Jordan, “Familial Politics: Thomas Paine and the Killing of the King, 1776,” *Journal of American History* 60 (1973-74): 306; John Trumbull, *M'Fingal: A Modern Epic Poem* (Philadelphia, 1776), 附一幅自由杆下活动的版画。

53. John Devotion, *The Duty and Interest of a People ...* (Hartford, Conn., 1777); John Murray, *Jerubbaal, or Tyrannys Grove Destroyed ...* (Newburyport, Mass., 1784); Samuel MacClintock, *A Sermon Delivered before [the New Hampshire officers of government] ... June 3, 1784* (New Hampshire, 1784); John Gardiner, *An Oration Delivered July 4, 1785* (Boston, 1785); John Warren, *An Oration Delivered July 4th, 1783 ...* (Boston, 1783).

54. Staughton Lynd, *Slavery, Class Conflict, and the United States Constitution*, 260-61, 把这一表达追溯到 Bolingbroke, “A Dissertation upon Parties,” in Viscount Henry St. John Bolingbrook, *Works*, 3 vols. (重印 , London, 1809), 3:254-55; 巴雷尔的话转引自 John Keane, *Tom Paine: A Political Life* (New York, 1995), 367.

55. Thomas Jefferson to William Stephens Smith，November 13,1787, in Julian Boyd, ed., *The Papers of Thomas Jefferson* (Princeton, N.J., 1975), 12:355-57; Jefferson to James Madison，January 30, 1787, in Merrill Peterson, ed., *The Portable Thomas Jefferson* (New York, 1975), 417. 追溯一下这一短语的起源，将是非常有帮助的。我没有发现杰斐逊在别的地方使用过它，我也没有在同时期别人的公众或者私人写作中发现过它。Merrill Peterson, *The Jefferson Image in the American Mind* (New York, 1960), 没有讨论它。关于背景，见 Dumas Malone, *Jefferson and the Rights of Man* (Boston, 1951), chap. 9。

56. Simon Schama, *Landscape and Memory* (New York, 1995), 139-52; Christina Hole, *A Dictionary of British Folk Customs* (London, 1978), 221-22.

57. 梅休的布道载于 Bernard Bailyn, ed., *Pamphlets of the American Revolution, 1750-*

1776 (Cambridge, Mass., 1965), 213-48, 贝林的类型化分析在 204。

58. 关于榆树，见 Campanella, *Republic of Shade*, 33; 关于橡树，见 Schama, *Landscape and Memory*, 163-64。

59. 关于康涅狄格，见 Roger F. Trent, "The Charter Oak Artifacts," *Connecticut Historical Society Bulletin* 49 (1984), 未标注页码；关于宾夕法尼亚利，见 Robert C. Alberts, *Benjamin West: A Biography* (Boston, 1978), 110-11, 关于 West 画的 *William Penn's Treaty with the Indians* (1772); 关于马里兰，见 Edward C. Papenfuse, "What's in a Name? Why Should We Remember? *The Liberty Tree* on St. John's College Campus, Annapolis, Maryland," http://www.mdarchives.state.md/us/msa/ educ/htm/liberty.html。

60. Campanella, *Republic of Shade*, chap. 2.

61. William Hone, *The Every-day Book; or Everlasting Calendar of Popular Amusements, Sports, Pastimes...*, 2 vols. (London, 1826), 1:538-99; Robert W. Malcolmson, *Popular Recreations in English Society, 1700-1850* (Cambridge, U.K., 1973), 30; David Underdown, *Revel, Riot, and Rebellion: Popular Politics and Culture in England 1603-1660* (Oxford, U.K., 1985), 86-88, 274-75; Christopher Hill, *Society and Puritanism in Pre-Revolutionary England* (New York, 1964), 184.

62. William Bradford, *Of Plymouth Plantation, 1620-1647*, ed. Samuel Eliot Morison (New York, 1952), 204-10; Hutchinson, *History of Massachusetts-Bay*, 1:8-9; Michael Zuckerman, "Pilgrims in the Wilderness: Community, Modernity, and the Maypole at Merry Mount," *New England Quarterly* 50 (1977): 255-77. 另外唯一发现的五月柱是在马萨诸塞的查尔斯顿，1687 年。Mary Beth Norton, Richard Godbeer 和 Michael Zuckerman 以各自的研究为基础，向我保证在新英格兰殖民地，没有连续庆祝过五朔节。对这个题目的早先讨论，我要感谢已故的 John Higham。

63. 关于本段和前面一段，见 Roger D. Abrahams, "White Indians in Penn's City: The Loyal Sons of St. Tammany," in Pencak, Dennis, and Newman, eds., *Riot and Revelry*, 179-204, 及 Abrahams, "Making Faces in the Mirror: Playing Indian in Early America," *Southern Folklore* 52 (1995): 121-36; Philip J. Deloria, *Playing Indian* (New Haven, Conn., 1998), chap. 1; Edwin P. Kilroe, *Saint Tammany and the Origins of the Society of Tammany or Columbian Order in New York City* (New York, 1917), 33-39, 85-87,108-9; Gottfried Mittelberger, *Journey to Pennsylvania in the Year 1750 ...*, trans. Carl Theo Eben (Philadelphia, 1898), 112; William Eddis, *Letters from America*, ed. Aubrey K. Land (Cambridge, Mass., 1969), 58-

59,123。

64. *The Military Journal of George Ewing, 1754-1824, a Soldier at Valley Forge* (Yonkers, N.Y., 1928), 44-46; George Washington, General Orders, May 1, 1778 没有记录这一事件。见 John C. Fitzpatrick, ed., *The Writings of George Washington*, 39 vols. (Washington, D.C., 1931-44), 11:342。

65. James A. Epstein, "Understanding the Cap of Liberty: Symbolic Practice in Early Nineteenth-Century England," *Past and Present* 122 (1989): 75-118, 更早的使用见 86-87; J. David Harden, "Liberty Caps and Liberty Trees," *Past and Present* 146 (1995): 66-102。

66. 关于本段和下面一段：关于 1688 年及之后几年的奖章，见 E. Hawkins, *Medallic Illustrations of the History of Great Britain and Ireland to the Death of George II* (London, 1978), nos. 35, 58, 63, Simon Newman 让我注意到了这本书；关于帽子和威尔克斯，见 John Brewer, *Party, Ideology, and Popular Politics at the Accession of George III* (Cambridge, U.K., 1976), chap. 9; 关于漫画，见 M. Dorothy George and P. G. Stephens, *Catalogue of Prints and Drawings in the British Museum...*, 11 vols. (London 1870-1954), 4: nos. 4029, 4050, 4130; 关于美国的威尔克斯，见 Maier, *From Resistance to Revolution*, 特别是 162-69, 172-78; 关于美国的人格化，见 John Higham, "Indian Princess and Roman Goddess: The First Female Symbols of America," *Proceedings of the American Antiquarian Society* 100 (1990): 45-79。

67. 关于调查，见 Yvonne Korshak, "The Liberty Cap as a Revolutionary Symbol in America and France," *Smithsonian Studies in American Art* 1 (1987): 53-89; Brigham, *Paul Revere's Engravings*, plates 67, 70; 关于里维尔的奖章和碗，见 Fischer, *Liberty and Freedom*, 101-3; 同时见 Cresswell, comp., *American Revolution in Drawings and Prints* 索引中众多的"自由帽"条目。J. L. Bell 在 1766 年《宾夕法尼亚公报》的文章中发现了以下城市的游行用自由杆：波士顿、萨莱姆、马布尔黑德、法尔茅斯（马萨诸塞）、米尔福德和新伦敦（康涅狄格）。有位艺术家把一顶自由帽戴在一根柱子上，作为 *Journal of the Proceedings of Congress...* September 5, 1774 (Philadelphia, 1774) 的封面标志。关于在喧闹场合使用自由杆，见本书论文 2，关于有头的自由杆，见论文 3 中的版画。

68. Eric Foner, *The Story of American Freedom* (New York, 1998), chap. 1, 引语在 7; Edward Countryman, "'To Secure the Blessings of Libert': Language, the Revolution and American Capitalism," in Young, ed., *Beyond the American Revolution,* 123-48; "Liberty, Property and No Excise: A Poem ...," August 1765, in

Mason L. Lowance Jr. and Georgia Bumgardner, eds., *Broadsides of the American Revolution* (Amherst, Mass., 1976), 19; Justin Winsor, ed., *The Memorial History of Boston,* 4 vols. (Boston, 1881), 1:21n. 1（公共绿地上的“大榆树”）; *Boston Gazette*, September 16, November 4, 1765。

69. 关于传统，见 Peter Linebaugh, *The London Hanged: Crime and Civil Society in the Eighteenth Century* (London, 1991)。关于榆树的庄严，见 Campanella, *Republic of Shade* 中遍及全书的照片。很显然，我不同意 James George Frazer, *The Golden Bough: A Study in Magic and Religion* (New York, 1922), chap. 10 中对于普遍的“树灵”（tree-spirits）的阐释，也不同意 Peter Shawd 在 *American Patriots and the Rituals of Revolution* (Cambridge, Mass., 1981) 一书中提出的美国习俗的证据标准，以及他把爱国仪式解释为倒退的幼稚行为。
70. Walter Whitehill, *Boston: A Topographical History*, 2nd ed. (Cambridge, Mass., 1968), 32.
71. Silas Downer, *A Discourse ...July 25, 1768 at the Dedication of the Tree of Liberty... by a Son of Liberty* (Providence, R.I., 1768), 15.
72. 关于个人背景，见 Keane, *Tom Paine*, chaps. 1-4; 关于政治背景，见 Eric Foner, *Tom Paine and Revolutionary America* (New York, 1976), chaps. 1-2。
73. Thomas Paine, “Liberty Tree,” in P. Foner, ed., *Complete Writings*, 2:1091-92. 它在当时的报纸上广泛印刷，并且作为歌曲印刷。Paine, *Common Sense*, in P. Foner, ed., *Complete Writings*, 1:19。
74. Paine, *Common Sense*, 引语在 5。Eric Slauter 向我提出，潘恩在写作中也使用了树的类比，“现在是大陆联合、信仰和荣誉的播种期。最小的缝隙将会像在幼小的橡树外皮上用针尖雕刻的名字，伤口会随着树的成长而长大，后人会认出它完整的文字”。(P. Foner, ed., C*omplete Writings*, 17). “Some Poetical Thoughts on the Difficulties Our Fore-Fathers Endured ...,” broadside (New Haven, Conn., 1776)。
75. 关于波士顿，见 Young, *Shoemaker and the Tea Party*, 108-20; 关于全国发生的变化，见 Waldstreicher, *In the Midst of Perpetual Fetes*, chap. 1; 关于演讲，见 Robert P. Hay, “The Liberty Tree: A Symbol for American Patriots 1777-1876,” *Quarterly Journal of Speech* 55 (1969): 414-24, 以 600 份 7 月 4 日全国范围的演讲为基础。
76. Mona Ozouf, *Festivals and the French Revolution* (Cambridge, Mass., 1988), 232-43; Lynn Hunt, *Politics, Culture, and Class in the French Revolution* (Berkeley, Calif., 1984), chap. 2; Bryan D. Palmer, *Cultures of Darkness: Night Travels in the Histories of Transgression* (New York, 2000), 306-8. 关于法国革命的视觉

再现，我利用了 1984 年参观巴黎卡纳瓦雷博物馆（Musée Carnavalet）版画展和国家艺术与大众传统博物馆（Le Musée National des Arts et Traditions Populaires）象征树展览时做的笔记（例如，参考案例 241.6、242.03)。我还没有对 "French Revolution Research Collection/ Images of the French Revolution" 的第 4 部分，"Commemorations and Celebrations" 的缩微品进行研究，它应当具有研究价值。关于其他的视觉资料，见 Jack Censer and Lynn Hunt, "Imaging the French Revolution: Depictions of the French Revolutionary Crowd: An Online Collaboration," *American Historical Review* 110 (2003): 38-45。

77. Harden, "Liberty Caps and Liberty Trees," 66-102; Maurice Agulhon, *Marianne into Battle: Republican Imagery and Symbolism in France, 1789-1880* (Cambridge, U.K., 1981), chap. 1. Neil Hertz, "Medusa's Head: Male Hysteria under Political Pressure," *Representations* 4 (1983): 27-54, 指出艺术家在弗里吉亚帽和生殖器之间做出区别。

78. Edward P. Thompson, *The Making of the English Working Class* (London, 1963; New York, 1964), part 1; Epstein, "Understanding the Cap of Liberty," 86-91; James A. Epstein, *Radical Expression, Political Language, Ritual, and Symbol in England, 1790-1850* (New York, 1994), 150-51. 关于树的边缘化，见 James A. Epstein, *In Practice: Studies in the Language and Culture of Popular Politics in Modern Britain* (Stanford, Calif., 2003), 88, 73; 及 Saree Makdisi, *William Blake and the Impossible History of the 1790s* (Chicago, 2003), 24, 58, 306-9 (Citizen Lee)。Marcus Rediker 让我注意斯彭斯代币的象征意象，他从英国的 eBay 上买到复制品送给了我。Seth Cotlar 给我伦敦通讯协会的一封 1975 年书信的复制品（"自由树树桩"）。

79. Alfred F. Young, *The Democratic Republicans of New York: The Origins, 1765-1797* (Chapel Hill, N.C., 1968), chap. 16, 引语在 353; Simon P. Newman, *Parades and the Politics of the Street: Festive Culture in the Early Republic* (Philadelphia, 1997), chap. 4 at 122-26; Roland Baumann, "The Democratic Republicans of Philadelphia: The Origins, 1776-1797"（博士论文，Pennsylvania State University, 1970), 427-29。

80. Korshak, "Liberty Cap as a Revolutionary Symbol," 特别是 61-69; Newman, *Parades and Politics*, chap. 5; Susan Branson, *These Fiery Frenchified Dames: Women and Political Culture in Early National Philadelphia* (Philadelphia, 2001), chap. 2; Simon P. Newman and Susan Branson, "American Women and the French Revolution," in Pencak, Dennis, and Newman, eds., *Riot and Revelry*, 229-54; Simon P. Newman, *Embodied History: Reading the Bodies of Philadelphia's*

Lower Sort, 1780-1830 (Philadelphia, 2003); Higham, "Indian Princess and Roman Goddess" ; Fischer, *Liberty and Freedom*, 233-42。

81. Dorothy Fennell, "From Rebelliousness to Insurrection: A Social History of the Whiskey Rebellion, 1765-1802" (博士论文 , University of Pittsburgh, 1981), 116-21; Wythe Holt, "'Coercion by Law' : The Federal Whiskey Rebellion Cases Take Working-Class Insurrection to Court, 1794," *Australian Journal of Law and Society* (即将出版); 关于诺森伯兰县和富兰克林县自由杆的引语，出自 Terry Bouton, "Taming Democracy: Pennsylvania Farmers and the Betrayal of the American Revolution" (未出版手稿), chap. 10。

82. *Newman,* Parades and Politics, 174-76; 关于戴德姆市，见 James Smith, *Freedom's Fetters: The Alien and Sedition Laws and American Civil Liberties* (Ithaca, N.Y., 1955), 257-70; 关于纽约上州，见同上 , 398-99。感谢 Douglas Bradburn 给我的备忘录，"Liberty Poles in the 1790s"。该备忘录对他以下的文章进行了拓展："Revolutionary Politics, Nationhood, and the Problem of American Citizenship, 1783-1800" (博士论文 , University of Chicago, 2003), chap. 6。Albrecht Koschnik, "Political Conflict and Public Contest: Rituals of National Celebration in Philadelphia, 1788-1815," *Pennsylvania Magazine of History and Biography* 118 (1994): 242-44。

83. Alfred F. Young, "The Federalist Attack on Civil Liberties," *Science and Society* 17 (1953): 59-64; "An Old Fashioned Republican," *Philadelphia Aurora*, May 3, 1799, 重印于 Richard N. Rosenfeld, *American Aurora: A Democratic-Republican Returns* (New York, 1997), 627, 一份描绘 1798—1799 年关于自由杆的斗争的文章选编。

84. 转引自 David Wilson, *United Irishmen, United States: Immigrant Radicals in the Early Republic* (Ithaca, N.Y., 1998), 14。

85. Hunt, *Politics, Culture, and Class*, 59-60, 90; Henry Grégoire, *Essai Historique et Patriotique sur les Arbres de la Liberté* (Paris, 1794), 20-21. 我阅读了格雷戈尔的原著，但是这里用的是 Harden 的译本：Harden, "Liberty Caps and Liberty Trees," 90。关于格雷戈尔，见 Ozouf, *Festivals and the French Revolution*, 243-56。

86. 关于巴洛的思想资源，见 Schama, *Landscape and Memory*, 17, 246-54; 及 David B. Davis, prefatory note to Joel Barlow, *Advice to the Privileged Orders in the Several States of Europ*e (1792,1795; 重印 , Ithaca, N.Y., 1956)。

87. Joel Barlow, "Genealogy of the Tree of Liberty," Notebook (c. 1796-97), pp. 10-13, bMS Am 1448 (vol. 13), Houghton Library, Harvard University. Carla

Mulford 很慷慨地与我分享了她的手稿誊抄本以及她的理解。见 Carla Mulford, "Radicalism in Joel Barlow's *The Conspiracy of Kings* (1792)," in J. A. Leo Lemay, ed., *Deism, Masonry, and the Enlightenment: Essays Honoring Alfred Owen Aldridge* (Newark, Del., 1987), 137-57。

88. Hill, *Society and Puritanism*, 184; Eric Slauter, "Being Alone in the Age of the Social Contract," *William and Mary Quarterly*, 3rd ser., 62 (2005): 56-58, 引用 Peter Prejudice, "The New Breeches," (Philadelphia) *Federal Gazette*, April 15,1788; Schama, *Landscape and Memory*, 252 and 17。

89. Michael Kammen, *Mystic Chords of Memory: The Transforming of Tradition in American Culture* (New York, 1991), 9-10; John Higham, "Symbolizing the U.S.," *New York Times*, December 18, 1975 (社论对页版); 同时见 E. P. Thompson, "C is for Country, A is for Anniversary, S is for Solitude, H is for History," *New York Times*, April 27,1976 (社论对页版); Hay, "The Liberty Tree," 416-24 (演讲词)。

90. Campanella, *Republic of Shade*, 特别是 chaps. 6, 7(自由树的传播); Robert P. Turner, ed., *Lewis Miller: Sketches and Chronicles* (York, Pa., 1966), 82; Schlesinger, "Liberty Tree," 456-58 (竞选杆); Fischer, *Liberty and Freedom*, 208-11 (竞选), 228-32 (山姆大叔); Jean Baker, *Affairs of Party: The Political Culture of Northern Democrats in the Mid-Nineteenth Century* (Ithaca, N.Y., 1983), 297-98。关于 20 世纪的情况，见 "What's in a Name? ... Annapolis, Maryland," www.archives.state.md; "Liberty Pole, Portsmouth, NH," www.goseacoast.com; "The Mystic Liberty Pole," *Historical Footnotes: Bulletin of the Stonington Historical Society* (1986)。关于纽约市的牌匾 "The Liberty Pole on the Commons," 见 *New-York Historical Society Quarterly Bulletin* (1919): 109-30。在布鲁克林和罗彻斯特，自由杆仍然是其地标，见 Fischer, *Liberty and Freedom*, 46。搜索地名词典，发现有个城镇叫"自由杆"(威斯康辛)，还发现一条"自由杆路"、一座"自由杆山"。

91. C. L. R. James, *The Black Jacobins: Toussaint L'Ouverture and the San Domingo Revolution* (New York, 1963), 334. 在 1827—1870 年出版的列入"可获得档案"(Accessible Archives) 的 7 份非裔美国人报纸中，Mitch Kachun 确认了"自由树"的 28 种不同用法，他慷慨地告诉了我。William Nell, *The Colored Patriots of the American Revolution* (Boston, 1855), 38。关于美洲印第安人的盗用，见 William Apess, *A Son of the Forest and Other Writings by William Apess, a Pequot,* ed. Barry O' Donnell (Amherst, Mass., 1992), 31。

92. Eric Foner, *The Story of American Freedom* (New York, 1998), 93-94 (国会大厦圆顶上的雕像); Fischer, *Liberty and Freedom*, 298-300 (雕像); 关于自由像，

见 Marina Walker, *Monuments and Maidens: The Allegory of the Female Form* (London, 1985), 3-17, 270-77, 及 Fischer, *Liberty and Freedom*, 368-74。搜索国会图书馆印刷和摄影部网上目录，发现许多内战前后的漫画，它们表明黑人把自由树与自由联系了起来。关于吉尔曼，见 Fischer, *Liberty and Freedom*, 362-63。

93. 关于波士顿的遗址，见 "The Old Liberty Tree," *Boston Daily Evening Transcript*, February 19, 1850; "Report of the Boston Landmarks Commission on the Potential Designation of the Liberty Tree Building as a Landmark under Chapter 772 of the Acts of 1975," (Boston, 1985), 打字稿；拉法耶特的话转引自 Samuel Adams Drake, *Old Landmarks and Historic Personages of Boston* (Boston, 1873), 396-99。感谢 Matthew Greif 搜集 19 世纪的资料。Nathaniel Hawthorne, *Liberty Tree: With the Last Words of Grandfather's Chair* (Boston, 1841, 1842, 1851), 重印于 Hawthorne, *True Stories from History and Biography* (Athens, Ohio, 1972), 143-214。霍桑的《我的堂叔，莫利纳上校》首次出版于 1831—1832 年，被收录各种选集。

94. Winsor, ed., *Memorial History of Boston*, 3:159. 更早对树的描写，没有人物，见于 Caleb Snow, *A History of Boston* (Boston, 1825), 266。关于纽约的艺术，见 F.A. Chapman, "Raising the Liberty Pole" (c. 1876), 及 Felix Darling, "Defense of the Liberty Pole in New York City," in Benjamin Lossing, *Our Country* (1879), 都藏于国会图书馆印刷和摄影部。

95. 在探寻把 5 月 1 日作为"劳动节"的起源以及它与五月柱和自由树的关系时，我参考了 David Montgomery, "Labor Day and May Day," H-Net, Labor History Discussion List (September 6, 1995); *International Labor and Working-Class History* 29 (spring 1986); Eric Hobsbawm, "Mass Producing Traditions: Europe, 1870-1914," in Eric Hobsbawm and Terence Ranger, eds., *The Invention of Tradition* (Cambridge, U.K., 1983), 284-86; James Green, *Taking History to Heart: The Power of the Past in Building Social Movements* (Amherst, Mass., 2000), 105-7; Bruce Nelson, *Beyond the Martyrs: A Social History of the Chicago Anarchists, 1870-1900* (New Brunswick, N.J., 1988)。感谢 Bruce Nelson, James Green, Joshua Freeman, Bruno Cartosio 和 Bruce Laurie 等人回答我的问题。

96. 关于这些象征在 20 世纪图像学中的缺失，我依据的是 Michael Kammen, *A Season of Youth: The American Revolution and the Historical Imagination* (New York, 1978), 被 Fischer, *Liberty and Freedom*, 各处所证实。搜索公共事业振兴署 (WPA) 艺术家画的壁画，可能看到对自由树或自由杆的描绘。关于壁画，见 Diego Rivera, *Portrait of America*, 附 Bertram D. Wolfe 提供的一篇解

释性文字 (New York, 1934), 90-96, panel 2。Wolfe 重印了黑白照片。同时见 Laurance P. Hurlburt, *The Mexican Muralists in the United States* (Albuquerque, N.M., 1989), 175-93。"国际妇女服装工人联合会"（International Ladies Garment Workers Union）在其夏令营中展示了这些壁画，之后，其中几组壁画被私人收藏家购买，其他的壁画则消失了。

97. Higham, "Symbolizing the U.S."; Mark Boatner III, *Landmarks of the American Revolution* (Harrisburg, Pa., 1973); Fischer, *Liberty and Freedom*, 629-31 (新左); 关于"面包和木偶马戏团"，我要感谢 Walter Wallace 2005 年 8 月同我的谈话；关于榆树，见 Campanella, *Republic of Shade,* epilogue, 及 Fischer, *Liberty and Freedom*, 686-87。

98. 关于波士顿最近纪念自由树的努力，见 Young, *Shoemaker and the Tea Party*, 247 n.3。1964 年，马萨诸塞州立法委员会把 8 月 14 日定为"自由树日"。感谢 Tai Lim, Ralph Cole 和 Michael Taylor 在 2004 年告知我"自由树公园"的计划。

99. Lou Michael and Dan Herbeck, *American Terrorist: Timothy McVeigh and the Oklahoma City Bombing* (New York, 2001), 137, 154, 226, 244.

索引

索引页码为英文原版页码。斜体页码表示页面上的插图或标题。